he Textual Inference Rules Klal uPrat
How the Talmud Defines Sets

Michael Abraham
Dov Gabbay
Gabriel Hazut
Yosef E. Maruvka
and
Uri J. Schild*

Bar Ilan University
*and Ashkelon Academic College

ISBN 978-1-84890-001-1

College Publications
Scientific Director: Dov Gabbay
Managing Director: Jane Spurr
Department of Computer Science
King's College London, Strand, London WC2R 2LS, UK

http://www.collegepublications.co.uk

Printed by Lightning Source, Milton Keynes, UK

Logical Analysis of the Talmudic Rules of General and Specific (Klalim-u-Pratim)

M. Abraham, D. M. Gabbay, G. Hazut, Y. Maruvka and U. Schild
King's College London
Bar Ilan University Israel

1 Introduction

This is the second paper of our research project "The Logic of the Talmud", being a systematic study in modern terms of the reasoning principles underlying Talmudic argumentation. The first paper addressed the Talmudic Rule of *Kal-Vachomer*, known also as *Argumentum a Fortiori* , as well as analogy (Binyan-Ab) and their interactions. This paper deals with the Talmudic rules of General and Specific, known as Klal and Prat (KP), Prat and Klal (PK), Klal and Prat and Klal (KPK) and Prat and Klal and Prat (PKP). Related are the rules of Ribbuy and Miyut (RM) and Miyut and Ribbuy (MR).[1]

We begin in this section with the philosophy of our approach and then general specific details of the KP rules. We denote the family of the KP rules by **KPR**.

1.1 General discussion

The reader may ask: what is it we are trying to do? Why logically analyse the Talmudic rules? There are three reasons.

1. To show the present day logic community the kind of rules the Talmud uses and the wealth of cultural logical material in it. This is interesting in itself as a cultural historical enterprise. Such work is done not only in history and philosophy departments, but in the logic community itself. There is strong interest in the history of logic, see the 12 volume *Handbook of the History of Logic*, edited by D. M. Gabbay and J. Woods.

   There is a book published in the 1950s: J. Lukasiewicz, *Aristotle's Syllogism from the point of view of modern logic*, OUP, 1951, second edition, 1957. This

[1]In Hebrew
Klal — a general rule or predicate
Prat — an item, as specific detail
Miyut — making less
Ribbuy — making more.

is a typical example of this general interest. Aristotle invented logic and yet, present day logic communities want to know what he did and what it looks like cast in today's language and concepts.

Another example is Maimonedes (1135–1204). The first thing Maimonedes did, when he was 16 years of age, was to write his own book on Aristotelian logic. He wanted to embark on his career and he needed to start by re-writing the logical foundations in his own terms.

In fact, Aristotle himself said that to start his series of books he needed to establish logic first (the Organon — the tool). This is the same kind of reasoning as the authors use — we are asking what are our logical tools in the Talmud.

2. The second reason is more intrinsic. The Talmud is so full of logic, we can learn much from it. Some of its principles, which were developed 1600–2000 years ago, are still new for modern logic and can be useful in today's AI and common sense reasoning. We have shown this in our earlier paper on the Kal-Vachomer and we will see this again in this paper.

3. Going back to the tool idea, the organon, analysing and modelling the logic of the Talmud can help with Talmudic studies either pedagogically or even clarify various difficulties and puzzles. This will depend whether our analysis goes beyond the descriptive (from Aramaic into logical language) which is sufficient for (1) and (2) above and offers a really innovative deep analysis of the concepts we study. We believe we have such analysis in our previous paper [1] analysing the Kal Vachomer, using **KPR** we will show (see [3]) that some Talmudic passages such as Hulin page 66 onwards can be seriously clarified using our model.

Our approach

Our approach to KPK and other related rules is that the Talmud has its own commonsense way of defining sets. Modern logic has not yet addressed this problem. Modern logic has a large area of nonmonotonic commonsense deduction but has not yet investigated commonsense Theory of Definition. We are showing that the Talmud has a method of commonsense Theory of Definition.

Our reading of how the Talmud uses these rules is different from other well establiehed opinions. Menachem Elon in his famous 4-volume work on Jewish Law takes the view that what the Talmud does in **KPR** and the like is a way of resolving apparent contradictions in the biblical text (see his [2] Vol 1, pp. 277). He says:

> The Halachic sages found the answer to this internal contradiction.

Our view is that the Bible and the Talmud uses these rules as ways of defining sets.

2 How to define a set of elements

This section offers the set theoretical background we need.

We all know about sets and operations with sets. In this section we want to set up the scene of specific ways in which sets can be defined. We then present the rules of General and Specific as Talmudic ways to present a set.

There are three basic methods of defining a set.

B1. *Defining sets by using properties of the elements, as done in traditional set theory*

We need a logical language in which we can express complex predicates. We can also use natural language for that purpose if we want to be semi-formal and intuitive. Natural language will be less precise but more accessible. Assume we have a language $\mathbb{L}$ in which we can express properties of individuals. We make the following observations from our general experience.

1. Some sets will not have an adequate description.
2. Some of the sets which do have a description, will not have an easy to understand, intuitive description.
3. Some formal descriptions of a set, although simple formally, may not be compatible with the intuitive way in which we the people perceive the set (compare, for example, 'water' with 'H_2O').
4. Even if we succeed in giving a formal description of a set it may not change in time the way we want it. In legal contexts we may want definitions that can be reinterpreted in the future and so the use of common sense is essential. See also Section 4 about this point.

The above shows that the question of how we present a set in practice is very important to the layman public and is not so simple.

We shall see later that the (**KPR**) rules of the Talmud are really very simple intuitive ways of presenting sets to ordinary commonsense people.

To summarise formally, method (B1) goes as follows:

Let $\mathbb{L}$ be a language. Let $\varphi(x)$ be a property expressed in the language about any element x. Then we define a set $\hat{x}\varphi(x) = \{\text{all } x \text{ satisfying } \varphi\}$.

Such a φ can be referred to as a General Rule or *Klal*.

B2. *Defining sets by using operations exhibiting the set*

The simplest operation or algorithm for exhibiting a set is to list the elements of the set. For example, define the set containing {John, Mary and the number 77}. This is called *Prat*.

Example: From Numbers (Sefer Bamidbar). Here is an example from the Bible: Numbers, Chapter 1, containing both methods (we include the verse numbers in the text).

Method B1

1 And the LORD spoke unto Moses in the wilderness of Sinai, in the tent of meeting, on the first day of the second month, in the second year after they were come out of the land of Egypt, saying: 2 'Take ye the sum of all the congregation of the children of Israel, by their families, by their fathers; houses, according to the number of names every male, by their polls; 3 from

twenty years old and upward, all that are able to go forth to war in Israel: ye shall number them by their hosts, even thou and Aaron. 4 And with you there shall be a man of every tribe, every one head of his fathers' house.

Method B2

5 And these are the names of the men that shall stand with you: of Reuben, Elizur the son of Shedeur. 6 Of Simeon, Shelumiel the son of Zurishaddai. 7 Of Judah, Nahshonthe son of Amminadab. 8 Of Issachar, Nethanel the son of Zuar. 9 Of Zebulun, Eliab the son of Helon. 10 Of the children of Joseph: of Ephraim, Elishama the son of Ammihud; of Manasseh, Gamaliel the son of Pedahzur. 11 Of Benjamin, Abidan the son of Gideoni. 12 Of Dan, Ahiezer the son of Amishaddai. 13 Of Asher, Pagiel the son of Ochran 14 Of Gad, Eliasaph the son of Deuel. 15 Of Naphtali, Ahira the son of Enan.' 16 These were the elect of the congregation, the princes of the tribes of their fathers,

B3. *Defining sets by iterations of B1 and B2*

Sets can also be defined by successive iterations of method B1 an B2. We can start for example by defining a set A_1 by a rule φ_1, i.e. all elements x satisfying φ_1 and then make a list of names to be taken out of A_1.

So the set A_2, which is the set we are really after, is $A_2 = A_1$-list.

We can have a sequence of such iterations

A_1	defined by φ_1
A_2	$= A_1$-list
A_3	defined as all elements *not* in A_2 satisfying φ_3, (i.e. we are using the complement of A_2).
A_4	$= A_3+$ another list, etc, etc.

A mathematician logician will not think much of these methods. He will write a four line definition of how to generate sets and leave it at that. No big deal. However for a practical person trying to identify a collection of individuals to a crowd, the problem of how to present the set is a difficult one. We do not want a mathematical definition, we want something simple, intuitive, quick, which the crowd can easily grasp.

You may think that trying to define sets in this manner puts us at a disadvantage, however this is not necessarily the case. The crowd is a collection of commonsense reasoners with intuitive knowledge of the world around them. We can use that in our definition of our set. Mathematics and logic cannot do that. Formal logic will have to formalise the knowledge of the crowd and put it into its formula φ. We in comparison can allude to it and use it.

Formally what we are doing here is the nonmonotonic theory of definitions of sets, i.e. using commonsense reasoning for defining sets. Of course, such definitions are not crisp. There will be some elements where it is not clear whether they are included in the set or not. But on the whole the set is more or less clearly defined.

The following table, see Table 1 explains our position, by drawing a parallel between definitions and reasoning.

So we are in fact launching the new area of

Table 1

	Formal	Informal
Reasoning	deductive formal reasoning	commonsense nonmonotonic reasoning
Defining sets	formal set-theoretic definition of sets	commonsense nonmonotonic definition of sets

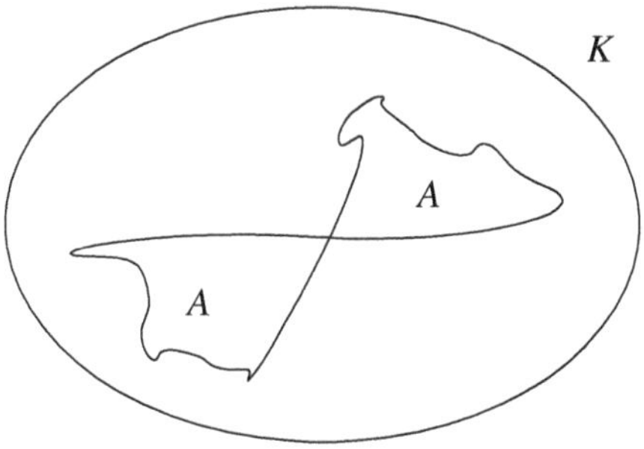

Figure 1

commonsense nonmonotonic definitions of sets

and showing how the Talmud has been doing it, over 1500 years ago.

Let us be more specific.

Given a set K defined by some rule $K = \hat{x}\mathbf{K}(x)$, see Figure 1

We want to identify part of it, the set A. What are our options for doing so? Well, we can give another predicate $\mathbf{K}_A$ and define A

$A = \{\text{all } x \text{ such that } \mathbf{K}_A(x) \text{ holds}\}$

This is OK except for two possible problems.

1. We may find it difficult to find or write down a $\mathbf{K}_A$.

2. A may be such that it is not easy to list

So neither method B1 or B2 or B3 are easy for this set.

The difficulty may be mathematical or practical. Mathematically the language of the properties may not have any φ such that we can write

$$A = \{x|\varphi(x)\}$$

This is a problem of definability. There are many examples in logic of undefinble sets relative to a given logical system.

Practically the difficulty may be that the set may be definable in a mathematical way but the definition is formal and not transparent or the use of language (natural language) is vague, etc.

Furthermore, going back to our example, even if we find a $\mathbf{K}_A$ or take the trouble to list the members of A, we may feel that we are not making good use of the fact that A is a part of K, especially if K is a very clear and helpful context. In other words, there may be simpler commonsense ways of identifying A with the help of K. So how do we do it?

Example 2.1 *Start with a set of young girls ages 16–30. This is a clear definition. Now we want to explain/highlight the subset of those which are 'real beauties'.*

How are we going to identify this set? The language is vague and cannot be formalised. We can give 'measurements' of weight, bust, proportions, etc., or some algorithms of community voting, etc., etc., etc., but that will not easily capture the concept. There are too many beauties to list by name and any other procedure may be complex and costly. So how do we do it?

One way is to list the names of well known beauty queens (Miss World) 2000–2008 and let the reader get the idea using his commonsense and imagination. All girls that look more or less like the ones in the list are our set of "beauties".

This is much more effective but may be open to discussion.

So we must indicate by some 'code of words' how to generalise from this list of girls and get the rest of the beauties in the set. So we may say:

> *All girls in town between 16–30 such as the well admired Mary, Tracy and Abigail, or any other pleasant and delightful girl.*

So the last phrase tells us to generalise and gives us a hint how to generalise. The hint may be more detailed, for example, we may say "or any other pleasant and delightful hard working girl". This will exclude "useless" celebrities. The Talmudic way of describing a set is something like that.

It is simple, intuitive, descriptive and takes advantage of our commonsense and knowledge of the world.

Here are the general possible options for (KPK) rule.

Step 1: First describe a set K_1 by some rule.

Then:

Step 2 Option M1: List some individuals in K_1.

Then give a clue allowing us to take any other members of K_1 which have common properties with these individuals.

Say we choose four names

$$e_1, \ldots, e_4$$

we know $\mathbf{K}_1(e_1), \ldots, \mathbf{K}_1(e_4)$ hold.

1. We can look at typical properties which at least one of them has e.g. $\pi_1^1, \pi_2^1 \ldots$.
2. We can look at typical properties which any two of them have, e.g. $\pi_1^2, \pi_2^2, \pi_3^2, \ldots$.
3. We can look at properties which any three of them have, e.g. $\pi_1^3, \pi_2^3, \ldots$.
4. We can look for poperties which all four of them have, e.g. '$\pi_1^4, \pi_2^4, \ldots$.

Commonsense and context allows you to identify such properties. In fact in many examples the text itself might hint at the intended properties.

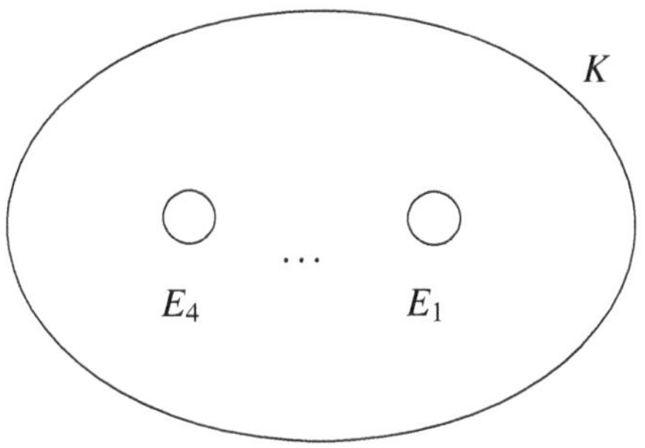

Figure 2

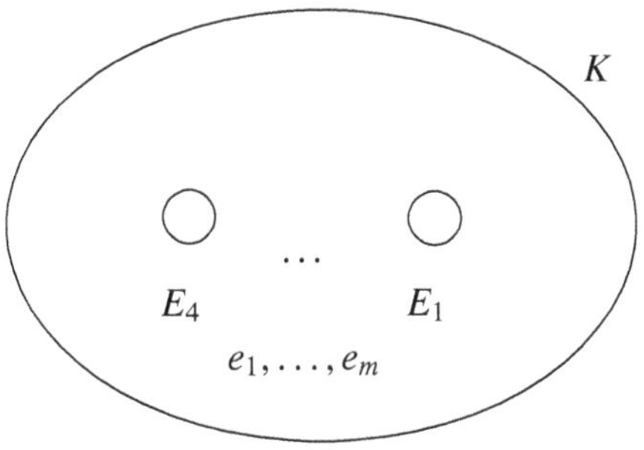

Figure 3

We then decide on a sublist of properties which are the ones we actually use to define the set.

Of course there may be a debate on which ones to take.

Then define a subset of K_1 to be all elements satisfying such properties. We can even say explicitly which π^i_j we want to use, i.e. first identify some $\alpha, \beta, \gamma \in$ {set of all π^i_j} then generalise using them and get the set.

Exactly what you do is the option you may wish to use.

Step 2 Option M2: We can define some subsets of K_1 using easy simple predicates $E_1, \ldots, E_k$. See Figure 2

Here we use small sets instead of individuals and again seek common properties. The game is slightly different when we deal with sets and so we may get different kinds of π^i_j.

Step 2 Option M3: Use a mixed approach, see Figures 3 and 4 containing both sets and individuals. The simplest case is Figure 4.

E_1 is a stronger context than K and e_1 is the indivudal whose properties we generalise.

Note that the process can be iterated. So the sets E_τ can themselves be defined using our method and then be used in Figure 3 to define more sets.

The above discussion presented (KPK). We similarly have the (PKP) or just (PK) or (KP). Each case has its agreed ways of use.

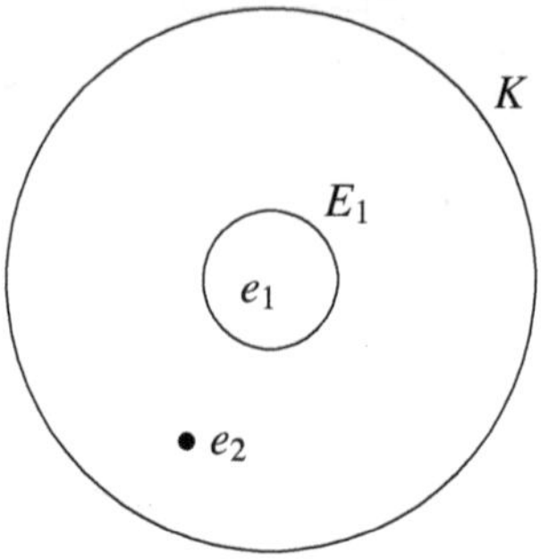

Figure 4

We conclude this section with a complex example just to show how complicated these concepts can be.

Example 2.2 (Recursively enumerable sets) *The traditional definition of recursive functions is to generate them*

1. *Addition + and multiplication* $\times$, *as well as the constant functions are recursive.*

2. *If* $f(x_1, \ldots, x_n, y_1, \ldots, y_k)$ *and* $g_i(z_k, y_j), i = 1, \ldots, n$ *are recursive then so is* $f(x_1/g_1, \ldots, x_n/g_n, y_j)$

3. *If* $f(x, y_j)$ *is recursive so is* $\mu x f(x, y_j)$ *where* $\mu x f(x)$ *gives the least* x *such that* $f(x, y_j) = 0$, *if it exists.*

4. *Iteration. If* $h(y, z, x_i)$ *and* $g(x_i)$ *are recursive so is the function* f *satisfying*

$$\begin{aligned} f(0, x_j) &= g(x_j) \\ f(n+1, x_j) &= h(n, f(n, x_i), x_j). \end{aligned}$$

We can now use recursive function to define recursively enumerable sets. These are generated by letting recursive fuctions compute and generate a range of numbers. Such ranges are recursively enmerable sets.

The predicate definition of such sets comes from a theorem of Matiyaseich. A set K is recursively enumerable iff there exists a polynomial with integer coefficients $f(x, n_1, \ldots, n_k)$ such that $K = \{n | f(n, n_1, \ldots, n_k) = 0\}$.

Both of these options are highly complex and mathematical.

The intutive commonsense definition of a recursively enumerable set is as follows.

These are sets of numbers obtained by allowing some computer program to keep on running, churning out numbers. If we let it run forever and collect the numbers and ignore repetitions we get a recursively enumerable set generated by the program. Try all possible programs and you will get all possible sets.

This is a simple intuitive definition and it is actually 100% correct. It relies on our familiarity with computers, not in the technical sense but in the commonsense daily life sense.

Now think of the Bible and its desire to define some sets for a crowd of former slaves just out of Egypt. How is it going to make things clear to them? What device to use? Well it used the method of (KPK), (PKP), etc., etc.

In fact the Bible uses another device. If we presented a set using (KP), we know we cannot change it any more and we are not allowed to apply further operations to it. If we use other rules, then maybe we can. This is a Talmudic convention. In modern terms this is a principle of reactivity. Each use of a rule tells us which other rules can be used. The **KPR** rules cannot string together but one is allowed to use the rule of analogy (Binyam-Ab) after a **KPR** rule and this possibility can be switched off.

Here is an example (not Biblical).

Example 2.3 (The wedding) *Mary is planning a wedding for her daughter. She has a big family and not all of them get along with each other. For example we have*

$$a \longrightarrow b$$

a does not speak with b. If b is invited, a will not come.

We also have

$$c \longrightarrow d$$

d is a relative, c is a friend, not a relative. Now rich Uncle Morris from the US says: "I will pay for the wedding. Invite all the relatives (this is K-rule), for example b (this is P-rule) and any friend you like (this is another K)". Now which set has Uncle Morris defined? The set K_1 of all the relatives he mentioned first. This set is problematic. If b is invited, a will not come. But Uncle Morris mentioned b, so b has to be invited and not a.

Now that we clarified that we get K_2 — all the friends. Can we invite them all? No, because if $d \in K_1$ is invited then friend $c \in K_2$ will not come. Who has priority? K_2 or K_1? Do we invite c or do we invite d? This is a matter of how we perceive the rule of (K_1PK_2). In fact there are two opinions in the Talmud about this. One says K_2 has priority and the other says K_1 has!!

3 The Talmudic options

To use a **KPR** rule (for example KPK) in the Talmud we go through five stages.

1. Identify the Biblical text which seems to be a **KPR** definition of a set. This may suggest the form illustrated for example, in Figure 3. This text may involve one or two general rules K_1 and K_2 and several specific items $e_1, \ldots, e_m$ and more items $E_1, \ldots, E_4$ which can be specific small descriptions of subsets. These serve as P_1 and or P_2. We need to decide which rule of **KPR** is to be used. E.g/ K_1PK_2 or K_1P or P_1KP_2, etc.

2. We need to decicde from the text whether we have here one single application of the rule, with all the items $\{E_1, \ldots, E_4, e_1, \ldots, e_m\}$ or perhaps the intention is to use several applications of the rule in parallel, for example one with $K, \{E_1, \ldots, E_4\}$ which we call the E-application and one with $K, \{e_1, \ldots, e_m\}$,

which we call the e-application, thus obtaining two sets Y_E and Y_e and then continuing with these sets.

We can usually expect some textual hint as to the itention.

Another possibility is to use **KPR** on each of $e_1, \dots, e_m$ individually obtaining $Y_{e_1}, \dots, Y_{e_m}$ and then use $E_1, \dots, E_m$, not as the objects of **KPR** but on the results $Y_{e_1}, \dots, Y_{e_m}$ of **KPR** on each e_i as a means to decide which Y_{e_i} to take. We should see some examples to this effect.

3. Having decided on how many applications of the rules we do in parallel and on which objects, β_i, we try in each case to find Y_β. To this end we look for each β_i, the common aspects (properties) π^i_j arising from the respective list of examples in β_i. This is a hard part and we may get some help from the Biblical text or we may have some agreed rules of how to find these π^i_j. The context of the problem will also help. See Example 3.1 below.

4. Executing the algorithm of the rule **KPR** with a view of defining the sets Y_{β_i} out of π^i_j above. Note that there may be several versions of how to execute the rule **KPR** and we may have to decide which version to use in each case.

5. Once we defined the different sets, Y_{β_i} as we indicated above by way of example, then we have to decide what to do with them. Some options are:

   5.1. Take the union

   5.2. Take the union of some of them to be chosen according to some principle, called Resonance.

   5.3. Perform some other operations.

We shall see later that we treat the sets π^i_j intensionally. So if $\pi^i_1 = \pi^i_2$, we still operate with the names of the sets, i.e. π^i_1, π^i_2, and not identify them as one set. How this is done will become apparent from the examples.

Methodological Question

What are the principles actually employed by the Talmud?

To extract these we go over the case studies in the Talmud where **KPR** rules are employed (sugiyot **KPR**) and see how they fit. As there are several of these with some possible interpretations, we can find the interpretations that fit a single version of the formal **KPR** schema.

This will achieve (if indeed found to fit) two objectives.

1. Give us a formalisation of the correct **KPR** rules of the Talmud

2. Resolve problems raised by Talmudic scholars through the ages.

In our paper [3] we have systematically gone through major **KPR** studies in the Talmud and the results were amazingly consistent and confirmed our model as well as resolved Talmudic problems with respect to **KPR**.

Example 3.1 (Royal Party) *The context of this example is the imaginary world of children's stories about Kings, Princes and Princesses. These children's stories are stylised and well known to many children all over the world. They include stories like Rapunzel, Snow White and the Seven Dwarves, the Princess and the Pea, Sinbad the Sailor, Goldilocks, Ali Baba and the Forty Thieves, etc, etc. In short, all the 'night-night' stories children hear before they go to bed.*

The King of some Town decides to throw a ball in honour of his daughter, the Princess. He tells his ministers to invite important people such as Princess A and Magicians B and C and local girls G1 and G2 and Prince E and King F, and in fact anyone who may be of importance. This is an instance of KPK in the context of children's stories. What do we know about common features of Princes, Princesses, Magicians and girls in these stories?

1. *All princesses are beautiful, looking for a suitable husband and totally useless (from our point of view).*
2. *Princes are valiant but some are 'dark'.*
3. *The magicians can be good, dressed in white or evil, dressed in black.*

So the additional invitees could be honest nice maidens friendly with the princess.

If this story is set in modern times and the Queen of England is throwing a reception, then probably:

1. *Princesses are engaged in charity*
2. *'Magicians' are politicians*
3. *Princes are probably some sort of playboys.*

So the additional invitees could be celebrities from television and Hollywood.

Example 3.2 *This is essentially a Talmudic example (from Tractat Hulin 65–66) cast in modern terms.*[2] *Imagine a situation where there is a credit crunch and general economic problems. Companies are going bust and the government is interested in supporting them. Such a situation existed in 2008/2009 and in fact the government supported the banking sector by buying shares in ailing banks. One such example is the Royal Bank of Scotland (RBS) where the UK government bought over 70% of its shares for over 100 billion dollars. Now imagine that the US government wants to help companies by allowing them to pay their corporation tax, not in cash, but in their own shares. This is a welcome form of help. The question is what kind of shares the government would accept and from what kind of companies? The government uses KPK to identify such companies.*

General principle K_1
Official government text: *companies showing signs of recovery.*

Examples P
Official government text: *Companies like e_1 = Microsoft or companies like e_2 =*

[2]The **KPR** are essentially Talmudic and do not necessarily exactly apply to modern legal conventions or modern common sense reasoning. However, in this modern example we get identical results to the Talmud.

	U many employees	A International company	B credit crunch problems	C strong potential growth
e_1 = Texas Oil	+	+	-	-
e_2 = Goldman-Sachs	+	+	+	+
e_3 = Microsoft	+	+	-	+
E_1 = American brand	+	+	+	+

Figure 5

Goldman-Sachs, or companies like e_3 = South Texas Oil or a set like E_1 = any international houshold American brand name.[3]

Second General rule K_2
Official government text*: Anything like the above.*

The way the examples are formulated hints that we want to do the rule KPK separately on each of Microsoft, Goldman-Sachs, and Texas Oil, which are individual companies. We extract some π^i_j from them and then maybe we use the set E_1 = American brand name companies, in some special way.

The next step is to identify the properties (aspects) π^i_j for each e_i. We offer the following table for our particular example, see Figure 5.

In this example we chose companies in such a way that the aspects π^i_j have the same structure as the ones of the Talmudic examples.[4] *We thus have the Talmudic example cast in modern terms.*

Here each e_i has $k(i) = 4$ aspects. (The function k gives the number of aspects we use.)

The sets U, A, B, C have a meaning and therefore we can draw a Venn diagram for them. In this particular case we get the same sets or their complements at play for each e_j and so we can use the same schematic Venn diagram, see Figure 6. Let $\bar{X} = U - X$, then:
For Texas Oil, look at $U, A, \bar{B}, \bar{C}$.
For Goldman-Sachs, look at U, A, B, C.
For Microsoft, look at $U, A, \bar{B}, C$

We have $A \subseteq U$ because such international companies have many employees. We also have $U \subseteq E_1$ since this entire set up is for subsets of E_1.

We use the following KPK rule as our example.

The result of applying KPK to an element e is to take the set of all elements that have two features in common with e, i.e. $\varphi(k) = 2$ in our case, see Figure 8. If k is the number of features then $\varphi(k)$ is the number of features we use to identify the elements of the target set we want to define. The function φ is part of the **KPR** *rule we use. See Table of Figure 8.*

So from the table we get:

[3] e.g. Coca-Cola.

[4] Hulin page 66 deals with types of insects we are allowed to eat. Nowadays these are not considered attractive to eat.

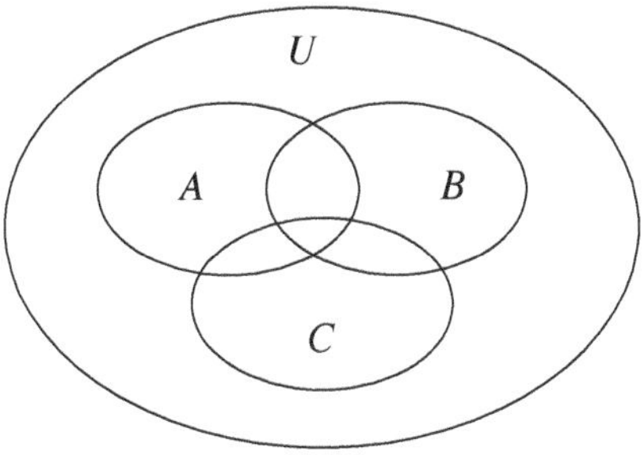

Figure 6

For Texas Oil we get

$$\pi_{\text{Texas}} = (A \cap \bar{B}) \cup (A \cap \bar{C}) \cup (\bar{B} \cap \bar{C}) \cup (U \cap A) \cup (U \cap \bar{C}) \cup (U \cap \bar{B})$$

For Goldman-Sachs we get

$$\pi_{GS} = (A \cap B) \cup (A \cap C) \cup (B \cap C) \cup (U \cap A) \cup (U \cap B) \cup (U \cap C)$$

For Microsoft we get

$$\pi_{\text{Mic}} = (A \cap \bar{B}) \cup (A \cap C) \cup (\bar{B} \cap C) \cup (U \cap A) \cup (U \cap \bar{B}) \cup (U \cap C)$$

We now look at the syntactical description of the sets in terms of $\pm A, \pm B, \pm C, \pm U$ *and apply a process which we call* Resonance.

Take a set X*, e.g.* $X = B$*. If* B *appears in one element (e.g. Goldman-Sachs) and* $\bar{B}$ *in another (e.g. Google) then ignore it and delete the disjunct from both.*

We get new disjunctions $\pi^*_{\text{Texas}}, \pi^*_{GS}, \pi^*_{\text{Mic}}$*, after applying the resonance deletion process. These are:*

$$\begin{aligned} \pi^*_{\text{Texas}} &= U \cap A \\ \pi^*_{GS} &= U \cap A \\ \pi^*_{\text{Mic}} &= U \cap A \end{aligned}$$

Let $\pi_{\text{resonance}}$*, the result of the resonance operation, be* $\pi^*_{\text{Texas}} \cup \pi^*_{GS} \cup \pi^*_{\text{Mic}} = U \cap A$*.*

Therefore the relevant aspects in all the items e_1, e_2, e_3 *are* U *and* A*. And, since* $\varphi(4) = 2$*, we take all elements having two aspects in common, i.e. we take* $U \cap A$*.*

So we are left with A *and* U*, with* $A \subseteq U$ *Note that if we did not have* E_1*, we would have stopped here and the answer/result of the algorithm would have been* $A \cap U$*. Now that we have* E_1 *(i.e. we are also given a set and not just individuals) we need to continue. First we view* E_1 *as a constraint and second we view* E_1 *as another aspect.*

So we need to do **KPR** *process on* $E_1, E_1 \cap U, E_1 \cap A$*.*

A says we want an international/multi-national company. Now E_1 *the set American brand comes into play. We want* $A \subseteq U$ *which is also an* E = *American brand. Thus the result of our considerations is that there are three concentric aspects* $A \subseteq U \subseteq E_1$ *(see Figure 7).*

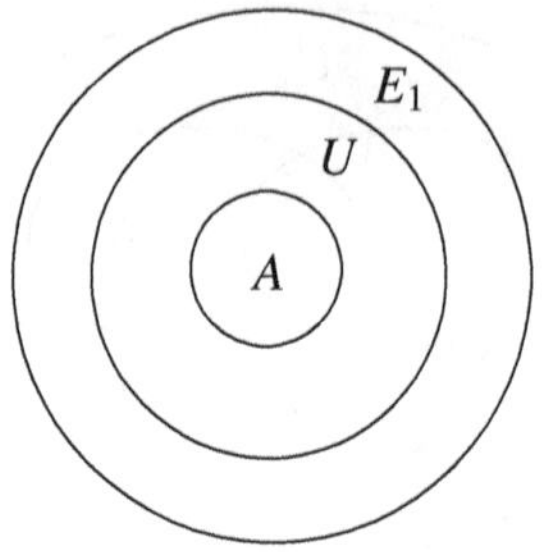

Figure 7

Consider the black box complex individual $\beta = \{e_1, e_1, e_3, E_1\}$. *We now apply KPK to this* β *and get*

$$Y = (A \cap U) \cup (A \cap E_1) \cup (U \cap E_1) = U \cap E_1$$

The next definition will give the general algorithm we used.

Definition 3.3 (Formal definition of Talmudic KPR) *The reader should compare with Example 3.2 step by step.*

1. *An instance of* **KPR** *involves a general rule* K_1, *a list of specific instances given as individual* $e_1, \ldots, e_m$ *and a list of sets* $E_1, \ldots, E_n$ *(these are specific instances given as sets) and a concluding rule* K_2. K_1 *is called the first rule and* K_2 *is called the second rule. Note that we view the above intensionally as syntactically defined element* $e_1, \ldots, e_m$ *and sets* $K_1, E_1, \ldots, E_n, K_2$. K_1 *and* K_2 *contain intensionally all of* $e_1, \ldots, e_m$ *and* $E_1, \ldots, E_n$.

   It could be that some of these syntactical entitites have the same extensions but to **KPR** *we see them as intensionally distinct.*[5] *The idea of* **KPR** *rules is to define sets around the examples* $e_1, \ldots, e_m$ *and* $E_1, \ldots, E_n$. *The algorithm extracts intensional properties from these items, say* $D_1, \ldots, D_k$ *the number* k *may also be determined by the rule, and tells us what degree of resemblance to these intensional sets* D_i *we want to use to define our target set* Y.

   The degree of resemblance is $\varphi(k)$ *and we have* $x \in Y$ *iff* x *is in at least* $\varphi(k)$ *of the sets* D_i.

   The Talmudic algorithm for the application of KPK is first to look for defining asepcts for each *of the items* $e_1, \ldots, e_m$. *So the Talmudic algorithm tells us to apply KPK in principle to each of the individual items separately. We use context and textual analysis to find the defining aspects for* e_i. *Call them* $\pi^i_1, \ldots, \pi^i_{k(i)}$. *This list is context dependent and finding it has no algorithm. It is not part of the abstract KPK algorithm. The KPK rule says that when we agree on* $k(i)$ *aspects for* e_i *then we look at the intensional set*

$$A_i = \{x | x \text{ is an intensional member of at least } \varphi(k(i)) = n \text{ sets}\}$$

[5]This is well known in philosphy. For example evening star, morning star are extensionally the same but intensionally different.

	Priority to first K	Priority to last K
K_1PK_2	$\varphi(k(i)) = k(i)$	$\varphi(k(i)) = 2$
PK_2	$\varphi(k(i)) = 1$	$\varphi(k(i)) = 1$
K_1P	$\varphi(k(i)) = k(i) + 1$[7] (formally this means e_i only)	$\varphi(k(i)) = k(i) + 1$ (formally this means e_i only).
P_iKP_2	$\varphi(k(i)) = 2$	$\varphi(k(i)) = k(i)$

Figure 8

i.e.

$$A_i = \bigcup_{\substack{i_1 \neq i_2 \neq \ldots \neq i_n \\ \textit{pairwise different} \\ \textit{numbers} \leq k(i)}} \bigcap_{r=1,\ldots,n} \pi^i_{i_r}$$

If $\varphi(k(i)) = 1$ *then the set* $A_i = \{e_i\}$.

We need to say what is $\varphi(k(i))$. *This depends on the version of the* **KPR** *rule employed and on whether* K_1, K_2 *appear or not. It also depends on the priority we give to* K_1 *over* K_2 *or* K_2 *over* K_1.[6]

The following table, Figure 8 summarises the options.

2. *Having done this for each i, we retain the syntactic definition of* A_i, *and we need to continue and do what we call* Resonance.

   Resonance can be applied when for all i, $k(i)$ *is the same, say* $k(i) = k$.

   So

   $A_i =$ *syntactical union of all possible syntactical intesections of* $\varphi(k)$ *elements.*

   Assume that for $i \neq j$ *we have in* A_i *an intersection of the form* $\pi \cap z$, *and in* A_j *we have a syntactrical intersection of the form* $\pi \cap \bar{z}$.

   Then we delete both $\pi \cap z$ *and* $\pi \cap \bar{z}$ *from* A_i *and* A_j *respectively. Thus we get new unions after resonance is repeatedly applied for all possible cases. Call them* A_i^R.

   $$A_i^R = \textit{union of less intersections obtained from } A_i \textit{ after resonance.}$$

   The rationale for doing this is as follows:

   In A_i, *we want elements sharing* $\varphi(k)$ *features with* e_i. *One possiblity is the set* $\pi \cap z$, *a disjunct in* A_i.

[6] In Hebrew:
K_1 prior to K_2: Klal Kama Davka
K_2 prior to K_1: Klal Batra Davka.

[7] If we are given $k(i)$ properties of e_i and we seek all elements x which share $k(i) + 1$ properties with e_i then the only x we can safely admit is e_i itself.

We also have $\pi \cap \bar{z}$ as a disjunct in A_j. This means z is not an important feature in the context of π. Hence the element of

$$\pi = (\pi \cap z) \cup (\pi \cap \bar{z})$$

have $\varphi(k) - 1$ features and that is not enough according to our rule, and so we delete it.

This resonance deletion process leaves us with a reduced list η^i_j, $j = 1, \dots, n_i$) where $n(i) \leq k(i)$.

We now form the sets $B_i = \bigcup_{j \leq n(i)} \bigcap_{r \neq j} \eta^i_j$.

Having found B_i we take only those B_i such that

$$B_i \subseteq \bigcap_{i=1}^{m} E_i$$

Let $D_1, \dots, D_s$ list the successful B_i which are syntactically different. We now have a list of aspects $D_1, \dots, D_s$ which we view as aspects of a black box 'ideal' individual.

$$\beta = \{E_1, \dots, E_n, e_1, \dots, e_m\}.$$

We apply the KPK rule using $\varphi(s)$ and now define the final set Y, the result of the entire KPK process as

$$Y = \bigcup_{\substack{i_1 \neq i_2 \\ \neq \dots \neq i_{\varphi(s)} \\ \text{all pairwise different}}} \bigcap_{r = i_j, j=1,\dots,\varphi(s)} D_r$$

If there are no E_i at all, we take $Y = D_1 \cup \dots \cup D_s$.

4 Concluding discussion

We saw that **KPR** define sets basically by examples and make use of our (context dependent) common sense to identify the target set.

We stressed two features of this rule:

1. Its simplicity
2. Its open texture, the way it can change with context.

The reader may have doubts about the simplicity, looking at the example and definition in Section 3. The procedure may seem complex because we are describing it mathematically, but on the human intuitive level it is simple.

A further point about open texture. Here the open texture arise from properties of individual agents, not from the meaning of predicates. We have abundant examples of predicate open texture in legal reasoning and legal concepts. This is not the same as dependence on individuals. Take for example the concept 'response in reasonable time' with regard to public institutions.

We can interpret 'reasonable time' differently at different circumstances. But if we define it by example, e.g.
e_1 = police dial 999,
e_2 = hospital ambulance service
e_3 = job enquiries at the post office.
then we are relying on the adaptability of these items to circumstances, which may be different from the common sense perception of the public of 'reasonable time' under the same circumstances.

A final remark about the range of **KPR** rules. Suppose nowadays we want to use this rule to define a set. How do we go about it and what are the ideal conditions for its use?

First we may agree on a different table from that of Figure 8. Second, we may be more specific about what rules can be used for K_1 and K_2.

Consider the term mug (a general term for some kind of drinking cup).

It does not seem reasonable to use **KPR** to give a definition of the set of elements considered as mugs. We do have a common sense understanding of what a mug is. It seems more likely that I define the kind of mug I personally like by using KPK. I start with K_1 = mug and give some examples $e_1, \ldots, e_m$ of mugs I like and then conclude with K_2 = say 'anything big and easy to hold in one hand'.

We guess what we are saying is that **KPR** is most successful in defining subsets of sets which are already intuitively (and using common sense) perceived by the man of the street; by using KPK we further limit this already well understood set.

References

[1] M. Abraham, D. Gabbay and U. Schild. Analysis of the Talmudic Argumentation A Fortiori Inference Rule (Kal-Vachomer) using Matrix Abduction. *Studia Logica*, 92:3, 281–364, 2009.

[2] M. Eilon. *Jewish Law*, 4 volumes. Jewish Publication Society of America. Reprint edition, 1994.

[3] M. Abraham, D. Gabbay, G. Hazut, Y. Maruvka and U. Schild. Logical analysis of Klalim-u-Pratim in the Talmud. Hebrew paper 369. 200pp. 2009.

[4] D. M. Gabbay and J. Woods. *Handbook of the History of Logic*, 12 Volumes, Elsevier, 2004–2011.

מחקרים בלוגיקה תלמודית
כרך ב

מידות הדרש הטכסטואליות 'כללי ופרטי':
הגדרה אינטואיטיבית של קבוצות בתלמוד

בספר זה אנחנו מנתחים את מידות הדרש ממשפחת 'כלל ופרט', ששלוש מתוכן מופיעות בברייתת המידות (אך במשפחה זו ישנן מידות נוספות). אנו עומדים על כך שמידות אלו אחראיות על הגדרה של קבוצות באופן לא פורמלי, ומציעות מתודה שיטתית לעשות זאת, דבר שעדיין לא נעשה בלוגיקה הכללית. אנו בונים מודל כללי עבור משפחת המידות הללו, ועוברים על ההיבטים העיקריים שנוגעים למידות הדרש הללו בתלמוד, ומסבירים אותם באמצעות המודל שלנו. בנוסף, אנו דנים גם במשמעות המתודולוגית הכללית יותר של המודל שלנו, שמהווה פרדיגמה אלטרנטיבית לחקר התלמוד וההלכה בכלל.

כרך ב
מידות הדרש הטכסטואליות 'כללי ופרטי': הגדרה אינטואיטיבית של קבוצות בתל

מיכאל אברהם, דב גבאי, גבריאל חזות, יוסף מרובקה ואורי שילד

מחקרים בלוגיקה תלמודית
עורכי הסדרה:
מיכאל אברהם, דב גבאי ואורי שילד
dov.gabbay@kcl.ac.uk

מידות הדרש הטכסטואליות 'כללי ופרטי': הגדרה אינטואיטיבית של קבוצות בתלמוד

מיכאל אברהם

דב גבאי

גבריאל חזות

יוסף מרובקה

ואורי שילד*

אוניברסיטה בר אילן

*והמכללה האקדמית אשקלון

ISBN 978-1-84890-001-1

College Publications
Scientific Director: Dov Gabbay
Managing Director: Jane Spurr
Department of Computer Science
King's College London, Strand, London WC2R 2LS, UK

http://www.collegepublications.co.uk

Printed by Lightning Source, Milton Keynes, UK

1

הקדמה כללית

בין חיבור זה לקודמו

חיבורנו הקודם עסק בשלוש מידות הדרש ההגיוניות (שני בנייני אב וקו״ח). ניסינו להראות שם ששימוש בכלים לוגיים עשוי להביא להבנה מעמיקה ושיטתית יותר של מידות הדרש הללו, ומתוכן הצענו מודל רחב יותר לחשיבה הלא-דדוקטיבית בכלל.

בחיבור זה נציע תמונה כללית של מידות ׳כללי ופרטי׳, שברשימתו של ר׳ ישמעאל מתפרטות לשלוש מידות: ׳כלל ופרט׳, ׳פרט וכלל׳, ׳כלל ופרט וכלל׳. נעיר כי ישנה מידה נוספת ששייכת למשפחה הזו, ׳פרט וכלל ופרט׳, שמופיעה בסוגיא אחת בספרות חז״ל (בבבלי נזיר). בפרק העוסק בה נבחן גם את מעמדה.

בכל אחד מהחיבורים בסדרה יש לנו מטרה כפולה:

- הראשונה היא תורנית, כלומר לפענח את מידות הדרש הללו. כאן אנחנו עוסקים ב׳יבוא׳ של כלים מתחומי ידע שונים שיכולים לסייע לנו לפענח את עומק דברי התלמוד.
- השנייה היא אוניברסלית יותר, שנוגעת להשלכות חוץ תורניות של מתודות הדרש. בהקשר זה אנחנו עוסקים ב׳יצוא׳ של כלים שמצויים בספרות התלמודית ומראים שימושים רחבים יותר והשלכות שונות שלהם בתחומים אחרים.

בחיבור הקודם, מעבר לפענוח של שלוש המידות ההגיוניות (ה׳יבוא׳), היתה לנו מטרה לוגית מאד ברורה (׳יצוא׳). רצינו לפענח ולחשוף את יסודות הלוגיקה של החשיבה הלא-דדוקטיבית, ולהראות ששלוש המידות ההגיוניות במדרש ההלכה הן בסיס שפורס את רוב סוגי ההיסק הלא-דדוקטיביים.

בחיבור הנוכחי יש לנו שתי מטרות ׳יצוא׳, מעבר לפענוח של שלוש מידות הדרש ׳כללי ופרטי׳ עצמן (ה׳יבוא׳): 1. מטרה לוגית: להראות שיש כאן דרך

סיסטמטית להגדיר קבוצות באופן אינטואיטיבי דרך דוגמאות, דבר שלא נעשה עד היום בהקשרים לוגיים אחרים. 2. מטרה בתחום המחקר התלמודי: דרך הניתוח הלוגי של מידות אלו ננסה להציע פרדיגמה בעלת אופי רציף שהיא קרובה יותר לפרדיגמה המסורתית. פרדיגמה זו שונה מהפרדיגמה המקובלת במחקר האקדמי של התלמוד, ואנו נפרט זאת יותר להלן.

על הפרדיגמה של חקר התלמוד

במחקר התלמודי של מאתיים השנים האחרונות, התפתחה פרדיגמה[1], אשר גורסת כי מטרת החוקר היא בעיקר להבחין בין מקורות, לדון בכל אחד מהם לחוד, ולחקור את ההתפתחות שלהם זה מתוך זה, וזה לעומת זה. זוהי גישה שעניינה העיקרי הוא פירוק, מיון וסיווג. הפירוק נעשה הן על הציר ההיסטורי, כלומר הבחנה בין מקורות קדומים ומאוחרים, והן על הציר המרחבי, כלומר הבחנה בין חכמים ובתי מדרש שונים.

הדוגמא העיקרית היא הפרדה של התלמוד עצמו למרכיביו, מספרות התנאים (שגם היא מפורקת לחלקיה ולשלבי עריכתה), והמשך בעריכת התלמוד, שנתפס כאוסף, לפעמים אקלקטי, של מקורות, שהמטרה העיקרית שהמחקר מציב בפני עצמו ביחס אליהם הוא הפרדתם לסוגיהם, תקופותיהם ומגמותיהם. בפרדיגמה הזו, ספרות התנאים נבחנת כשלעצמה, לאו דווקא דרך הספרות האמוראית. התפיסה המקובלת היא שהספרות האמוראית עומדת לעצמה, והיא אינה שלב נוסף בפענוח של הספרות התנאית, אלא נדבך נוסף שפותח על גביה. גם כשאמורא מתייחס למשנה, הוא לא תמיד מפרש אותה. המחקר התלמודי מניח בדרך כלל שהאמוראים לפעמים תולים במשנה דברים שלהם, במודע או שלא במודע. המחקר התלמודי אינו רואה בתלמוד דרך מועדפת להבנת המשנה, אלא רק דרך אחת מיני רבות, שנבחרה על ידי האמוראים מסיבות אלה או אחרות.

---

[1] בעניין זה, ראה בין התר את המקורות המובאים במאמרו של מ. אברהם, 'בין מחקר לעיון - הרמנויטיקה של טכסטים קאנוניים' **אקדמות** ט, תשס.

לעומת זאת, הלימוד המסורתי נוטה יותר להרמוניזציה, במרחב ובזמן.[2] הוא רואה בכל הקורפוס החז"לי והבתר-תלמודי מבנה אחיד וקוהרנטי (למעט יוצאים מן הכלל, וחריגים שאינם מעידים על הכלל). בישיבות לומדים את המשניות בפריזמה של התלמוד, ואת התלמוד בפריזמה של הספרות הבתר-תלמודית, את הראשונים בפריזמה של אחרונים וכדו'.

מעניין לציין שחוקרים נוטים[3] להצביע על הלימוד המודרני עצמו כסוגה נוספת (בעיני כמה מהם מעוותת) בתהליך של מסורת לימוד התורה, שגם היא אינה המשך טבעי של השלבים הקודמים בשרשרת הדורות, אלא לכל היותר דרך אחת מיני רבות, שנבחרה גם היא מסיבות אלו או אחרות, וכתוצאה מהשפעות אלה או אחרות. גם הגישות הישיבתיות הרווחות כיום זוכות לאותה התייחסות אקדמית, כמו השלבים הקודמים להן.

לעומת כל זאת, הלומד המסורתי בישיבה, כמו גם בכל דורות הקודמים, ראה ורואה את עצמו כממשיך ישיר של הדורות הקודמים, גם אם הוא מודע לכך שהשפה וצורת החשיבה שלו מעט שונות מאלו של קודמיו. הלומד המסורתי תופס את שרשרת המסורת כשרשרת של פענוח (יצירתי) של התורה שהוא קיבל מקודמיו. כאמור, כחלק מתפיסת עולמו זו, הוא מתבונן על המשנה דרך התלמודים, ועל אלו דרך מפרשיהם הראשונים והאחרונים. לעיתים נדירות הוא ירשה לעצמו להעלות (בדרך כלל תוך מילות הסתייגות) אפשרויות שונות לפרש את המקורות הקדומים באופן עצמאי שאינו תואם את המסורת שהוא קיבל.

קשה להכריע בשאלה מי מהשניים צודק. מחד גיסא, יש שרואים כאן ויכוח בין כופרים למאמינים (רשעים מול צדיקים), אך קשה מאד לקבל זאת. המתודולוגיה צריכה להיבחן בעיקר דרך השאלה מהו הפירוש הנכון והמשכנע יותר, ולא דרך קיטלוג ותיוג של העוסקים בה. אך מאידך גיסא, בעת האחרונה מתרבים והולכים אלו שרואים כאן מחלוקת מתודולוגית גרידא. השאלה היא מה מחפש הלומד, והמתודה היא רק נגזרת של מטרות הלימוד

---

[2] ראה על כך במאמר 'הרמנויטיקה' הנ"ל.

[3] ראה במקורות המובאים במאמר 'הרמנויטיקה' הנ"ל.

שלו. מי שמחפש את ההשתלשלות ההיסטורית ואת ההשוואתיות, צריך להשתמש בכלי המחקר האקדמי. ומי שבא להסיק מסקנות הלכתיות, צריך להשתמש בכלים המסורתיים. לפי התמונה החדשה הזו אין כאן ויכוח ממשי, ובתי המדרש השונים מחפשים תשובות לשאלות שונות, ולכן הם משתמשים בכלים שונים.[4]

הנחתנו כאן היא שזהו ויכוח אמיתי בין עמדות לגיטימיות, ויש לשאוב משתי הגישות גם יחד, ולנסות לשלב את המיטב שבשתיהן. על אף שקשה (ולא נכון) להכריע בויכוח הזה באופן גורף, ברצוננו להצביע על דוגמא מובהקת (ולדעתנו גם מאד מייצגת) לכך שהראייה ההרמוניסטית עשויה לפעמים להביא להבנה טובה יותר של המקורות התלמודיים, כלומר במקרים מסויימים היא הנכונה יותר.

בגליון מז, ג, של כתב העת **המעין** (ניסן תשס״ז), נדפס מאמרו של הרב יהושע הוטנר, עורך **האנציקלופדיה התלמודית**, שקרוי ״משמעון הצדיק עד ר׳ שמעון שקאפ״. המאמר מתייחס לביקורות שהתעוררו על עורכי האנציקלופדיה, אשר הכניסו מ׳פלפולי האחרונים׳ לתוך ערכי האנציקלופדיה. המבקרים טענו שאין לדברים אלו מקום באנציקלופדיה שעניינה הוא התלמוד, שכן האחרונים אינם חלק טבעי מהקורפוס הזה.

הרב הוטנר במאמרו טוען שדברי האחרונים הם המשך ישיר ופירוש לדברי קודמיהם שבתלמוד ואחריו. ובלשונו: ״התלמוד לא נחתם מעולם״. וכך הוא כותב:

> ***ואמנם, קובלים אנשי ״הארכיאולוגיה התלמודית״ על עורכי האנציקלופדיה שעברו את הגבול של המסגרת התלמודית, בהביאם לא רק את החומר התלמודי ממש: משנה, תוספתא, מדרשי הלכה, תלמוד בבלי וירושלמי – אלא גם מראשוני ראשונים ואף אחרוני אחרונים. לדעתם חייבת אנציקלופדיה, ששם התלמוד עליה, להצטמצם בדברי התנאים והאמוראים, ובכל אופן לא יותר מדברי***

---

[4] מ. אברהם במאמרו הנ״ל מצדד בגישה זו.

הגאונים בלבד. ואכן כלפי אלה נאמרו הדברים, להוכיח שהמושג "תלמוד" או "גמרא", לפי תפיסתה של היהדות התורנית, אינו מושג ארכיאולוגי שיסודו בעבר – אלא מושג חי ופרמננטי בהווה שלנו. יתר על כן, יש לאמת מחדש את הכלל, שבמקום שיש סתירה בין הארכיאלוגיה ובין החיים – החיים עדיפים. אין לנו חתימת-התלמוד – אלא דווקא המשך התלמוד. תורת חיים ותלמוד חיים. אותה הסמכות התורנית, לזכות ולחובה, שניתנה לגדולי הדורות בעבר – "כל מה שתלמיד ותיק עתיד לחדש נמסר למשה מסיני" – אותה סמכות עצמה חלה וקיימת כלפי כל תלמיד כם העובק בתורה לשמה, עד היום הזה ועד שיבוא אליהו...

עיקר טענתו של הרב הוטנר כלפי המבקרים היא שהתלמוד לא נחתם, ולא ראוי לעצור את העריכה והיצירה והאיסוף בחתימת התלמוד. מה שבא אחריה הוא המשך טבעי של מה שהיה קודם לכן.

לכאורה יש כאן שאלה מתודולוגית בלבד. מה ראוי להכניס לאנציקלופדיה תלמודית, ומה לא. ובכל זאת, דומה כי מאחורי הדברים עומדת שאלה שאינה רק מתודולוגית. ישנה כאן מחלוקת תפיסתית, שנוגעת לשאלה האם דברי האחרונים מהווים המשך טבעי של מה שקדם להם. האם הם חושפים את המעמקים של מה שנמסר להם, או שמא הם מרחיבים זאת ויוצרים כאן תוספת תורנית משלהם. גם אם לגיטימי לכנות את מה שעושים האחרונים 'תורה' (המונח 'פלפולים' בדרך כלל טעון בקונוטציה שלילית), עדיין אין לראות בזה המשך טבעי של הספרות התלמודית.

יש בנותן טעם להביא כאן גם חלק מהדברים שכתב על המאמר הזה אחד מגדולי הפוסקים במאה העשרים, הרב יעקב יחיאל ויינברג, בעל **שרידי אש**, שידיו רב לו גם בשאלות של מחקר תלמודי (ראה ספרו **מחקרים בתלמוד**, שנדפס גם כחלק רביעי של שו"ת **שרידי אש** שלו). מכתבו נדפס בתחילת אותו גליון של **המעין**:

על דבר הקובלנא של המבקרים על שמכניסים באנציק' פלפולי האחרונים וכו' – יש לדון בה בכובד ראש. בין אנשי המדע נפוצה

הדעה כי דברי האחרונים אינם "המשך" התלמוד, כי אם הסעה למהלכי-מחשבה אחרים. ובעיקר קובלים עליהם על שאינם עוסקים בבדיקת המקורות ובתיקון הגירסאות, ואינם עמלים להבין את הדברים כפשוטם, ולבאר דברי חז"ל על דעת אומריהם (ולא על דעת הדורות האחרונים, שנתרחקו הרבה מעולם המחשבה של התלמוד וראשוני מפרשיו). בעיני המבקרים פלפולי האחרונים הם "סילופים", בדרך חריפות מלאכותית. אבל כת"ר צודק בעצם רעיונו, כי לאמיתם של דברים פלפולי האחרונים הם חידושי מחשבה מקורית – בצורה של פרשנות לקודמים. ספרותנו היא בעצם ספרות של פרשנות. ניקח נא פירושי האגדה, הקבלה, הפילוסופיא לתורת משה, שמכילים רעיונות מקוריים בצורה של פרשנות, וכן הדרש בפירושי התלמוד, מפרשים ומבארים – ובאותה שעה מחדשים וממשיכים. וכך נראה לנו, שמירת החבית וגם את יינה, אבל גם חידוש ויצירה. וזה הפירוש העמוק של כל מה שתלמיד ותיק עתיד לחדש וכו'. העיקר – להישאר בתחום הרוח העברי המקורי, ולא לפרוץ הגדר ח"ו. פריצת הגדר בכוונת מכוין פירושה לתעות ולתהות במדבר הרוח.

לפענ"ד צריך ידידנו הגרי"ש זווין לדקדק יותר בהבאת מקורות ראשונים ודעות גאוני קדמאי ובתראי של בבל, שהם הי' באמת ממשיכי התלמוד במובן העמוק של מילה זו. מה שאין כן האחרונים. הם ממשיכים את חוט המחשבה של התלמוד, אבל אין לכנותם ממשיכי התלמוד. בשעתו אמרתי להגר"מ סולובייציג ז"ל, בנו של מרן הגרח"ה ז"ל, כי חידושי אבי' הגאון ז"ל הם אמיתיים מבחינת המחשבה ההגיונית, אבל אין הם אמיתיים מבחינה היסתורית. להרמב"ם ז"ל היתה דרך לימוד ומחשבה אחרת לגמרי. הבאתי ראיות חותכות, שבתשובות הרמב"ם לא נמצא אף דבר אחד הדומה במהותו לחידושי הגר"ח ז"ל. הרמב"ם מתרץ את עצמו באופן אחר לגמרי. הוא אומר: לי גירסא אחרת, פירוש אחר. או: טעות המעתיק

או ה כורך וכו׳. וגם: טעיתי ושכחתי... אבל אין לקפח שכרו של הגר״ח חלילה, בו קם לנו רמב״ם חדש שהינהו פאר למחשבה התורנית.

נראה שהרב ויינברג מצטרף לטענתו של הרב הוטנר, לפיה ההמשכיות היא לגיטימית, ויש לראות אותה כיצירת המשך לתלמוד. אך כמי שחשיבתו נוטה למחקר שיטתי הוא ממשיך וטוען כי ההמשכיות הזו לא תמיד חושפת את מה שהיה בשלבים הקודמים, אלא לפעמים מרחיבה את מה שהיה בהם לעבר מרחבים נוספים. זה לימוד תורה לגיטימי וראוי, אך זה אינו כלי לחשיפת מה שעבר אלינו במסורת. הגאונים אולי היוו המשך של התלמוד עצמו, אך האחרונים פעלו בתוך מסגרות מחשבתיות שונות מאד מאלו של חכמי התלמוד, ולכן מוצדק להתייחס אליהם כספרות שונה.

טענתו העיקרית של הרב ויינברג היא אידיאולוגית, ולא מהותית: גם ׳פלפולי האחרונים׳ הם לימוד תורה לגיטימי. מאידך, יש כאן הודאה לטענת המבקרים, ש׳פלפולי האחרונים׳ לא חושפים את מעמקי התורה שהועברה אלינו במסורת, אלא מרחיבים אותה. ובכל זאת, הוא טוען, זוהי תורה לגיטימית.

ניתן לראות כאן ויכוח ביחס לשאלה האם ראוי לעסוק רק בחשיפת העבר, כפי שגורסים המבקרים האקדמיים, או שמא לגיטימי וראוי להמשיך ליצור, אבל מבחינה עובדתית נראה שיש כאן הסכמה: ההרחבה הזו אינה חושפת אלא יוצרת. לשון אחר: דברי האחרונים לא חושפים את מה שמצוי בדברי הראשונים, ועוד פחות את המצוי בתלמוד, ובכל זאת הם תורה שלימה ולגיטימית. במילים אחרות, הרוצה להבין את דברי חכמי התלמוד אל ישתמש בספרות האחרונים. לעומת זאת, הרוצה ללמוד תורה ולפסוק הלכה בהחלט כן נקרא לעשות זאת.

בספר זה ברצוננו לטעון יותר מכך. כאן ברצוננו להציע ביקורת פוזיטיבית, דווקא מן הזווית המחקרית, על הפרדיגמה האקדמית הרווחת. הפרדיגמה האקדמית מציעה להבין את דברי המשנה שלא בפריזמה של האמוראים בגמרא. יש לדון וללמוד אותה במנותק, ואת דברי האמוראים במנותק.

ההיתלות של האמוראים במשנה אינה אלא נגזרת של מחויבות פורמלית. האוקימתא ושאר דרכי היישוב של האמוראים לגבי המשניות אינן חושפות את כוונת המשנה. החוקר האקדמי גורס כי אלו דרכים להביע עמדה אמוראית שונה, אשר ניתלית במשנה כדי לשמר תחושה של המשכיות ורציפות של המסורת.

מעבר לטענות האידיאולוגיות וההגיוניות ביחס לפרדיגמה הזו, ברצוננו כאן להציע טענה אלטרנטיבית. טענתנו הבסיסית היא שהבנת המקורות הקדומים ראוי לה שתסתייע בדברי החוליות המתווכות בשרשרת הדורות. במקרים רבים חוליות הביניים מסייעות סיוע שאין לו ערוך להבנת המקורות הקדומים. לפי הפרדיגמה המוצעת כאן, בכדי להבין את דברי התנאים עלינו להתייחס לפירושי האמוראים. לא נכון הוא להתייחס אליהם כיצירה חדשה, שתולה את דבריה באופן טכני בדברי התנאים במשנה. דברי האמוראים הם מפתח חשוב להבנת דברי התנאים. מי שיתעלם מהחוליות המתווכות בשרשרת המסורה, עלול להיכשל בהבנת החוליות הראשונות. מי שמתעלם מדברי הגמרא עלול להיכשל בהבנת דברי התנאים במשנה. גם במקום שנראה כי האמוראים סוטים מהפירוש הפשוט למשנה, או שהם מכניסים לדיון מערכות מושגיות חדשות, הדבר עשוי לנבוע משיקולים מהותיים שנחוצים להבנת דברי המשנה.

בספר זה אנו מציגים דוגמא שבה הפרדיגמה המסורתית-ישיבתית היא מועילה ויעילה יותר גם ביחס למטרות האקדמיות של המחקר. לשון אחר: ההיצמדות לפרדיגמה האקדמית תרמה במישרין לחוסר אפקטיביות של המחקר, ולחוסר הבנה של התכנים הנחקרים. זה לא רק הבדל שנובע ממטרות הלימוד או המחקר, אלא יש כאן ויכוח אמיתי. טענתנו היא שהראייה הרציפה של שרשרת המסורת שופכת אור שהראייה המונאדית, המפוררת את שרשרת המסורת לחוליותיה, מתעלמת ממנו.

כמובן שאין כאן פסילה של כלים כלשהם, ובודאי לא של אנשים אלו או אחרים. ישנה כאן הצעה לשלב את הכלים המודרניים בתמונה המסורתית

המקובלת, וטענתנו היא שהשילוב הזה עשוי, לפחות במקרים מסויימים, להביא לפענוח שלם יותר של הסוגיות הנדונות.

הדוגמא בה נדון כאן היא מידות הדרש של ׳כללי פרטי׳, בתוך הקונטכסט של מידות הדרש בכלל. מידות הדרש בכלל, ובפרט אוסף מידות ׳כללי ופרטי׳, הן לדעתנו דוגמאות מובהקות בהן בא לידי ביטוי יתרון מהותי של הפרדיגמה ההרמוניסטית, שרואה במקורות חז״ל קורפוס שלם שכל חלק בו מלמד על החלקים האחרים. דווקא אי ההבחנה בין הדורות, כלומר השימוש בכלים חדשים שפותחו בדור המאוחר כדי להבין את המקורות ששייכים לדורות שלפניו, הוא שישפוך לנו אור על אופן פעולתן של מידות הדרש הללו. יתר על כן, אנחנו נטען כי המבוכה ששוררת בעולם המחקרי ביחס למידות הדרש, נובעת לדעתנו מהמגבלה ששם החוקר התלמודי על עצמו, כאשר הוא מתמקד כל פעם בשכבה אחת של התהליך, ומתעלם מרצף השכבות האחרות.

אנו נראה שהפרדיגמה הזו מצליחה לפתור קשיים לא פשוטים, ואף סתירות שקיימת בסוגיות ׳כללי ופרטי׳, שהפרדיגמה האקדמית מתקשה להתמודד עמן. מדובר בקשיי נוסח, ועוד יותר בקשיים לוגיים ותוכניים.

בכל זאת, חשוב לציין שהעיון שנעשה בספר זה אינו עיון תלמודי ישיבתי סטנדרטי. יש כאן שימוש בכלים שונים בכדי לפצח את הסוגיות הללו. אנו עושים שימוש בכלים לוגיים, וגם בצורות חשיבה שמאפיינות את המחקר האקדמי. אנו מתייחסים לפעמים גם לריבוד ההיסטורי של הסוגיות, מנתחים את מרכיביהן ולפעמים גם מצביעים על שיבושים שונים שכנראה נפלו בהן. ובכל זאת, כל זה נעשה מתוך פרספקטיבה הרמוניסטית. אנו מעירים ומשווים, במידת הצורך, לעבודות קודמות על נושאים אלו,[5] כדי לראות את ההבדל בין הפרדיגמות, ואת היתרונות היחסיים של הצעותינו.

---

[5] נזכיר כאן כמה מחקרים קודמים על מידות ׳כלל ופרט׳, שברובם נוגעים גם במידות הדרש באופן כללי: ב׳ דה-פריז, ׳השתלשלותן של מידות ׳פרט וכלל׳ ו׳כלל ופרט וכללי ׳, בתוך: **מחקרים בספרות התלמוד**, ב׳ דה-פריז, ירושלים תשכח (להלן: דה-פריז). מ׳ צ׳רניק, ׳לחקר הדרשות ׳כלל ופרט וכלל׳ במדרשי ההלכה ובתלמודים׳, **תרביץ** נב, תשמג, 393-410. הנ״ל, ׳לחקר המידות ׳כלל ופרט וכלל׳ ו׳ריבוי ומיעוט׳ במדרשים ובתלמודים׳, לוד תשמד (להלן: צ׳רניק). מנחם כהנא, ׳קווים לתולדות התפתחותה של מידת ׳כלל ופרט׳ בתקופת התנאים׳, בתוך **מחקרים בתלמוד ובמדרש**, משה בר-אשר, יהושע לוינסון, ברכיהו ליפשיץ (עורכים),

כדי לעשות זאת, אנו משתמשים בחיבור זה, כמו גם בקודמו, בכלים לוגיים (אם כי כאן מדובר בכלים פשוטים יותר). מכיון שהספר הזה פונה ללומדי תלמוד, אנו לא ניכנס לרקע המתמטי והלוגי במהלך הדברים. בדומה לחיבור הקודם, בסוף הספר מופיע מאמר באנגלית אשר מכיל את הניסוח המתמטי של המודל שלנו (להלן: המאמר באנגלית), לכל המתעניין בהיבטים אלו של עבודתנו.

מוסד ביאליק, ירושלים תשסה (להלן: כהנא). מחקרו של כהנא הוא האחרון שבהם, ולכן אנו מתייחסים בהמשך בעיקר אליו.

תוכן העניינים

חלק ראשון

מידות הדרש ו'כללי ופרטי': השוואת הפרדיגמות

בחלק זה נציג תמונה ממעוף הציפור של מידות הדרש, ובעיקר של הדרשות במידות 'כלל ופרט'. דרך התמונה הזו נציג את הפרדיגמה האלטרנטיבית אותה אנו מציעים ביחס להתפתחות ההלכה ומשמעות המסורת.

פרק ראשון: מידות הדרש

מערכות הדרש השונות, ומידת 'כללי ופרטי'

מידות הדרש הן כלי ההיסק שמשמשים אותנו בבואנו לדרוש את המקרא. בהיסטוריה של ההלכה אנו פוגשים כמה מערכות של מידות דרש, ונראה שמספרן גדל והולך עם הדורות. לאורך ההיסטוריה נוצרות גם מחלוקות לגבי שימוש בדרכי הדרש, וידועים לנו שני בתי מדרש שנחלקו במחלוקת מקיפה לגבי דרכי הדרש בכלל: דבי ר"יש ודבי ר"ע (ראה שבועות כו ע"א). כפי שנראה להלן, עיקר המחלוקת בין שני בתי המדרש הללו ניטשה סביב מידות 'כללי ופרטי'.

אצל הלל הזקן אנו מוצאים רשימה של שבע מידות דרש. רשימה זו מופיעה בסוף הברייתא של יג מידות של ר"יש:

הלל הזקן דרש שבע מדות לפני זקני בתירה, קל וחומר, וגזרה שוה, ושני כתובים, וכלל ופרט, וכיוצא בו במקום אחר, ודבר למד מענינו, אלו שבע מדות שדרש הלל הזקן לפני זקני בתירה.

אנו מוצאים כאן רק שש מידות. אמנם במקבילה בתוספתא סנהדרין (צוקרמנדל), פ"ז ה"יא, אנו מוצאים (ודומה מאד גם **באדר"נ** נו"א פל"ז):

שבעה דברים דרש הילל הזקן לפני זקני פתירא קל וחומר וגזירה שוה ובינייו אב וכתוב אחד ושני כתובין וכלל ופרט ופרט וכלל וכיוצא בו ממקום אחר ודבר הלמד מעניינו אילו שבע מידות דרש הילל הזקן לפני בני פתירא:

כאן אנו מוצאים כבר שמונה מידות (נוספו 'בניין אב מכתוב אחד', ו'פרט וכללי). סביר שיש להשמיט כאן את אחת ממידות כלל ופרט, שכן הלל התייחס לשתיהן כמידה אחת, או אפשר שיש להשמיט את אחת ממידות בניין אב, מאותה סיבה עצמה.

רבים מניחים כאן, בעקבות המקבילות ומפרשי הברייתא, שברשימה ש**בספרא** המונח 'שני כתובים' משמעותו היא בניין אב משני כתובים. אמנם סביר יותר שהכוונה היא לשני כתובים המכחישים זה את זה, ואז בניין אב אינו מופיע כלל ברשימתו של הלל. ר' מאיר איש שלום, בהקדמתו לי"ג מידות במהדורתו, כותב שאכן הכוונה כאן היא לשני כתובים המכחישים.[6]

ואם כנים הדברים, אזי מידת שני כתובים ומידת בניין אב מכתוב אחד, אלו בודאי שתי מידות שונות (שהרי לא מדובר כאן בשני בנייני אב). אם כן, בהכרח שמהרשימה שבתוספתא יש להשמיט את 'פרט וכלל', ולהותיר רק את 'כלל ופרט'. לפי זה, מידות 'כלל ופרט' ו'פרט וכלל' נחשבות כמידה אחת ברשימה זו. כך גם רואים ברשימה שבריש ה**ספרא**, שם לא מופיעה כלל המידה השנייה.

פינקלשטיין מעיר בתמיהה (ראה שם, עמ' 125) שלא מצאנו אף אחד מתלמידי הלל שדרש במידות 'כלל ופרט', עד ר"יש. גם לגבי ר"יש, הגמרא בבבלי שבועות כו ע"א (ראה גם תוספתא שבועות פ"א ה"ו) מוסרת שהוא קיבל את המידות הללו מר' נחוניה בן הקנה. עוד הוא תמה שם כיצד העיז ר"ע לדחות את מידותיו של הלל הזקן, ולדרוש ריבויי ומיעוטי בעקבות נחום איש גמזו (ראה בבלי שבועות שם, ומקבילות).[7]

פינקלשטיין שם מוכיח שר' נחוניה בן הקנה השתמש גם במידת 'כלל ופרט וכלל', שודאי לא הופיעה ברשימתו של הלל הזקן. ראה שם את ההסבר ההיסטורי שהוא מציע להופעתה של מידה זו, שנשאבה מתלמודם של ב"ש. להלן נציע לכך הסבר אחר, מהותי.

כאמור, ר"יש שימש את ר' נחוניה בן הקנה (ראה שבועות שם), ואצלו אנחנו מוצאים כבר רשימה מפורטת יותר (בריש ה**ספרא**):

> ***רבי ישמעאל אומר בשלש עשרה מדות התורה נדרשת מקל וחומר, מגזרה שוה, מבנין אב מכתוב אחד, מבנין אב משני כתובים, מכלל***

---

[6] ראה גם אצל פינקלשטיין, במהדורתו ל**ספרא**, כרך א עמ' 122. שם הוא מביא גם תימוכין ישירים לכך שהלל השתמש במידת שני כתובים המכחישים, ודן בנוסח הברייתות הללו.

[7] הוא מעלה שם השערה ספקולטיבית מאד כדי להסביר זאת, וקשה לקבל אותה. להלן, אחרי שנציג את התמונה של השתלשלות מידת 'כללי ופרטי' לשיטתנו, נציע לכך הסבר אחר.

ופרט מפרט וכלל, מכלל ופרט וכלל אי אתה דן אלא כעין הפרט, מכלל שהוא צריך לפרט ומפרט שהוא צריך לכלל. (ב) כל דבר שהיה בכלל ויצא מן הכלל ללמד לא ללמד על עצמו יצא אלא ללמד על הכלל כלו יצא, כל דבר שהיה בכלל ויצא מן הכלל ליטעון טען אחר שהוא כענינו יצא להקל ולא להחמיר, כל דבר שהיה בכלל ויצא מן הכלל ליטעון טען אחר שלא כענינו יצא להקל ולהחמיר כל דבר שהיה בכלל ויצא מן הכלל לידון בדבר חדש, אי אתה יכול להחזירו לכללו עד שיחזירנו הכתוב לכללו בפירוש, דבר הלמד מעניינו ודבר הלמד מסופו וכן שני כתובין המכחישים זה את זה עד שיבא הכתוב השלישי ויכריע ביניהם.

כאן ישנה רשימה של שלוש עשרה מידות שונות. המפרשים חלוקים בשאלה כיצד למנות אותן (שכן בפרטן יש יותר מידות). הוא מצרף את מידותיו של ר' נחוניה בן הקנה, רבו, למידותיו של הלל הזקן. בכל אופן, ברור שברשימה הזו נכללות שלוש מידות של 'כללי ופרטי': 'כלל ופרט', 'פרט וכלל', 'כלל ופרט וכלל'.

הרשימה כאן מכילה טז מידות, וכל המפרשים עוסקים בשאלה כיצד לחלק אותן, ואיך מגיעים למניין של יג מידות. בפרט לגבי 'פרט וכלל' ו'כלל ופרט' נחלקים הראשונים האם מדובר במידה אחת (רס"ג, בפירושו לברייתת המידות) או שתיים (בפירוש המיוחס לרש"י שם, וכן בפירושי ר' הלל והראב"ד שם, וכן ב**אבודרהם**, וכן משמע מחלוקת בעל **הכריתות**, וכן הוא ברשב"ץ ב**יבין שמועה**, וב**של"ה**). דעת רובם ככולם היא שאצל רי"ש אלו כבר שתי מידות שונות. בכל אופן, גם אם נאמץ את עמדת רס"ג, ברור שרי"ש הבחין בין שתי דרכי הדרש הללו, והביא אותן כשתיים שונות. במובן הזה, לכל הדעות ישנה כאן התפתחות לעומת מה שראינו אצל הלל הזקן.

מייד אחרי הברייתא הזו מופיעה ברייתא של דוגמאות לכל אחת מהמידות. ברייתא זו מכונה 'ברייתא דדוגמאות', או 'הסכוליון'. מקובל בין החוקרים שמדובר במקור מאוחר יותר, שאינו מרי"ש עצמו (פינקשלטיין היה כנראה

הראשון שעמד על כך. ראה אצלו בפט״ז, עמ׳ 187). לא תמיד הדוגמאות שמובאות במקור הזה מתאימות למה שאנחנו מכירים ממקורות מקבילים.[8]
כפי שכבר הזכרנו, ר״ע חולק על רי״ש, והוא דורש את התורה ב׳ריבויי ומיעוטי׳, בעקבות נחום איש גמזו, ולא ב׳כללי ופרטי׳ כמו שדרשו רי״ש ור׳ נחוניה בן הקנה. וכך קובעת הגמרא שבועות כו ע״א:

א״ר יוחנן: ר׳ ישמעאל ששימש את רבי נחוניא בן הקנה שהיה דורש את כל התורה כולה בכלל ופרט, איהו נמי דורש בכלל ופרט, רבי עקיבא ששימש את נחום איש גם זו שהיה דורש את כל התורה כולה בריבה ומיעט, איהו נמי דורש ריבה ומיעט.

לא לגמרי ברור האם בכל שאר המידות ישנה הסכמה בין בתי המדרש הללו, או שהמחלוקת היא לא רק לגבי המידות הללו. בספרות חז״ל הדברים מפורשים בעיקר ביחס למידות אלו.
אחרי תקופתם של ר״ע ורי״ש אנו מוצאים בספרות חז״ל שיטות מעורבות, שמשתמשות בשתי מערכות המידות בצורות שונות, וקשה מאד לזהות בתי מדרש ברורים ומובחנים. הדברים בולטים במיוחד אצל רבי יהודה הנשיא, שמשתמש באופן בולט בשתי המערכות. ראה על כך אצל פינקלשטיין, בפרק ז (עמ׳ 158).
בשלב הבא ידועה לנו רשימתו של ר״א בנו של ריה״ג, שמכילה ל״ב מידות. אין בידינו מקור ראשוני לברייתא הזו, אך היא מופיעה במשנת ר׳ אליעזר (ענעלאו, עמ׳ 9), ובהקדמה ל**מדרש הגדול** בראשית (עמ׳ 22 והלאה), וב**אשכול הכופר** ליהודה ההדסי הקראי. ניתן למצוא את הרשימה הזו גם ב**אוצר המדרשים** (אייזנשטיין), וב**ספר הכריתות** לר״ש מקינון.
הנוסח במשנת ר׳ אליעזר הוא:

משלשים ושלש מדות ההגדה נדרשת בהן. מרבוי, ממיעוט, מרבוי אחר רבוי, ממיעוט אחר מיעוט, מקל וחומר מפורש, מקל וחומי

---

[8] ראה גם אצל כהנא, בדיונו בסופ״א. מסיבה זו, כנראה, מעדיפים פרשני המידות להביא דוגמאות אחרות כדי להדגים את אופן פעולת המידות המנויות בברייתא.
בעניין זמנו של הסכוליון, ראה גם את המקורות המובאים אצל כהנא, בהערה 153

סתם, מגזירה שוה, מבנין אב, מדרך קצרה, מדבר שהוא שנוי, מסדור שנחלק, מדבר שהוא בא ללמד ונמצא למד, מכלל שאחריו מעשה ואינו אלא פרטו שלראשון, מדבר הנתלה בקטן ממנו להשמיע את האוזן כדרך שהיא שומעת, משני כתובים המכחישין זה את זה עד שיבוא שלישי ויכריע ביניהן, מדבר מיוחד במקומו, מדבר שאינו מתפרש במקומו ומתפרש במקום אחר, מדבר שנ' במקצת ונוהג בכל, מדבר שנ' לזה והוא הדין לחבירו, מדבר שנ' לזה ואינו ענין לו אבל הוא ענין לחבירו, מדבר שהוקש לשתי מדות ואתה נותן לו כח היפה שבשתיהן, מדבר שחבירו מוכיח עליו, מדבר שהוא מוכיח לחבירו, מדבר שהוא בכלל ויצא מן הכלל ללמד על עצמו, מדבר שהוא בכלל ויצא מן הכלל ללמד על חבירו, ממשל, מרמז, מכנגד שבו, מלשון גימטריא, [מחילוף האותיות], מלשון נטריקון, ממוקדם ומאוחר שהוא בענין, ממוקדם ומאוחר שהוא בפרשיות.

בהמשך משנת ר' אליעזר מופיעות דוגמאות לשימוש במידות הללו, וכך גם ב**ספר הכריתות**.

מהנוסח הפותח את הברייתא משתמע שמדובר במידות של דרש אגדה. אולם הר"ש מקינון, בעל **ספר הכריתות**, טוען כי יש ברשימה הזו גם מידות ששייכות לדרש ההלכה. הסיבות אותן הוא מביא לשאלה מדוע חלק מהמידות ברשימה זו אינן מופיעות ברשימתו של ר"ש, הן שלוש: 1. או שהן מידות דרש אגדה. 2. או שהן לא מוסכמות (ובפרט מדובר במידותיו של ר"ע, שכן הברייתא הזו נראית נוטה לבית המדרש העקיבאי). 3. או שהן כמפורשות בכתוב. נציין כאן כי מידות 'כללי ופרטי' אינן מופיעות כאן כמעט בכלל.[9] ייתכן שזה מפני שמדובר במדרש עקיבאי. לחילופין, אלו מידות שהן הלכתיות מובהקות, ואין להן מקום ברשימה של מידות דרש האגדה.[10]

[9] הברייתא פותחת בשלוש מידות של ריבוי ומיעוט. ראה אצל כהנא, בהערה 156.

[10] השאלה מדוע ישנן מידות שמשמשות רק בדרש האגדה ולא בדרש ההלכתי היא שאלה קשה. הסברא המקובלת היא שבדרש האגדה מדובר על היסקים 'רכים' יותר, שכן אין להם השלכות

בתקופה מאוחרת יותר אנו מוצאים עוד כהנה וכהנה דרכי דרש, הרבה מעבר למה שמופיע ברשימות הללו. יש שהתייחסו אל כל אלו כמידות דרש נוספות. ראה ב**ספר הכריתות** וב**איגרת רש״ג** ועוד.

נסיים את הסקירה הזו בהערה. בין הפוסקים קשה למצוא הכרעה הלכתית לטובת מערכת דרש זו או אחרת. בדרך כלל נראה שהם דנים בסוגיות ההלכתיות במנותק ממקורותיהן המדרשיים, ומכריעים הלכה באופן שאינו מחוייב לקוהרנטיות מבחינת מערכת הדרש.[11] סביר שהדבר נובע מכך שלא ברור איזו שיטת דרש התקבלה בדורות התלמוד, ובכלל לא ברור האם המשיכו להבחין בין שיטות הדרש ולהשתמש בהן באופן קוהרנטי. השל בספרו **תורה מן השמים באספקלריא של הדורות**, טוען שבדורות המאוחרים נוצרו סינתזות שונות בין שתי שיטות הדרש של ר״ע ורי״ש. ובאמת הדברים מופיעים כבר אצל המאירי, שבועות כו ע״א, שכותב:

> ***כבר ביארנו שבשלש עשרה מדות התורה נדרשת ואחת מהן כלל ופרט ושמדה זו נדרשת לפעמים בריבה ומיעט ואין המדה שוה בכלם לענין פסק פעמים שהולכין אחר רבוי ומיעוט וזו אחת מהן ופעמים הולכין אחר כלל ופרט כמו שביארנו בפרק ראשון ד׳ ב׳.***

וכך הוא גם בריטב״א עירובין כח ע״א, שכתב:

> ***והא דאמרינן דרבי אליעזר דריש רבויי ומיעוטי לאו למימרא דבשום דוכתא לא דריש כללי ופרטי דהא בכמה דוכתי דרשי כללי ופרטי ולא פליג רבי אליעזר, אלא לומר כי מן הסתם תופס כלל לדון ריבה ומיעט וריבה דהכי גמיר אי דאיכא למדרש מן הסתם, אבל יש מקומות שיודה בכלל ופרט וכלל משום דגמיר לה הכי בהדיא או משום דאיכא הוכחה, והכין מוכח במסכת נזיר בפרק שלשה מינין ושם נפרש בע״ה.***

מעשיות מחייבות. לגבי מידות דרש האגדה גם לא ברור האם גם הן נמסרו למשה בסיני או לא. רוב ככל המקורות במסורת הזו מדברים על מידות הדרש ההלכתי.

[11] ראה על כך במאמרנו ב**מידה טובה**, פ׳ ויקרא, תשסה-ו.

וכך העירו גם עוד ראשונים בסוגיית נזיר לה ע״א. ראה על כך עוד להלן בפרק אחד-עשר.

מקורן ומעמדן של מידות הדרש כהלמ״מ

הסכמת כל הראשונים היא שמידות הדרש הן הלמ״מ (למעט דעה תמוהה אחת שמובאת במאירי קידושין דף כד ע״ב, ד״ה ׳ולענין ביאור׳, הגורסת שכל דרשות ׳כלל ופרט׳ הן אסמכתאות). רש״י בחולין קטז ע״א ובפסחים כד ע״א, ובתענית כ ע״א ד״ה ׳אתייא אחל אחל׳. וכן הוא ברמב״ם בהקדמה ל**פירוש המשנה** (ראה במהדורת הרב קפאח, עמ׳ ד). וכן אצל ר׳ דניאל הבבלי שדבריו הובאו בספר **מעשה ניסים** לר״א בן הרמב״ם. וכן הוא בהשגות הרמב״ן בשורש השני לרמב״ם, והר״ש מקינון בתחילת **ספר הכריתות**, והרשב״ץ בדיונו על ׳כלל ופרט וכלל׳. וכך היא דעת הראב״ד בפתיחתו לפירוש ה**ספרא**, שכתב ״וכולן מן הקבלה״. וב**מדרש הגדול** שמות כא, א, ובויקרא א, ב. וכן הוא ב**של״ה**, תחילת תושבע״פ.

והנה פינקלשטיין תמה על התשב״ץ כיצד הוא אומר שהמידות הן הלמ״מ, ואילו בתחילת פירושו לברייתא דרי״ש הוא כותב:

> ***ר׳ ישמעאל אומר בשלוש עשרה מידות התורה נדרשת, זאת הברייתא נשנית לדעת ר׳ ישמעאל, ויש תנאים חולקים עליו במקצת אלו המידות שאינן דברי הכל.***

אם מדובר בהלמ״מ, מה מקום לתלות זאת במחלוקת רי״ש ור״ע?

ובאמת חוקרים רבים תמהים על הקביעה שהמידות הן הלמ״מ, שהרי אנחנו מוצאים לכל אורך ההיסטוריה התפתחות והרחבה של מערכות המידות. כפי שראינו, אצל הלל היו שבע מידות. אצל רי״ש כבר היו שלוש עשרה, ולאחר מכן אנחנו מגיעים לשלושים ושתיים (אצל ר״א בשריה״ג), ולבסוף עשרות רבות של מידות. אם נמשיך את קו המחשבה של פינקלשטיין, קשה לקבל שהמידות הן הלמ״מ, שהרי מעבר לעובדה שיש לגביהן מחלוקות, ניתן לראות בבירור שהן הולכות ונוצרות לאורך ההיסטוריה.

ובאמת בעל **תוספות העזרה**, בתחילת ויקרא, מקשה על קביעת **השל״ה** שהמידות הן הלמ״מ, מן העובדה שמצאנו לגביהן מחלוקת בין ר״ע לר״י״ש (ובעצם כבר בין ר׳ נחוניה בן הקנה לבין נחום איש גמזו). זהו אותו קושי שהעלה פינקלשטיין קודם.

ובמאירי והריטב״א שהובאו לעיל ניתן לראות תפיסה לפיה מידת כלל ופרט ניתנה למשה בסיני, אך במהלך הדורות נפלו מחלוקות כיצד ליישם אותה, וכך נוצרו שני בתי המדרש (דבי ר״ע ודבי ר״י״ש). ר״ע סבר שיש ליישם זאת באופן של ריבוי ומיעוט, ור״י״ש סבר שיש ליישם זאת בצורה של ׳כללי ופרטי׳. ובדורות שאחריהם כבר שילבו את אופני היישום הללו, וכנ״ל.

בפי״ד שלו, פינקלשטיין מוכיח מדברי הרמב״ם בכמה מקומות שהוא חזר בו ממה שכתב בהקדמת **פיהמ״ש** שלו, ולדעתו יג המידות אינן הלמ״מ. הוא מביא לכך כמה ראיות:

- בשורש השני הרמב״ם כותב:

כבר בארנו בפתיחת חבורנו בפרוש המשנה (בריש ההקד׳) שרוב דיני התורה יוצאו בשלש עשרה מדות שהתורה נדרשת בהן ושהדין היוצא במדה מאותן המדות הנה פעמים תפול בו המחלוקת ושיש שם דינין הם פירושים מקובלים ממשה אין מחלוקת בהם אבל הם מביאים ראיה עליהם באחת משלש עשרה מדות כי מחכמת הכתוב שהוא אפשר שיימצא בו רמז מורה על הפירוש ההוא המקובל או הקש יורה עליו. וכבר בארנו זה הענין שם. וכשהיה זה כן הנה לא כל מה שנמצא החכמים שהוציאו בהקש משלש עשרה מדות נאמר שהוא נאמר למשה בסיני ולא גם כן נאמר בכל מה שנמצאם בתלמוד יסמכוהו אל אחת משלש עשרה מדות שהוא דרבנן כי פעמים יהיה פירוש מקובל. לפיכך הראוי בזה שכל מה שלא תמצאהו כתוב בתורה ותמצאהו בתלמוד שלמדוהו באחת משלש עשרה מדות אם בארו הם בעצמם ואמרו שזה גוף תורה או שזה דאורייתא הנה ראוי למנותו,

שהמקבלים אמרו שהוא דאורייתא. ואם לא יבארו זה ולא דברו בו הנה הוא דרבנן, שאין שם כתוב יורה עליו.

לכאורה הרמב״ם אומר כאן שלא כל דבר שנלמד מי״ג מידות הוא מדאורייתא, ולא כל דבר כזה נמסר למשה בסיני. לפעמים מידות הדרש הן סומכות הלכות ידועות, ולפעמים הן יוצרות הלכות חדשות. ראיה זו שמביא פינקלשטיין היא לחלוטין לא הכרחית. מה שהרמב״ם אומר הוא שהמידות משמשות ליצירת הלכות חדשות או לסמיכת הלכות ידועות. שיטת הרמב״ם היא שהתוצרים של דרשות יוצרות הן הלכות דרבנן. אין בכך כדי לומר שכלי הדרש עצמם לא נמסרו בסיני. אם כן, לפי הרמב״ם המידות ניתנו בסיני, אבל ההלכות שנדרשות באמצעותם בהחלט אינן מסיני, ואפילו לא נכון לומר שבהכרח תוקפן הוא מדאורייתא. ואכן הרמב״ן בהשגותיו לשורש השני כבר תקף אותו על כך.[12]

- בהקדמה ל**יד החזקה** כותב הרמב״ם:

ומימות משה רבינו ועד רבינו הקדוש לא חיברו חבור שמלמדין אותו ברבים בתורה שבעל פה. אלא בכל דור ודור ראש בית דין או נביא שהיה באותו הדור כותב לעצמו זכרון השמועות ששמע מרבותיו והוא מלמד על פה ברבים. וכן כל אחד ואחד כותב לעצמו כפי כחו מביאור התורה ומהלכותיה כמו ששמע. ומדברים שנתחדשו בכל דור ודור בדינים שלא למדום מפי השמועה אלא במדה משלש עשרה מדות והסכימו עליהם בית דין הגדול. וכן היה הדבר תמיד עד רבינו הקדוש והוא קיבץ כל השמועות וכל הדינים וכל הביאורים והפירושים ששמעו ממשה רבינו ושלמדו בית דין שבכל דור ודור בכל התורה כולה וחיבר מהכל ספר המשנה. ושננו לחכמים ברבים ונגלה לכל ישראל וכתבוהו

---

[12] ראה על כך בהרחבה במאמר לשורש השני, **מידה טובה**, תשסח. וכן בספר הרביעי של הקוורטט **שתי עגלות וכדור פורח**.

כולם. ורבצו בכל מקום. כדי שלא תשתכח תורה שבעל פה מישראל. ולמה עשה רבינו הקדוש כך ולא הניח הדבר כמות שהיה. לפי שראה שתלמידים מתמעטין והולכין והצרות מתחדשות ובאות ומלכות רומי פושטת בעולם ומתגברת. וישראל מתגלגלין והולכין לקצוות. חיבר חיבור אחד להיות ביד כולם כדי שילמדוהו במהרה ולא ישכח. וישב כל ימיו הוא ובית דינו ולמדו המשנה ברבים.

גם כאן אין בדל ראיה לכך שהמידות אינן הלמ״מ. הרמב״ם הולך כאן לשיטתו, שהמידות הן כלים שניתנו בסיני, ובכל זאת התוצרים שלהם אינם בהכרח הלכות דאורייתא.

- בריש הל׳ ממרים, פ״א ה״ב הרמב״ם כותב:

אחד דברים שלמדו אותן מפי השמועה והם תורה שבעל פה, ואחד דברים שלמדום מפי דעתם באחת מן המדות שהתורה נדרשת בהן ונראה בעיניהם שדבר זה כך הוא...

גם כאן הרמב״ם אומר שחכמים משתמשים במידות הדרש לפי ראות עיניהם, אך הדבר אינו אומר שהמידות אינן הלמ״מ. אלו כלי היסק, אך השימוש בהם דורש לא מעט הכרעות מסברא (אנחנו נראה זאת בפירוט רב בהמשך, כשנעסוק בסוגיות ׳כלל ופרט׳ השונות), וכאן בהחלט יכולות להיות מחלוקות, והדבר בהחלט תלוי בדעת הדרשן.

פינקלשטיין מביא שכבר הרב אלפנדרי, בספרו **אליהו רבה וזוטא** (שער ב, סט ע״ג), עמד על ההבדל בין דברי הרמב״ם ב**פיהמ״ש** לבין דבריו ביד החזקה. אך כאמור אין לכך כל בסיס בדברי הרמב״ם.

יש לדעת כי רוב ככל חוקרי התלמוד המודרניים גורסים כי המידות הן תוצרים של ההיסטוריה ההלכתית המאוחרת, ובהחלט לא הלמ״מ. הסיבות לכך הן אלו שהוצגו למעלה, שכן אנחנו רואים שהמידות נוצרות ומתרחבות לאורך הדורות. הלל החזיק בשבע מידות, ורשימתו של ר״יש היא הראשונה שמחזיקה יג מידות, וכן הלאה. לכן קשה להניח שכבר משה רבנו מסר ליהושע רשימת מידות כזו או אחרת.

כפי שראינו, לעומתם עומדים כל חכמי ההלכה עד האחרון, שמסכימים כולם שהמידות הן הלמ״מ. כיצד ניתן להסביר עמדה כזו מול העובדות שמעלים החוקרים? כיצד המסורת מתמודדת עם הנתונים הללו?

יסודות המודל המוצע

כפי שכבר הערנו למעלה, הדברים הם פשוטים, ויסודם כבר מופיע בדברי הראשונים. מידות הדרש ניתנו למשה רבנו בסיני, אבל ודאי לא ניתנה לו שם רשימה סגורה של מידות מומשגות ומובחנות. הקב״ה לימד אותו את פסוקי התורה, וליווה זאת במסקנות מדרשיות שעולות מהפסוקים. המסקנות הללו היו מבוססות על כללי דרש כלשהם, אך ככל הנראה הכללים לא נוסחו בפירוש על ידי הקב״ה בעת מתן תורה. מה שלמד משה רבנו הוא המסקנות ההלכתיות שעולות מכלי הדרש, אך כלי הדרש עצמם עדיין לא היו מוגדרים. לדוגמא, הקב״ה קרא עם משה את הפסוק ״את ה׳ א-להיך תירא״, ולימד אותו שמכאן ניתן להסיק שיש לירוא גם מת״ח. הוא קרא איתו את הפסוק על שבועות ״להרע או להיטיב״, ולימד אותו שיש לחייב רק על שבועות להבא. הוא לא אומר למשה את הכללים שמונחים ביסוד ההיסק המדרשי. הכלל שהמילה ׳את׳ תמיד באה לרבות, או העיקרון של ׳כלל ופרט וכלל׳ שמלמד את המסקנה בהלכות שבועות אינם מומשגים עדיין בשלב זה. הכללים הללו היו מונחים מאחורי הדברים, אך עדיין לא הומשגו ולא נוסחו בפירוש.

משה רבנו לומד את התורה, פשט ודרש, כמו שילד לומד לדבר. כאשר ילד לומד לדבר אף אחד לא מסביר לו את כללי הלשון והדקדוק. הוא לא שומע על העיקרון בג״ד כפ״ת בראש מילה, או נושא ונשוא, מושא ישיר ועקיף וכדו׳. כל אלו כלל לא מנוסחים בילדות, והדבר כלל אינו מפריע לאף ילד ללמוד את השפה. רק אדם מבוגר שלא למד את השפה בילדותו נזקק לכללים הללו, שכן אין לו את האינטואיציה הלשונית שנרכשת באופן טבעי בילדות. הוא לומד את הכללים הללו באולפן, שם המורים הם אלו שלמדו את השפה כשפת אם. הם יכולים להנחיל אותה ללומדים חדשים, אבל רק בסיוע של כללים

קשיחים. האפשרות ללימוד טבעי כבר קשה הרבה יותר. המסקנה היא שכללי השפה הם תחליף לאינטואיציה, אך הלומד הטבעי כלל אינו נזקק להם.

בה במידה הדבר נכון לגבי ה'שפה' המדרשית. משה לומד אותה מהקב"ה באופן אינטואיטיבי וחי, כשפה מדוברת, כמו שילד לומד שפה מהוריו. משה מתרגל לקרוא את התורה בשני רבדיה (הפשט והדרש), בלי לנסח לעצמו את הכללים שעליהם מבוססות הקריאות הללו. הוא מעביר את הדברים לתלמידיו ולכל ישראל, באותו אופן עצמו. עם השנים ההבנה האינטואיטיבית פוחתת, שכן אנחנו הולכים ומתרחקים מהר סיני, ומתחיל להיווצר צורך בכללים פורמליים של ה'שפה' המדרשית.

בשלבים הללו מגיעים הניסוח וההמשגה של כללי הדרש, כאשר נכנסים לזירה חכמים שלא מצויידים באינטואיציה הטבעית ל'שפה' הזו. הם לא ישבו עם הקב"ה בהר סיני, וכנראה אפילו ממשה הם לא ממש הצליחו ללמוד את השפה, כפי שנתאר כעת. במצב כזה הם מנסים לפענח את מבנה השפה ועקרונותיה דרך ניתוח של הדוגמאות שנמסרו להם ממשה, וחילוץ כללים מוגדרים ומנוסחים במפורש, שעומדים בבסיס הדוגמאות הללו. הניסוח של הכללים מסייע להם להבין את הדוגמאות ששרדו אצלם, וליצור הלכות חדשות.

'פלפולו' של עתניאל בן קנז

נתאר כעת שלב ראשוני מאד חשוב בתהליך הזה, שיחזור אחר כך לכל ארכו.[13] הגמרא במסכת תמורה (טז ע"א) מתוארת תוצאה של ימי אבל משה:[14]

גופא, אמר רב יהודה אמר שמואל: שלשת אלפים הלכות נשתכחו בימי אבלו של משה. אמרו לו ליהושע שאל! א"ל: +דברים ל'+ לא

---

[13] ראה על כך במאמר **מידה טובה** לפי ניצבים, תשסה.

[14] ראה גם שבת קד ע"א, **וילקוט שמעוני** יהושע רמז ד וכ"ד, וכן פי בחוקותי, רמז תרפב. נעיר כי אין כוונתו לטעון שמדובר בעדות היסטורית. זהו תיאור חז"לי, שעניינו הוא להצביע על מהותו של תהליך ההמשגה והפורמליזציה המתמשך במסורת ההלכתית, כפי שחז"ל עצמם ראו אותו. אנחנו נשוב עוד לנקודה זו בהמשך דברינו.

בשמים היא. אמרו לו לשמואל שאל! אמר להם: אלה המצות - שאין הנביא רשאי לחדש דבר מעתה. אמר ר' יצחק נפחא: אף חטאת שמתו בעליה נשתכחה בימי אבלו של משה. אמרו לפנחס שאל! אמר ליה לא בשמים היא. א"ל לאלעזר: שאל! אמר להם: אלה המצות - שאין נביא רשאי לחדש דבר מעתה.

בימי אבלו של משה, כל ישראל היו אבלים עליו. כידוע, אבל אינו לומד תורה, ולכן אחרי ארבעים יום נשכחו אלפי הלכות מישראל (יש לזכור שהתושבע"פ עדיין לא היתה כתובה אז). הבעייה הגדולה היא שאי אפשר לשחזר את ההלכות הללו על ידי שאלה לשמים, שכן הנבואה ובת קול אינן יכולות לחדש הלכות. זהו מצב ללא מוצא. הגמרא לא אומרת מה קרא בסופו של דבר עם ההלכות השכוחות הללו.

מייד לאחר מכן מובא מדרש נוסף:

אמר רב יהודה אמר רב: בשעה שנפטר משה רבינו לגן עדן, אמר לו ליהושע: שאל ממני כל ספיקות שיש לך! אמר לו: רבי, כלום הנחתיך שעה אחת והלכתי למקום אחר? לא כך כתבת בי +שמות ל"ג+ ומשרתו יהושע בן נון נער לא ימיש מתוך האהל? מיד תשש כחו של יהושע, ונשתכחו ממנו שלש מאות הלכות, ונולדו לו שבע מאות ספיקות, ועמדו כל ישראל להרגו. אמר לו הקב"ה: לומר לך אי אפשר, לך וטורדן במלחמה, שנאמר +יהושע א'+ ויהי אחרי מות משה עבד ה' ויאמר ה' וגו'.

גם כאן הקב"ה לא יכול לומר לו את ההלכות הללו, עקב הכללים "לא בשמים היא" ו"אלה המצוות". גם כאן נראה שבסופו של דבר ההלכות הללו נותרו שכוחות.

הסוגיא מסיימת בברייתא שגורסת מעט אחרת, וגם מספרת לנו מה היה בסופן של אותן הלכות שכוחות:

במתניתין תנא: אלף ושבע מאות קלין וחמורין, וגזירות שוות, ודקדוקי סופרים נשתכחו בימי אבלו של משה. אמר רבי אבהו: אעפ"כ החזירן עתניאל בן קנז מתוך פלפולו, שנאמר - +יהושע

ט״ו+ וילכדה עתניאל בן קנז אחי כלב (הקטן ממנו) [ויתן לו את עכסה בתו לאשה]. ולמה נקרא שמה עכסה - שכל הרואה אותה כועס על אשתו.

מן המדרש עולה כי קשה מאד היה להחזיר את ההלכות שנשתכחו. הסיבה לכך ככל הנראה היתה שאבדו מהם דרכי ההנמקה והדרש שהובילו אל ההלכות הנדונות. אמנם מסתבר כי הדברים תלויים בשאלה מה טיבן של ההלכות השכוחות? לשם כך עלינו לסקור את סוגי ההלכות, ולראות מה יכול להשתכח בכל אחת וכיצד ניתן להחזיר אותן.

במדרש עצמו מופיעים שני סוגים של הלכות: הלכות סתם (כנראה הלמ״מ), ולגבי אלו כלל לא ברור שהן שוחזרו. הסיבה לכך היא שאין שום דרך לשחזר הלכות שכוחות. עובדות רגילות ששוכחים אינן ניתנות לשחזור. לעומת זאת, בברייתא מופיעות גזירות שוות וקלין וחמורין ודקדוקי סופרים׳, שאותם החזיר עתניאל בן קנז בפלפולו. פלפולו של עתניאל הוא שחזור של מדרשי הלכה שנשכחו. כיצד ניתן לשחזר מדרשים שנשכחו? מה בכלל נשכח שם? האם שכחו את המידות עצמן (קו״ח וגז״ש), או ששכחו את ההלכות שנלמדו מהן? ההשלכה היא לגבי משמעות פעולתו של עותניאל בן קנז כאשר הוא שיחזר את ההלכות בפלפולו. מה היה טיבו של אותו פלפול? האם הוא המציא ושחזר את מתודות הדרש עצמן, או שמא הוא רק השתמש במתודות אלו, שהיו ידועות ולא נשכחו, בכדי להחזיר הלכות שכוחות?

יש לציין כי החל מחתימת התלמוד אנו נמצאים במצב של שיכחה חמורה של דרכי הדרש. ייתכן שנוכל ללמוד משהו מן המדרש הזה שיהיה אקטואלי ורלוונטי גם ביחס לבעיה זו.

מה טיבן של ההלכות שנשכחו?

ההבחנה אותה אנו רואים במדרש בין הלכות לבין גז״ש וקו״ח אומרת דרשני. הרי ברור שלא נשתכחו הלכות שכתובות במפורש במקרא. מעבר להלכות אלו נותרות רק הלכות שיוצאות מפרשנות, או ממדרשי הלכה, או הלכות שנתקבלו במסורת (=הלכות למשה מסיני), או הלכות דרבנן.

הדוגמא אותה מביא המדרש עצמו להלכה שנשתכחה היא חטאת שמתו (וי״ג: נתכפרו] בעליה, אותה אסור להקריב. רש״י מסביר שהספק היה האם עליה למות או שמא תרעה עד שתסתאב. מה טיבה של הלכה זו? בכמה סוגיות בבבלי מובא שזוהי הלכה למשה מסיני (ראה בתמורה שם ע״ב, ובנזיר כה ע״ב ובמקבילות). אם כן, נראה כי המונח 'הלכות' מציין כאן הלכות למשה מסיני (וכך הפירוש של המונח 'הלכות' בכמה מקומות בש״ס), ולכן בהחלט ייתכן שלא ניתן היה לשחזר אותן אלא בנבואה. כאמור, בנבואה לא ניתן לשחזר הלכות, בגלל העיקרון של ״לא בשמים היא״.[15]

הרמב״ם בהקדמתו למשנה מגדיר 'הלכה למשה מסיני' כהלכה שהתקבלה במסורת ואין לה עוגן, מדרשי או פרשני, בכתוב. אם כן, לאחר שהלכה כזו נשכחת אין שום אפשרות נראית לעין לשחזר אותה ללא נבואה. כאמור, גם במדרש נראה שהלכות אלו לא שוחזרו. כנגדן המדרש מעמיד את ההלכות שנלמדו במידות הדרש, אותן שחזר עתניאל בן קנז.[16]

מעניין שבירושלמי שבת פ״א ה״ד אומר ר׳ שמואל בר נחמני שאם רצו בי״ד לבטל דין חטאות המתות מבטלין ונופלות לנדבה. וכבר הקשו המפרשים כיצד בי״ד יכולים לבטל הלמ״מ? יש מהם שכתבו שלאחר השחזור של עתניאל בן קנז[17] הן איבדו את מעמדן כהלמ״מ, ולכן ניתן לבטלן.[18] נראה מכאן שהשחזור של ההלכות הללו מהווה תוספת לתורה שבידינו, זאת על אף

---

[15] ובאמת כיום יש לנו מספר נמוך בהרבה של הלכות למשה מסיני. ראה מניינן בשו״ת **חוות יאיר** סי׳ קצב. לפי זה ייתכן שחלק מן ההלכות לא שוחזרו, ואבדו לנו. ראה גם בהערה שאחרי הבאה.

[16] בדף **מידה טובה** לפרשת לך-לך, תשסה (הערה 4), עמדנו על כך שהביטוי 'גז״ש וקו״ח' משמעותו היא כל מידות הדרש, ואולי אף הדרש ההלכתי בכללו. הסיבה לכך היא שאלו הן שתי מידות קוטביות: לגבי קו״ח מוסכם שכל אדם דורש זאת מעצמו. לגבי גז״ש מוסכם שאדם לא דורש מעצמו אלא אם קיבל מרבו (אמנם ראה מחלוקת ר״מ לחכמים, בבבלי נידה יט ע״ב. ו**בערול״נ** שם העיר שמדובר על דרשה מפסוקים מדברי קבלה). אם כן, קו״ח וגז״ש הוא עולם הדרש כולו, הן זה שעובר במסורת והן זה שמתחדש לאורך הדורות. לכן שתי המידות הללו משמשות את חז״ל כתיאור למכלול המדרשי כולו.

[17] הנחתם היא שגם הלכה זו שוחזרה על ידו, אף שכפי שהערנו במדרש עצמו לא ברור האם שוחזרו גם ההלכות או רק ההלכות המדרשיות.

[18] ראה **מראה הפנים** על אתר, וכן בחי׳ הגרי״ז ביומא עמ׳ כו יסוד דומה. וראה **אנצי״ת** ע׳ 'חטאות המתות' תחילת פרק א. וראה שם פירושים נוספים לירושלמי הזה, ואכ״מ.

שהלכות אלו ניתנו לנו בסיני. אמנם אם הוא אינו נעשה בנבואה הוא נחשב לגיטימי ומחייב, אולם עדיין אנו רואים במפורש שהוא מהווה תוספת לתורה. לאור דברינו סביר להניח כי מה שנשכח הוא ההלכות שנלמדו באמצעות מידות הדרש, ופלפולו של עתניאל בן קנז היה שימוש במידות הדרש עצמן, אשר שחזר את תהליך הדרישה עצמו, ואת ההלכות שיצאו ממנו.

מה מיוחד במה שעשה עתניאל בן קנז? לכאורה כל חכם שעמד לישראל מאז משה רבנו השתמש במידות הדרש בכדי לדרוש את התורה וליצור או לבסס הלכות קיימות? מסתבר מאד שעתניאל חידש משהו גם ביחס למידות הדרש עצמן. ננסה כעת להבין מעט מה טיבו של אותו 'פלפול'.

תהליך ההכללה ביצירת שפה וביחס למידות הדרש

למעלה עמדנו על כך שמידות הדרש הן תוצאה של תהליך של ההמשגה והכללה לאורך הדורות.[19] דימינו זאת לכללי הדקדוק של השפה. כיצד נוצרו הכללים הללו? הרי ברור שתהליך היווצרות השפה אינו מתחיל ברשימת כללים, אלא הכללים הם אשר נוצרים מתוך הדיבור הטבעי. לאחר שקהיליית המשתמשים בשפה מפתחת אותה דיה, מתחילה התבוננות רטרוספקטיבית במה שנוצר, ומתחיל תהליך של הכללה. התופעות האינטואיטיביות של הדיבור מתחילות להיכנס לתוך קטגוריות דקדוקיות, שממיינות ומסווגות אותן לקבוצות, דרך מציאת הבסיס המשותף שלהם. למשל, העובדה שמשום מה המילה 'בית' היא בב"ת דגושה, וכך גם המילה 'ברזל', זאת בניגוד למילים 'הבנה', 'הבדלה', 'אבן' וכדו', מעוררת את התחושה שיש כאן כלל שנוצר אינטואיטיבית שהאות ב"ת בתחילת מלה היא תמיד דגושה. הכלל נוצר מתוך התבוננות על התהליך הטבעי.[20]

---

[19] ראה גם בדפי **מידה טובה** לפרשת לך-לך ושמות, תשסה.

[20] בדבר מקורם של הכללים הללו חלוקות הדעות בין הבלשנים. יש מהם (כמו נועם חומסקי) הגורסים שחלקם נובעים ממבנים אפריוריים שטבועים בכולנו, והם כנראה משותפים לכל השפות. ויש הסוברים שהאדם נולד 'טבולה רסה', וכל התופעה הלשונית היא נרכשת ולא מולדת, ואכ"מ.

בכל אופן, הלימוד והניסוח של הכללים בודאי נעשה רטרואקטיבית. גם את הכללים הטבועים בנו אנו מגלים בדיעבד מתוך אופני הדיבור שמופיעים אצלנו.

התהליך הוא: מאוסף של תופעות פרטניות וייחודיות חסרות קשר נגלה ביניהן, נוצרת הכללה שמוצאת בסיס משותף לקבוצות של תופעות ויוצרת מתוכו כללים. בשלב הבא, לאחר ההכללה והחוקים הפנומנולוגיים (=חוקים מתארים), נוצרת המשגה. בשלב זה נוצרים מושגים במטא-שפה, אשר לפיהם אנו מסבירים את התופעות הלשוניות בהן אנו צופים. מכאן נוצרים מונחים כמו מושא ישיר ועקיף, נשוא ונושא, הרכבות שונות של משפטים וכדו'. ניתן להמשיך את ההמשגה הלאה, וליצור כללים יסודיים יותר, ברמת הפשטה גבוהה יותר, וכן הלאה.

גם ביחס למידות הדרש ישנו תהליך דומה. לאחר שנאספו התופעות המדרשיות וחולקו לקבוצות פנומנולוגיות, נוצר צורך בהמשגה. נוצרו מושגים מטא-הלכתיים, שמחוללים את התופעות הלשוניות ואת הקבוצות הממויינות שלהן. מושגים כמו 'גזירה שווה', 'קל וחומר', 'היקש', וכדו', נוצרו בשלב זה. לפי השערתנו, משה רבנו לא הכיר את המונחים הללו, אולם הוא השתמש בהם באופן אינטואיטיבי. רק כאשר החל תהליך של שכחה ביחס למידות, הפכנו מדוברי שפת אם לתלמידי אולפן ('בצר ליבא' – התמעט הלב, במונחי הגמרא תמורה טז ע"א), ואז נוצר צורך בכללים מנחים להכוונת הליכי הדרישה והדרשות.

לפי השערתנו, ה'פלפול' של עתניאל בן קנז עסק בהכללה של התופעות המדרשיות. לאחר השכחה של ההלכות שנלמדו מגז"ש וקו"ח ושאר מידות הדרש, לא היתה שום דרך לשחזר אותן. כזכור, הכללים עצמם לא ניתנו למשה, וממילא הוא גם לא לימד אותם הלאה. כעת ניצבו חכמי ישראל בפני שוקת שבורה, שכן לא היתה להם דרך לשחזר את ההלכות השכוחות.

אנחנו מציעים תמונה לפיה עתניאל נטל את התופעות המדרשיות שעדיין היו זכורות ומובנות, בנה מהן קבוצות של כללי דרש פנומנולוגיים, ובאמצעות כללים אלו הוא שחזר את ההלכות שנשכחו. הוא התחיל לזקק עקרונות משותפים לדרשות שנמסרו על ידי משה, באמצעותם הוא הסביר דרשות לא מובנות (שמקורן נשכח), ואף יצר הלכות חדשות על ידי יישום של אותם כללים לפסוקים נוספים.

אם כן, 'פלפול' בשפה זו הוא הכללה ומיון ויצירת תיאוריה פנומנולוגית. יש למשמעות זו קשר למונח 'פלפול' שמופיע כיום בעיקר בהקשרים של גנאי. פלפול מגונה הוא הכללות לא אחראיות, ולא בדוקות, שאינן עומדות בקריטריונים מדוייקים ומחמירים של סברא, עקביות והגיון.[21]

אמנם בשלב הראשון אין מנוס מיצירת ספקולציות מפולפלות, בכדי לשחזר מידע שאבד לנו.[22] השלב הבא הוא יצירת מערכת מושגית (=המשגה) ותיאוריה (=פורמליזציה של הכללים), לפיהן נוכל לבחון את ההכללות (הפלפול) שיצרנו קודם לכן ולהעמיד אותן על בסיס שיטתי. כאן נוכל לבחון האם הכללות אלו עומדות במבחנים תיאורטיים, ולהציע תיקונים שיביאו אותנו לתיאור מדויק יותר של התופעה הלשונית, או המדרשית.

בשלב זה החלו להיווצר מערכות מטא-הלכתיות, או מטא-מדרשיות, אשר מיינו וסיווגו את דרכי הדרש למידות דרש שונות. נוצקו דפוסי עבודה מדוייקים ושיטתיים יותר, אשר אפשרו למי שלא מצוייד באינטואיציה המושלמת שהיתה למשה רבנו (שכן הוא קיבל אותה מפי הגבורה) לפעול על פי הכללים.

התהליך שהחל בימי אבל משה, ממשיך לאורך כל הדורות. השיכחה של אופני השימוש במידות היא פועל יוצא של ההתרחקות מהמקור. ובכל דור, ככל שהשיכחה גוברת, נוצר צורך חזק יותר בהמשגה ופורמליזציה, על מנת ליצור כללים קשיחים שיחליפו את המדרש האינטואיטיבי. ככל שנוקפים הדורות, האינטואיציה של הדרשנות שהיתה אצל משה רבנו כשפת אם, החלה להתעמעם. ככל שמתרחקים ממעמד הר סיני אנחנו פחות ופחות דוברים את הדרשות כשפת אם. נוצרת התבוננות 'מדעית', רטרוספקטיבית, ונוצרים חוקים פנומנולוגיים. חוקים אלו מסייעים לשחזר הלכות שנשכחו. אנחנו

---

[21] המושג 'פלפול' קשה מאד להגדרה, ויש לו כמה וכמה משמעויות, שגם השתנו לאורך הדורות והמקומות. ראה, למשל, בחוברת של דב רפל, **הויכוח על הפלפול**.

[22] יש לכך קשר לחלוקה של פילוסוף המדע הנס רייכנבך, בין 'הקשר הגילוי' בו המדען מעלה השערות פרועות כרצונו להסבר התופעות הנדונות, לבין 'הקשר הצידוק', בו ההשערות נבדקות לאור העובדות. אמנם ההמשגה ויצירת התיאוריה היא שלב ב של 'הקשר הגילוי', ולא חלק מ'הקשר הצידוק' שהוא הבחינה האמפירית.

מנסים לשחזר את מה שמשה רבנו ידע ישירות מהשכינה, באמצעים לוגיים, דרך ניתוח הכללה והפשטה של הדוגמאות המוכרות לנו.

אם כן, הכללים נוצרים בכדי להקל על העברת הטכניקות המורכבות של הדרש לדורות הבאים. חכמי הדורות המאוחרים יותר לומדים באולפנו של משה רבנו, ובאולפן ראינו שהלימוד צריך להתנהל דרך כללים. הכללים מתארים את השפה המדרשית הטבעית, בה השתמש משה.

הבאנו למעלה את הדוגמא של הפסוק "את ה' אלוקיך תירא". משה רבנו הבין אינטואיטיבית שעליו לדרוש כאן (במה שאנחנו כיום קוראים 'ריבוי') לרבות מורא תלמידי חכמים. בדורות שאחריו הדברים כבר אינם מובנים מאליהם, שכן איבדנו את האינטואיציה המדרשית. אינטואיציות מאד קשה להעביר מדור לדור, שכן הן אינן מנוסחות באופן אובייקטיבי המשותף לכולנו. לכן נוצר כלל הדרש הקרוי 'ריבוי' (שכל 'את' בא לרבות), ואנו משתמשים בו ומגיעים לאותה תוצאה אליה הגיע משה. כך נוצרו מידות הדרש, ולאחר מכן נוצקו לדפוסים כאילו פורמליים-אכסיומטיים. זוהי מערכת כללים שניתנת להעברה ביתר קלות מדור לדור, ויד השיכחה לגביה פחות קשה.

כפי שראינו למעלה, תהליך ההמשגה המתועד מתחיל אצל הלל הזקן, שם עדיין מופיעות כמה מידות משותפות באותה קבוצה, ולכן יש אצלו רק 7 מידות דרש. לאחר מכן התהליך נמשך והמידות מתפצלות בין בתי מדרש שונים. בשלב זה נוצרת מחלוקת באשר לכללים הפורמליים שמתארים אל נכון את החומר שהגיע אלינו במסורת. המחלוקת היא חלק בלתי נמנע בתהליך שחזור כזה, שכן על אף שמטרת כולם היא להבין את החומר שהמסורת העבירה אליהם, יש כאן תהליכי הכללה והמשגה, ולא כולם מסכימים לכללים בהם יש להשתמש. המשגה לעולם מלווה בהיווצרות מחלוקות. מחלוקות אלו היו קיימות גם קודם לכן, אבל כל עוד לא הוגדרו הכללים, אף אחד לא התייחס לכך כמשהו מהותי, וראו כל מחלוקת כמחלוקת מקומית ביחס לדרשה ספציפית.

יתר על כן, הכללים שנוצרים בתהליך כזה אינם אלא קירוב לתהליך הטבעי. בדיוק כמו שבשפה הדיבור הנכון הוא טבעי, והכללים הם רק קירוב. לכן הכללים הללו 'מחוררים', כלומר לכל אחד מהם יש לא מעט יוצאים מן הכלל. הוא הדין בפורמליזציה של מידות הדרש. לפעמים ההסברים נראים מאולצים, שכן הכללים מנסים לקרב תהליך טבעי חי, שאינו פועל באמת על פי כללים. לכן כשמנסים לשפר את הקירוב, מאמצים כללים, ותת-כללים, כדי להגיע כמה שיותר קרוב למקור.

הביטוי הבולט ביותר לתופעת המחלוקת מופיע בבתי המדרש של ר״יש ור״ע. שני התנאים הללו מביאים את תהליך הפורמליזציה לשיא, כאשר הם מנסחים שתי מערכות פורמליות יחסית של 13 מידות דרש, ולכן לא פלא ששם גם מופיעה לראשונה המחלוקת העיקרית ביחס לצורות הדרש. 32 המידות של ר״א בנו של ריה״ג הן פירוט נוסף בתהליך זה (בדרך כלל מייחסים אותן לבית המדרש העקיבאי), אם כי לא המשך ישיר (חלקן הן מידות של מדרשי אגדה[23]). וכבר הזכרנו שבפועל כבר בתלמוד עצמו יש הרבה יותר מ-32 מידות דרש. כפי שנראה בפרקים הבאים, תהליך זה ממשיך גם הלאה, לפחות עד תקופת הגאונים. בהמשך התהליך השיטות מתערבבות, ובתי מדרש וחכמים שונים מאמצים כללים ששייכים לשני בתי המדרש, ומשתמשים בהם במשולב.[24]

מצבנו כיום

על אף שמערכות פורמליות קלות יותר להעברה (קשה יותר לשכוח אותן), לאורך ההיסטוריה 'הצלחנו' לשכוח גם את זה. כבר בתלמודים עצמם יש שימוש מצומצם יותר במידות הדרש כדי ליצור הלכות חדשות, ורוב השימושים הם כדי לסמוך הלכות קיימות. לאחר מכן, מאז חתימת התלמוד,

---

[23] אמנם המהרז"ו בפירושו לברייתא זו מאריך להוכיח שכל המידות הללו רלוונטיות גם למדרשים הלכתיים, ומביא שם הסבר מדוע הברייתא מנוסחת בלשון "שההגדה נדרשת בהן", ע"ש.

[24] ראה על כך במאמרי **מידה טובה**, לפ' תולדות ויצא, תשס״ה, ולפ' ויקרא תשסו, ועוד.

פסק כמעט לחלוטין השימוש במידות הדרש (למעט חריגים מעטים ולא משמעותיים).[25]

ספרות הכללים עוסקת בעיקר בתיעוד של הידע המצוי בספרות חז״ל, אך הטיפול הלוגי בהבנת הכללים הללו הוא מועט ביותר, ולמעשה יכולת השימוש בהם אבדה לנו. גם המחקר התלמודי השיטתי יותר של הדורות האחרונים לא הגיע עדיין לכדי הבנה ממשית של דרכי הדרש. הסדרה שלנו היא ניסיון לקדם את התהליך הזה לקראת שחזור יכולת השימוש במידות הדרש, אנחנו מקווים שיש בזה מעין המשך למפעלו של עתניאל בן קנז. בספר הקודם איחדנו את שלוש המידות ההגיוניות, קו״ח ושני בנייני אב, לכלל מודל משותף אחד, שהאיר את יסודות החשיבה הלא-דדוקטיבית בכלל, לאו דווקא בהקשר התורני. כאן ברצוננו לעשות דבר דומה לשלוש מידות ׳כללי ופרטי׳. שאר המידות, למעט גז״ש, מופיעות מעט מאד פעמים בספרות התלמודית, ולכן למיטב הבנתנו יש כאן השלמה של חלק עיקרי מן השחזור של מערכת הדרש הקדומה.

המחקר האקדמי והפרדיגמה המסורתית

נשוב כעת לויכוח בין החשיבה האקדמית-מחקרית לבין התפיסה המסורתית. התמונה אותה תיארנו כאן, נותנת את המשמעות הנכונה לטענה שמידות הדרש הן הלמ״מ, על אף שאנחנו רואים בצורה ברורה שהן מתפתחות ומתרחבות לאורך ההיסטוריה. לפי הצעתנו, ההתפתחות אינה אלא המשגה ופורמליזציה של הכללים שניתנו למשה בסיני. אין כאן המצאה ויצירה חדשה, כפי שנהוג לראות זאת בעולם המחקר האקדמי, אלא פיתוח והמשגה של הכלים הקיימים. כל המידות נותרות הלמ״מ, שכן מקורן הוא באמת מהקב״ה בסיני. הניסוח המאוחר והצורה הפורמלית היא תוצר של הדורות המאוחרים. זהו הניסוח שלהם לכללים שקיבל משה בסיני.

---

[25] ראה, למשל, בספרו של יצחק ד׳ גילת, **פרקים בהשתלשלות ההלכה**, אונ׳ בר-אילן, תשנד (הדפסה שנייה), עמ׳ 374 והלאה.

אנחנו נראה בהמשך דברינו דוגמאות לתהליך הזה. טענתנו שהתהליך הזה ממשיך לכל אורך ההיסטוריה. כאשר אמוראים 'ממציאים' כללים חדשים, ומרחיבים את כללי וכלי הדרש, הם אינם עוסקים בהמצאה אלא בפורמליזציה של מה שעשו קודמיהם. טענתנו היא שחכמי התלמוד האמוראים חשפו עוד ועוד רבדים שהיו טמונים כבר במשנת התנאים.

יש להבחנה הזו השלכה מתודולוגית חשובה מאד. בעולם המקר האקדמי נהוג לפרק את הקורפוס ההלכתי לשלבים כרונולוגיים, ולנתח כל שלב כזה לחוד. המשנה מנותחת במנותק מהתלמוד, וזה במנותק מהגאונים, הראשונים והאחרונים. לעומת זאת, בלימוד הישיבתי-מסורתי (עם כל ההבדלים בין צורות הלימוד השונות, בזמן ובמקום) הנטייה היא הרמוניסטית יותר, ושם מתבוננים במשנה דרך התלמוד.

מדברינו כאן עולה כי לא נכון לנתח את משנת התנאים תוך התעלמות ממשנתם של האמוראים. האמוראים ניסחו והמשיגו את משנת התנאים, לא פחות מאשר הוסיפו דברים חדשים משלהם. ישנם מקרים בהם מי שמנתח את משנת התנאים באופן עצמאי, מגיע לסתירות ואינו יכול להבין אותה לעומקה. אנחנו ננסה להדגים זאת דרך הסוגיות העוסקות במדרשי 'כללי ופרטי'.

מתודולוגיה ומחוייבות למסורת

מאידך, עלינו לציין כי עקב השיכחה שפשתה בעולם ההלכה לגבי השימוש במידות הדרש, הראשונים עצמם מודים בכך שהם אינם מבינים את דרכי השימוש הללו לאשורן. הם מנסים לאפיין את הסוגיות, ליישב סתירות וכדו', אך גם לפי עדותם שלהם עצמם אין בידם תמונה מלאה. לכן לדעתנו אין כאן מניעה, גם עבור מי שמחוייב למסגרת ההלכתית שבה נהוג שלא לחלוק על הראשונים (חכמי ההלכה מימי הביניים), לא לקבל בהכרח את הצעותיהם ביחס למידות הדרש. מכיון שכאן אין בידם מסורת, אפילו לשיטתם שלהם, אזי אין מניעה להסביר את הדברים באופן שונה ממה שהם הציעו, אם הדברים נראים סבירים יותר.

על כן בדברים שיבואו להלן, אמנם ניעזר לא מעט בדברי הראשונים (בהתאם לפרדיגמה שהוגדרה למעלה, לפיה יש לראות את ההלכה כשרשרת קוהרנטית והרמונית), אך תהיינה גם כמה וכמה סטיות מדברי הראשונים. במקומות מסויימים נרשה לעצמנו ללכת בדרך חדשה. אנו ננמק את ההחלטות הללו במקומן, והתמונה הכללית שמתקבלת מדברינו היא הראיה אותה אנחנו מציעים כתמיכה עבורן.[26]

[26] דוגמא לדבר ניתן למצוא בדברינו בספר הקודם לגבי בניין אב משני כתובים, כאשר הצענו הסבר שונה מהסברי הראשונים לשאלה היכן ומתי עושים 'פירכת צד חמור'. הראשונים בסוגיית מכות ד ע"ב הציעו כמה וכמה הצעות בעניין זה, אך לדעתנו יש הסבר מתבקש שנובע מהניתוח הלוגי אותו עשינו. התמונה שהתקבלה שם היתה קוהרנטית ושלמה, ויש בזה תמיכה להצעה זו, על אף החריגה שיש בה ממסורת הראשונים.

פרק שני: תהליך הפורמליזציה של מידות 'כללי ופרטי'

מבוא כללי: טיבן העקרוני של מידות 'כללי ופרטי'

בספר הקודם עסקנו בשתי מידות בנייני האב, וראינו שמדובר באנלוגיה (=בניין אב מכתוב אחד) ובאינדוקציה (= בניין אב משני כתובים). עוד ראינו שם שיסוד שתיהן הוא אנלוגיה באמצעות אינדוקציה סמויה. כאשר מופיע בתורה דין שחל בהקשר מסויים, מידת בניין אב מאפשרת לנו להרחיב אותו להקשרים דומים נוספים באמצעות אנלוגיות מדרשיות. אם כן, מידות בניין אב מורות לנו להרחיב כל דין שמופיע בתורה, לקבוצת הקשרים נוספים.

לעומת זאת, ישנו עיקרון מדרשי שקובע כי שני כתובים הבאים כאחד אינם מלמדים (ראה פסחים כו ע"א ומקבילות). כלומר כאשר התורה כותבת דין כלשהו בשני הקשרים שונים, אזי כוונתה לומר לנו שאין להרחיב את הדין מעבר לשני ההקשרים המסויימים הללו. זהו כלל שמטרתו לצמצם את ההרחבות שאנחנו עושים בבנייני האב. העיקרון הזה מבוסס על ההנחה שהתורה אינה כותבת דברים מיותרים, ואם היא היתה רוצה שנרחיב את הדין לקבוצה שלימה היא היתה מסתפקת בכתיבה שלו בהקשר אחד בלבד, ואנחנו היינו מרחיבים אותו לכל הקבוצה (כולל ההקשר השני) באמצעות מידת בניין אב. ברגע שהתורה כותבת את הדין בשני ההקשרים היא רומזת לנו שהדין חל רק בשני אלו ותו לא.

כיצד מתיישב הכלל הזה עם הלימוד ב'צד השווה' (=חדא מתרתי)?[27] שם אנחנו לומדים משני מלמדים שונים לקבוצה שלימה של הקשרים הלכתיים נוספים, וזה לכאורה עומד בניגוד לעיקרון ששני כתובים אינם מלמדים. בעלי הכללים כבר מבארים שאין כאן סתירה כלל ועיקר. כל לימוד של 'הצד השווה' מבוסס על שני מלמדים שלכל אחד מהם יש תכונה (=חומרא) מיוחדת, שלא קיימת בזולתו. במצב כזה כבר לא קיים השיקול שתיארנו

---

[27] ראה על כך במאמר **מידה טובה** לפ' תצווה, תשסה.

למעלה. התורה לא יכולה לכתוב את הדין בהקשר אחד בלבד, שכן אילו היא היתה כותבת אותו רק שם, לא היינו יכולים ללמוד ממנו להקשר השני, שהרי אנחנו עוסקים במקרה בו יש בהקשר הראשון תכונה שלא קיימת בשני. הוא הדין לגבי האפשרות לכתוב את הדין רק בהקשר השני. אם כן, כאשר לשני ההקשרים יש תכונות ייחודיות אזי העובדה שההלכה הנדונה מופיעה בשניהם היא בסיס להכללה. אבל כשאין להם תכונות ייחודיות, אזי כתיבה של ההלכה הנדונה בשניהם מורה לנו שלא להרחיב אותה אל מעבר לשני אלו.
כעת עלינו לשאול את עצמנו, כיצד התורה יכולה להגביל את ההכללה של הדין להקשר הלכתי אחד בלבד? לכאורה אין לה שום כלי טכסטואלי לעשות זאת. אם היא תכתוב את הדין רק בהקשר ההוא, אנחנו מייד נרחיב אותו באמצעות בניין אב מכתוב אחד. ואם היא תכתוב אותו בשני ההקשרים (בהנחה שיש צריכותא ביניהם, כלומר שלכל אחד מהם יש תכונת חומרא מיוחדת), אנחנו מייד נרחיב אותו באמצעות בניין אב משני כתובים.
אמנם היה מקום לומר שהתורה לעולם אינה מגבילה הלכה אלא אם ההקשר הוא באמת ייחודי. הרי אם ההלכה מופיעה בהקשר X, והקשר זה אינו ייחודי בשום אספקט ביחס להקשרים אחרים, אזי בהכרח ההלכה הזו צריכה להיות מוחלת גם בהקשרים האחרים. מדוע להגביל הלכה רק להקשר אחד אם אין לו תכונות ייחודיות? אך זו אינה תשובה מספקת, שכן לפעמים יש הקשרים הלכתיים שיש להם ייחוד מסויים, אלא שאנחנו לא נוכל להבחין בו. מה על התורה לעשות במצב כזה? אם היא רוצה לומר לנו שהדין חל רק בהקשר X, ובעינינו אין להקשר זה שום ייחוד ביחס לקבוצת הקשרים Y, אזי אנחנו היינו מרחיבים אותו גם אליהם. אך אם לקבוצה Y יש מאפיינים ייחודיים שנסתרים מעינינו מסיבה כלשהי, התורה עשויה בכל זאת לרצות להגביל אותנו שלא נרחיב את הדין אליהם, אלא נשאיר אותו רק בהקשר X. כיצד היא יכולה לעשות זאת? לשם כך דרושים כללי הגבלה שמסייגים את השימוש במידות בניין אב (אנלוגיה ואינדוקציה).

בנוסף, לפעמים התורה רוצה להגביל את ההרחבה, אך לא למנוע אותה לגמרי. היא רוצה להורות לנו להרחיב את הדין הנדון לתת קבוצה מבין הדומים להקשר המקורי. כיצד היא תוכל לעשות זאת? גם כאן נחוץ לנו כלל הגבלה.

ובנוסף, לפעמים התורה רוצה להורות לנו להרחיב את הדין אל מעבר למה שנראה בעינינו דומה להקשר המקורי. כיצד היא יכולה לעשות זאת? כאן נחוצים לנו כללי הרחבה, ולא כללי הגבלה.

התמונה הכללית היא שבמפת מידות הדרש חייבת להופיע משפחה של כללים שמגדירים לנו רדיוס של הכללה. החל מרדיוס אפסי (כלומר לא להכליל כלל), ועד לרדיוס המכסימלי (כל מה שדומה באספקט כלשהו). זהו בדיוק תפקידה של משפחת המידות שקרויה 'כללי ופרטי'.

כדי להגדיר את רדיוסי ההכללה, דרושה לנו שפה שתצליח להגדיר מבחינה לוגית קבוצות בגדלים שונים סביב פרטים. כלומר אם התורה כותבת הלכה כלשהי בהקשר הלכתי מסויים, ההקשר הזה הוא פרט ספציפי. כעת אנחנו שואלים את עצמנו עד היכן, אם בכלל, עלינו להרחיב את ההלכה הנדונה אל הקשרים הלכתיים דומים? לשם כך עלינו להגדיר פרמטרי דמיון שיגדירו רמות שונות של דמיון. אלו ה'צדדים' שמופיעים בכמה סוגיות בש"ס, ואנו נעסוק בהם להלן. במאמר באנגלית אנחנו עומדים על משמעותו הלוגית של התהליך הזה כאלטרנטיבה לאופני ההגדרה המקובלים לקבוצות.

מפרשי ברייתת המידות מסבירים שמידת הדרש 'כלל ופרט', שאותה אנחנו דורשים באופן של 'אלא מה שבפרט', מטרתה היא להורות לנו שלא להכליל את הפרטים בכלל, כלומר להותיר את ההלכה אך ורק בהקשר בו היא מופיעה. כלומר מידת 'כלל ופרט' מגבילה את ההכללה שעושים בנייני האב סביב הפרט. מידת 'כלל ופרט', אם כן, היא כלל סיוג על מידת בניין אב. לעומת זאת, 'פרט וכלל' היא מידה שמורה לנו להרחיב את ההלכה הנדונה מההקשר בו היא מופיעה אל הקבוצה המכסימלית של ההקשרים הדומים (כל מה שדומה מאספקט אחד). כאן תוצאת הדרשה היא 'נעשה כלל מוסף על הפרט', כלומר יש להרחיב ברדיוס מכסימלי. בהמשך דברינו נראה שהרחבה

זו הולכת לרדיוס הכללה גדול יותר מרדיוס ההכללה שעושות מידות 'בנייני אב'.

כפי שנראה להלן, אם התורה רוצה לאפשר לנו הרחבה של הדין, אבל לא ברדיוס מלא, אלא ברדיוסים משתנים, היא משתמשת בשתי המידות האחרות: 'כלל ופרט וכלל' ו'פרט וכלל ופרט' (שהיא מידה נדירה מאד), באופנים שיוסברו להלן. לגבי מידת 'כלל ופרט וכלל' חלוקות הדעות בין האמוראים. יש שדורשים אותה בצורה של 'כללא קמא דווקא', כלומר שרואים אותה במידת 'כלל פרט' מתוקנת. מידת 'כלל ופרט' מורה לנו לא להרחיב כלל (רדיוס הכללה 0). במבנה המשולש, הכלל האחרון מורה לנו להרחיב זאת ברדיוס מעט גדול יותר. כלומר מבנה כזה מורה לנו לסייג את ההגבלה שעושה מידת 'כלל ופרט'. לעומת זאת, ישנה דעה הגורסת שיש ליישם את המבנה המשולש באופן של 'כללא בתרא דווקא'. כלומר שהמבנה הבסיסי הוא 'פרט וכלל', שמורה לנו להרחיב ברדיוס מכסימלי, והכלל הראשון מטרתו להגביל מעט את ההרחבה הזו, כלומר לצמצם את רדיוס ההכללה.

מדוע מתעוררת מחלוקת כזו? לכאורה השיטה של 'כלל קמא דווקא' היא הטבעית יותר. יש לפעול לפי סדר ההופעה. נראה שהבעייה היא שאם תופסים כשיטת 'כללא קמא דווקא', אזי התוצאה היא הרחבה מעטה של ההקשר המפורש (=הפרט), וזה מחזיר אותנו להרחבה באמצעות מידות 'בניין אב'. כלומר נוצרת בעייה שמידת 'כלל ופרט וכלל' שקולה לגמרי למידת 'בניין אב'. לכן נולדת שיטת 'כללא בתרא דווקא', שרואה במבנה המשולש הוראה להרחיב אל מעבר להרחבה של בניין אב.

מה עונים בעלי 'כללא קמא דווקא' לקושי הזה? דומה כי המוצא המתבקש הוא שיש דרגת ביניים בין הרחבה של 'כלל ופרט וכלל' בשיטת 'כללא קמא דווקא' לבין הרחבה של 'בניין אב'. לדוגמא, אנחנו יודעים שהכלל בתלמוד הוא שעל לימוד של בניין אב פורכים אפילו 'פירכא כל דהו', כלומר כל הבדל בין המלמד ללמד פורך את ההיסק המדרשי. במילים אחרות, משמעות הדבר היא שההרחבה לא יכולה להיעשות להקשרים ששונים אפילו במשהו

מההקשר המפורש (הפרט). לעומת זאת, מידות 'כללי ופרטי' משתמשות ברזולוציות גדולות יותר. רק הבדלים משמעותיים (=מה שמכונה בתלמוד 'צדדים') נלקחים שם בחשבון. אנו נרחיב בזה להלן.

אם כן, מידות 'כללי ופרטי' הן ביסודן מידות שמגדירות רדיוסי הכללה. המופע המקראי מגדיר באיזה רדיוס עלינו להכליל את הדין שמופיע במקרא. מידת 'כלל ופרט' מורה לנו על רדיוס הכללה 0, כלומר זוהי הגבלה מוחלטת של מידת בניין אב. שאר המידות מורות לנו על הכללות ברדיוסים שונים, בין הרחב ביותר למצומצם ביותר. להלן נראה כיצד חז"ל מגדירים את רדיוס ההכללה במונחי תכונות וקבוצות.

אך קודם לכן נראה את סוגיית שבועות כו ע"א, שם נבחין ברמזים להתפתחות מידות 'כללי ופרטי', ולתהליך ההמשגה שהוגדר אצלנו בפרק הקודם.

סוגיית שבועות: שבועה להבא ולשעבר[28]

כאשר אדם נשבע לשקר הוא חייב קרבן. ההלכה מבחינה נבין שני סוגי שבועות: שבועה על העבר – עשיתי כך וכך, או היה כך וכך. שבועה על העתיד – אעשה כך וכך. והנה, המשנה בשבועות כה מביאה מחלוקת בין ר"ע לרי"ש, לגבי שבועות לשעבר:

> ***מתני'. אחד דברים של עצמו ואחד דברים של אחרים, ואחד דברים שיש בהן ממש ואחד דברים שאין בהן ממש. כיצד? אמר שבועה שאתן לאיש פלוני ושלא אתן, שנתתי ושלא נתתי; שאישן ושלא אישן, שישנתי ושלא ישנתי; שאזרוק צרור לים ושלא אזרוק, שזרקתי ושלא זרקתי. ר' ישמעאל אומר: אינו חייב אלא על העתיד לבא, שנאמר:*** (ויקרא ה) ***להרע או להיטיב. אמר לו ר"ע: א"כ, אין לי אלא דברים שיש בהן הרעה והטבה, דברים שאין בהן הרעה***

---

[28] ראה על כך במאמר **מידה טובה** לפ' ויקרא, תשסה.

והטבה מנין? אמר לו: מריבוי הכתוב. אמר לו: אם ריבה הכתוב לכך, ריבה הכתוב לכך.

במשנה מופיעה מחלוקת הלכתית בין ר״ע לרי״ש לגבי שבועות על העבר. לפי ר״ע כל שבועה מחייבת קרבן, ואילו לפי רי״ש רק שבועות על העתיד. המשנה מתארת שגם רי״ש עושה ריבוי כלשהו מהפסוק (לא מתואר כיצד, ומאיזו מילה), ור״ע תוקף אותו מדוע הוא לא מרבה הכל אלא עושה ריבוי חלקי. הוא מרבה שבועות שאין בהן הרעה או הטבה, והן נסובות על העתיד, אבל הוא אינו מרבה שבועות לגבי העבר. נעיר כי במשנה לא מתואר כלל מהלך הדרשה, לא של ר״ע ולא של רי״ש. ישנה כאן מחלוקת לגבי ריבוי, האם לעשות אותו חלקי או מלא. זה כמובן מחזיר אותנו למה שראינו בסעיף הקודם, שהמידות שאחראיות על קביעת רדוס ההכללה הם מידות ׳כללי ופרטי׳. כך אכן מופיע בסוגיית הגמרא שם.

רואים במשנה שיש במקרה זה שני צירי הכללה: ציר הערך – יש ואין הרעה והטבה.[29] וציר הזמן – לעבר ולעתיד. הדוגמאות שמופיעות בפסוק הן שבועות למעשים ערכיים לעתיד. ר״ע מרבה בשני צירי הערך, ורי״ש מרבה רק באחד מהם.

בגמרא שם מובאת ברייתא ובה נוסח מלא ומפורט יותר של דעת ר״ע:

ר׳ ישמעאל אומר: אינו חייב אלא על העתיד לבא. ת״ר: (ויקרא ה) ***להרע או להיטיב - אין לי אלא דברים שיש בהן הרעה והטבה, שאין בהן הרעה והטבה מנין? תלמוד לומר:*** (ויקרא ה) ***או נפש כי תשבע לבטא בשפתים, אין לי אלא להבא, לשעבר מנין? תלמוד לומר*** (ויקרא ה): ***לכל אשר יבטא האדם בשבועה, דברי רבי עקיבא; רבי ישמעאל אומר: להרע או להיטיב - להבא. אמר לו רבי עקיבא: אם כן, אין לי אלא דברים שיש בהן הטבה והרעה, דברים שאין בהן הרעה והטבה מנין? אמר לו: מרבוי הכתוב. אמר לו: אם ריבה הכתוב לכך, ריבה הכתוב לכך.***

---

[29] להלן בחלק השני, כשננתח את הדרשה הזו עצמה, נראה מדוע הרעה והטבה אינם נחשבים כשלעצמם כשני צירים.

כאן ר״ע מסביר שהוא מרבה מהכתוב הראשוני (״או נפש כי תשבע לבטא בשפתיים״). ומרבים עוד על שבועות לעבר, מהסיפא של הפסוק (״לכל אשר יבטא האדם בשבועה״). כלומר כבר אצל ר״ע אנחנו רואים שדרושים שני ריבויים שונים לשני צירי ההכללה (ציר הערך וציר הזמן). לא מדובר כאן בריבוי אחד לכל הכיוונים. כעת גם קושייתו על ריי״ש מתפרשת אחרת: הוא לא שואל מדוע ריי״ש עוצר את ההכללה באמצע, אלא מדוע הוא עושה הכללה אחת ולא שתיים, שכן מבנה כמו הפסוק הזה דורש הכללה כפולה.

אם כן, הברייתא המפורטת יותר הזו, כבר מלמדת אותנו עוד משהו על המחלוקת הזו: יש כאן מופע מקראי מיוחד, שלפי ר״ע הוא דורש שני ריבויים שונים, ולריי״ש מתחייב כאן ריבוי אחד בלבד. ועדיין אין כאן רמז למידת דרש מפורשת.

בשלב הבא, הגמרא מתקשה בדעת ריי״ש:

שפיר קא״ל רבי עקיבא לר׳ ישמעאל!

מה פירוש הדבר? מדוע דעת ר״ע עדיפה? לכאורה היא עדיפה כי אם עושים ריבוי יש לעשות אותו לכל הכיוונים. אבל כפי שראינו לא זהו המצב. משום מה הגמרא כאן רואה כהגיוני יותר לרבות בשני כיוונים שונים ולא רק בכיוון אחד. מדוע באמת זה כך? נראה שכבר כאן היה לגמרא רקע כלשהו לגבי שורשי המחלוקת, שנחשפים מייד אחר כך. הגמרא מניחה שמבנה מקראי כזה מחייב שתי הכללות ולא אחת.

ואכן, כעת מביא ריו״ח מסורת שחושפת את שורשי המחלוקת:

א״ר יוחנן: ר׳ ישמעאל ששימש את רבי נחוניא בן הקנה שהיה דורש את כל התורה כולה בכלל ופרט, איהו נמי דורש בכלל ופרט, רבי עקיבא ששימש את נחום איש גם זו שהיה דורש את כל התורה כולה בריבה ומיעט, איהו נמי דורש ריבה ומיעט.

כלומר יש כאן שני בתי מדרש שונים. לא מדובר כאן בשאלה פשוטה של קביעת רדיוס הכללה, אלא באופני דרשה של מופעים מקראיים מיוחדים. וכעת הגמרא מביאה ברייתא שמסבירה זאת ביתר פירוט:

מאי ר׳ עקיבא דדריש ריבויי ומיעוטי? דתניא: או נפש כי תשבע - ריבה, להרע או להיטיב - מיעט, לכל אשר יבטא האדם - חזר וריבה, ריבה ומיעט וריבה - ריבה הכל, מאי ריבה? ריבה כל מילי, ומאי מיעט? מיעט דבר מצוה.

ר״ע דורש ׳ריבויי ומיעוטי׳, ולכן במופע מקראי כזה הוא מרבה הכל. אמנם מבנה כזה מחייב אותנו למעט משהו, ולכן הוא ממעט שבועות על דבר מצווה. כעת הברייתא עוברת להסביר את דעת ר״ש:

ור׳ ישמעאל דריש כלל ופרט: או נפש כי תשבע לבטא בשפתים - כלל, להרע או להיטיב - פרט, לכל אשר יבטא האדם - חזר וכלל, כלל ופרט וכלל אי אתה דן אלא כעין הפרט, מה הפרט מפורש להבא, אף כל להבא, אהני כללא לאתויי אפי׳ דברים שאין בהן הרעה והטבה להבא, אהני פרטא למעוטי אפילו דברים שיש בהן הרעה והטבה לשעבר.

ר״ש דורש את אותו מופע מקראי באופן שונה. מבנה של ׳כלל ופרט וכלל׳ צריך להידרש באופן שיסביר את הופעת כל אחד משני הכללים והפרט, ולכן התוצאה היא רדיוס הכללה חלקי (או הכללה בציר אחד מתוך השניים). לאחר מכן הגמרא מסבירה מדוע נבחר דווקא הציר של הערכיות ולא ציר הזמן, אך זה נדון בפרק שיעסוק בסוגיא זו.

כאן ברצוננו היה רק להדגים את ההתפתחות של מידת ׳כלל ופרט וכלל׳. לשם כך עלינו לשים לב לכמה נקודות במהלך הסוגיא:

- הדרשות הללו מכונות ׳כלל ופרט׳ מול ׳ריבוי ומיעוט׳. זאת על אף שהמבנה המקראי הוא משולש: ׳כלל ופרט וכלל׳, או ׳ריבוי ומיעוט וריבוי׳. זה מלמד אותנו שהכינוי ׳כלל ופרט׳ משמש בספרות חז״ל בשני משמעים: א. מידת ׳כלל ופרט׳, שנדרשת ב׳אלא מה שבפרט׳. ב. שם כללי לכל מידות ׳כללי ופרטי׳, או בעצם לשיטת הדרשה של ר״ש לגבי מופעים מקראיים כאלה.

לצורך ההמשך, אנחנו נבחין בין המשמעים הללו, ונגדיר ׳כלל ופרט׳ כמידת דרשה מסויימת, ו׳כללי ופרטי׳ ככינוי לשיטת הדרש הכללית

של ר״יש במבנים מסוגים אלו. אך כשמקשים סתירות בין סוגיות ומקורות חז״ליים שונים, יש לזכור שהביטוי הזה משמש בשני משמעים שונים, ולכן רבות מן הסתירות הן מדומות.

- במשנה לא מופיעה בכלל מידת הדרש בה משתמשים בשמה המלא. בהחלט אפשרי שעדיין לא היה לה שם מלא כזה. היתה כאן צורת דרש שאפיינה את בית המדרש של ר״יש, אבל היא עדיין לא הומשגה, לא התפרטה, ולא ניתן לה שם משלה. רק בברייתא שמופיעה בגמרא אנו פוגשים מידה מנוסחת ומומשגת, שמכונה 'כלל ופרט וכלל', או 'ריבוי ומיעוט וריבוי'.
- בברייתא שבגמרא מופיעה גם ההנחייה שמורה לנו להכליל 'אלא כעין הפרט'. כלומר יש כאן מקור מאוחר יותר, שבו המידה היא כבר מנוסחת, יש לה שם, ויש אפילו הוראה מפורטת מה עלינו לעשות כשפוגשים מופע מקראי שנדרש במידה זו.

זוהי הדגמה לתהליך אותו תיארנו קודם באופן כללי לגבי כלל מידות הדרש. בשלבים הראשונים היה שימוש אינטואיטיבי במידות הדרש הללו, ולאחר מכן הן עוברות המשגה ופורמליזציה. כשחכמים מאוחרים רואים שחכמים מוקדמים יותר עושים הכללות חלקיות, הם שואלים את עצמם מה עומד מאחורי התהליך המדרשי הזה? מדוע בכלל עושים הכללה? ואם כבר עושים, אז מדוע לא עד הסוף? התשובה לשאלה זו היא ניסוח של כלל מדרשי, של 'כלל ופרט וכלל', שמורה לנו לעשות הכללה וכיצד (זה יפורט יותר בהמשך).

מחלוקת דבי ר״יש ודבי ר״ע

כפי שראינו, השלב בו נעשית הפורמליזציה הוא שלב שבו כבר קיימת מחלוקת בין ר״יש ור״ע לגבי מופעים מקראיים כאלה. שני בתי המדרש הללו עוסקים במופעים מקראיים זהים, שבהם התורה משנה את צורת ההתייחסות מכללית לפרטית ולהיפך בצורות שונות. לכן די ברור ששיטות ר״ע ור״יש אינן המצאות מאוחרות, אלא התפצלויות של שיטה קדומה יותר

שהתייחסה למופעים מקראיים כאלו. אופני הדרשה הרלוונטיים למופעים המקראיים הללו הגיעו במסורת, אבל היו עמומים ולא מוגדרים ובודאי לא חד משמעיים. כאשר חכמי בתי המדרש הללו עשו את הפעולה שעשה עתניאל בן קנז, וניסו להגדיר את מתודות ההכללה של 'כללי ופרטי', הם הגיעו לתוצאות שונות, וכנראה שכך נוצרו שני בתי מדרש שונים, זה של ר"יש וזה של ר"ע. מסתבר שהפורמליזציה הכריחה אותם לדייק יותר בהגדרת כללי הדרש, וכך התגלעה לראשונה מחלוקת לגביהם. בשלבים הקודמים, האפשרויות השונות נבלעו בתוך העמימות של דרכי הדרש, ורק לאחר ההמשגה ניתן היה לראות שיש לפחות שתי דרכים עקרוניות לפרש את דרכי ההכללה המדרשיות שהתקבלו במסורת.

אמנם עניינו כאן הוא בדרשות 'כללי ופרטי' לפי שיטת דבי ר"יש, ולא בשיטת דבי ר"ע שדורשים 'ריבויי ומיעוטי', אך מכיון שמחלוקת זו חוזרת על עצמה כמעט בכל הסוגיות בהן נעסוק, נקדיש לה כאן כמה מילים.

מהי בדיוק נקודת המחלוקת?[30] בכל הסוגיות ניתן לראות שדרשת 'ריבוי ומיעוט' מגיעה לקבוצה רחבה יותר מאשר דרשת 'כללי ופרטי'. כאשר יש מחלוקת תנאים ביחס להיקף הקבוצה שעליה חל הדין הנדון, פעמים רבות מסבירים זאת על בסיס המחלוקת לגבי שיטת הדרש.

רש"י בכמה מקומות עומד על כך שיש הבדל עקרוני בין הצורה בה רואה דבי ר"ע את המופעים המקראיים הללו לבין הדרך בה רואים אותם דבי ר"יש. לדוגמא, בסוגיית סנהדרין מו ע"א, ד"ה 'כי קללת', כותב רש"י:

> ***...ומהכא תיפשוט לך בכל דוכתא דאיכא כלל ופרט וכלל - דמאן דדריש ליה בכללי ופרטי אינו מרבה אלא כעין הפרט, ומאן דדריש ליה בריבוי ומיעוט אמרינן ריבה הכל ולא מיעט אלא דבר אחד משום טעמא דפרישית לעיל הוא, דפרט - לשון פירוש, הלכך כלל ופרט וכלל אי אתה דן להביא על ידי הכלל האחרון אלא כעין הפרט, שאילמלא לא בא כלל האחרון הייתי אומר: הפרט הוא פירושו של***

---

[30] לדיון מפורט בעניין זה, ראה שו"ת ר' אברהם בן הרמב"ם סי' צה.

כלל, ואין בכלל אלא מה שבפרט - ואפילו הדומה לו לא תלמוד ממנו, אלא סתם ואחר כך פירש ובא ללמדך - שאין בסתם אלא הפירוש, הלכך כי אתא כללא בתרא אהני לרבויי כעין הפרט ותו לא, ומאן דדריש ליה בריבויי ומיעוטי אמר לך: המיעוט אינו פירושו של סתם, אלא מיעט ריבויא שלא יהא הכל במשמע, ואי נמי לא אתא כללא בתרא הייתי שומע מן המיעוט כל הדומין למיעוט, - שלא בא המיעוט למעט אלא מאי דלא דמי ליה, הלכך כי חזר וריבה - ריבה הכל ולא מתמעט מן המיעוט אלא דבר אחר שלא תראה בו שום רמז דומה לפרט.

רש״י מסביר כאן שההבדל העקרוני בין 'ריבוי ומיעוט' לבין 'כלל ופרט' הוא שבצורת הקריאה של 'כלל ופרט' רואים את הפרט כפירוש של הכללא קמא (רש״י מסביר שאפילו המילה 'פרט' נגזרת משורש פר״ש ולא פר״ט). לכן התוצאה היא רק מה שבפרט ותו לא. לעומת זאת, בשיטת 'ריבה ומיעט' רואים את התהליך כפעולות על קבוצות. המיעוט בא להורות לנו למעט משהו מהכלל קמא, אך לא לפרש אותו. לכן התוצאה היא קבוצה רחבה יותר.

רש״י חוזר על ההבחנה הזו בכמה מקומות נוספים בש״ס. נביא כאן עוד דוגמא אחת, בסוגיית שבועות ד ע״ב, ברש״י ד״ה 'דדריש':

דדריש ריבויי ומיעוטי - מדרשא דריבויי ומיעוטי נפקא ליה בפ״ג (לקמן /שבועות/ כו) שלא היה דורש את התורה במשמעות כללות ופרטות אלא במשמעות רבויין ומיעוטין וגבי שבועות הכי דריש נפש כי תשבע ריבה כל השבועות להרע או להיטיב מיעט את הריבוי ולימד שאינו חייב אלא על הדומה למיעוט שיהא להבא כמותו ולא דדריש ליה במשמעות כלל ופרט דנימא להרע או להיטיב פירושו של כלל הוא ואין לך להביא בו אלא הוא לבדו הרעה והטבה ולא שאר דברים ואפילו להבא שאינו הרעה והטבה שכל הדורש התורה כלל ופרט אית ליה אין בכלל אלא מה שבפרט וכי הדר אתי כללא אחרינא בתר פרטא כי הכא דכתיב בתריה לכל אשר יבטא וגו' די לך אם תוסיף על הפרט בכלל אחרון דברים שאין בהן הרעה והטבה

ויהיו כעין הפרט בלהבא ולא לשעבר שאינו דומה לפרט כלל דלהכי אהני כלל קמא למעוטי והיינו דאומר כלל ופרט וכלל אי אתה דן אלא כעין הפרט כלומר דן אתה להוסיף על הפרט ע״י כלל האחרון אבל אי אתה דן להוסיף עליו אלא הדומה לו אבל הדורש בריבה ומיעט אין הפרט פירושו של כלל אלא ממעטו במקצת כלומר לא את הכל ריבה בריבוי הראשון אלא זה וכיוצא בו בלא ריבוי בתרא משתמע ליה זה וכיוצא בו הלכך כי אתא ריבוי אחרינא בתריה לרבות בא ואפי׳ שלא כעין הפרט ולא מיעט המיעוט אלא דבר אחד הראוי להוציא מן הכלל הזה יותר מן הכל ור״ע הכי דריש בפ״ג להאי כי תשבע ואינו ממעט מן המיעוט אלא נשבע לבטל את המצוה פרט הוא לשון פירוש לפיכך כלל ופרט אין בכלל אלא מה שבפרט מיעוט אינו פירוש אלא ממעט את משמעות הכלל במקצת ומשייר את כל הדומה למיעוט כך מפורש בסנהדרין בפרק נגמר הדין (דף מו) גבי והומת ותלית דריבה ומיעוט לחודיה מביא כל כעין הפרט בלא רבויא בתריה ורבי נמי דריש ריבוי ומיעוט כלומר שמעי׳ ליה בעלמא שדורש את התורה במשמעות ריבוי ומיעוט ולא במשמעות כלל ופרט.

בסוף דברי רש״י כאן רואים עוד נקודה חשובה. המונחים ׳ריבוי ומיעוט׳ ו׳כלל ופרט׳ אינם רק מידות דרש, אלא צורות התייחסות למופעים מקראיים. כפי שנראה להלן, אלו גם כינויים למשפחות של מידות דרש, שמבטאות את צורות ההתייחסות הללו. להלן נרחיב בנקודה זו, ונגדיר שני מונחים שונים כדי להבחין בין שתי המשמעויות הללו: ׳כלל ופרט׳ היא מידת דרש, ואילו ׳כללי ופרטי׳ יציין את צורת ההסתכלות על הפרט כמפרש את הכלל, ולכן גם ישמש ככינוי למשפחת מידות הדרש של דבי רי״ש. חשוב להבין שחז״ל משתמשים באותו מונח, ׳כלל ופרט׳, בשתי המשמעויות הללו, ולכן (כפי שעוד נראה להלן) רבים נכשלו בסתירות בהבנתו וביישומו.

לסיום הדיון הזה נעיר רק כי במאמרי **מידה טובה** לפ׳ וארא, תשסה-ו, עמדנו על כך שייתכן כי הר״ח חולק על רש״י בנקודה זו. מכיון שהדברים נוגעים בעיקר לשאלת ׳ריבה ומיעט׳ ופחות ל׳כלל ופרט׳, לא נרחיב בכך כאן.

פרספקטיבה היסטורית של המחלוקת

כאמור, ריו״ח מוסר לנו שהמחלוקת הזו לא התחילה אצל רי״ש ור״ע, אלא יסודה הוא בנחוניה בן הקנה לעומת נחום איש גמזו. מדוע בכל זאת בתי המדרש קרויים על שמם של רי״ש ור״ע? מסתבר שהסיבה לכך היא ששני החכמים הקדמונים כבר נחלקו ביחס לאופני הדרש, אלא שעדיין נראה היה שהמחלוקות הן מקומיות. נוצרו כמה וכמה מופעים מקראיים שלגביהם נחוניה בן הקנה הגיע לתוצאות שונות מאלו של נחום איש גמזו. בזמנם עדיין לא נוצרו השמות וההמשגות של שתי השיטות, ורק ר״ע ורי״ש תלמידיהם המשיגו את מה שלמדו אצל רבותיהם, והגדירו באופן חד ומובחן כמה מידות דרש שונות שנהגו בכל אחד מבתי מדרש שלהם.

ייתכן שהמינוח ׳כללי ופרטי׳, או ׳ריבויי ומיעוטי׳, נהג כבר אצל נחוניה בן הקנה ונחום איש גמזו. אלא שאצלם היה מדובר בצורת דרש כללית, ולא במערכת פורמלית ומפורטת של מידות דרש. רק ר״ע ורי״ש הגדירו שלוש או ארבע מידות דרש שונות (׳כלל ופרט׳, ׳פרט וכלל׳, ׳כלל ופרט וכלל׳, ׳פרט וכלל ופרט׳, ומקבילותיהן אצל ר״ע[31]).

סביר אף להניח שכפל המשמעות של המונח ׳כלל ופרט׳, נוצר אף הוא כך. בתקופה הקדומה המונח הזה שימש כדי להגדיר שיטת דרש כללית, ולא מידת דרש מסויימת: ״נחוניה בן הקנה היה דורש את כל התורה כולה בכלל ופרט״, כלומר בשיטת ׳כללי ופרטי׳. הרי מידת ׳כלל ופרט׳ היא נדירה ביותר, ומידת ׳פרט וכלל׳ אינה מופיעה כלל בספרות חז״ל (למעט מקור אחד. ראה להלן). רק לאחר שהובחנו בבית מדרשו של רי״ש כמה מידות דרש שונות,

---

[31] אנחנו לא עוסקים כאן בבית המדרש העקיבאי, אך חשוב לציין שנראה כי אצלם אין הבחנה חדה בין ארבעת המופעים הללו. לכאורה נראה שכל שינוי בין כלל לפרט מתפרש אצלם כריבוי מלא למעט פרט אחד. אמנם ראה ברש״י חולין סז ע״א, ד״ה ׳בםים במים׳, שמחלק בין המופעים הללו גם בשיטת ׳ריבויי ומיעוטי׳. ראה גם בהערה הבאה.

נוצרה עמימות במינוח הזה, ששימש בשני משמעים. כאמור, לצרכינו כאן בהמשך המונח 'כלל ופרט' הוא במשמעות של מידת דרש ספציפית, ושיטת הדרש הכללית של ר"ש תכונה אצלנו 'כללי ופרטי' (בדומה למה שהגמרא כאן נוקטת לגבי בית המדרש העקיבאי – 'ריבויי ומיעוטי')[32].

כדאי לשים לב לנקודה נוספת בהקשר זה. בארבעה מקומות בתלמוד מופיעות דרשות בשיטת 'ריבויי ומיעוטי' שנעשות על ידי דבי ר"ש. ברוב המקומות מדובר על מבנים שבהם יש שני כללים רצופים והפרט מופיע אחריהם. במקרים אלו יש שדנים 'כלל ופרט וכלל', על ידי כך שהם מטילים את הפרט בין שני הכללים ודורשים. לעומת זאת, דבי ר"ש היו דורשים במקרים אלו 'ריבוי ומיעוט' (ראה שבועות ד ע"ב – ה ע"א ומקבילות. אנו נדון בכך להלן בפרק יא). זוהי עוד עדות לכך שהדרשות הללו אינן שייכות לדיסציפלינות מובחנות לחלוטין, וכנראה היה להם שורש משותף שהתפצל בשלב היסטורי כלשהו, בין ר"ע לר"ש. גם ר"ש אינו דוחה את דרשת 'ריבויי ומיעוטי' לחלוטין, אלא מסייג אותה למבנים מיוחדים.

ובאמת אנו מוצאים בתוד"ה 'דתנא', שבועות ה ע"א:

> ***דתנא דבי ר' ישמעאל במים במים שני פעמים כו' - תימה דר' ישמעאל תני בי"ג מדות התורה נדרשת והא איכא טפי הך מדה דשני כללות הסמוכו' דדרשינן בריבה ומיעט.***

לאחר שהגמרא קובעת שר"ש היה דורש 'ריבויי ומיעוטי', תוס' מקשה מדוע מידה זו אינה מופיעה בברייתת המידות. ולשיטתנו התשובה היא שמידה זו אינה אלא הסתעפות ממידות 'כללי ופרטי', שאומרת לנו להכליל באופן שונה אם יש מבנה משולש חריג (כלל וכלל ופרט). להלן נראה שבברייתת המידות שלוש המידות עדיין אינן מובחנות לגמרי זו מזו, ולכן לשלושתן יש שם

---

[32] בהערה קודמת עמדנו על כך שבבית המדרש העקיבאי אין הבחנה בין מופעים מקראיים שונים, וכולם נדרשים באותה צורה: לרבות הכל ולמעט פרט אחד. ייתכן שזוהי הסיבה לכך שהגמרא משתמשת במונח 'ריבויי ומיעוטי' לגבי ר"ע, ואילו לגבי ר"ש היא ממשיכה להשתמש במונח העמום 'כלל ופרט' (ולא 'כללי ופרטי', כפי שהיה ראוי). הסיבה לכך היא שאצל ר"ע מדובר באוסף של דרשות שממשיכות להיחשב מידה אחת. לכן יש כאן לשון רבים. אצל ר"ש יש כבר ארבע מידות דרש שונות, ולכן אין כבר מידה שקרויה 'כללי ופרטי', כפי שאולי היה בעבר.

הנחייה אחת. ייתכן שזוהי הסיבה לכך שבעלי הברייתא הזו לא מצאו לנכון להביא גם את המופע הזה כמידה נפרדת. ההבחנה במידה זו כמידה ייחודית נעשתה רק בתקופת התלמוד. זהו המשך תהליך ההמשגה והפורמליזציה של מידות 'כללי ופרטי'.

ברייתת המידות של ריי"ש

כהנא, בפ"ג של מאמרו, עומד על הבעייתיות בנוסח הברייתא של ריי"ש. הברייתא מביאה את מידות 'כללי ופרטי' בנוסח הבא:

מכלל ופרט מפרט וכלל, מכלל ופרט וכלל אי אתה דן אלא כעין הפרט, מכלל שהוא צריך לפרט ומפרט שהוא צריך לכלל.

משום מה, הברייתא מפרטת את המידות בלי לומר מה עלינו לעשות עמן. רק לאחר המידה השלישית ('כלל ופרט וכלל') היא מביאה הנחייה מדרשית אותה יש ליישם במופע המקראי הזה. מה עלינו לעשות במופעים מקראיים ששייכים למידות 'כלל ופרט, או 'פרט וכלל'?

ההנחיות המעשיות לשתי המידות האחרות מופיעות בסכוליון (ברייתא דדוגמאות), שנדפס ב**ספרא** מייד אחר כך. מידת 'פרט וכלל' – (נ)עשה כלל מוסף על הפרט. ומידת 'פרט וכלל' – אין בכלל אלא מה שבפרט. נמצאנו למדים שיש כאן שלוש הנחיות מדרשיות שונות:

'כלל ופרט' – אלא מה שבפרט.

'פרט וכלל' – נעשה כלל מוסף על הפרט.

'כלל ופרט וכלל' – אלא כעין הפרט.

אז כיצד עלינו לפרש את ברייתת המידות עצמה? מדוע היא לא מביאה את ההנחיות המדרשיות לכל המידות שמופיעות בה?

כהנא מציע תזה לפיה ברייתת המידות עדיין לא הבחינה בין שלוש המידות, ובעצם בשלושתן יש לבצע את אותה הנחייה מדרשית: אלא כעין הפרט. מתוך כך הוא מסביר את מניינן של המידות, שאמור להגיע לי"ג, בעוד שאם נספור נגלה שם טז מידות שונות. לטענתו בברייתת המידות מדובר במידת 'כלל ופרט' אחת, מה שכינינו למעלה 'כללי ופרטי'. אם נוסיף לכך את ההנחה

שמידות 'כלל שהוא צריך לפרט' ו'פרט שהוא צריך לכלל' גם הן מידה אחת,[33] נראה שהמניין הכללי עולה אל נכון לי"ג מידות, כפי שמצויין בתחילת הברייתא. כתימוכין נוספים לדבריו הוא מביא את נוסח ברייתת המידות של הלל הזקן, שהובאה למעלה, שגם שם מופיעה רק מידת 'כלל ופרט' אחת.[34] בהמשך דבריו הוא מביא סימוכין לכך שגם בתקופות המאוחרות יותר נותרו שאריות של דרשות ששייכות לתקופה הקודמת (זו של ברייתת המידות), אף שברוב המקורות של הדורות הבאים שיטת הברייתא דדוגמאות היא שהתקבלה כשיטת הדרש המוסכמת.

אולם לפי דרכנו המהלך שונה לגמרי, אם כי כמעט כל תוצאותיו מתאימות לאלו של כהנא. אכן אצל הלל הזקן היתה רק מידת 'כלל ופרט' אחת. אלא שזו לא היתה מידה אחת במונחים המקובלים אצלנו כיום, כפי שמניח כהנא. הלל הזקן היה בשלב שלפני נחוניה בן הקנה ונחום איש גמזו, ולכן אצלו לכל משפחת המידות הללו היה שם כולל אחד: 'כלל ופרט', מה שלאחר ההמשגה והפורמליזציה אנחנו מכנים מידת (או מידות) 'כללי ופרטי'. אבל לפי הצעתנו גם הלל עצמו כבר עשה בכל מופע מקראי הכללה שונה. כלומר גם אצלו היו כבר כמה מידות מובחנות, אלא שהוא התייחס לכולן כתת-מידות של מידה אחת, 'כלל ופרט', שכן כולן עושות הכללות על סמך מופעים מקראיים של כלל ופרט בצורות שונות. לכן אצל הלל הזקן כל המידות הללו נמנו כמידה אחת. כמו שסוגים שונים של קו"ח (בכלל מאתים מנה, קו"ח מסברא וקו"ח מידותי)[35] נמנים אצל ריי"ש כמידת דרש אחת. לפי טענתנו, היה ידוע להלל ותלמידיו שכשיש מופע מקראי של 'כללי ופרטי' עליהם להכליל את הפרטים לקבוצה שהיא 'כעין הפרט'. אמנם הם עשו זאת באופן אינטואיטיבי, בכל מקרה לפי מה שנראה להם. בשלב ההוא הם עדיין היו כדוברי שפת אם, ולא השתמשו בכללים פורמליים.

---

[33] ראה על כך במאמר **מידה טובה**, פ' ראה, תשסה.

[34] וכבר הערנו שם על נקודה זו, שאינה מתאימה לכל המקורות. אך מסתבר כי מסקנתו של כהנא אכן נכונה. ראה דברינו לעיל בפ"א.

[35] ראה על כך בפירוט בספר הקודם.

בברייתת המידות מופיעות כבר שלוש מידות 'כלל ופרט'. הסיבה לכך היא שהם המשיכו והמשיגו את הכללים של הלל הזקן. בבחינת הדרשות שהתקבלו אצם במסורת, הם הבחינו שיש צורות שונות של הכללה שעשו כבר הדורות הקודמים, על אף שהם השתמשו במינוח אחיד לכולן, 'כלל ופרט' (שמשמש כאן במשמעות של משפחת מידות 'כללי ופרטי', ולא כמידה מסויימת). מעיון במה שעשו הדורות הקודמים (בדומה ל'פלפולו' של עתניאל בן קנז) הם הבחינו בין שלוש מידות שונות, שבכל אחת מהן כבר בימי הלל הזקן ותלמידיו בוצעו הכללות שונות. המינוח הכולל בו הם השתמשו לתאר הכללה הוא 'אלא כעין הפרט', כלומר לקחת את מה שדומה לפרט. אבל עד כמה דומה? מהו רדיוס ההכללה? זה כבר תלוי במופע המקראי בו מדובר.

לצורך ההמשך נבחין כאן בין מופעים מקראיים ובין מונחים הוראתיים. המופעים המקראיים הם צורות ביטוי מקראיות של 'פרט וכללי', 'כלל ופרט', 'כלל ופרט וכלל', או 'פרט וכלל ופרט'. מונחים הוראתיים הם 'אלא מה שבפרט', 'אלא כעין הפרט', 'נעשה כלל מוסף על הפרט'. המונח ההוראתי מורה לנו מה עלינו לעשות כשאנחנו פוגשים מופע מקראי נתון.

לפי הצעתנו, המונח ההוראתי 'אלא כעין הפרט', שהוא היחיד שמופיע בברייתת המידות של ר"יש, אינו הנחייה קונקרטית, אלא אמירה שיש להכליל את ההלכה לכל מה שדומה לפרט. שלא כדעתו של כהנא, ההוראה היחידה הזו אין משמעותה שלדעת ר"יש בכל אחד מהמופעים המקראיים הללו יש לבצע את אותה פעולה מדרשית. להיפך, כל אחד מהם דורש הכללה מסוג שונה, עם רדיוס הכללה שונה, אלא שכולן עוסקות בהכללות. ובאמת בשלב מאוחר יותר (בסכוליון) כל הוראה כזו קיבלה כבר שם עצמאי משלה. לכן בברייתא דדוגמאות, שהיא מאוחרת יותר (כפי שהערנו למעלה בפ"א), כבר התקבעו המונחים ההוראתיים: 'אלא מה שבפרט', 'אלא כעין הפרט' ו'נעשה כלל מוסף על הפרט' (או 'הכל בכללי'). כל אלו הם התפרטות של העיקרון הכללי 'אלא כעין הפרט', שמורה לנו לבצע הכללה כלשהי סביב הפרט.

חשוב להבין שכאן אנחנו סוטים שוב מדרכו של מנחם כהנא, שמניח באופן עקבי שלמושגים ההוראתיים, 'אלא כעין הפרט' או 'אלא מה שבפרט', ישנה משמעות עקבית קבועה, ולכן הוא מתקשה בסתירות רבות בין מקורות חז"ליים שונים. לעומת זאת, לפי הצעתנו לא מדובר בסתירות. אלו הן הנחיות/הוראות כלליות, שכל עוד לא התגבשו המינוחים המבחינים ביחס לשלושת המופעים המקראיים השונים, לא קיבלו משמעות מדוייקת ומובחנת, אלא שימשו כהנחייה כללית ביחס למופעים אלו. לכן לשיטתנו אין הכרח לראות סתירה ביניהם, ואנו נפרט זאת יותר בהמשך.

כהנא הציע שההוראה היחידה שמופיעה בברייתת המידות מצביעה על כך ששלוש המידות הללו שימשו באותה צורה, כלומר פעלו באותה צורה בכל המופעים המקראיים של 'כללי ופרטי'. לעומת זאת, אנחנו מציעים שזו אינה הוראה מובחנת אלא הוראה כללית, שכבר בימים קדומים שימשה בצורות שונות, לפי המופע המקראי בו היה מדובר. השם בו השתמשו לגביה היה שם כולל אחד, וההבדלים היו ביישום. רק בתקופה מאוחרת יותר הקדישו שם נפרד לכל אחת מצורות היישום.

חשוב להבין שגם בשלב המוקדם, עוד לפני שהתגבשה הבחנה ברורה בין המשמעויות של ההוראות השונות, כבר היה הבדל בקונוטציה של המונחים ההוראתיים הללו: 'אלא מה שבפרט' מטרתו להורות לנו לא להרחיב מעבר למידה, ואילו המונח ההוראתי 'אלא כעין הפרט' בא להורות לנו כן להרחיב לכל מה שדומה לפרט. ההוראה הראשונה עניינה הוא הסייג, לעצור את ההכללה, ואילו השנייה עניינה הוא להורות על ביצוע הרחבה. לכן עוד לפני שהוראות אלה הוצמדו למופעים מקראיים תואמים כבר היתה קונוטציה מסויימת לכל אחת מן ההוראות. כאשר רצו להורות על הרחבה ולשלול עמדה שאינה מרחיבה מספיק, השתמשו במונח 'כעין הפרט', וכאשר רצו לשלול הרחבה בהיקף גדול מדי, כלומר לצמצם את ההרחבה, השתמשו במונח 'אלא מה שבפרט'.

בשלב הבא, כאשר נוצרה ההמשגה והתקבעו המשמעויות המובחנות של המינוחים ההוראתיים, באופן טבעי המידה של 'כלל ופרט', שעניינה הוא

הגבלת ההרחבה של הפרט, כפי שהסברנו למעלה, קיבלה באופן טבעי את המונח ההוראתי 'אלא מה שבפרט'. ואילו מידת 'כלל ופרט וכלל', שמטרתה היא להרחיב את ההכללה באופן מוגבל, אל מעבר למה שעושים ב'כלל ופרט', קיבלה באופן לא מפתיע את ההוראה 'אלא כעין הפרט'. ומידת 'פרט וכלל' שמורה לנו להרחיב באופן מכסימלי, קיבלה את ההוראה 'הכל בכלל', או לחילופין 'נעשה כלל מוסף על הפרט'.

לפני שהתקבעה ההבחנה הזו, ניתן היה להשתמש בכל אחד מהמונחים הללו ביחס לכל מופע מקראי, והבחירה באיזה משניהם להשתמש נבעה ממגמת ההוראה. כאשר בעל הדרשה רוצה לומר לנו לא להרחיב יותר מדי הוא משתמש במונח 'אלא מה שבפרט' (גם אם המופע המקראי בו הוא דן אינו 'כלל ופרט'). לחילופין, המונח 'כעין הפרט' מטרתו להמריץ אותנו לבצע הכללה, ולכן לפעמים נעשה בו שימוש ביחס למופע מקראי של 'פרט וכלל' (למרות שבהמשגה הסופית המונח ההוראתי שהוצמד אליו הוא 'נעשה כלל מוסף על הפרט').

כלומר בתקופה של טרום ההתקבעות, לפני שהוצמד מונח הוראתי חד משמעי לכל מופע מקראי, השימוש היה בכולם, לפי המגמה של הדרשן. אך מבחינה אופרטיבית שני המונחים ההוראתיים הללו מתפרשים כהוראות לביצוע הכללה כלשהי (בלי הבחנה עד כמה, כלומר באיזה רדיוס). רק אחרי שהתגבשה ההבחנה בין המופעים המקראיים השונים, קיבלו המונחים ההוראתיים הללו את משמעותם המדוייקת ששימשה בסוף התהליך, ואז נוצרה הבחנה חדה ביניהם.

כאמור, סתירות שונות עליהן הצביע כהנא, נתפסו על ידו כבאלה בגלל שימוש במונחים הוראתיים שונים ביחס לאותו מופע מקראי, או להיפך (שימוש באותו מונח הוראתי ביחס למופעים מקראיים שונים). אך לדעתנו הסתירות הללו הן מדומות, והן אינן משקפות בהכרח מחלוקת מהותית ביחס לדרכי הדרש, אלא אולי בחירת מינוח שנעשית בתקופת טרום ההמשגה. כהנא במאמרו מניח לכל אורך הדרך שמשמעותם של כינויי המופעים המקראיים ושל המונחים ההוראתיים שומרים כולם על עקביות ומשמעות מוסכמת.

מכאן הוא מגיע לסתירות בין מקורות שונים ביחס לדרשות 'כללי ופרטי'. אולם אנחנו איננו רואים בסיס להנחה זו, ולדעתנו המונחים ההוראתיים השתנו ביחד עם כינויי המופעים המקראיים, עד שהתקבעה ההצמדה ביניהם שמוכרת לנו כיום. גם כינויי המופעים המקראיים עברו שינוי כלשהו, שכן בשלב שבו המידות המפורטות יותר עדיין לא הומשגו, חז"ל משתמשים לגבי כולן במונח 'כלל ופרט', בעוד שכוונתם היא לדרשה במשפחת 'כללי ופרטי', ולאו דווקא לדרשה של 'כלל ופרט'. הנחתו של כהנא, לפיה גם בשלב שהיתה כבר מודעות אצל חז"ל להבחנה בין שלושה מופעים מקראיים שונים, עדיין דרשו את כולם באותה צורה נראית לנו בלתי סבירה. סביר יותר לומר שדרשו כל אחד מהם בצורה שונה, ורק הכינויים המפורטים לשלוש צורות הדרש עדיין לא התגבשו ונקבעו באופן קשיח.

ראיה לפרשנות שהצענו מצויה בסוגיית שבועות שנדונה למעלה. נושא הדיון הוא דרשה במידת 'כלל ופרט וכלל', ובכל זאת אנו מוצאים שם את התיאור הבא למחלוקת בין בתי המדרש (ר"ע ורי"ש):

א"ר יוחנן: ר' ישמעאל ששימש את רבי נחוניא בן הקנה שהיה דורש את כל התורה כולה בכלל ופרט, איהו נמי דורש בכלל ופרט, רבי עקיבא ששימש את נחום איש גם זו שהיה דורש את כל התורה כולה בריבה ומיעט, איהו נמי דורש ריבה ומיעט.

רואים שדרישת התורה ב'כלל ופרט' פירושה הוא במידות 'כללי ופרטי', ולאו דווקא במידת 'כלל ופרט', במשמעותה המאוחרת.[36] כך גם ראינו בדברי רש"י שהובאו לעיל, שהצביע על שתי המשמעויות הללו של המונח 'כלל ופרט'. 'פרט' משמש לפעמים כלשון 'פירוש' והוא לא תמיד גזור מלשון 'פריט'.

---

[36] ראה אצל כהנא בהערה 64, שמביא נוסחאות שונות בתוספתא המקבילה שבועות פ"א מ"ז, האם רי"ש דורש 'כלל ופרט וכלל', או רי"ש דורש 'כלל ופרט'. לפי דרכנו אין שום הבדל תוכני בין הנוסחאות הללו, אלא שיגרת לשון שונה. גם הביטוי 'כלל ופרט' יכול להתפרש כדרשת 'כללי ופרטי' באופן כללי, ובפרט דרשת 'כלל ופרט וכלל'.
לגבי 'ריבוי ומיעוט', אנו נעלה בהמשך את ההשערה שאין בכלל משמעות להבחנה בין מופע משולש, 'ריבוי ומיעוט וריבוי', לבין מופע כפול, 'ריבוי ומיעוט'. לדוגמא, בסוגיית נזיר נראה בבירור שכולם נדרשים באותה צורה. וראה דיוננו בפרק ט העוסק בסוגיא זו. ראה גם אצל כהנא בהערה 64 הנ"ל, לגבי ריבויין ומיעוטין, שם לא נמצאים שינויי נוסח מקבילים.

דוגמא נוספת לדבר זה ניתן למצוא בשלושה נוסחים שונים עבור המכילתא דרי"ש (שמובאים אצל כהנא בהערה 105):

בכת"י אוקספורד, הילקוט וספר והזהיר: ***כלל ופרט וכלל אי אתה דן אלא כעין הפרט.***

בכת"י וטיקן ומינכן: ***כלל ופרט – אין את דן אלא כעין הפרט.***

ובדפוסי קושטא וונציה: ***כלל ופרט אין בכלל אלא מה שבפרט אי אתה דן אלא כעין הפרט.***

אנו רואים שהמונח 'כלל ופרט' משמש כדי לתאר את המידה של 'כלל ופרט וכלל'. עוד רואים שהמונחים ההוראתיים מעורבבים כאן, וייתכן שההסבר הוא שהיו מקורות שנקטו כך והיו שנקטו כך, ואין מחלוקת ביניהם. המקור המאוחר משלב את שני המקורות הקדומים, שכן הוא אינו רואה ביניהם מחלוקת.

דוגמא נוספת (שמובאת גם היא אצל כהנא שם):

> ***ואיש כי יתן מום וג' – כלל, עין תחת עין שן תחת שן וג' – פרט, פרט וכלל*** [בדפוס זה מתוקן: כלל ופרט] ***אין בכלל אלא מה שבפרט.***

גם כאן ישנו שימוש במינוח 'פרט וכלל' שמשמעותו היא דרשה מהמשפחה של 'פרט וכלל', ולא למידת הדרש המסויימת ההיא. מדובר כנראה במדרש שנוסחו נוצר עוד לפני הפורמליזציה הסופית.

ישנם כמה מקומות שבהם הראשונים מתבטאים בצורה דומה. לדוגמא, בתוד"ה 'תלמוד לומר', סוכה כד ע"ב, ותוד"ה 'תלמוד לומר', עירובין טו ע"ב, שבגמרא מופיעה דרשה ב'כלל ופרט', ותוס' לומד שיש לעשות שם 'כעין הפרט', ומסביר שהגמרא סמכה על הכלל בתרא שלא הוזכר. וכן הוא בתוד"ה 'ת"ל', ב"מ י ע"ב, ותוד"ה 'הזורק', גיטין עז ע"א. לתוס' היה ברור שמדובר ב'כלל ופרט וכלל', והגמרא רק קיצרה בלשונה. אלא שכפשוטו קשה להבין זאת, שהרי יש הבדל משמעותי בין המידות הללו, ומדוע הגמרא לא כתבה זאת באופן מדוייק? לפי דברינו כאן נראה שהביטוי 'כלל ופרט' בסוגיות הללו לא הופיע כשם של מידת דרש, אלא כמשפחת מידות דרש, מה שאנחנו מכנים

כאן 'כללי ופרטי'. וכשאומרים שדורשים 'כלל ופרט' ב'כעין הפרט' ברור לכולם שמדובר במידת 'כלל ופרט וכלל' ממשפחת 'כללי ופרטי'.

כהנא מתייחס לכל אלו כטעויות סופר ושיבושים, מה שכמובן יכול בהחלט להיות נכון. אך לפי הצעתנו מדובר בשיבוש נוסח לא משמעותי, שכן באמת מדובר בביטויים בעלי משמעות דומה, ולא בהיפוך משמעות מן הקצה לקצה כפי שהדבר מוצג אצלו.

שתי דוגמאות נוספות לכך ניתן למצוא בהערה 107 אצל כהנא, שם הוא עומד על שינויי נוסח בלשון הסכוליון עצמו. הוא מביא שם שבמגילת אביתר דרשו 'כלל ופרט' לפי ההוראה 'אלא כעין הפרט', ומתייחס לזה כשיבוש, או מסורת דרשנית שונה. לפי דרכנו אין בכך בהכרח שיבוש, אלא המונח 'כלל ופרט' מבטא מופע שנדרש ב'כללי ופרטי' באופן כללי. וגם המונח 'כעין הפרט' מבטא הכללה, בלי להתייחס למידת ההכללה, וכנ"ל. וראה שם גם את הדוגמא מ**סדר אליהו זוטא**, ואכ"מ.

להלן בח"ב נראה שהגמרא כבר המשיכה בתהליך הפורמליזציה, וקבעה כללים לגבי רדיוס ההכללה בכל סוג של מופע מקראי כזה. בינתיים, בשלב של בריית המידות ובריית דדוגמאות, מדובר רק על רמות שונות של הכללה, בלי הגדרה חד משמעית, שכן אנחנו בשלב מוקדם יחסית של תהליך הפורמליזציה. נציין כי בפרק העוסק בסוגיית חולין אנחנו נראה שסוף תהליך ההמשגה של מידות אלו היה בתקופת ר' אחאי גאון, כלומר לאחר תקופת התלמוד.

יש לשים לב שגם לפי דרכנו ההנחייה בבריית המידות מתייחסת לשלוש מידות 'כללי ופרטי', ולכן גם לפי דרכנו ניתן לספור את כולן כמידת דרש אחת. זוהי המשכה של התהליך שהחל בו הלל הזקן. אין כאן מחלוקת, או מסורות שונות, אלא תהליך היסטורי של המשגה ופורמליזציה, שהלל הוא השלב הקדום שלו (אחרי עתניאל בן קנז), בריית המידות היא השלב שאחריו, ובריית דדוגמאות היא שלב מאוחר יותר. לפי הצעתנו הלל פעל בדוק באותה צורה כמו ר"ש ותלמידיו, אלא שהוא עדיין לא השתמש

במינוחים שונים עבור הדרשות השונות, שכן הוא ראה בהן יישומים שונים של אותו כלל מדרשי.

יש להעיר שלפי הצעתו של כהנא, שבברייתת המידות פעלו בשלושת המקרים באותה צורה, לא ברור ההבדל בין ברייתת המידות לבין הברייתא של הלל הזקן. אם אכן מדובר במידה אחת, היה על הברייתא ב**ספרא** לנקוט בדרכה של הברייתא הקדומה יותר, ולהמשיך להתייחס לשלוש המידות הללו כמידת דרש אחת. כלומר לשיטתו לא ברור מדוע ברייתא דדוגמאות שכבר היתה מודעת לכך שיש שלושה מופעים מקראיים שדורשים טיפול שונה, שהרי היא מונה אותם בנפרד (שלא כמו הלל הזקן), עדיין מורה לנו הוראה מדרשית זהה עבור כולם? גם טיעון זה תומך בהצעתנו, שכן לפי דרכנו ברור שמדובר בשלב הבא בתהליך ההמשגה של דרכי הדרש הללו. בשלב של ברייתת המידות שלוש המידות הללו כבר מובחנות זו מזו, ועדיין לא התקבעו המונחים שמגדירים מה עלינו לעשות בכל אחת מהן, אם כי ודאי שכבר אז (ולדעתנו מעולם) לא דרשו את כולן באותה צורה. כפי שראינו, בברייתא דדוגמאות שלוש דרכי הדרש הללו כבר מקבלות מונחים משל עצמן.

יש לשים לב לכך שהתהליך הזה כולו אינו אלא חשיפה של מה שהיה טמון בשלב הקודם, והוצאתו מן הכוח אל הפועל. כלומר בניגוד לפרדיגמה המחקרית-אקדמית, שמניחה התווספות של דרכי דרש, כלומר שהדורות האחרונים עשו מה שהראשונים לא עשו, והבחינו בין מה שהראשונים לא הבחינו, טענתנו היא שבכל הדורות דרשו באופן דומה. מאז ומעולם היתה הסכמה על המתודולוגיה, ומאז ומעולם היו מודעים להבדלים בין מופעים מקראיים שונים. אנחנו טוענים שהדורות המאוחרים יותר רק הגדירו והמשיגו את מה שהדורות הראשונים עשו באופן אינטואיטיבי. המידות שמתווספות אינן מידות חדשות, אלא הן מבטאות שלבים מתקדמים יותר של פורמליזציה, שמבוססת על מודעות לכך שיש כמה גוונים בהפעלת המידות שהתקבלו במסורת. הרזולוציה היתה גבוהה יותר, אבל אין סיבה לשלול את הנחת כל הראשונים שהמדרשים נעשו באותה צורה מאז ומעולם. כאמור, התמונה הזו תואמת לגמרי את המסורת של כל הראשונים כולם,

לפיה מידות הדרש כולן הן הלמ״מ. להלן נראה את ההשלכות המעשיות של הפרדיגמה האלטרנטיבית הזו אותה הצענו כאן.

המסקנה היא שגם הכינויים בהם אנחנו משתמשים למופעים המקראיים, וגם ההנחיות המדרשיות לכל מופע כזה עברו תהליך של המשגה ופורמליזציה: אצל הלל היה כינוי כללי לכל מידות ׳כללי ופרטי׳,[37] וכלל לא מופיעה לגביהם הוראה מדרשית (כנראה מפני שהיא היתה אחידה: כעין הפרט, כלומר לבצע הכללה). בברייתת המידות מופיעים שלושה כינויים שונים למידות השונות, אבל ההנחייה היא אחידה (כי עדיין לא הבחינו באופן פורמלי בין ההנחיות, ועשו אותן באופן אינטואיטיבי). בברייתא דדוגמאות כבר יש הבחנה גם בין ההנחיות המדרשיות למופעים המקראיים השונים.[38]

נוסיף עוד, כפי שכבר העיר כהנא (בפרק ג של מאמרו), שבהמשך ברייתת המידות מופיעות שתי המידות, ׳פרט שהוא צריך לכלל׳ ו׳כלל שהוא צריך לפרט׳, ששתיהן מידות שמטרתן היא הגבלה וסייג למידות ׳כללי ופרטי׳. לכן שם לא מופיעים מונחים הוראתיים שמורים לנו מה עלינו לעשות במופעים כאלה. במקרה שהפרט צריך את הכלל, או ההיפך, אנחנו לא אמורים לדרוש ב׳כללי ופרטי׳. התוספת הזו היא סייג על שלוש המידות הקודמות, ולכן היא אינה זוקקת הנחייה כשלעצמה. בכל המידות שמופיעות בהמשך הברייתא יש הנחיות מדרשיות מה עלינו לעשות עמן.

התפתחותן ההיסטורית של מידות ׳כללי ופרטי׳[39]

בסוף ברייתת המידות נמנות שבע המידות של הלל הזקן, ושם מופיעה כבר מידת ׳כלל ופרט׳ (עדיין בלי מונח הוראתי).[40] כבר הבאנו שבתוספתא

---

[37] ראה אצל כהנא בהערה 134, שם הוא דן בנוסח הברייתא של הלל, ושוב הוא רואה את הנוסחים שונים (׳כלל ופרט׳ או ׳פרט וכלל׳) כמסורות חלוקות. לפי דרכנו אין לחילופי הנוסח הללו משמעות עקרונית.

[38] לפי זה, ייתכן שמשנת שבועות היא קדומה מאד, ולכן אין בה אפילו כינוי למידת הדרש בה משתמשים. רק בברייתא שמופיעה בגמרא מופיע הכינוי והתיאור של ההנחייה המדרשית עבורה.

[39] ראה גם אצל כהנא, רפ״ט.

סנהדרין פ״ז מ״א (ובחלק מעדי הנוסח של **אבדר״נ** נו״א) כבר פוצלה המידה הזאת לשתיים: ׳כלל ופרט׳ ו׳פרט וכלל׳. בברייתת המידות אצל ר״ש מפוצלת המידה הזו לשלושה חלקים (עם מונח הוראתי אחד), ונוספות לה עוד כמה מידות ׳כללי ופרטי׳ אחרות, שלא ברור האם הן שייכות לאותה משפחת מידות. בסכוליון יש כבר שלושה מונחים הוראתיים, אחד עבור כל אחת משלוש המידות הללו. התמונה הזו נשמרת בבבלי, ונראה שזהו השלב הסופי של ההמשגה של מידות ׳כללי ופרטי׳. בברייתא דל״ב מידות לא מופיעות מידות ׳כללי ופרטי׳, ובדרך כלל מסבירים זאת באופייה העקיבאי של הברייתא הזו. ואכן היא פותחת בשלוש מידות של ׳ריבוי ומיעוט׳.[41]

אמנם בתלמוד ישנה שאלה לא פתורה לגבי דרשה של מבנים משולשים. לא ברור היה לחכמי הגמרא האם יש לבצע ׳כללא קמא דווקא׳, או ׳כללא בתרא דווקא׳, ומצאנו כמה מחלוקות בנושא זה (אנו נפגוש אותן להלן). זהו המשך של אותו תהליך המשגה שעוברות מידות ׳כללי ופרטי׳. כחלק מהפענוח של דרשות התנאים עולות שתי אפשרויות פענוח כאלה, שכן אותה דרשה עצמה יכולה להתפרש כ׳פרט וכלל ופרט׳ בשיטת ׳בתרא דווקא׳, או כ׳כלל ופרט וכלל׳ בשיטת ׳קמא דווקא׳, ולהיפך. בסוגיית עירובין אנו מוצאים התייחסות מפורשת לשאלת קמא או בתרא, אך גם בכמה וכמה סוגיות אחרות הדברים עולים כאפשרויות במסגרת המו״מ התלמודי. כפי שנראה בפרקים הבאים, מודעות לשאלה זו יכולה לשפוך אור על שלבים תמוהים בכמה סוגיות, בהם מוצעת אפשרות אחרת של הכללה, כאשר לא לגמרי ברור הבסיס להצעות אלו. בחלק מהמקרים כבר עמדו על כך המפרשים המסורתיים, אך ישנם מקרים שבהם גם הם לא שמו לב שבעיות לא פתורות יכולות לבוא על פתרונן בדרך זו.[42]

---

40 אצל כהנא בהערה 134 יש דיון על הנוסח בברייתא, האם גורסים ׳כלל ופרט׳, או ׳פרט וכלל׳. להלן נעיר שלשיטתנו המחלוקת הזו אינה עקרונית.

41 ראה אצל כהנא, הערה 156.

42 לדוגמא בסוגיית חולין סז ע״א, ניתן לראות ברש״י ד״ה ׳ואימא מה הפרט׳, שכבר הוא עצמו הציע הסבר כזה (ישנן עוד דוגמאות). לגבי מקומות בהן הדבר אינו מופיע בראשונים, ראה את ניתוח סוגיות חולין ונזיר להלן.

דוגמא מובהקת לתהליך ההמשגה הזה ניתן למצוא בסוגיית ב״מ נז ע״ב. אנו מוצאים שם דרשה לגבי שומר חינם שאינו נשבע על עבדים שטרות וקרקעות. בסוגיא שם הדרשה היא מ׳כלל ופרט וכלל׳, אך תוד״ה ׳כי יתן׳ שם מעירים על מקורות מקבילים שדרשו זאת אחרת:

כי יתן איש אל רעהו כלל - בריש ג׳ מינים (נזיר ד׳ לה.) דריש בפרט וכלל ופרט ובת״כ דריש בכלל ופרט לחודא.

ונראה דכל הני כללי ופרטי אסמכתא דבמרובה דרשינן מעל חמור שור ושה חד למעוטי עבדים וחד למעוטי קרקעות וחד לשטרות בין מכפל בין משבועה והשתא אתי שפיר דכסף או כלים דרשינן פרק שבועת הדיינין (שבועות דף לט: ושם ד״ה מה) מה כלים שנים אף כסף שנים מה כסף דבר חשוב כו׳.

תוס׳ מצביעים על העובדה שאותה דרשה עצמה מופיעה בשלוש צורות שונות בשלושה מקורות: בסוגיית ב״מ שם היא נדרשת מ׳כלל ופרט וכלל׳, ובסוגיית נזיר היא נדרשת מ׳פרט וכלל ופרט׳, ו**בת״כ** היא נדרשת ב׳כלל ופרט׳ לחודא.[43] יש לשים לב שאין מחלוקת מהי תוצאת הדרשה. בשלושת המקרים התוצאה היא אחת: נשבעים על ממון שאינו שטרות, עבדים או קרקעות. כיצד מגיעים לאותה תוצאה מדרשית בשלוש שיטות שונות?

תוס׳ מסביר שהדרשה הזו היא אסמכתא, והדברים הובאו ב**כללי הגמרא** לר״י קארו, על **הליכות עולם** שער ד סי׳ כה, ע״ש. אך הדבר קשה לאומרו משתי סיבות: א. ב**תו״כ** (הכוונה לברייתא דדוגמאות) הדרשה הזו מובאת כדוגמא לדרשות ׳פרט וכלל׳, ולכן די ברור שמדובר בדרשה גמורה ולא באסמכתא. ב. בסוגיית נזיר הדרשה הזו מובאת כמקור לכך שדורשים ׳פרט וכלל ופרט׳, וברור שמקור אינו מובא מדרשה שהיא אסמכתא.

ולפי דרכנו באמת אין כל צורך להגיע לתירוצם של בעלי התוס׳ (שמדובר כאן בדרשה שהיא אסמכתא). מתוך ריבוי המקורות והשינויים ביניהם, די ברור שמדובר בדרשה שהועברה במסורת. יתר על כן, מתוך אותה מסורת היה

---

[43] הראב״ד בפירושו לברייתא דדוגמאות כבר עמד על כך, וכתב שה**תו״כ** חולק על הבבלי בעניין זה. לפי מה שנסביר כאן, נראה שאין צורך להגיע לזה.

ברור שהדרשה נעשתה בשיטת 'כללי ופרטי', ובמסגרת תהליך הפורמליזציה וההמשגה – חכמים מאוחרים יותר מנסים למצוא את הכללים שמנחים את דורשי הדרשה.

הגמרא והברייתות עוסקות לא מעט בשחזור של דרשות תנאיות שבהן לא מוזכרת מידת הדרש, והגמרא או הברייתא קובעות באיזו מידה מדובר (ראה קידושין כא ע"ב לגבי מרצע, ועוד). יש בנותן טעם לציין שהתהליך הזה ממשיך גם בתקופת הראשונים, שכן גם הראשונים עסקו כמה פעמים בשחזור כזה. ישנם מקרים בהם הגמרא מביאה דרשה ולא מזכירה באיזו מידה היא נדרשה, והראשונים ביארו שמדובר באחת ממידות 'כללי ופרטי'. ראה, לדוגמא, תוד"ה 'ונתן', ב"מ נד ע"א, גיטין עז ע"א בתוד"ה 'הזורק', ובתוס' רא"ש ד"ה 'ונתן מכל מקום', וכן בתוד"ה 'אם אינו עניין', ב"מ סא ע"א, ובשו"ת הריב"ש סי' קמז ועוד. הדבר משקף את מה שראינו, שהדרשות לפעמים עברו אלינו באופן חלקי ועלינו לשחזר את שאר הרכיבים שלהן. יתר על כן, בניסוחים מוקדמים כלל לא השתמשו במונחים של 'כלל ופרט', אלא פשוט דרשו את הפסוקים, ורק ההמשגה המאוחרת יותר הכניסה את כל הדרשות הללו תחת אחת מן המידות המובחנות במשפחה הזו. מכאן נראה שישנם מצבים בהם הדרשה עברה בניסוחה הקדום עד תקופת הראשונים, ובניסוח זה כלל לא מוזכרת מידת דרש ספציפית. רק הראשונים הם אלו שהבחינו שמדובר בדוגמא לשימוש באחת ממידות 'כללי ופרטי'. סביר מאד שיש לא מעט דרשות נוספות כאלה שלא התפענחו עד ימינו.

מסיבה זו גם המניין שנותנים חוקרים שונים למספר הפעמים שמופיעה מידת דרש זו או אחרת בספרות חז"ל אינו מדוייק, שכן כפי שראינו ישנן דרשות 'כללי ופרטי' שבהן לא מוזכרות מידות הדרש בהן חז"ל עשו שימוש בדרשתם.

נשוב כעת למהלך ההיסטורי. בתהליך ההמשגה הזה ניתן לראות כמה שלבים. בשלב הראשון שמתואר **בתו"כ** אנו מוצאים דרשה במידת 'כלל ופרט'. אמנם כפי שכבר הזכרנו, מידת 'כלל ופרט' אינה מאפשרת שום הכללה. ובאמת הגירסה שלפנינו היא שדרשו שם ב'פרט וכלל' ולא ב'כלל ופרט' (וכן הגירסה בתוד"ה 'וכי', שבועות מג רע"א, וכן הוא **במכילתא** על

אתר. וראה גם **תורה שלימה**, להרמ״מ כשר, פ׳ משפטים כרך יח, אותיות רכו-רל).[44]

בהתאם לדרכנו נראה שבעל הברייתא דדוגמאות פירש את הדרשה כאילו היא נדרשת מ׳פרט וכלל׳, אף שבמקור כנראה הכוונה היתה לומר שהדרשה נדרשה במידות ׳כללי ופרטי׳, בלי להיכנס לשאלה איזו מידה מיוחדת שימשה כאן. במינוח מאוחר יותר הדרשה הזו קיבלה את המונח ׳כלל ופרט וכלל׳, אך בברייתא דדוגמאות הבינו שמדובר ב׳פרט וכלל׳.

בשני המקורות התלמודיים האחרים (בב״מ ובנזיר) מצוטטות ברייתות שכבר הבינו שמדובר במבנה משולש, אך נחלקו ביניהן כיצד לפרש זאת: בסוגיית ב״מ סברו שמדובר בדרשת ׳כלל ופרט וכלל׳, ובסוגיית נזיר סברו שמדובר בדרשת ׳פרט וכלל ופרט׳. שוב ישנן כאן כמה הצעות לפענח את אותה אמירה כללית שנדרשה כאן דרשת ׳כללי ופרטי׳.[45]

ואכן אנו מוצאים בפירוש הרא״ש לנזיר שם, שכתב:

> ***והאי קרא ד׳וכי יתן איש אל רעהו׳ דדרשי רבנן בפ׳ הזהב ב׳כלל ופרט וכלל׳ וממעטי מיניה עבדים ושטרות וקרקעות, דריש לה ר״א ב׳פרט וכלל ופרט׳ וממעטיה מיניה כי היכי דממעטי רבנן מיניה.***

הרא״ש אינו מסביר כיצד שתי מידות שונות מגיעות לאותה מסקנה הלכתית. כיצד כל ההצעות הללו, שמשתמשות במידות דרש שונות, מגיעות לאותה תוצאה הלכתית? די ברור שסוגיית ב״מ הניחה את שיטת ׳בתרא דווקא׳, וסוגיית נזיר הניחה את שיטת ׳קמא דווקא׳. זוהי הסיבה לכך שיכולים להיות שני פענוחים שונים שיתאימו לאותה תוצאה הלכתית.

המסקנה המתבקשת מכאן היא שהמחלוקת האם ׳בתרא דווקא׳ או ׳קמא דווקא׳ היא תוצאה של אותם ניסיונות פענוח (האפשרויות הללו כנראה עלו רק בתקופת האמוראים), שכן חז״ל הבינו שניתן להגיע לכל רדיוס הכללה

---

[44] סביר שגם בתוס׳ ב״מ מדובר בטעות הדפסה. בנוסח הברייתא דדוגמאות שמובא בפירוש המיוחס לרש״י ובפירוש רס״ג על הברייתא כלל לא מופיעה הדוגמא הזו. שם הברייתא מדגימה את המידה הזו בדרשה מב״ק סב-סג שתידון להלן בפרק העשירי.

[45] מבחינה לשונית יש מקום לקרוא את הפסוק בשתי הצורות. ראה **תורה שלימה** שם, אות רכז ור״ל.

בשתי צורות לפחות. לכן בפני המפענחים (שעשו 'פלפול' משחזר כמו זה של עותניאל בן קנז) תמיד עומדות שתי אפשרויות (בהנחה שלשון הפסוק סובלת את שתי האפשרויות): לדרוש 'כלל ופרט וכלל' בשיטת 'בתרא דווקא', או 'פרט וכלל ופרט' בשיטת 'קמא דווקא'. כבר בתקופת התנאים אנו מוצאים את האפשרויות הללו, אך הן עולות ללא שם מפורש. המינוח 'קמא דווקא' או 'בתרא דווקא' עולה לראשונה בתקופת האמוראים, שהמשיגו גם את האפשרויות הללו וכינו אותן בשמות.

כאן אנחנו נוכחים לראות הבדל עקרוני בין דרשות סומכות (או מקיימות), לדרשות יוצרות. העובדה שכל המקורות המקבילים מגיעים לאותה תוצאה הלכתית אומרת שהיתה כאן מסורת שהכילה שני רכיבים: 1. התוצאה ההלכתית של הדרשה. 2. אופי הדרשה שהשתמשה במידות 'כללי ופרטי'. המחלוקות עסקו רק בפענוח הספציפי של הדרשה, והכנסתה לדפוסים שהתגבשו בדורות המאוחרים יותר. אלו היו דרשות סומכות, שכן הן סמכו הלכה ידועה על מתודות דרש שונות. מטרת הדרשה היתה, בין היתר, לפענח את המבנה של מתודות הדרש, על מנת שיוכלו להשתמש בהן במקומות בהם ההלכה אינה ידועה.

זוהי רק דוגמא אחת מיני כמה וכמה, שבה אנו מוצאים מחלוקת לגבי דרשות 'כללי ופרטי', שנוגעת לשיטת הדרשה בלי לגעת בתוצאתה ההלכתית (בסוגיית נזיר יש כמה דרשות במידת 'פרט וכלל ופרט', שכולן נדרשות במקורות מקבילים באמצעות מידות אחרות). מקרים כאלו הם שרידים של תהליך ההמשגה אותו אנו מתארים כאן. במקרים אלו מגיעה הלכה במסורת, וכנראה המסורת גם אומרת שהשתמשו במידת 'כללי ופרטי', והחכמים המאוחרים מנסים למצוא דרשה סומכת (או מקיימת) להלכה הידועה.

לעומת זאת, במקרים בהם אנו מוצאים מחלוקת לגבי התוצאה ההלכתית של הדרשה, ולא רק לגבי השיטה והמידות המעורבות בה, מדובר בדרשות

יוצרות.[46] במקרים אלו מיושמים הכללים שנוצרו בתהליך ההמשגה לגבי פסוקים חדשים, וכך נוצרות הלכות חדשות. זהו בדיוק השלב השני של פלפולו של עותניאל בן קנז, שלאחר ששיחזר את הדרשות הקודמות יכול היה ליצור דרשות חדשות. גם עותניאל התחיל את התהליך בדרשות סומכות שסייעו לו לפענח את צורות הדרש, ולאחר מכן הוא יישם את הצורות שגילה בדרשות סומכות.

הצורה השונה של תוצאת ההמשגה מהדרשות הסומכות, תבוא לידי ביטוי בתוצאה ההלכתית שמתקבלת מדרשה יוצרת. לדוגמא, מי שהגיע למסקנה שהמסורת לגבי שומר חינם מלמדת אותנו שהדרשות נוקטות בשיטת 'קמא דווקא', אזי כשהוא יבוא ליישם את שיטת הדרשה לגבי פסוק חדש (שלגביו לא ידועה שיטת הדרשה), הוא יגיע לתוצאה שונה מחברו שהסיק מהדרשה שיש לדרוש בשיטת 'בתרא דווקא'.

דרשות 'כללי ופרטי' בתלמוד הירושלמי

כהנא בפ"ד של מאמרו מתאר מחלוקת בין מקורות ארץ ישראליים שונים שדורשים דרשות 'כללי ופרטי' בשיטת ברייתת המידות (כלומר שהם אינם מבחינים בין שלוש המידות ודורשים את כולן בשווה), לבין המקורות שמתאימים לסכוליון. בסעיף זה נדון בדוגמאות שהוא מביא אחת לאחת.

1. הדוגמא הראשונה שהוא מביא היא הדרשה בירושלמי סנהדרין פ"ז ה"ט,[47] שדורשת מופע מקראי של 'כלל ופרט וכלל' בצורה של 'אלא מה שבפרט'. כהנא טוען שהוראה זו סותרת את שיטת הסכוליון, שדורש מופע כזה בצורה של 'אלא כעין הפרט'.

וזו לשון הירושלמי שם:

---

[46] אם כי ייתכן שפרטים כלשהם כן הגיעו במסורת, לדוגמא שדרשו ב'כללי ופרטי' ולא קבעו את היקף (=רדיוס) ההכללה.

[47] הוא מפנה להי"א, אבל שם מופיעה דרשה אחרת.

רבי בון בר חייה בעא קומי רבי זעירה לא תעבדם כלל לא תשתחוה להם פרט כי לא תשתחוה לאל אחר חזר וכלל כלל ופרט וכלל אין בכלל אלא מה שבפרט רבי בון בר כהנא בעא קומי רבי הילא לא תעשון כן כלל זובח לאלהים יחרם פרט בלתי ליי׳ לבדו חזר וכלל כלל ופרט וכלל והכל בכלל וריבה את המגפף והמנשק.

הדיון בסוגיא הוא בשאלה איזו עבודה מחייבת כפולחן לע״ז? ונראה שכאן ישנו ויכוח בין שני האמוראים האם אנחנו מרבים את כל סוגי העבודות, או שיש למעט רק כדרך עבודתו של האליל המסויים הזה. הדרשה הראשונה באה למעט, ולכן היא נוקטת לשון ׳אלא מה שבפרט׳, על אף שהמופע המקראי בו דנים הוא ׳כלל ופרט וכלל׳. לכן אין כל סיבה להניח שיש כאן מסורת מדרשית שונה. יתר על כן, הרי נוסח הדרשה הוא שהכלל האחרון ׳חזר וכלל׳, וזוהי ההוראה להכליל. אם אכן היו דורשים כאן באופן של ׳אלא מה שבפרט׳, פירוש הדבר הוא שאין כאן הרחבה בכלל. אז מדוע הכלל האחרון חוזר וכולל?

נוסיף עוד שבדרשה כאן אפילו לא מופיעה במפורש המסקנה ההלכתית של הדרשה, ולכן לדעתנו אין בסיס להשערה שאכן באמת ריבו כאן ברדיוס הכללה שמכונה בסוף תהליך ההמשגה ׳אלא מה שבפרט׳ (שבעצם הוא רדיוס 0), שמתאים ל׳כלל ופרט׳. לדעתנו נקטו כאן לשון ממעטת רק מפני שמטרתם היא לומר שהריבוי הוא מוגבל.

הדרשה של ר׳ בון בר כהנא שמוצגת מייד אחר כך מוצגת אצל כהנא כדרשה שאין לה בכלל בית אב, שכן היא דורשת מבנה משולש של ׳כלל ופרט וכלל׳ בצורה שלא מתאימה לסכוליון וגם לא לשיטה של ׳אלא מה שבפרט׳. לפי שיטה זו דורשים גם מבנה משולש באופן של הרחבה גורפת, כמו ׳פרט וכלל׳. אך זהו פירוש דחוק מאד כמובן. והנה לפי דרכנו הדברים מתפרשים כפשוטם. ראינו שהדרשה הקודמת מטרתה היתה לצמצם את רדיוס ההכללה, ולכן היא נקטה לשון ׳אלא מה שבפרט׳. הדרשה הזו, לעומתה, רוצה לומר לנו להרחיב, ולכן היא משתמשת במונח ההוראתי הרחב ביותר, ׳והכל בכלל׳, שמתאים יותר ל׳פרט וכלל׳. גם כאן אין הכרח לפרש שהכוונה

היא לדרוש מבנה משולש כמו בדרשת 'פרט וכלל', שכן לפי זה הכלל הראשון נמצא מיותר, ובלשון הדרשה הרי הוא מופיע כחלק אורגני שלה ("לא תעשון כן" - כלל). לכן ברור שהמטרה היא לומר שהריבוי הוא רחב יותר (לרבות את המגפף והמנשק).

לסיכום, לפי הצעתנו הדרשות הללו נאמרות בלשון טרום ההמשגה הסופית (של הסכוליון), ולכן המינוח ההוראתי שמשתמשים בו משמש כאן רק לתאר מגמה (להורות על ריבוי גדול או על הגבלת הריבוי), ולכן נקטו במונחים אלו.[48] אין לראות בהוראות אלו שיטה מדרשית ספציפית.

2. כהנא עצמו מביא מייד אחר כך דרשה של ר' בון בר חייה עצמו, ושוב בפני רבי זעירא, שלקוחה מהירושלמי סוטה פ"ט ה"ה:

> ***רבי בון בר חייה בעא קומי רבי זעירא אשר לא עבד בה כלל אשר לא משכה בעול פרט כלל ופרט אין בכלל אלא מה שבפרט. אמ' ליה אילו הוה כתיב אשר לא עובדה ואשר לא משכה יאות ליה כתיב אלא אשר לא עובד בה אין כאן כלל ופרט אלא ריבויין.***

כאן אותו אמורא ארץ ישראלי עצמו רוצה ללמוד ממופע מקראי של 'כלל ופרט' שרק עול פוסל בפרה אדומה ולא עבודות אחרות. כהנא לומד מכאן שלאותו חכם לא היו שתי מידות שונות, ולדעתו 'כלל ופרט וכלל' היא אותה מידה כמו 'כלל ופרט'. אך לפי דרכנו אין צורך להגיע למסקנה זו, שכן המינוח משמש רק כדי להגביל את ההכללה. ובאמת הדחייה כאן כמו בסוגיית סנהדרין היא שיש לרבות בכל זאת. כלומר הדיון אינו בשאלה עד כמה לרבות אלא האם לרבות או לא, ולכן משתמשים במינוח הכללי שמורה לרבות או להגביל.

יתר על כן, לא סביר שאותו חכם שכבר מבחין בין מופעים מקראיים שונים ('כלל ופרט וכלל', ו'כלל ופרט') אינו מבחין בין ההוראות ביחס אליהם. אם כבר עברנו לשלב שבו אנחנו מבינים שיש כאן מופעים שונים, מסתבר שאנחנו

---

48 נעיר כאן כי בעל **פני משה** על אתר טוען שנפלה שם טעות בגירסה, והכלל האחרון הוא תוספת שגויה. לפי הצעתנו אין כל צורך לכך.

גם יודעים מה לעשות עם כל אחד מהם. לולא זה, הכלל האחרון הוא מיותר, שהרי גם כשכותבים 'כלל ופרט' היינו דורשים באותה צורה. נזכיר שבסוגיית סנהדרין הכלל האחרון מובא בפירוש ככלל שמטרתו לחזור ולכלול, כלומר שיש לו תפקיד בדרשה.

הערה זו מקבילה לגמרי למה שהערנו ביחס לברייתת המידות, שגם היא כבר הבחינה בין שלושה מופעים מקראיים שונים (בניגוד להלל הזקן, שעוד לא הבחין ביניהם), ולכן סביר שהיא כבר הבחינה גם בין צורות הדרש השונות ביחס למופעים אלו.

3. כהנא ממשיך וטוען שבירושלמי מופיעות באופן עקבי דרשות שאינן מבחינות בין מידות 'כללי ופרטי' שונות, והוא תולה זאת בשיטתה של ברייתת המידות (כפי שהוא מסביר אותה). בנוסף לשלוש הדרשות הקודמות, שאותן כבר דחינו, הוא מביא מהירושלמי שלושה מקורות נוספים בכדי לתמוך בשיטתו. הראשון הוא הירושלמי בפסחים פ"ט ה"ג, שכותב:

> ***כתיב לא ישארו ממנו עד בקר אם לאכל זה מצות עשה שבו ועצם לא תשברו בו זה מצות לא תעשה שבו וכשהוא אומר ככל חוקת הפסח יעשו אותו יכול שאני מרבה לביעור חמץ ולאכילת מצה כל שבעה תלמוד לומר על מצות ומרורים יאכלוהו אין לך דבר חוץ מגופו מעכבו אלא מצות ומרורי' בלבד וכרבי ישמעאל דרבי ישמעאל אמר כלל ופרט הכל בכלל.***

מביאים כאן את שיטת רי"ש עצמו שדורש 'כלל ופרט' באופן של 'הכל בכלל'. כהנא לומד מכאן שזוהי שיטה נוספת בירושלמי (כמו שראינו למעלה), שדורשת ממש הפוך מהסכוליון, שמבנה של 'כלל ופרט' שאמור להיות מצומצם לגמרי, נדרש כאן באופן המרחיב ביותר. הוא מביא שמפרשי הירושלמי הגיהו כאן 'פרט וכלל' במקום 'כלל ופרט', אך נסמך על ר"ש ליברמן שמקיים את הגירסא שלפנינו על סמך עדי נוסח נוספים.

אך דברים אלו הם תמוהים מצד עצמם. הרי הפסוק שעליו נסמכת הדרשה הוא בשמות פ"ט פס' יב:

לֹא יַשְׁאִירוּ מִמֶּנּוּ עַד בֹּקֶר וְעֶצֶם לֹא יִשְׁבְּרוּ בוֹ כְּכָל חֻקַּת הַפֶּסַח יַעֲשׂוּ אֹתוֹ:

פסוק זה באמת פותח בפרט ומסיים בכלל. אז כיצד ניתן לדרוש ממנו 'כלל ופרט', כאשר המופע המקראי הוא בעליל 'פרט וכלל'? על כורחנו שצדקו מפרשי הירושלמי שהגיהו שמדובר כאן בדרשת 'פרט וכלל'. ומה באשר לעדי הנוסח של הר"ש ליברמן?

כאן אנחנו חוזרים להצעתנו, בדבר התפתחות המינוח של המופעים המקראיים ושל המינוח ההוראתי. כפי שראינו, המונח 'כלל ופרט' משמש לפעמים במשמעות של המשפחה של דרשות 'כלל ופרט', כמו אצל הלל הזקן. כאן כנראה הגירסא הנכונה היא אכן זו של ליברמן, 'כלל ופרט', אבל משמעותה אינה דווקנית. הכוונה היתה ל'פרט וכלל', וכעת מובנת גם ההוראה המדרשית של ר"ש לגבי מופע מקראי כזה.

כיצד מתיישבת המסקנה של הגמרא עם הפירוש הזה? הרי הגמרא מסיקה מסקנה מצמצמת, שרק מצות ומרורים מעכבים את הפסח? על כך כבר ביארו בעל **פני משה** ו**קרבן העדה** על אתר, שהדרשה הבסיסית היתה צריכה לרבות שהכל מעכב, וזה כר"ש, ולכן הפסוק כותב "על מצות ומרורים יאכלוהו", ללמדנו שכאן אין לרבות כר"ש. כלומר שבסיסית מופע כזה מרבה, ולכן נדרש פסוק ללמדנו שלא לעשות זאת.

4. המקור השני שמביא כהנא הוא המקבילה הנוספת שמביא הר"ש ליברמן לשיטה זו, מהירושלמי תרומות פ"א ה"ב:

מה רבי ליעזר כרבי ישמעאל דרבי ישמעאל דו אמר כלל ופרט הכל בכלל ורובה מדרבי ישמעאל דו אמר אפילו כלל ופרט וחזר וכלל הכל בכלל

גם כאן לכאורה מובאת שיטה שלפי ר"ש דורשים מבנה של 'כלל ופרט' באופן של 'הכל בכלל'. ואמנם העיון בפסוק כאן מורה שכאן באמת המבנה הוא 'כלל ופרט', שכן כך אומר הפסוק (ויקרא יא, לד):

מִכָּל הָאֹכֶל אֲשֶׁר יֵאָכֵל אֲשֶׁר יָבוֹא עָלָיו מַיִם יִטְמָא וְכָל מַשְׁקֶה אֲשֶׁר יִשָּׁתֶה בְּכָל כְּלִי יִטְמָא:

לכאורה יש כאן מבנה של "מכל האוכל" – כלל, "אשר יאכל" – פרט. כלומר כאן כבר יהיה קשה לדחות את מסקנתו של כהנא באופן שדחינו למעלה.[1]

אמנם הירושלמי שם מביא גם את הסיפא של הפסוק לגבי משקאות, וכאן המבנה הוא 'כלל ופרט וכלל': "וכל משקה" – כלל, "אשר ישתה" – פרט, "בכל כלי" – כלל. יתר על כן, מייד בהמשך הירושלמי מובא המשך לשיטה זו, שאפילו 'כלל ופרט וכלל' ר"ש דורש בשיטת 'הכל בכלל'. וזה תמוה בתרתי: ראשית, מדוע זה שייך לכאן? שנית, מדוע זהו חידוש גדול יותר (שנאמר בלשון "אפילו")? לכאורה החידוש שמבנה משולש בא לרבות יותר מאשר 'כלל ופרט' הוא חידוש קטן יותר.

לכן הצעתנו כאן היא שכוונת הסוגיא לדרוש את שני חלקי הפסוק ב'כלל ופרט וכלל', ולא ב'כלל ופרט'. ומה שנקטו לשון 'הכל בכלל' הוא בדיוק כדי לומר שלא נדרוש כאן 'כלל ופרט' אלא נרבה יותר. וכפי שכבר כתבנו, מינוחי ההוראה משמשים בירושלמי כמגמות, או כתגובה שוללת לרצון לעשות ההיפך, ולא כהוראות מדוייקות. כאן רצו לצמצם את הדרשה, ולכן נקטו לשון מרחיבה. והלשון "אפילו כלל ופרט וחזר וכלל – הכל בכלל", כוונתה לומר ששיטת ר"ש היא שבמבנה משולש של 'כלל ופרט וכלל' יש להכליל, ולא רק במבנה של 'פרט וכלל'. כל זה לאפוקי מהרצון לדרוש כאן 'כלל ופרט'.[2]

5. המקור השלישי שמביא כהנא (בעקבות ליברמן), הוא בירושלמי נזיר פ"ו ה"ב:

---

[1] יש מפרשני הירושלמי ומהחוקרים (ראה אצל כהנא בהערה 91) שהגיהו גם כאן 'פרט וכלל', אך כאמור הדברים קשים.

[2] ולפי דרכנו אין צורך לפירושו של בעל **פני משה**, שכאן פירש כדברי כהנא וליברמן (ולשיטתו באמת לא ברור מדוע הוא מתקן את הגירסא בסוגיית סנהדרין, כפי שהבאנו בהערה לפני הקודמת, שהרי כאן הוא כבר מסכים שיש שיטה כזו בדעת ר"ש).

והא תני בשם רבי לעזר מכל אשר יעשה מגפן היין אף העלין והלולבין במשמע רבי ליעזר בן ישמעאל דרבי ישמעאל אמ׳ כלל ופרט הכל בכלל וכדדבה מן דר׳ ישמעאל אמ׳ אפילו כלל ופרט הכל בכלל. לאי זה דבר נאמר חרצנין וזגין להביא השלש שבינתים.

אנו נעסוק בדרשת הבבלי על פסוקים אלו להלן בפרק על סוגיית נזיר. בכל אופן, בירושלמי כאן מובאת שוב השיטה שלרי״ש דורשים ׳כלל ופרט׳ באופן של ׳הכל בכלל׳.

ראש לכל, גם כאן עלינו לבחון את הפסוק בו מדובר. הפסוק הוא מבמדבר פ״ו פס׳ ג-ד:

מִיַּיִן וְשֵׁכָר יַזִּיר חֹמֶץ יַיִן וְחֹמֶץ שֵׁכָר לֹא יִשְׁתֶּה וְכָל מִשְׁרַת עֲנָבִים לֹא יִשְׁתֶּה וַעֲנָבִים לַחִים וִיבֵשִׁים לֹא יֹאכֵל: כֹּל יְמֵי נִזְרוֹ מִכֹּל אֲשֶׁר יֵעָשֶׂה מִגֶּפֶן הַיַּיִן מֵחַרְצַנִּים וְעַד זָג לֹא יֹאכֵל:

כהנא וליברמן מניחים ככל הנראה שהדרשה עוסקת בפסוק השני בלבד, ושם אכן יש מבנה של ׳כלל ופרט׳ (״מכל אשר יעשה מגפן היין״ – כלל, ״מחרצנים ועד זג״ - פרט). אולם דומה כי זוהי טעות.

ראשית, בסוגיא המקבילה בבבלי רואים שהדרשה עוסקת בשני הפסוקים גם יחד, ויש עוד פרט (רשימת פרטים, במקרה זה) שנלקח מהפסוק הקודם (״מיין ושיכר...וענבים לחים ויבשים לא יאכל״). שם ברור לסוגיא שהמבנה הוא ׳פרט וכלל ופרט׳ (זוהי הסוגיא היחידה בספרות חז״ל שמביאה דרשה ממופע מקראי כזה).

לכן אנחנו טוענים שגם בירושלמי הדרשה מתייחסת ל׳פרט וכלל׳ הראשונים (כלומר לפרט שבפסוק ג ולכלל הראשון שבפסוק ד), ולומדת שהם באים לרבות הכל. ושוב, לא בהכרח יש להגיה כאן את הלשון ׳כלל ופרט׳ ולהפוך אותה ל׳פרט וכלל׳. לפי דרכנו לשון זו משמשת כאן כדי לומר שיש כאן מבנה של ׳כללי ופרטי׳, ולכן הוא בא לרבות. המטרה היא לדחוף לריבוי ולא לצמצום, ולכן נקטו לשון של ׳הכל בכללי׳ (כאן זה אפילו מתאים, שהרי אם באמת המופע המקראי הוא ׳פרט וכללי׳ אזי זהו המינוח ההוראתי הנכון עבורו).

וראיה נוספת לדברינו היא שסוגיית הירושלמי בהמשך מייד שואלת מה לומדים מההמשך "מחרצנים ועד זג"? לפי הצעתם של ליברמן וכהנא זהו הפרט שאותו דרשו קודם לרבות, אז אין מקום לקושיא מה הוא בא ללמד? על כורחך, קודם הסוגיא כלל לא עסקה בפרט האחרון הזה, אלא רק ב'פרט וכלל' הקודמים. ולכן כעת מקשים מה לומדים מהפרט האחרון. והן הן דברינו.

נעיר כאן שבסעיף 2 של פ"ה במאמרו של כהנא, הוא מביא דרשה מקבילה מפסוק זה מה**ספרי** במדבר, פיס' כד:

> ***מכל אשר יעשה מגפן היין, שומעני מן העלים והלולבים במשמע ת"ל מחרצנים ועד זג מה הפרט מפורש פרי ופסולת פרי אף אין לי אלא פרי ופסולת פרי ולהוציא את העלין ואת הלולבין שאינן פרי ופסולת פרי ר' אליעזר אומר כל ימי נזרו מכל אשר יעשה מגפן היין אף העלים והלולבים במשמע.***

אמנם המונחים 'כלל' ו'פרט' לא מוגדרים במדרש הזה באופן מפורש, אך די ברור שהוא עושה כאן דרשת 'כלל ופרט'. ובכל זאת, התוצאה היא 'כעין הפרט', שהרי מרבים כאן כל פרי ופסולת פרי (ראה בסוגיית הבבלי המקבילה, נזיר לה, שתידון להלן). כהנא שוב מצביע על מקור זה כמקור שמשקף מסורת שונה לגבי דרשת 'כלל ופרט'.

אך לפי הצעתנו מדובר כאן על דרשת 'פרט וכלל ופרט', ולא על דרשת 'כלל ופרט', כמו שאנו מוצאים בבבלי המקביל וכפי שהצענו כאן גם לגבי המקור הקודם. הנוסח 'כלל ופרט' כאן מתפרש כמשפחה של מידות דרש ולא כמידה מסויימת, ולכן התוצאה המדרשית היא כעין הפרט. המדרש הזה מתחיל מהאמצע, לאחר הפרט קמא שנמצא בפסוק הקודם, הדרשן מעלה אפשרות שהכלל "מכל אשר יעשה מגפן היין" בא לרבות הכל (כמקובל בדרשות 'פרט וכלל'), ואז הוא שולל זאת בגלל הפרט בתרא. נעיר עוד, שבסוגיית נזיר עולה האפשרות שפרי ופסולת פרי אינו ריבוי, שכן הוא לא מוסיף מאומה על מכלול הפרטים שמופיעים בפירוש בפסוקים. ולפי זה הדבר פשוט עוד יותר, שכן לפי זה מדובר כאן בדרשה שהיא 'אלא מה שבפרט' ולא 'כעין הפרט', ואז

התוצאה מתאימה לגמרי גם למופע מקראי של 'כלל ופרט', ואין צורך להוסיף את הפרט הראשון.

ובאמת בפסקה הבאה שם ב**ספרי** אנו מוצאים בפירוש את דרשת הבבלי:

מחרצנים ועד זג, למה נאמר לפי שהוא אומר מכל אשר יעשה מגפן היין כלל מיין ושכר יזיר חומץ יין וחומץ שכר פרט [גירסת הגר"א: פרט [ו] ***כלל ופרט אין בכלל אלא מה שבפרט מה הפרט מפורש פרי ופסולת פרי אף אין לי אלא פרי ופסולת פרי להביא את החרצנים ואת הזגים שהם פרי ופסולת פרי.***

או מה הפרט מפורש פרי גמור אף אין לי אלא פרי גמור אמרת וכי איזהו פרי גמור שלא אמרו הא אין עליך לדון כלשון האחרון אלא כלשון הראשון מה הפרט מפורש פרי ופסולת פרי אף אין לי אלא פרי ופסולת פרי להביא את החרצנים ואת הזגים שהם פרי ופסולת פרי.

אם זכיתי מן הדין מה ת"ל מחרצנים ועד זג לא יאכל אלא ללמדך כלל שאתה מוסיף על הפרט אי אתה יכול לדונו כעין הפרט להוציאו מן הכלל עד שיפרוט לך הכתוב כדרך שפרט לך בנזיר.

הפסקה הראשונה מביאה דרשה של 'כלל ופרט', ומיישמת לגביה את ההוראה 'אלא מה שבפרט'. יש לשים לב שהתוצאה ההלכתית היא פרי ופסולת פרי, כלומר שפרי ופסולת פרי במדרש הזה הוא התוצאה של יישום ההוראה 'אלא מה שבפרט', וזה ממש כהצעתנו לעיל (שכן הכל מופיע בפסוק).

אמנם בסוף הפסקה הראשונה לומדים לרבות חרצנים וזגים שהם פרי ופסולת פרי, ולכן לכאורה יש כאן ריבוי כלשהו (ובאמת בפסקה השלישית בהמשך דנים מדוע נכתבו הפריטים הללו בפירוש בתורה, אם הם מתרבים מ'פרט וכלל ופרט'). ובאמת לאור דברינו יש לדון כיצד ריבו כאן אם המבנה המקראי הוא 'כלל ופרט' (השאלה כאן אינה קשורה לנוסח המדרש אלא למבנה הפסוק)? והנה מצאנו שבכמה מקורות (ר' גירסת ר' אליעזר נחום

למדרש, וכן הגר״א בפירושו שם כותב שמצא כן בגירסת ספרים אחדים[3]) המדרש עצמו מנסח את ההוראה המדרשית שלו באופן הבא: ״ ׳פרט וכלל ופרט׳ – אין בכלל אלא מה שבפרט״. נראה שהמילה ׳פרט׳ נשמטה פעם אחת מתוך השתיים מחמת הדומות. לענייננו אין זה חשוב האם גורסים כאן בפירוש את המילה ׳פרט׳ הנוספת, שכן לשיטתנו גם המונח ׳כלל ופרט׳ יכול להתפרש כ׳פרט וכלל ופרט׳, שכן זוהי משפחה של מידות דרש, ולאו דווקא מידת דרש ספציפית.

לפי הצעתנו יש כאן דרשה במידת ׳פרט וכלל ופרט׳,[4] כמו בבבלי, וזאת על אף שהפרט הראשון כלל לא מוזכר במבוא לדרשה. והן הן דברינו לגבי הדרשה הקודמת. ובכל זאת, המינוח ההוראתי הוא ׳אלא מה שבפרט׳, ללמדך שההוראות הללו מתחלפות במשמעותן. העובדה שכאן השתמשו דווקא במינוח ׳אלא מה שבפרט׳, מוסברת גם היא לפי דרכנו. מטרת המדרש כאן היא לצמצם את הריבוי שהיינו עושים מהכלל הראשוני (״מכל אשר יעשה מגפן היין״ – לרבות לולבין וכדו׳), ולכן נקטו כאן את הנוסח של ההוראה המצמצמת.

6. על אף שענייננו כאן הוא רק במדרש ההלכה, נסיים את הדיון בדוגמאות של כהנא בדרשה אגדית, שעוסקת בשאלה כמה חופות עשה הקב״ה לחוה. מדרש **בראשית רבא** יח, א:

> ***רבנין ור׳ שמעון בן לקיש רבנין אמ׳ עשר ור׳ שמעון בן לקיש אמר י״א, [ר׳ חמא בר׳ חנינא אמר י״ג], ר׳ חמא בר׳ חנינא ור׳ שמעון בן לקיש תרויהון אמרין כלל ופרט עשה את הכלל מוספת לפרט והכל***

---

[3] ייתכן שהוסיפו זאת מתוך השוואה לגירסת הבבלי, אך הגר״א עצמו לא הביא שם את הבבלי אלא נוסחא אחרת ב**ספרי**.

[4] כהנא שם (פ״ה סעיף 3, עמ׳ 198) מביא גם הוא את המדרש הזה, וגורס בו ׳כלל ופרט׳, ובניגוד לדרכו הוא אינו מעיר שם שלא זו גירסת הדפוסים. את הניתוח המפורט שהוא עושה למבנה המדרש, יש להשוות לניתוח שלנו לסוגיית הבבלי, בה מופיעים כל הרכיבים הללו ביתר פירוט (ראה השוואה לבבלי אצל כהנא בהערה 102).

בכלל, כל אבן יקרה מסוכתיך כלל, אדם פטדה וגו׳ פרט, הכל בכלל כל אבן יקרה מסוכתך.

גם כאן ישנה דרשה של מופע מקראי של ׳כלל ופרט׳, והוא נדרש בשיטת ׳עשה את הכלל מוספת לפרט והכל בכלל׳, שמתאימה לדרשות ׳פרט וכלל׳. כהנא טוען שמדרש זה מצטרף למדרשים ארץ ישראליים (כמו הירושלמי) שחולקים על שיטת הסכוליון, ומצטרפים לשיטת ברייתת המידות שאינה מבחינה בין שלוש מידות ׳כללי ופרטי׳.

הפסוק שמשמש כמקור למדרש זה הוא הפסוק ביחזקאל כח, יג:

בְּעֵדֶן גַּן אֱלֹהִים הָיִיתָ כָּל אֶבֶן יְקָרָה מְסֻכָתֶךָ אֹדֶם פִּטְדָה וְיָהֲלֹם תַּרְשִׁישׁ שֹׁהַם וְיָשְׁפֵה סַפִּיר נֹפֶךְ וּבָרְקַת וְזָהָב מְלֶאכֶת תֻּפֶּיךָ וּנְקָבֶיךָ בָּךְ בְּיוֹם הִבָּרַאֲךָ כּוֹנָנוּ:

זוהי דרשה חריגה מפני שמדובר במדרש אגדה, והוא מתמך על פסוק בנביא ולא בתורה. יתר על כן, תוצאת הדרשה היא שנעשו אחת עשרה חופות, בעוד שבפסוק מנויות רק עשר, ואת זה הוא לומד מדרשת ׳כלל ופרט׳. זו לא הצורה הרגילה של הריבוי ב׳כללי ופרטי׳, שכן אנחנו לא מרבים קבוצה שדומה לפרטים אלא פשוט עוד פרט. דרשה זו היא חריגה בכל המובנים, ולכן דומה כי בכל אופן אין ללמוד ממנה מאומה לענייננו.

ולעצם העניין אולי בכל זאת יש אפשרות להבין שגם כאן המונח ׳כל ופרט׳ אינו דווקני אלא תיאור של משפחת הדרשות בה משתמשים, ובאמת הכוונה היא לדרשת ׳כלל ופרט וכלל׳. מהו הכלל בו משתמשת הדרשה? כנראה הכותרת ״כל אבן יקרה מסוכתך״. לפי זה ניתן אולי לראות בסוף הפסוק ״מלאכת תפיך ונקביך...״ כלל נוסף, שיוצר מבנה של ׳כלל ופרט וכלל׳.[5]

---

[5] צ׳רניק כבר עמד בכמה מקומות על כך שבדרשות מאוחרות של ׳כללי ופרטי׳ הכלל לא תמיד מופיע בביטוי כללי, ולא לגמרי ברור מה היה הקריטריון של חכמים כאשר הגדירו מילה או ביטוי כלשהו ככלל. ראה גם אצל כהנא בהערה 35 וסביבה, ובהערה 144 וסביבה. דוגמא נוספת ניתן למצוא בדרשת הבבלי שבועות ד ע״ב, שם לומדים שהמילה ׳תפדה׳ היא כלל (ראה אצל כהנא הערה 104).

להלן כשנעסוק בסוגיות השונות בשאלת ׳לא דמי כללא קמא לכללא בתרא׳, נעסוק מעט בשאלה זו. שם נראה שיחס של הכלה לפעמים מספיק כדי לקבוע יחס של פרט מול כלל. לדוגמא, כאשר מדברים על בקר וצאן כפרטים, המונח ׳בהמה׳ יכול להיחשב ככלל, שכן הוא מכיל אותם (ראה בסכוליון, שמביא דרשה מויקרא א, ב, כהדגמה לדרשת ׳כלל ופרט׳).

אמנם פירוש זה הוא דחוק, ובפרט לאור הנוסח במהדורת וילנא, שם אנחנו מוצאים דרשת 'כלל ופרט' מפורשת:

> ***הה"ד (יחזקאל כח) בעדן גן אלהים היית כל אבן יקרה מסוכתך אודם פטדה וגו', רבנן ור"ש בן לקיש, רבנן אמרי עשר ור"ש אמר י"א, ר' חמא בר חנינא ור"ש בן לקיש תרוויהון אמרין כלל ופרט, עשה את הכלל מוספת לפרט והכל בכלל, כל אבן יקרה מסוכתך כלל, אודם פטדה תרשיש ויהלום וגו' פרט, הכל בכלל.***

על כן נראה שבאמת מדובר כאן בחריג שאין ללמוד ממנו על הכלל, ובודאי לא במדרשי ההלכה, וכנ"ל.

משמעות הדברים: תהליך ההמשגה

עד כאן עסקנו בדוגמאות שמביא כהנא לדרשות 'כללי ופרטי' חריגות מהירושלמי וממקורות ארץ ישראליים (בפ"ד של מאמרו). בפ"ה של מאמרו הוא מביא עוד דוגמאות ממדרשי ההלכה, ולא נעסוק בהן בפירוט, שכן ניתן לטפל בהן באותן צורות שהוצעו כאן. בפ"ו הוא עומד על כך שבבבלי אנחנו לא מוצאים חריגות כאלה, וזוהי תמיכה לטענתנו שדרשות 'כללי ופרטי' בבבלי נערכות כבר אחרי ההמשגה המשוכללת למדיי שמוצגת בסכוליון.

אמנם כבר עמדו רבים על כך (ראה אצל השל, ועוד) שהמשך התהליך היה מורכב יותר. בתקופת התלמוד נראה ששני בתי המדרש, העקיבאי והישמעאלי, מתערבבים. לדוגמא, אצל רבי אנחנו מוצאים דרשות ב'ריבויי ומיעוטי' וגם ב'כללי ופרטי' (ובעצם נוספת לדבי ר"ש מידת 'כלל וכלל

במקרים אחרים, כל עוד לא מופיע בפירוש ביטוי מכליל, כמו המילה 'כל', לא נוכל לקבוע שיש לפנינו מופע מקראי של כלל.

דוגמא נוספת ניתן למצוא בדרשת **מדרש תנאים** לדברים יד, כב (על פי **מדרש הגדול**, שמובאת אצל כהנא בתחילת פרק ה):

> ***ר' יונתן אומר: "עשר תעשר" – כלל, "את כל תבואת זרעך" – פרט, מה הפרט מפורש דבר שהוא אוכל ונשמר וגידוליו מן הארץ ומתקיים במוכנס, אך כל דבר שהוא אוכל ונשמר וגידוליו מן הארץ ומתקיים במוכנס, להוציא את הלחים.***

כהנא (שם בהערה 94) תמה מדוע הביטוי 'כל תבואת זרעך' נחשב כאן כפרט, ודוחק שם בלשון הדרשה. אך לפי דרכנו הדברים פשוטים, כן הביטוי תבואת זרעך הוא ביטוי ספציפי, זה לא כל אוכל אלא אוכל מסויים. לכן מדובר בפרט. העובדה שהפרט הזה הוא קבוצה אינה באמת חשובה, שכן מטרתו היא לצמצם את הכלל (=כל האוכל).

ופרט׳).[6] אך בכל אופן נכון הוא, שדרשות ׳כללי ופרטי׳ שבבבלי נערכות לפי הסכימה של הסכוליון.

בפ״ו כהנא עוסק בהיכרות של חז״ל עם הסכוליון. הוא מראה שהירושלמי ומדרשי ההלכה ככל הנראה לא הכירו אותו (ראה שם סביב הערה 110 וסביב הערה 112), אך הבבלי הכיר אותו היטב.

לפי הפרשנות המוצעת כאן, משמעות הדבר היא שמדובר בשלבים שונים בתהליך ההמשגה של דרשות ׳כללי ופרטי׳. הירושלמי ומדרשי ההלכה משתמשים בנוסח קדום של דרשות אלה, עוד לפני ההמשגה הסופית, ולכן המינוח שם שונה. הסכוליון מציג את השלב הבא שבו כבר מומשגות שלוש המידות ומובחנות זו מזו. לכן בבבלי שהכיר זאת, הדרשות כבר משקפות משנה מגובשת יחסית של ׳כללי ופרטי׳. אין הכוונה כאן בהכרח לכרונולוגיה. ההמשגה יכולה להתבצע במקומות שונים בקצבים שונים. יש כאלו שהכירו את השיטה שמופיעה בסכוליון ויש שלא הכירו (גם אם היו אחריו). בבבל ההמשגה של שיטת הדרש ב׳כללי ופרטי׳ כבר היתה נפוצה וקבועה יחסית.

לסיום, נעיר כי תהליך ההמשגה ממשיך עוד הלאה. ראינו שבתלמוד עצמו מוגדרים המושגים ׳כללא קמא דווקא׳ ו׳בתרא דווקא׳, אך אין הסכמה ומסקנה ברורה איזו משתי השיטות היא הנכונה. כבר הערנו שזהו סימפטום לאפשרויות שונות בתהליך הפענוח של מידות הדרש הללו. כפי שנראה בפרקים שלהלן, אנו מוצאים להמשך תהליך ההמשגה שרידים גם בתקופת הגאונים.

השלב החשוב ביותר בתהליך, מופיע בכמה סוגיות בבבלי, כאשר מוצג לראשונה המושג ׳צדדים׳. זהו מושג יסודי מאד, שנעדר ממשנתם של התנאים, אך אצל האמוראים הוא משמש ככלי הלוגי המרכזי בסידור ובפענוח מערכת מידות ׳כללי ופרטי׳. בלעדיו היתה נותרת אי בהירות כמעט כאוטית בדרשות הקדומות, ובאמצעות הכלי הזה ניתן לסדר את רובו בצורה

---

[6] ראה מאמרו הנ״ל של דה-פריז, ואצל כהנא הערה 65 וסביבה. וכן **מידה טובה**, במאמרים לפי ויקרא, תשסה-ו. ברוב המקרים מדובר במופע מקראי של ׳כלל וכלל ופרט׳, ואנו נעסוק בו להלן בפרק יא.

שמתיישבת היטב. מסיבה זו מסתבר מאד שגם הצדדים היו חבויים בצורה כלשהי כבר במחשבתם של התנאים, שכן הם החליטו על רדיוסי הכללה שונים בדרשות שונות, אף שהם לא הצביעו על כך בצורה חד משמעית. האמוראים שפגשו את הרב ערכיות הזו, היו אלו שהמשיגו את המונח הלוגי של צדדים, והשתמשו בו בצורה שיטתית בכדי להגדיר את המידות השונות של 'כללי ופרטי', ואת היחסים ביניהן. אנו נעסוק בעניין הצדדים ביתר פירוט בפרק הבא.

הערה היסטורית

תיארנו עד עתה תהליך מתמשך של 'פלפול', שמטרתו היא שיחזור, המשגה ופורמליזציה, של מסורות שמועברות לאורך הדורות באופן אמורפי ועמום. לפחות בעיניים של חז״ל, התהליך התחיל אצל עתניאל בן קנז אחרי ימי אבל משה, שם עדיין לא הוזכרו מידות 'כללי ופרטי', אלא רק קו״ח וגז״ש, ונראה שהוא הסתיים בתקופת הגאונים (כפי שנראה, ר' אחאי גאון נטל בו חלק). כפי שכבר הזכרנו, התהליך הזה עבר על כלל מידות הדרש, אך כאן התמקדנו בו בעיקר בהקשרים של מידות 'כללי ופרטי'. מעבר לכך שספר זה עוסק בהן, דומה כי מידות אלו הן דוגמאות מאד ברורות וחד משמעיות להתפתחות ההיסטורית הכללית אותה תיארנו, שכן ניתן לדגום דרכן שלבים שונים בתהליך ההמשגה והפורמליזציה הזה.

חשוב לציין שהמקורות הללו לא בהכרח מבטאים תמונה היסטורית מהימנה, וגם אין כל הכרח שהם בכלל מנסים לעשות זאת. המרחק ההיסטורי בין עותניאל בן קנז לבין תקופת חז״ל בהחלט מזמין פרשנות לא היסטורית למדרש בסוף תמורה לגבי פלפולו של עותניאל. מה שחשוב הוא שחז״ל רצו לתאר לנו את תמונת עולמם שלהם לגבי השתלשלות מידות הדרש וההלכה בכלל. מבחינתנו די בכך שכך חז״ל ראו את התמונה, גם אם המדיום שדרכו הם מעבירים לנו את זה הוא משל היסטורי, ולא תיאור עובדתי. הדברים אמורים גם לגבי תקופות מאוחרות יותר. בהחלט סביר שהברייתא שמתארת את דרכי הדרש של הלל הזקן היא תיאור אנכרוניסטי, כלומר תיאור

במונחים שמקובלים בתקופתו של המתאר עצמו. לכן קשה ללמוד מהמקורות הללו פרטים היסטוריים מדוייקים על תהליך הפורמליזציה של מידות הדרש (אלו כינויים למופעים מקראיים ולמונחים הוראתיים כבר היו קיימים אצל הלל הזקן עצמו, כלומר מה כבר אובחן והומשג אז, ומה משמש את כותביה המאוחרים של הברייתא הזו במשמעות אנכרוניסטית שהם נותנים לתהליך ולמושגים המעורבים בו). מה שניסינו לתאר כאן הוא תיאור סכמטי של התהליך, והרעיון שמאחוריו. התיארוך והפרטים ההיסטוריים פחות חשובים לענייננו.

סביר להניח שחז״ל לא מסרו לנו עדות היסטורית על פעלו של עתניאל בן קנז. יותר סביר להניח שהם רצו לתאר לנו את קווי התפתחותו של התהליך הזה, כלומר את הרעיון של המסורת כתהליך של המשגה ופורמליזציה. למעשה, הם מסרו לנו דרך עתניאל בן קנז את מה שהם עצמם עשו למסורות שהם קיבלו. הסיבה מדוע נבחר עותניאל בן קנז כדי לשאת על גבו את המטען הזה צריכה עיון, אך גם זה כנראה לא ממש חשוב לנדון דידן. באקסטרפולציה היסטורית אחורה, הם מניחים שמה שהם עצמם עשו למסורות שהם קיבלו, זה בדיוק מה שעשו גם חכמי הדורות הקודמים. הנחה זו נשמעת סבירה בהחלט, ללא תלות בפרטי האמת ההיסטורית ובודאי לא בתיארוך המדוייק של כל שלב.

תיאור זה עומד הן בניגוד לפרדיגמה האקדמית, שרואה את המסורת כתהליך של התפתחות ולא כתהליך של חשיפה והמשגה, והן בניגוד לפרדיגמה המסורתית שרואה את הכל כאילו הוא ירד קפוא מסיני על פרטיו ודקדוקיו. דומה כי הצעתנו היא דרך האמצע, והיא הדרך הסבירה יותר מבין השלוש. כבר ראינו כמה אספקטים ולהלן נראה עוד כמה כאלה, שמורים כי פרדיגמה זו מציעה תמונה קוהרנטית ושלמה יותר מאשר הדרכים האלטרנטיביות, והיא אף מיישבת קשיים וסתירות שונות שקיימים בין המקורות והמסורות החז״ליות. היבט פילוסופי כללי יותר של מחלוקת הפרדיגמות הזו, יידון בתחילת הפרק הבא.

פרק שלישי: מידות 'כללי ופרטי' – מבט לוגי

מבוא

כאמור, הפרדיגמה של המחקר התלמודי מבוססת על ראיית המקורות התלמודיים והבתר תלמודיים כסדרה עוקבת של התפתחויות, שאינן בהכרח חושפות את מה שקדם להן. לעומת זאת, הפרדיגמה אותה הצענו מניחה שכל שלב מנסה (גם אם לא תמיד בהצלחה) לחשוף את מה שהיה טמון באלו שקדמו לו, והתהליך ההיסטורי הוא הוצאה של אינטואיציות לוגיות ודרשניות מן הכוח אל הפועל.

כפי שכבר הזכרנו, אחת הנגזרות הברורות של ההבדל הזה היא ההיעדר המוחלט של מונח ה'צדדים' מהטיפול אותו עושה כהנא לסוגיות 'כללי ופרטי'. כהנא עוסק בספרות התנאים, ואכן שם המושג הזה אינו מופיע. את הכאוס ששורר בספרות הזו המחקר נוטה ליישב בכלים היסטוריים תוך הצבעה על מסורות שונות, ועל התפתחות שבה בכל שלב נוצרים סוגי היסק נוספים.

המונח 'צדדים' הוא חידוש של הבבלי, אשר מנסה באמצעותו ליצור הרמוניזציה בין המקורות התנאיים הסותרים לכאורה. המחקר מניח שהסתירות הללו ביסודן הן תוצאה של מחלוקות וגישות שונות, ושחכמי התלמוד משתמשים בכלים שהם עצמם מחדשים כדי ליצור סדר מלאכותי במקורות התנאיים. לכן החוקר בבואו לדון בספרות התנאית אינו מרשה לעצמו להשתמש בכלים שהם יצירה של הספרות האמוראית.

השאלה היא האם הכלים הללו הם 'המצאה' אמוראית מאוחרת, שמנסה לעשות הרמוניזציה מלאכותית בין המקורות התנאיים, כפי שמניח המחקר האקדמי, או שמא יש כאן המשגה של תהליכים שכבר קדמו להגדרה המפורשת של הכלים הלוגיים הללו? בפרק זה נציג את הכלים האמוראיים הללו, ונסכם את העולה מהם לגבי התמונה הכללית. בפרקים הבאים נפרט

כיצד ניתן להשתמש בכלים אלו בכדי ליצור תמונה קוהרנטית של המקורות התנאיים והתלמודיים ביחס למידות 'כללי ופרטי', וליישב כמה וכמה קשיים פרשניים בסוגיות שעוסקות במידות הדרש הללו. דומה כי התמונה הקוהרנטית שמתקבלת משכנעת שאכן הכלים הללו היו טמונים כבר בספרות התנאית, גם אם עדיין לא עברו המשגה ופורמליזציה. האמוראים לא יצרו את הכלים הללו, אלא פתחו אותם כדי להבין את הספרות התנאית. הם הניחו שהכלים הללו הנחו (אולי באופן לא מודע) גם אם הדרשנים הקדומים מתקופת התנאים.

מסיבה זו אנחנו מתמקדים בספר זה בעיקר בסוגיות הבבלי, שכן הבבלי הוא שמשתמש בצורה האינטנסיבית והרפלכסיבית ביותר בלוגיקה של ה'צדדים', ולכן יש בנותן טעם לבחון האם אכן הוא מגיע באמצעותם לתמונה שלימה ומלאה יותר או לא. מקורות חז"ל האחרים משמשים אותנו כאן בעיקר לצורך השוואה ופענוח של כוונת אמוראי בבל – ושוב מתוך הנחה שישנה קוהרנטיות והמשכיות בפיתוח מידות הדרש הללו, הן בציר הזמן (מאז מתן תורה ועד חתימת התלמוד) והן בציר המרחבי. אין פירוש הדבר שלא היו מחלוקות אודות שימוש בכלי הדרש הללו, שהרי כמה וכמה מהן מתועדות בפירוש בסוגיות הבבלי. אין בכוונתנו גם לטעון שהסוגיות לא היו חלוקות ביניהן ביחס לשימוש בכלים הללו, שהרי אנו נפגוש כמה וכמה מחלוקות כאלו. כוונתנו כאן היא רק לטעון שמדובר כאן במחלוקות שמתעוררות כדרכה של כל סוגיא, בתוך פרדיגמה קוהרנטית עם לכידות פנימית ברורה. בתוך המסגרת הזו מתעוררות גישות שונות ביחס למידות הדרש הללו, אך כולן עוסקות בפענוח (=המשגה מתמשכת) של המקורות הקדומים, ולא ביצירת כלים חדשים יש מאין ותלייה מלאכותית שלהם במקורות קדומים.

התמונה הכללית היא שבפני חכמי התלמוד עמדו כמה וכמה מקורות תנאיים סותרים, כפי שהראה כהנא עצמו. הם עצמם היו מודעים לסתירות הללו, וניסו ליישב ביניהן, כאשר הנחתם היתה שישנה פרדיגמה משותפת לכולן, והמחלוקות, באם ישנן, מתנהלות בתוכה. כדי ליצור את הפרדיגמה הזו, נוצר מושג ה'צדדים', שבאמצעותו יצרו אמוראי בבל תמונה קוהרנטית של

ההכללות ממשפחת 'כללי ופרטי'. לדעתנו, משלב זה והלאה לא נכון יהיה להתעלם מהתרומה הזו בבואנו לפענח את השימוש התנאי במידות הדרש הללו, שכן מסתבר שהכלים הלוגיים הללו הנחו בצורה זו או אחרת גם את התנאים עצמם, גם אם הם עדיין לא הצמידו להם שמות, ולפעמים אולי אף לא הבחינו בעצם קיומם (אלא ראו אותם כמשפחה אחת של רמות הכללה שונות). מושג ה'צדדים' הוא מוקד הטיעון שלנו לגבי חשיבות השימוש במערכת האמוראית כדי להבין את משנת התנאים.

הקשר לפילוסופיית המדע

חשוב לנו להצביע על הקשר בין שתי הפרדיגמות שהוצגו כאן, לבין מחלוקת מתמשכת בין פילוסופים של המדע.

הכלים הלוגיים שמתוארים בתלמוד כ'צדדים' משמשים את האמוראים כמו מושגים ויישים תיאורטיים במדע. גם במדע מונחות לפנינו עובדות, והדרך לפענח אותן עוברת דרך יצירת מסגרת תיאורטית שהם משתלבים בתוכה ונגזרים ממנה. כך גם עושים האמוראים בבואם להסביר את ה'עובדות' במדרשי התנאים.

כידוע, בפילוסופיה של המדע חלוקות הדעות באשר למעמדה של התיאוריה המדעית. יש הגורסים כי המסגרת התיאורטית הזו חושפת משהו, רובד עמוק יותר, שמצוי בעולם עצמו (זאב בכלר, בספרו **שלוש מהפכות קופרניקניות**, מכנה את העמדה הזו 'אינפורמטיביזם', ומיכאל אברהם בספרו **את אשר ישנו ואשר איננו**, מכנה זאת 'אנליטיות'). לפי גישה זו, התיאוריה המדעית היא האמת העמוקה יותר על העולם כשלעצמו, וממנה נגזרות התופעות. התופעות שעומדות בפנינו מחביאות מאחוריהן את הכוחות והשדות שמניעים ומחוללים אותן, ותפקידו של המדע הוא לגלות את מסגרת העומק המופשטת הזו. לעומת זאת, ישנה גישה שונה, לפיה התיאוריה ומושגיה אלו כלים סובייקטיביים שלנו בבואנו לסדר את התופעות השונות בהן פגשנו, ולגזור מהן מסקנות (שם מכונה גישה זו 'אקטואליזם', ואצל אברהם 'סינתטיות'). לפי גישה זו, תיאוריה נבחנת לא במונחי אמת או שקר, אלא במונחי יעילות

ואלגנטיות. התיאוריה היא יצירה של מחולליה, ולא גילוי של רובד עמוק של חוקי הטבע כשלעצמם.

חשוב לציין כי שתי הגישות רואות בפשטות והאלגנטיות של התיאוריה קריטריון מתודולוגי רב ערך, ושתיהן עושות שימושים נרחבים בעקרון התער של אוקאם (העיקרון שקובע כי עלינו לבחור את התיאוריה הפשוטה והאלגנטית יותר), כמכשיר להגדיר פשטות ואלגנטיות של תיאוריה. אלא שהאקטואליסטים רואים בעיקרון זה מכשיר שמיועד ליצור שימוש יעיל במסגרת התיאורטית אותה אנחנו יוצרים, ואילו האינפורמטיביסטים רואים בה אינדיקציה לאמיתותה של התיאוריה (לדעתם, ככל שהיא פשוטה יותר היא נכונה יותר).

בלי להיכנס לפרטיה של המחלוקת הזו, ולגוונים השונים של העמדות הפילוסופיות המטא-מדעיות הללו, יש כאן בנותן טעם להצביע על הקשר בינה לבין שתי הפרדיגמות אותן הצגנו כאן. המחקר התלמודי מתייחס לכלים שפותחו בספרות מאוחרת באופן 'אקטואליסטי', או 'אנליטי'. הוא רואה אותם כאמצעים יצירי רוחו של הדור שיצר אותם, שמשמשים את בני אותו דור כדי להגדיר ולהשתמש בתוצאות ההלכתיות של בני הדור הקודם (='העובדות'). אין כאן חשיפה של מידע שטמון מאחורי העובדות הללו, אלא יצירה יש מאין של מסגרת תיאורטית חדשה, שנבחנת במונחי נוחיות ויעילות תיאורטית. לעומת זאת, הפרדיגמה אותה אנחנו מציעים כאן היא 'אינפורמטיביסטית', או 'סינתטית', במהותה. לדעתנו הכלים שפותחו בדור המאוחר חושפים מבנים שהיו טמונים מאחורי החשיבה התנאית, ואולי אף קודם לכן.

המחלוקת הזו חורגת מתחום היחס בין ספרות התנאים, או המשנה, לבין הספרות התלמודית. אלו שתי גישות שונות למושג היסודי של 'מסורת'. כל תולדות תורה שבעל-פה אינן אלא מעשה פרשנות מתמשך. השאלה כיצד עלינו להתייחס לפרשנות הזו? האם כל שלב בה חושף רובד נוסף שהיה כבר טמון באופן היולי במסורת שהתקבלה, או שמא יש כאן יצירת רובד חדש שמתווסף אליה. האם חז"ל בדרשותיהם יוצרים הלכות יש מאין, או שמא

הם חושפים רבדים נוספים שטמונים בתורה, או בכוונתו של נותן התורה?[7] האם ר' חיים מבריסק יצר את המינוחים והקטגוריות שלו יש מאין, כפי שמניחים חוקרים שונים (וגם לומדים ישיבתיים בעלי אוריינטציה מודרנית), או שמא יש כאן המשגה מתמשכת, או חשיפת קטגוריות שגם הרמב"ם עצמו עשוי היה להניח אותן באופן היולי כלשהו?[8]

עניינו כאן הוא במחקר עיוני ולא בפולמוס אקטואלי, ובכל זאת לא נימנע כאן מהערה קצרה שמתבקשת מדברינו. לפי הגישה האקטואליסטית, גם חכמי דורנו בבואם לדון בהלכה, יכולים ליצור כלים יש מאין ולעשות בהם שימוש כדי להגיע לתוצאות בהן הם מעוניינים (מסיבות שונות). לכן נשמעות לא מעט טענות כלפיהם מדוע הם כל כך 'שמרניים', ולא עושים שימוש בכלים יצירתיים כאלו. לדעתנו, יש בתביעות הללו מידה של אמת, אך יש להיזהר בהעלאתן. חכמי דורנו, כמו חכמי הדורות הקודמים, אינם חופשיים לפעול באופן טלאולוגי (כלומר להגיע למטרות אותן הם מציבים בפני עצמם). הם כפופים לכללי פרשנות שמטרתם לחשוף מה 'באמת' טמון במסורת ההלכתית שבתוכה הם פועלים. מטרתם לחשוף רובדי עומק בהלכה המסורה לנו (או למשה), ולא ליצור הלכות חדשות. חשיפה כזו יכולה להיות יצירתית מאד (כפי שנראה להלן לגבי ה'צדדים'), והיא עשויה ליצור הלכות מחודשות וחדשניות (מה שבדרך כלל לא נוטים לעשות כיום), אך הקריטריון למעשה הפרשני של הפוסקים וחכמי ההלכה אינו טלאולוגי (היעד שאליו אנו חותרים), אלא קריטריון של נאמנות לכוונת המקורות ההלכתיים אותם קיבלנו.[9]

---

[7] דיון מפורט בשאלה זו ניתן למצוא בספרו של מ. אברהם, **מעשה במשפט – על האנליטי והסינתטי בתורת המשפט**, וכן במאמרו (עם ג. חזות) על השורש השני, בספר **מידה טובה** על שורשיו של הרמב"ם.

[8] כמובן שאין בכוונתו לטעון שכל ההצעות של ר' חיים הן נכונות, ואכן קלעו לכוונת דברי הרמב"ם. כוונתנו כאן היא רק לטעון שזו פרשנות לגיטימית לדברי הרמב"ם, ויכול להיות בה ממד של חשיפה. הניתוח של ר' חיים יכול לסייע בחשיפת הנחות סמויות של הרמב"ם, גם אם הוא עצמו לא היה מודע להן.

[9] כמובן תמיד קיים הכלי של תקנות וגזירות, שמיועד במהותו לתיקונים הלכתיים של חכמים. כאן אנו עוסקים בפרשנות ובדרש, כלומר בכלי עיצוב של ההלכות דאורייתא, ולא בכלים שיוצרים את ההלכה מדרבנן.

לעצם הבעייה

אנו שבים כעת לדיון על מידות 'כללי ופרטי'. כפי שתיארנו עד כאן, בפני חכמי התלמוד עמדה הבעייה כיצד ניתן להגדיר רמות הכללה שונות, זו מול זו? היה ברור להם שמופעים מקראיים שונים ('פרט וכלל', 'כלל ופרט', 'כלל ופרט וכלל' ו'פרט וכלל ופרט') מורים לנו לבצע הכללות ברדיוסי הכללה שונים. עוד היה ברור להם שמונחים הוראתיים שהיו בשימוש גם בדורות שקדמו להם ('אלא מה שבפרט', 'אלא כעין הפרט', 'נעשה כלל מוסף על הפרט' ו'הכל בכלל'), משמשים לתאר את רמות ההכללה הללו, וכדאי להצמיד להם משמעות ברורה כדי לקבע את היכולת לעשות שימוש שיטתי בכלי הדרש.

מה שהם היו צריכים לעשות היה דומה מאד לפעולה אותה תיארו חז"ל אצל עותניאל בן קנז:[10] לבחון את מכלול הדרשות במידות 'כללי ופרטי' שהגיעו במסורת אליהם, ולאחר מכן לזקק ולהגדיר מתוכן ארבע מידות דרש שונות, שכל אחת יוצאת ממופע מקראי מסויים ומצמידה לו מונח הוראתי. בנוסף, היה עליהם להציע פשר לוגי למונחי ההוראה הללו, כלומר למצוא דרך להגדיר את רדיוס ההכללה אותה יש לבצע סביב הפרט שכתוב בפסוק. התוצאה של הניתוח הלוגי הזה היתה רשימת שלוש המידות שבסכוליון, ואולי גם מידת 'פרט וכלל ופרט' שלא מופיעה שם. זהו השלב הכמעט סופי של ההמשגה אותה עברו מידות הדרש הללו (כפי שכבר הזכרנו, אנחנו נראה ששלב זה התמשך עמוק לתוך תקופת הגאונים).

רקע: חלוקה של מידות הדרש לשתי קטגוריות

הנחתנו כאן היא שניתן לבצע ניתוח לוגי של אופני הדרשה ב'כללי ופרטי'. אמנם הנחה זו עצמה זוקקת הנמקה. כדי להבין זאת נקדים הקדמה קצרה.

---

[10] בהחלט סביר שהמדרש על עותניאל בן קנז שהבאנו מהבבלי תמורה, נוצר על רקע המאמצים הללו. חז"ל רצו לעגן את הפעולה הפרשנית שהם עשו עמוק ככל האפשר במסורת ההלכתית, ולהסביר שכך עשו חכמים מאז ומעולם.

ניתן לחלק את מידות הדרש (הי״ג של ריי״ש, ובכלל) לשתי קטגוריות מובחנות, מידות טכסטואליות ומידות הגיוניות:

1. המידות ההגיוניות אצל ריי״ש הן ארבע: שני בנייני האב וקו״ח, וכנראה גם ׳שני כתובים המכחישים זה את זה׳.
מידות אלו הן הגיוניות מפני שהן אינן מבוססות על מופע מקראי מסויים אלא על השוואה לוגית שנסמכת על התוכן של פסוקי המקרא הנדרשים. לדוגמא, אם התורה אומרת לנו שקרן חייבת ברה״ר, ושן ורגל פטורים שם וחייבים בחצר הניזק, אנחנו עושים קו״ח שיש לחייב קרן בחצר הניזק (ראה ב״ק כד-כה). הטריגר לביצוע הדרשה הוא תוכן ההלכות שבמקרא, ואנחנו מרחיבים אותן באנלוגיה או באינדוקציה להקשרים נוספים.
2. המידות הטכסטואליות הן מידות שהטריגר לביצוע הדרשה הוא טכסטואלי. לדוגמא, גזירה שווה היא מידה טכסטואלית, שכן ההשוואה בין שני ההקשרים ההלכתיים נעשית בגלל מילים דומות שמופיעות בשניהם, ולא בגלל קשר תוכני כלשהו (בעל מידות אהרן טוען ששימוש בגז״ש נעשה אך ורק כאשר אין קשר תוכני בין ההקשרים, שאם לא כן היינו עושים השוואה מכוח המידות ההגיוניות).

שלוש מידות ׳כללי ופרטי׳ (׳כלל ופרט׳, ׳פרט וכלל׳ ו׳כלל ופרט וכלל׳) הן החלק הארי של המידות הטכסטואליות. הטריגרים לביצוע הדרשה הם מופעים מקראיים מסויימים. כאשר פסוק כלשהו עובר מלשון רבים ללשון יחיד או להיפך, או כאשר משתמשים במינוח של כלל ואחריו של פרט או להיפך, המופע המקראי הזה מורה לנו לבצע הכללה ברמה כלשהי. במובן זה דומות מידות ׳כללי ופרטי׳ לגז״ש ולא למידות ההגיוניות.

מאידך, ניתן לחלק כל פעולה של מידת דרש טכסטואלית לשני שלבים מובחנים: א. השלב של איתור המופע המקראי שמורה לנו לבצע דרשה (הטריגר). ב. ביצוע הדרשה עצמה. הטכסטואליות של מידת הדרש מופיעה בשלב א של הדרשה, כלומר בכך שנדרש איתור של מופע מקראי שיהווה

טריגר לדרשה. לאחר שמצאנו את הטריגר, הדרשה עצמה בשלב ב היא בעלת אופי לוגי, שכן עניינה הוא השוואה בין תכנים.

בשלב ב אנחנו עושים השוואה, או הכללה, וכפי שהזכרנו לא מדובר על הקשרים שיש ביניהם קשר תוכני ברור. מאידך, ברור שיש להיגיון תפקיד חשוב גם בדרשות הטכסטואליות. לדוגמא, כאשר אנחנו עושים השוואה מכוח גז״ש ׳להי-ילה׳ בין עבד לאישה, אנחנו לא לומדים מכך שיש לקנות אישה כמו שקונים עבד, או שניתן להשתעבד באישה כמו שמשתעבדים בעבד. כאן נכנסת הסברא ההגיונית ומכתיבה את כיווני ההכללה וההשוואה. אם כן, הטריגר לדרשה הוא טכסטואלי, אבל הביצוע שלה הוא אקט לוגי, ויש לבחון אותו בכלים לוגיים. טענתנו היא שזה מה שעשו אמוראי הבבלי בבואם ליצור את התמונה המלאה של דרשות ׳כללי ופרטי׳.

בפרק זה נציג במבט כולל את תוצאותיו של המאמץ הלוגי הזה, ובפרקים הבאים נראה את שלביו השונים ואת הראיות לטענותינו בתוך הסוגיות עצמן. אך לפני כן נוסיף הערה מעניינת.

דרשת ׳כלל ופרט׳ במקומות מרוחקים: האם אכן מדובר במידה טכסטואלית?[11]

התלמוד מביא בכמה מקומות את העיקרון שלא דורשים ׳כללי ופרטי׳ במקום שהמרכיבים (הכלל קמא, בתרא, והפרטים) מרוחקים זה מזה.

בסוגיית הבבלי פסחים ו ע״ב (וראה גם בבבלי מנחות נה ע״א-ע״ב) אנו מוצאים:

> ***אמר רב מנשיא בר תחליפא משמיה דרב: זאת אומרת אין מוקדם ומאוחר בתורה. אמר רב פפא: לא אמרן אלא בתרי ענייני, אבל בחד עניינא מאי דמוקדם מוקדם ומאי דמאוחר מאוחר. דאי לא תימה הכי, כלל ופרט אין בכלל אלא מה שבפרט, דילמא פרט וכלל הוא! ותו פרט וכלל נעשה כלל מוסף על הפרט, דילמא כלל ופרט הוא! אי***

---

[11] ראה על כך ביתר פירוט, במאמרי **מידה טובה**, פ׳ כי-תשא, תשסה-ו. שם הבאנו כמה וכמה השלכות של הדיון, ונכנסנו למשמעויותיו העקרוניות.

הכי אפילו בתרי ענייני נמי? הניחא למאן דאמר כלל ופרט המרוחקין זה מזה אין דנין אותו בכלל ופרט, אלא למאן דאמר דנין מאי איכא למימר? אפילו למ"ד דנין, הני מילי בחד עניינא, אבל בתרי ענייני אין דנין.

הגמרא קובעת שאין לדרוש דרשות של 'כללי ופרטי' במקום בו הרכיבים השונים מרוחקים זה מזה. הסיבה לכך היא שאין מוקדם ומאוחר בתורה, ולכן אין לנו דרך לדעת מי מופיע לפני מי, וממילא אין לנו אפשרות ליישם את כללי הדרש של 'כללי ופרטי'.

נעיר כי יש סוגיות שנראות כמתעלמות מן הכלל הזה, וכנראה שהוא אינו מוסכם. לדוגמא, בנידה לג ע"א, מובאת מחלוקת אביי ורבא בנושא זה:[12]

אמר אביי: יטמא ז' ימים מפסיק הענין, הוי כלל ופרט המרוחקין זה מזה, וכל כלל ופרט המרוחקין זה מזה - אין דנין אותו בכלל ופרט. רבא אמר: לעולם דנין, וכל - ריבויא הוא.

זוהי תופעה מפתיעה מאד. מה פירוש הדבר שאם הכלל והפרט מרוחקים לא דנים אותם מפני שאין מוקדם ומאוחר בתורה? הכלל 'אין מוקדם ומאוחר בתורה' משמעותו היא שאין ללמוד מסדר הכתיבה על סדר האירועים. לפעמים סידור התורה אינו תואם את סדר ההתרחשות ההיסטורי. והנה, אם זה יסודו של הכלל, אזי אנחנו לומדים מכאן דבר מאד מעניין: דרשות 'כללי ופרטי' אינן מבוססות על סדר הכתיבה אלא על הסדר ההיסטורי (כנראה הסדר בו ניתנו הציוויים). ולכן אם מדובר בכלל שמרוחק מהפרט לא ניתן לדעת מי מהם ניתן לנו לפני חברו, ולכן אין דרך לדרוש אותם ב'כללי ופרטי'.

לכאורה היינו מצפים שהמידות הללו תהיינה תלויות טכסט, כלומר שהסדר הקובע לגביהן יהיה הסדר הטכסטואלי ולא סדר הציווי ההיסטורי. נותן התורה כתב אותה באופן כזה שיאפשר לנו לדרוש את הפסוקים, ולכן סדר הכתיבה היא שאמור לקבוע לגבי דרשות 'כללי ופרטי'. אנו מוצאים כאן שסדר הציווי הוא הקובע.

---

[12] אמנם ייתכן ששם מדובר על מרחק קטן, והבבלי עצמו, ועוד יותר פרשניו, מחלקים בין מרחקים שונים באותה פרשה ובפרשה אחרת. ראה במאמרינו הנ"ל, ואכ"מ.

מה דעת רבא שחולק על כך? לכאורה הוא חולק על העיקרון שאין מוקדם ומאוחר בתורה. אך מלשון הסוגיא עולה שמחלוקתו עם אביי נסובה על עקרונות דרשת 'כללי ופרטי', ולא על הכלל הפרשני שאין מוקדם ומאוחר בתורה. מסתבר שדעת רבא היא שדרשות 'כללי ופרטי' אכן מבוססות על סדר הכתיבה ולא על הסדר ההיסטורי, ובזה גופא הוא חולק על אביי. כאמור, ייתכן שאין ביניהם מחלוקת עקרונית, והשאלה שבויכוח היא רק עד איזה מרחק נשמר הסדר בתורה, ואכ"מ.

בכל אופן, סתמא דתלמודא נוקט שהסדר הקובע עניין דרשות 'כללי ופרטי' הוא סדר הציווי ולא סדר הכתיבה. משמעות הדבר היא שהמידה הזו אינה ממש טכסטואלית, אלא זו מידה היסטורית, שתלויה בסדר דיבורי הקב"ה ולא בסדר הכתיבה של התורה.

מתוך דברינו אלו ניתן להבין שתי טענות שמופיעות בשני דיבורי תוד"ה 'אבל' בסוגיית פסחים שם. האחת מסייגת את הכלל לגבי פסוקים מרוחקים, והשנייה מביאה חריג לגבי כלל ופרט שמצויים באותו פסוק:

1. לגבי 'זכור ושמור', קובעים בעלי התוס' כי מכיון ששניהם נאמרו בדיבור אחד, כלומר ביחד, אז אפילו שהם נכתבו בתורה מרוחקים (בפ' יתרו ובפ' ואתחנן) בכל זאת ניתן לדרוש אותם 'בכלל ופרט'.
2. אם ברור משיקול כלשהו שהסדר בין מילים באותו פסוק עצמו אינו אמיתי אלא הפוך (כלומר באותם מקרים שאנו יכולים לדעת מה היה סדר הציווי) כי אז עלינו לדרוש לפי הסדר ה'נכון', ולא לפי סדר הכתיבה.

שתי הנחיות אלו תואמות למסקנה כי הסדר הקובע לעניין דרשות 'כלל ופרט' הוא סדר הציווי ולא סדר הכתיבה. בעלי התוס' קובעים כי אמנם בדרך כלל מתלכדים שני סוגי הסדר באותו פסוק, ובפרשיות מרוחקות לא נשמר הסדר. אך כאשר ידוע לנו שהדר בפרשיות מרוחקות כן נשמר, או כאשר ידוע לנו שהוא לא נשמר באותו פסוק עצמו, הרי שהתוצאה המדרשית תשתנה בהתאם.

אם כן, למעשה יש שלוש קטגוריות של מידות דרש: הגיוניות, טכסטואליות והיסטוריות. לצורך ההמשך אנחנו נתייחס למידות 'כללי ופרטי' כמידות טכסטואליות, שכן בהנחה שמדובר בפסוקים קרובים או באותו פסוק, צורת המופע המקראי היא הטריגר לדרשה, ולא לוגיקה שמבוססת על התוכן.

לוגיקה וקבוצות

נשוב כעת לדיון על הלוגיקה של דרשות 'כללי ופרטי'. הלוגיקה המסורתית עוסקת ביחסים בין טענות. לדוגמא, ריבוע הניגודים של בואטיוס (שמופיע ונדון גם ב**מילות ההיגיון** לרמב"ם), קובע יחסים בין טענות כוללות ויישיות, ובין טענות חיוביות ושליליות. גם בחינת טיעונים, תחום ידוע ופופולרי יותר בלוגיקה המסורתית, אינה אלא קביעת יחס בין טענות. לדוגמא, הסילוגיזם הדדוקטיבי הבא:

הנחה א: כל בני האדם הם בני תמותה.

הנחה ב: סוקרטס הוא בן אדם.

מסקנה: סוקרטס הוא בן תמותה.

אינו אלא קביעה של יחס בין טענות. היחס הנדון כאן (=תקפות של טיעון) הוא יחס של נביעה, לפיו המסקנה נובעת בהכרח משתי ההנחות.

לעומת זאת, ישנו תחום שעוסק בהגדרת מושגים, והכלי הלוגי (או מתמטי) המשמש בו הוא תורת הקבוצות. תורת הקבוצות קובעת יחס בין קבוצות של פריטים, אבל היבט אחר שלה הוא כלי להגדרה של מושגים. כדי לראות זאת, עלינו להבחין בין שתי צורות להגדיר קבוצה:

- הגדרה דרך ההיקף (אקסטנסיה) – זוהי צורה להגדיר את הקבוצה על ידי מניית איבריה.
- הגדרה דרך התוכן (אינטנסיה) – זוהי הגדרה של הקבוצה דרך תכונה, או אוסף של תכונות, שמאפיינות את כל איבריה.

לדוגמא, ניתן להגדיר בשתי צורות שונות את אותה קבוצה: אינטנסיונלית – אוסף המספרים השלמים מ-1 עד 10. אקסטנסיונלית – {1,2,3,4,5,6,7,8,9,10}.

אם נהפוך כעת את צורת ההתייחסות, ונתייחס להגדרת מושגים במקום להגדרת קבוצות, נראה שיקוף של אותה בעייה. בבואנו להגדיר את המושג 'מדינה דמוקרטית', ניתן לעשות זאת באמצעות הצבעה ישירה על אוסף המדינות הדמוקרטיות: צרפת, ארה"ב, בריטניה, ישראל, שווייץ וכו'. זו הגדרה דרך ההיקף. אף ניתן להגדיר אותו גם דרך התוכן שלו: מדינה דמוקרטית היא מדינה שבה יש שלטון נבחר, והוא מתחלף אחת לכמה שנים, לכל אזרחיה הבוגרים יש זכות בחירה, יש הפרדת רשויות בין רשויות השלטון וכדו'.

ההגדרות הללו אמורות להיות שקולות זו לזו. לשון אחר: בהינתן הגדרה תוכנית, אנחנו אמורים להיות יכולים לסקור את אוסף כל המדינות, ולברור מתוכן את אלו שמתאימות להגדרה התוכנית הזו. הרשימה שתימצא בידינו בסוף התהליך צריכה להיות זהה לרשימה של ההגדרה דרך ההיקף. אמנם לא תמיד קל לעשות זאת, או מפני שאין בידינו את האוסף המלא של המדינות, או מפני שהאיתור איזו מהן מתאימה להגדרות הללו אינו פשוט. אבל המעבר השני הוא עוד הרבה פחות פשוט, שכן אם מצויה בידינו רשימה של מדינות, לא ברור שקיימת דרך להגיע באופן חד משמעי להגדרה התוכנית שלהן. לדוגמא, אנחנו יכולים להגיע לאוסף תכונות אחר שמייחד את כולן, אך זה לא בהכרח יהיה האוסף שהיינו מייחסים למושג 'מדינה דמוקרטית'. ישנו כאן תהליך של אינדוקציה, שכרוך במידה לא מבוטלת של יצירתיות.לפעמים אותה רשימה עצמה יכולה לייצג שתי הגדרות וכניות. לדוגמא, אוסף המדינות של מערב אירופה, יכול להתפרש כאוסף המדינות שמיקומן הוא במערב אירופה, ויכול היה להתפרש (עד לפני כמה שנים) כאוסף המדינות הדמוקרטיות באירופה. הקריטריון האחד הוא מיקום גיאוגרפי, והשני הוא קריטריון של אופי המשטר. זהו הבדל אינטנסיונלי (=תוכני) שאינו בא לידי ביטוי במישור האקסטנסיונלי (=ההיקף).

ישנם מקרים שבהם קשה להציע הגדרה אינטנסיונלית מפורשת למושג כלשהו, ולכן אנחנו מעדיפים לתת לו הגדרה אקסטנסיונלית. מאידך, אם מדובר בקבוצה שמכילה הרבה מאד פריטים (לפעמים אינסוף), אין לנו דרך למנות את כולם במפורש. מה נעשה במצב כזה?

'כללי ופרטי': ההיגיון האינטואיטיבי בהגדרה דרך דוגמאות

הבעייה היא למצוא דרך אינטואיטיבית להגדיר מושגים, או קבוצות הכללה. בתורת המשפט כבר ידוע מזמן שאין דרך להימנע מהגדרות פתוחות (open texture), כלומר גמישות ולא חד משמעיות.[13] הארט, במאמרו הידוע משנת 1958,[14] הציג דוגמא שהפכה מאז לדוגמא הקאנונית בנושא של הגדרות פתוחות. נתאר לעצמנו חוק שאוסר כניסת כלי רכב לגן ציבורי. כעת עומדת בפנינו השאלה האם להתיר כניסת אופניים, גלגיליות וכדו'? ומה עם מטוסים? מהי הגדרת 'כלי רכב' לעניין חוק זה? מאז נוספו עוד כמה וכמה דוגמאות לשאלות משעשעות לבעייה זו (כמו: אופני ילדים על שלושה גלגלים, עגלת ילדים, או הליקופטר צעצוע ממונע).

מעבר לכל זה, עולות גם שאלות לגבי המושג 'להכניס'. לדוגמא, האם הכנסת טנק מקולקל כאנדרטה שתעמוד בפארק הזה לזכר הנופלים במלחמה גם היא אסורה? אין צורך להאריך יותר בדוגמא החבוטה הזו כדי לשכנע את הקורא שהגדרה פורמלית תהיה קשה מאד לניסוח וליישום במקרה זה, כמו גם במקרים רבים נוספים. החוק אינו יכול להסתפק בהגדרה אקסטנסיונלית (כלומר לתת רשימה מפורטת של כלי רכב, שהרי כל העת נוצרים כלי רכב מסוגים חדשים) או אינטנסיונלית (דרך התוכן). דרושה דרך גמישה דיה

---

[13] ראה בספרו הידוע של הארט:
Hart H.L.A., *The Concept of Law*, Oxford University Press, 1961

[14] ראה מאמרו:
Hart H.L.A., Positivism and the Separation of Law and Morals, *Harvard Law Review*, 71, 1958

להגדרה, שתוכל לבטא את כוונת המחוקק, אך בו בזמן גם לאפשר גמישות פרשנית והתאמה לנסיבות.

במצב כזה מתבקש להשתמש בנוסח שמכיל דוגמאות, כמו: "אסור להכניס כלי רכב מרעישים (או דורסניים) לגן, כגון מכוניות, טרקטורים, אופנועים וכדו' ". יש לשים לב שהנוסח הזה כבר מכיל 'כלל' בתחילתו, ולאחר מכן רשימת פרטים (=דוגמאות). כעת כמובן עולה השאלה של הכללת הדוגמאות, וכיצד המחוקק יכול לקבוע ניסוח שיכוון את תהליכי ההכללה הללו. בתורת המשפט מקובל לבצע פרשנות מילולית ו/או תכליתית. לדוגמא, אם תכלית החוק היא למנוע נזקים מהילדים שמשחקים בגן, ייגזרו ממנה פרשנויות מסויימות. לעומת זאת, אם התכלית היא למנוע הפרעה למשחקים, או שמירה על הדשא, או שמירה על שקט עבור השכנים, או מניעת זיהום אויר, ייגזרו מכך פרשנויות אחרות. לפעמים התכליות מובעות או רמוזות בלשון החוק עצמו (כמו הגדרת הכלל של כלי רכב דורסניים, בדוגמא למעלה), ולפעמים יש מקורות צדדיים (כמו הדיונים שנערכו בפרלמנט בעת החקיקה, או דברי ההסבר לחוק).

חשוב להבין שפרשנות תכליתית יוצרת בעיות לא פשוטות מבחינת תורת המשפט. כאשר השופט מבצע פרשנות כזו, פעמים רבות הוא מואשם בכך שהוא עוסק בחקיקה ולא בפרשנות, מה שחורג מתחום סמכותו. כפי שהזכרנו, פעמים רבות התכליות אינן מפורשות בלשון החוק, ולכן השופט עשוי להכניס לפרשנות שלו עקרונות שונים שנגזרים מתפיסת עולמו. זוהי הבעייה המכונה כיום 'חקיקה-שיפוטית'.[15] הדרך למנוע את הבעייתיות הזו היא לנסות ולהכניס ללשון החוק עצמו הנחיות לביצוע ההכללה. ראינו למעלה דוגמא שמתקרבת לניסוח כזה, בחוק שאוסר הכנסת "כלי רכב דורסניים וכדו' ". כאן המחוקק (מי שניסח את החוק) רומז על מטרותיו ומאפשר לפרשן להתקדם בעקבותיו.

---

[15] ראה על כך בספרו של מ. אברהם, **מעשה במשפט**, בעיקר בחלק השלישי.

דוגמא ראשונה (ראה במאמר באנגלית, פרק 4). אם אנחנו רוצים להגדיר מבחינה משפטית את המושג 'זמן תגובה סביר'. אם הוא היה כתוב כמות שהוא, הדבר לא היה נותן לנו מושג טוב למה הכוונה. אבל אם היינו מגדירים את המושג 'זמן סביר' בצורה הבאה: "על גורם X להגיב בזמן סביר, בדומה לזמן התגובה של המשטרה לחיוג 100, או מגן דוד אדום לחיוג 101, או מכבי האש לחיוג 102, בהתאם לנסיבות הרלוונטיות". זוהי הגדרה טובה שיש לה כמה יתרונות. היא אינה נכנסת למושגים מדוייקים של שניות, אלא משאירה אפשרות להתאים ולשפוט אותה לפי הקונטכסט. ומאידך, היא נותנת לנו מושג לא רע למה מתכוין המחוקק. פרשנות לזמן תגובה סביר של שעה לא נראית סבירה במצב כזה. זוהי דוגמא למושג שאותו קשה מאד וגם לא רצוי להגדיר באופן לוגי חד, וטוב יותר להבהיר אותו בעזרת דוגמאות רלוונטיות.

ניטול כעת דוגמא נוספת. אם נרצה להגדיר בדרך כזו את המושג 'מדינה דמוקרטית', נוכל לומר: "כל מדינה נאורה (=כלל), כמו בריטניה, ארה"ב, ישראל ושווייץ (=פרטים), וכל הדומות להן (=כלל)". זהו בעצם מבנה של 'כלל ופרט וכלל', שמטרתו היא להורות לנו לבצע הכללה של הדוגמאות (=הפרטים), לקבוצה שלימה ורחבה יותר.

איך היינו מגדירים בשפה הזו את איסור כניסת כלי הרכב לגינה, שהובא בדוגמא של הארט? נראה שהפתרון ההלכתי היה משפט כמו: "אין כניסה לכלי רכב, כמו מכוניות, טרקטורים וכל כלי רכב שמזהמים את האויר או מפריעים לילדים וכל כדומה לזה". הרי לנו מבנה של 'כלל ופרט וכלל'.

אנו מגיעים למסקנה שניתן לראות ניסוח של 'כללי ופרטי' באופן אינטואיטיבי. פתאום אנחנו מגלים שלא מדובר כאן בכלל שרירותי אלא בצורת ניסוח סבירה והגיונית. כמובן שלאחר שמבינים את ההיגיון העקרוני של ניסוחים כאלה, יש להגדיר כללי פרשנות ספציפיים יותר, והם כבר עשויים להיות פחות הגיוניים אפריורי.

כאמור, גם הדרש ההלכתי מצא לכל הבעיות הללו פתרון באמצעות הכללה של דוגמאות (=פרטים). במקרה כזה יש לתת רשימה של כמה דוגמאות מייצגות, והדרשן אמור לבצע הכללה שלהן לקבוצה המתאימה. בדרש

ההלכתי יש פתרון גם לבעייה של חקיקה-שיפוטית שכן בניגוד לחוק הרגיל כאן ניתנות הגדרות שמאפשרות לנו להבין מתוך צורת הניסוח (=המופע המקראי) את דרך ההכללה הנכונה למקרה זה. בצורה כזו המחוקק עצמו מנחה את הפרשן/דרשן בבואו לעשות הכללה או אנלוגיה על ידי בחירה נכונה של ניסוח לחוק. כך נמנעת הבעייה של חקיקה-שיפוטית, שכן הפרשן אינו חורג מסמכותו, ועוסק בפרשנות ולא בחקיקה.[16]

דרישת לשון הדיוט ב'כללי ופרטי'

ראינו כאן שניסוח של 'כללי ופרטי' מוליך אותנו באופן טבעי לבצע הכללות. זו אינה רק גזירת הכתוב ביחס לטכסט המקראי, אלא ניסוח סביר של כל מי שמנסה לכוון את הקורא לקראת הכללות אלו או אחרות.

מכאן נוכל אולי להבין תופעה לא מוכרת בספרות השו"ת. אנחנו מוצאים שם לא מעט דרשות ב'כללי ופרטי' על טכסטים לא מקראיים. אמנם מקובלנו שדורשים לשון הדיוט (ראה ב"מ קד ע"א-ע"ב), אך בדרך כלל המשמעות היא שניתן לדקדק גם בלשון הדיוט, עד כמה שהגיוני לעשות זאת. אבל למרבה ההפתעה אנו מוצאים כמה ראשונים שעשו ממש דרשות של 'כללי ופרטי' בלשונות של תקנות או שטרות, כלומר בלשון הדיוט.

לדוגמא, מהר"י מינץ בשו"ת שלו בסי' ז, עוסק בתקנות הקהילות. הוא מביא שם קטע משו"ת מהר"ם מרוטנבורג ודורש אותו ב'כלל ופרט וכללי':[17]

> ***ומעתה אהובי שיתו לבכם למסילה העלה בית אל ואל תטו מן הדרך אשר הראה לנו הגאון ואשר הורה ופסק ימין ושמאל כי דרכיו דרכי נועם וכל נתיבותיו שלום. הרי סידר "שיש להשיב כל בעלי בתים שנותנין מס כו'". אחר כך פסק דרך פרט "וילכו אחרי הרוב הן לברור ראשים כו'", אחר כך פסק דרך כלל "סוף דבר כל צרכי הקהל יעשה על פיהם ככל אשר יאמרו" ונעשה הכלל מוסיף על הפרט,***

---

[16] אין פירוש הדבר שעולמו של הדרשן כלל אינו משפיע על תוצאת הדרשה. זה ודאי לא נכון (ראה בנושא זה את מאמרו של הרב שמואל אריאל, **גלות** ו). מדובר על מזעור הממדים הסובייקטיביים ולא על חיסולם. ליתר פירוט, ראה גם **מעשה במשפט** שם.

[17] ראה על כך בסוף המאמר של **מידה טובה**, פ' וישלח, תשסו.

והיינו אפי' דבר שאינו דומה ממש לפרט הקודם ***<u>וזהו מידה בתורה פרט וכלל נעשה כלל מוסיף על הפרט</u>*** *כדפירש*.

מהר"י מינץ דורש את לשון מהר"ם כאילו היתה זו לשון של פסוק. במבט ראשוני הדברים נראים תמוהים מאד, שכן מדובר במידת דרש שאמורה להתיישם אך ורק על לשון המקרא. אך לאור מה שראינו כאן, אלו כללי היסק אינטואיטיביים, ולכן אין מניעה ליישם אותם גם בטכסטים רגילים.

בתוך כתיבת הדברים מצאנו בשו"ת **חיים ביד** סי' נו, שהביא עוד ראשונים שעשו זאת:

...והוא דידוע דניתן רשות לדרוש לשון השטר באיזה ומי"ג מידות שהתורה נדרשת בהם כמ"ש מרן הקדוש ז"ל בב"י ח"מ סימן ס"ו מחו' ה' משם ת' הריטב"א ז"ל דדריש ל' השטר שלפניו במדת כלל ופרט וגם הרפמ"א ז"ל ח"א סימן א' דריש ל' השטר במידת כלל ופרט וכלל וכן נשתמשו איזה מהפוס' ז"ל לדרוש לשון השטר באיזו מידה דשייכא ביה א"כ אנן בדידן נראה דיש מקום לדרוש לשון השטר דקמן במידת פרט וכלל שהרי תחילה פרט בתנאו איסור מכירה וכתב שלא יהיו רשאים למכור זכות החצר לזר ושוב כתב ל' כלל באופן שלא יצא זכות החצר הנז' מיוצאי חלצי וקי"ל בנזיר ל"ד ע"ב כל מקום שאתה מוצא פרט וכלל אי אתה רשאי למושכו ולדונו כעין הפרט אלא נעשה כלל מוסף על הפרט וכו' ע"כ ופרש"י ואתרבו להו כל מילי וע"ש להתוס' ז"ל בדל"ה ע"ב ד"ה איכא שכ' משם רבי' פרץ ז"ל דכי אמרינן נעשה כלל מוסף על הפרט דהיינו דמבטל הפרט לגמרי כאילו לא היה ע"ש והרן /והרב/ קרבן אהרן ז"ל בס' מדות אהרן פי' י"ג מידות בריש הת"כ כ' דאלו היה הפרט לבדו כבר היינו מרבים בו כל דדמי ליה עם מדת מה מצינו אך כיון דכתיב כלל אחריו מרבינן אף מאי דלא דמי ליה כלל ע"ש ועיין להגאון הקדוש של"ה ז"ל בתו' שבע"פ דשצ"ג ע"ב ה"נ דבמדת הפרט דהיינו המכירה אפי' אם היינו מוסיפים במה מצינו מאי דדמי ליה דהיינו מתנה וחליפין והקדש למאן דס"ל דכל הני חשיבי כמכר ולא היינו

מוסיפים משכנתא דידן משום שאין בדעת מקבל המעות למכור ולא בדעת הנותן מעות לקנות רק להתיר איסור רבית מ"מ אהני כללא דמסיים באופן שלא יצא זכות החצר וכו' לעשותו מוסף על הפרט ולאסור גם משכנתא דדמי לכלל כיון דעכ"פ יוצא החצר מרשות יוצאי חלציו ואם ירצה הלוקח להחזיק במקחו רשאי ונמצא נכלל בכלל התנאי אפי' אם לא היה נקרא בשם מכר כ"ש לפי מה שהוכחנו שגם זה נק' מכר. ואל תתמה על מה שאמרנו דתנאי המכירה נק' פרט דפרט נר' לכאו' דה"ד כשפורט שנים ג' דברים זכר לדבר ונתת הכסף וכו' בבקר ובצאן וביין ובשכר וטובא דכוותיה אבל על דבר א' בלבד אפ' דלא שייך לדורשו במדת פרט הא לאו מידי הוא דהא אשכחן טובא דדריש בש"ס כה"ג ומכללם בחולין פ' כיסוי הדם דדריש קרא דוכסהו בעפר במדת כלל ופרט ותיבת בעפר לחודיה הוי פרט באופן דעלה בידינו לאסור איסר למקבלי המתנה למכור החצר הנז' בתורת משכנתא.

הוא אמנם מרחיק לכת עוד הרבה יותר, ומדקדק בדרשות הללו לפי כל הכללים שלומדים הראשונים בדרשות 'כללי ופרטי' שבמקרא. זה נראה לא סביר, שכן דרשת לשון הדיוט רלוונטית רק לגבי כללים שמתאימים לסברא, כפי שראינו. לכן יש מקום לדרוש באופן עקרוני במופעים לשוניים של 'כללי ופרטי', אבל קשה ללמוד מכאן שניתן לדרוש ב'כללי ופרטי' לפי כל כלליהם ודקדוקיהם כמו שמצאנו לגבי פסוקים בתורה.

דוגמא נוספת ניתן למצוא בשו"ת מהרי"י בן לב, ח"א סי' עט. הוא דן שם בשאלה האם כשמישהו יוצא מהחצר שהוא שכר כדי להימנע מתשלום ניתן להיכנס אל החצר שבחזקתו. הוא כותב שאינו יודע מנהג קונשטנדינא (כיצד הם נוהגים לנסח את הסכמותיהם, להבדיל משאלוניק ששם היה נוהג ידוע), אבל הוא דורש את לשון התקנה:

ולולי כי אני איני יודע מנהג קושטנטינה בהסכמות ולא ידעתי אם יש מנהג קבוע שהיוצא מחצר כדי שיפחתו לו השכירות אם גם על זה תקנו שלא יוכל שום אדם ליכנס באותו החצר מהבנת לשון

ההסכמה הייתי דן שלא על זה תקנו לפי שבשטר ההסכמות החדשות כתוב וזה לשונו: שאם באולי יצא בעל החזקה מהבית או מהחנות אשר בחזקתו על אי זו שיהיה או מחמת תיקון הבית וכיוצא בזה שלא יורשה שום יהודי להכנס באותו הבית בשום אופן ולא בשום זמן אם לא בהסכמות בעל החזקה עד כאן לשונו. ורואה אני שזה הלשון אינו לשון כללי אלא אדרבא הוא כמו כלל ופרט והרא״ש ז״ל בתשובת שאלה כתב שיד בעל התקנה על התחתונה בדבר שאינו מפורש בתקנה ומאן לימא לן בכוונת המתקנים היתה על מי שיוצא מהחצר כדי שיפחתו לו השכירות שלא יורשה שום אדם ליכנס באותו החצר.

כלומר הוא לומד שהנוסח הוא במופע של ׳כלל ופרט׳, ולכן אין להרחיב את מטרות היציאה מהחצר מעבר למה שכתוב בפירוש (מחמת תיקון הבית וכיו״ב). ומכאן שמי שיוצא כדי לחסוך בדמי השכירות אינו נכלל בתקנה זו.

וכן בשו״ת הרשב״א ח״ב סי׳ שלד, כתב:

אלא שאני מסתפק בנדון שלפנינו, לפי הלשון שבא בשאלה. שאתה כתבת: שהשכיב מרע צוה לתת מנכסיו לראובן, מנה משטרי העס׳. כלשון הזה בא בשאלה. ורואה אני, שזה לשון מעורבב, דהרכב׳ למתנתו בשתי לשונות מנכסיו, משטרי העסק. ואיני יודע אם עשאו כלל ופרט, כאלו אמר מנכסי, ופרש לאחר מכאן, הנכסים שצוה לתת לו מהם, והם שטרי העסק. או שא׳: שיתנו לו מנכסיו, ועוד צוה שאם ירצה ליטול משטרי העסק, שיבררו לו האפטרופין ממיטב העסק, ויתנו לו.

גם התשב״ץ משתמש בהיסקים כאלו בכמה תשובות (ראה ח״א סי׳ נ ד״ה ׳ודאי שכן׳, ח״א סי׳ פג ד״ה ׳ואחר שתירצתי׳, ח״ב סי׳ רעב ד״ה ׳והדרך הא׳ ׳, ח״ד (חוט המשולש) טור ב סי׳ ה ד״ה ׳ונלענ״ד לישב׳). וכן בשו״ת המבי״ט (ח״א סי׳ קכט ד״ה ׳תשובה׳, ח״א סי׳ רפח ד״ה ׳נשאלתי עלי׳), ועוד.

בעיית ההכללה

ראינו שהדרך האינטואיטיבית להגדיר הגדרות פתוחות היא בצורה של 'כללי ופרטי', כלומר לבנות נוסח שמכוון אותנו לבצע הכללה של דוגמאות. כיצד מתבצעת ההכללה סביב הפרטים (=הדוגמאות)? כדי להבין זאת, עלינו לשוב לספר הקודם שלנו, שם ראינו שהכללה תמיד מתבצעת על בסיס תכונות של המלמד, שהוא הפרט במקרה של 'כללי ופרטי' (שם כינינו זאת 'פרמטרים מיקרוסקופיים'). כאשר אנחנו מכלילים תכונה של אב הנזק קרן, ולומדים ממנו לכל אבות הנזיקין, עלינו להגדיר את פרמטר ההכללה. בדוגמא של נזיקין: כל שהוא ממוני ודרכו להזיק ושמירתו עליי – ראה משנת ריש ב"ק, ושם דף ו ע"א.

אם כן, עלינו להתבונן בפרט, או ברשימת הפרטים, ולאבחן את תכונותיו. אבל לא כל התכונות הן רלוונטיות לדיון. לדוגמא, כאשר אנחנו רואים צפרדע אחת ירוקה ומכלילים, יכולנו להכליל שכל שוכני הביצה הם ירוקים, ויכולנו להכליל שכל חיות הקרקע הן ירוקות, ויכולנו להכליל שכל הצפרדעים הן ירוקות. השאלה היא איזו תכונה היא רלוונטית לצבע ואיזו לא. נראה שהצפרדעיות היא תכונה רלוונטית, אך הימצאות בביצה או על פני הקרקע – לא.

ניטול דוגמא נוספת, בה טיפלנו כבר למעלה. כאשר אנחנו רוצים להגדיר מדינה דמוקרטית, לא סביר לקחת את תכונות כמו מיקום, שפה, או מספר תושבים. אנחנו צריכים לבחור תכונות שהן רלוונטיות לנושא הדיון שלנו, ואלו מחולצות באמצעות היזקקות לקונטכסט. כדי לזקק מתוך רשימת התכונות של הפרטים את התכונות הרלוונטיות להכללה, עלינו להתבונן בקונטכסט המקראי-הלכתי, לאיזה צורך התכונות הללו ממשות כאן, ואולי למצוא רמזים בלשון המקרא וכדו'. בדוגמא של מדינה דמוקרטית, הרמז העיקרי הוא מדובר במדינה נאורה, כלומר התכונות הרלוונטיות הן תכונות של צורת המימשל ודרך ההתנהלות הכללית (ולא שפה, מיקום, מספר תושבים וכדו'). מיהו שנותן לנו את הרמז העיקרי? הכלל הפותח את ההגדרה: "כל מדינה נאורה". בהקשר הזה ברור לנו שעלינו לזקק מתוך

רשימת הפריטים את התכונות שהופכות מדינה לנאורה. הכלל השני, לפחות במקרה זה, רק אמר לנו לבצע הכללה לכל מה שדומה לפרטים בקונטכסט של הנאורות. בדוגמאות המקראיות הכלל השני יכול להוות רמז לקונטכסט של התכונות הרלוונטיות, לא פחות מהכלל הראשון. בנוסף, היכרות עם תכונות הלכתיות נוספות של הקונטכסט הנדון יכולה גם היא להבהיר לנו אילו תכונות הן רלוונטיות.

אם נתבונן בדוגמא הלכתית, כאשר אנחנו מכלילים את איסורי נזיר בכל היוצא מגפן היין, אין טעם לקחת את הפרמטר שיין נכתב באות יו״ד, שכן זה לא פרמטר רלוונטי. אנחנו מדברים על קונטכסט של גפן ונגזרותיה, ולכן זהו שדה הדיון שלנו. בהמשך דברינו נראה כיצד עושים זאת בפועל.

הבעייה היא שישנן לא מעט תכונות שמאפיינות את הפרטים, ולפעמים כמה וכמה מהן נמצאות רלוונטיות. עד היכן ניתן לקחת את ההכללה? ובמינוח שנקטנו בו למעלה, כיצד נקבע מהו רדיוס ההכללה הראוי למקרה הנדון? האמוראים ראו שהדרך לקבוע זאת היא לפי סוג המופע המקראי. כדי להבין זאת, הם פענחו את הדרשות שהועברו אליהם במסורת, והבחינו בכך שישנה חוקיות באשר לרדיוס ההכללה בו בחרו חכמי הדורות הקודמים בכל המקרים הללו, והוא קשור למופע המקראי. זהו מה שקובע את רדיוס ההכללה שלנו, כלומר התורה רומזת לנו עד כמה להכליל באמצעות המופע המקראי בו היא בוחרת לתאר את ההלכה הנדונה. כאן אנחנו נוטשים את הלוגיקה ומגיעים לכללי פרשנות של מופעים מקראיים.

הטכניקה הזו היא כלי טכסטואלי שמנחה את הפרשן כיצד עליו להכליל את הדוגמאות שמופיעות בציווי ההלכתי. המבנה של המופע המקראי רומז לו כיצד עליו לפעול. בטכניקה הזו מעורבים שני כלים בסיסיים: הבחנה בין סוגי מופעים שונים ('כלל ופרט', 'פרט וכלל', 'כלל ופרט וכלל' וכדו') וסוגי הנחיות ('כעין הפרט', 'אלא מה שבפרט', 'נעשה כלל מוסף על הפרט' וכדו'). אך לא די לנו במושגים אלו, שכן הם אינם מוגדרים די הצורך. אנחנו מחפשים הגדרה

חדה יותר לרדיוס ההכללה, ולקשר בינו לבין המופע המקראי שמורה לנו עליו.[18]

הפתרון: מושג ה'צדדים'

כפי שכבר הזכרנו, חכמי הגמרא הגיעו למסקנה שמופע מקראי של 'כלל ופרט' מטרתו היא לסייג את ההרחבה שהיתה עשויה להתבצע סביב הפרט באמצעות מידות 'בניין אב'. כלומר נקודת המוצא שלהם היא שמופע של 'כלל ופרט' הוא בעל רדיוס הכללה 0. ההלכה הנדונה בפסוק נאמרה אך ורק לגבי הפריטים שכתובים בו בפירוש.

ומכאן הדרך קצרה למסקנה שמופע של 'פרט וכלל' עניינו הוא הפוך: להרחיב ככל האפשר. מה פירוש 'ככל האפשר'? כל מה שדומה בהיבט כלשהו לפרטים שכתובים בפירוש בפסוק. אנו מכנים זאת 'דמיון בצד אחד'. אם לפרט בפסוק יש אוסף של תכונות רלוונטיות, כל הקשר שדומה לו לפחות באחת מהן – ההלכה הנדונה תחול גם עליו. רדיוס ההכללה הוא מכסימלי.

וכעת חז"ל רואים שיש במקרא גם מופעים מעורבים, כלומר ערבוב כלשהו של שני המופעים הטהורים הללו: 'כלל ופרט וכלל', ו'פרט וכלל ופרט'. המסקנה היא שכנראה יש כאן הכללה במידה בינונית, כלומר ברדיוס כלשהו שיהיה קטן מהרדיוס המכסימלי. הדבר כנראה גם התאים לתוצאות ההלכתיות שהם ראו בדרשות התנאים השונות. כיצד נקבע את הרדיוס הזה? אנחנו ממשיכים את הרעיון של שימוש ב'צדדים'. הקטנת רדיוס ההכללה

---

[18] כמה טכניקות ואלגוריתמים לביצוע הכללות ואנלוגיות, נדונות בספרות העוסקת באינטליגנציה מלאכותית, למידה אוטומטית ומדעי הקוגניציה, ולא ניכנס אליהן כאן. המקורות הרלוונטיים לעניין דרשות 'כללי ופרטי' הם:
Brewer S., Exemplary Reasoning: Semantics, Pragmatics and the Rational Force of Legal Argument by Analogy, *Harvard Law Review*, 109, 1995-96, p.923-1028
Weinreb L.L., *Legal Reason The Use of Analogy in Legal Argument*, Cambridge University Press, 2005
שני המקורות הללו מגיעים לטכניקות הכללה ואנלוגיה דומות מאד לאלו שמתוארות אצלנו כאן. אמנם הם עוסקים בהכללות ואנלוגיות שמבוצעות על ידי הפרשנים עצמם, הם יוצרים את הכללים שמנחים את ההכללה. ואילו בהקשר של מדרשי ההלכה המקרא עצמו מנחה את הדרשן בביצוע ההכללות. במובן הזה, מדרש ההלכה הוא מקרה חריג מאד.

פירושה דרישה לדמיון גבוה יותר. הפתרון המתבקש הוא שבמופע מקראי כזה עלינו לדרוש דמיון ביותר מצד אחד: שניים, או שלושה צדדים. כיצד נחליט מהו הרדיוס הראוי לכל מופע מקראי? לשם כך עלינו לפענח את ההיגיון של צורת הכתיבה בתורה.

האמוראים הגיעו למסקנה שצורת כתיבה של 'כלל ופרט וכלל', היא הגבלה של אחת מהצורות הטהורות: 'כלל ופרט', או 'פרט וכלל', או אולי מיצוע ביניהן.

ניתן לראות צורת חשיבה כזו בספר **הליכות עולם**, שער ד פ"ב סי' כז, כאשר הוא מתאר את מידת 'כלל ופרט וכלל' כהרכבה ממצעת בין 'כלל ופרט' לבין 'פרט וכלל':

> ***כלל ופרט וכלל אי אתה דן אלא כעין הפרט, פירוש לרבות כל הדומה לפרט ולמעט כל מה שאינו דומה לו. לפי שמדה זו מורכבת משתי המדות הראשונות, כלל ופרט, פרט וכלל, ולכך משמע שתיהן ודנין בה כעין שתיהן לרבות כל הדומה והיינו כעין פרט וכלל ולמעט כל שאינו דומה והיינו כעין כלל ופרט. ופליגי בה תנאי איכא מאן דאמר כללא קמא דוקא פירוש עיקר והוי ליה כלל ופרט דאין בכלל אלא מה שבפרט אלא דאהני כללא בתרא לרבות (כל) הדומה לו משלשה צדדים, ואיכא מאן דאמר כללא בתרא דוקא והוי ליה כלל [פרט וכלל דנעשה כלל מוסיף] (נעשה מוסף) על הפרט ונתרבה הכל אפילו מה שאינו דומה אלא בשני צדדין (אלא דאהני) כללא קמא למעט מה שאינו דומה אלא מצד אחד. ועיקרו של דבר בסוגיא אחת פרק בכל מערבין וזו היא הצעתה...***

את סוגיית עירובין ננתח בהמשך בפירוט, וזו אכן הסוגיא היסודית במודל האמוראי למידות 'כללי ופרטי'. כאן חשוב לנו להציג את צורת ההתייחסות שלו לשלוש המידות מהמשפחה הזו. 'כלל ופרט' מצמצמת ולא מאפשרת להרחיב כלל (להלן בסוגיית עירובין נציג זאת באופן פורמלי כארבעה צדדים). 'פרט וכלל' דורשת מאיתנו להרחיב ככל שאפשר (צד אחד). לכן מידת 'כלל ופרט וכלל' שהיא הרכבה של שתי המידות הללו, חייבת להימצא במקום

כלשהו באמצע (שניים או שלושה צדדים). הוא הדין לגבי מידת 'פרט וכלל ופרט' (שנדונה אצלו שם בהמשך), גם היא מורכבת משתי מידות כאלה, ולכן גם היא נמצאת ממצעת בין שתיהן.

כעין זה אנו מוצאים גם ברש"י על סוגיית ב"ק סד, ד"ה 'ה"ג', שהובא בפרק שלושה-עשר, שגם הוא רואה את מידת 'כלל ופרט וכלל' כהרכבה ממצעת של שתי המידות הכפולות:

דכל היכא דדרשינן כלל ופרט וכלל אף כל מכללא בתרא מידרש דכללא קמא למעוטי הוא דאתי דבלאו איהו הוי פרט וכלל דאיתרבו כל מילי ומהני כללא קמא למעוטי מאי דלא דמי ליה לפרטא וכללא בתרא לרבויי אתי דאי לאו איהו ה"ל כלל ופרט ואין בכלל אלא מה שבפרט.

רש"י מסביר שלשני הכללים יש תפקיד שונה: כללא קמא בא למעט וכללא בתרא בא לרבות (וראה בפרק שלושה-עשר השלכה אפשרית של התפיסה הזו).

עד כאן הצענו רק סכימה כללית. ההגדרה המדוייקת יותר לכל אחת מן המידות הללו תינתן להלן.

'קמא דווקא' ו'בתרא דווקא'

כיצד עובדת ההרכבה של שתי המידות הפשוטות (במופעים הכפולים) למידות המורכבות (במופעים המשולשים)? עלינו להחליט איזה רדיוס הכללה נצמיד לכל מופע מקראי, והוא אמור להיות בין הרדיוס של 'כלל ופרט' לבין זה של 'פרט וכלל'. באופן טבעי, עולות כאן שתי אפשרויות:

1. קמא דווקא. לקחת כבסיס את הצמד הראשון מתוך המבנה המשולש, 'כלל ופרט' במקרה זה, ולראות את הכלל בתרא כתיקון. אם 'כלל ופרט' הוא דרישה לדמיון מוחלט, כלומר היעדר הכללה, אז במבנה המשולש אנחנו מתקדמים צעד אחד הלאה, ומאפשרים הכללה לקבוצת ההקשרים ההלכתיים שדומים לפרטים בכל

הצדדים. כאן כבר ישנה הכללה כלשהי, אם כי היא המצומצמת ביותר.

2. בתרא דווקא. כאן יש לקחת את הצמד השני במבנה המשולש כבסיס, ובמקרה זה ׳פרט וכלל׳, ולראות את הכלל קמא כתיקון. מופע של ״פרט וכלל׳ נדרש כרדיוס הכללה מכסימלי, כלומר דמיון בצד אחד בלבד. כעת ברור שהתיקון שניתן לעשות להכללה כזו הוא לדרוש תוספת של צד דמיון, כלומר רדיוס ההכללה הוא אוסף ההקשרים שהדמיון שלהם לפרט הוא בשני צדדים לפחות.

ואכן, לא נתפלא לגלות שבסוגיות שונות בבבלי מובאות שתי גישות אלו אשר חלוקות ביניהן כיצד עלינו לדרוש במבנה משולש של ׳כללי ופרטי׳.

אותן שתי גישות, ׳קמא דווקא׳ ו׳בתרא דווקא׳, מציעות פתרונות מקבילים גם למבנה המשולש הדואלי, זה של ׳פרט וכלל ופרט׳. גישת ׳קמא דווקא׳ רואה את המבנה הזה כ׳פרט וכלל׳ מתוקן, ולכן התוצאה היא קבות ההקשרים שרמת הדמיון שלהם לפרט היא בשני צדדים. ואילו גישת ׳בתרא דווקא׳ רואה את המבנה הזה כ׳כלל ופרט׳ מתוקן, ולכן התוצאה היא הקבוצה שדומה לפרט בכל הצדדים.

המסקנה היא שמשמעות המחלוקת בין השיטות הללו היא היפוך תפקידים בין מידת ׳כלל ופרט וכלל׳ לבין מידת ׳פרט וכלל ופרט׳. מה שעושה המידה א לגישת ׳קמא דווקא׳ עושה מידה ב לגישת ׳בתרא דווקא׳, ולהיפך.

נזכיר כאן שוב את מה שכבר הסברנו למעלה. לכאורה לא ברור מהי המוטיבציה לגישת ׳בתרא דווקא׳? לכאורה מתבקשת גישת ׳קמא דווקא׳, שכן היא פועלת לפי סדר ההופעה של המילים במקרא. מדוע מתעוררת גם האפשרות של ׳בתרא דווקא׳? הצענו שהדבר כנראה נובע מן ההשוואה למידת ׳בניין אב׳.

כאשר אנחנו חושבים על מידת בניין אב, עלינו לשאול את עצמנו איזו הכללה נעשית כאשר אנחנו מבצעים מדרש מכוח מידה זו? לשם כך יש לזכור שעל דרשה בבניין אב יש לפרוך אפילו פירכא ׳כל דהו׳, כלומר כל הבדל בין הפרט שכתוב בתורה לבין ההקשר הנדון ימנע את ההכללה אליו. המסקנה

המתבקשת היא שהשוואה במידת בניין אב משמעותה היא הכללה לקבוצה שמכילה הקשרים שדומים לפרט בכל צדדי הדמיון. אבל אם זה כך, אזי מידת 'כלל ופרט וכלל' בשיטת 'קמא דווקא' היא מיותרת, שכן היא מורה לנו לעשות את אותו דבר בדיוק (אמנם באמצעות מידה לוגית ולא טכסטואלית, אבל המידות הן רק מכשיר לביצוע הכללות, ולכאורה המכשיר של 'כלל ופרט וכלל' הוא מיותר לשיטה זו). אמנם קושי דומה קיים לשיטת 'בתרא דווקא' ביחס למידת 'פרט וכלל ופרט', אלא שמידה זו היא נדירה מאד, ולא לגמרי ברור שהיא מוסכמת. בברייתת המידות היא כלל אינה מופיעה, ובספרות חז"ל ניתן למצוא אותה רק בסוגיית הבבלי נזיר לה (אנו נדון בזה בפירוט להלן)[19].

מה יענו על כך בעלי שיטת 'קמא דווקא'? כפי שהסברנו, פירכא כל דהו אינה בהכרח צד דמיון. המונח 'כל דהו' משמעותו היא פירכא שאינה נראית לנו בהכרח רלוונטית לדיון (או לפחות שהרלוונטיות שלה לדיון אינה ברורה). ייתכן שמדובר בתכונה שכלל אינה נחשבת במניין הצדדים הלרוונטיים.

ובאמת מצאנו בתוד"ה 'אהני', עירובין כח ע"א, וכן בד"ה 'מכדי', נזיר לה ע"ב, שכתבו שיש מצבים שבהם הצדדים הם 'גרועים', ושני הצדדים נחשבים כצד אחד. כלומר לגבי 'כללי ופרטי' כל צד צריך להיות חשוב כדי להיספר בפני עצמו. לעומת זאת, בבניין אב סגי בצד כל דהו. גם בעלי הכללים הביאו את העיקרון הזה (ראה **הליכות עולם**, ועוד). תוס' בעירובין גם קובע: "והדבר מסור לחכמים איזהו צד גרוע שחולקים בו". כלומר לא מדובר בעיקרון פורמלי אלא בהסתכלות של חכמים. למעשה הדבר מופיע כמעט בפירוש בסוגיית זבחים ד ע"ב (ראה שם בתוד"ה 'שקולים'. לדיון קצר על כך, ראה להלן בפרק ארבעה-עשר).

ואם נשוב לסוגייתנו, ייתכן שמסיבה זו לשיטת 'קמא דווקא' 'כלל ופרט' מורה לנו לא להרחיב כלל. בניין אב מורה לנו להרחיב בכל מה שלגמרי דומה

---

[19] ושם נראה שיש שפירוש את המידה הזאת כאמצעי ולא כמידת דרש. היא רק מלמדת אותנו משהו על דרשה ב'פרט וכלל', אך אין לה הוראה מדרשית מצד עצמה. ניתן לראות זאת גם בסוף מדרש ה**ספרי** לגבי איסורי נזיר, שהובא לעיל בפרק הקודם סעיף 5.

(כל הצדדים, ואפילו בצדדים ׳גרועים׳, כלומר כאלה שאינם לגמרי רלוונטיים). ו׳כלל ופרט וכלל׳ מורה לנו להרחיב למה שדומה בכל הצדדים הרלוונטיים (כלומר מעט רחב יותר מאשר בבניין אב).

אנחנו נראה לכל אורך הדרך שישנו ערבוב בין שתי השיטות הללו, יש סוגיות חלוקות ולא תמיד ברור באיזו משתיהן משתמשים. הדבר נובע מכך שבאמת שיטות אלו הן תוצא מלאכותי של תהליך הפענות, או השחזור, האמוראי. האמוראים קיבלו דרשות עמומות, וניסו לחלץ מתוכן מבנה קוהרנטי של שיטת דרש עקבית. מטבע הדברים הם נחלקו לשתי גישות טבעיות, ובכל פעם ניתן היה להציג את הדרשות בשתי השיטות הללו. כמה וכמה סוגיות מעלות את שתי האפשרויות ודנות איזו משתיהן סבירה יותר (זה עצמו חלק מתהליך השחזור), ולא תמיד הדבר נעשה באופן מפורש. כפי שנראה, לפעמים עולה הצעה לרדיוס הכללה אלטרנטיבי, בלי לנמק כיצד הגיעו דווקא אליו. אנחנו נסביר בכמה מקומות שהצעות אלו מבוססות על ניסיונות לבחון אלטרנטיבה בשיטת ׳קמא דווקא׳ או ׳בתרא דווקא׳, לעומת האלטרנטיבה האחרת.

סיכום אופני הדרשה

ראינו שחז״ל מצאו שפה לוגית שבה ניתן להגדיר רדיוסי הכללה (דרך צדדים). בנוסף, זיהינו את המופעים המקראיים השונים, והצמדנו להם הוראות לוגיות מתאימות. כך מצאנו פשר למונחים ההוראתיים שבתקופה הקודמת שימשו במשמעות לא חדה. התמונה ששרטטנו עד כאן כוללת כבר גם את השלב הטכסטואלי של הדרשה (מציאת הטריגר), כלומר זיהוי המופע המקראי, והן את השלב הלוגי (הצדדים) שלה. כך הגענו להצמדה הסופית של כל מונח הוראתי למופע המקראי המתאים לו, וכך קיבלו המופעים והמונחים ההוראתיים את משמעותם הסופית. אלו הם שני השלבים עליהם דיברנו ביחס לדרשות הללו: הטכסטואלי – איתור הטריגר, והלוגי – ביצוע הדרשה.

נסכם כעת את התמונה שעלתה בידינו עד כה:

	לשיטת 'קמא דווקא'	לשיטת 'בתרא דווקא'
פרט וכלל	צד אחד	צד אחד
כלל ופרט וכלל	כל הצדדים הרלוונטיים	שני צדדים
פרט וכלל ופרט	שני צדדים	כל הצדדים הרלוונטיים
כלל ופרט	אין הכללה	אין הכללה

נעיר כי כאן הצגנו את הדרך האפריורית אל הטבלא הזו. אנחנו הגענו את הטבלא הזו מניתוח סוגיית הבבלי עירובין, ובפרק העוסק בה נסביר אותה ביתר פירוט.

התלות במספר הצדדים: עמימותם של המופעים המשולשים

אספקט נוסף שאותו יש לבחון הוא מספר צדדי הדמיון שישנם לפרט שכתוב בפסוק. כאשר אנחנו רואים את הפרט הזה ומנסים לזקק את צדדי הדמיון הרלוונטיים, אנחנו יכולים להגיע לכל מספר של צדדים. לדוגמא, אם הפרט שכתוב בפסוק הוא 'שור', ניתן לראות שיש כאן בעל חיים, והוא גם גידולי קרקע (כך זה נחשב אצל חז"ל), והוא גם סוג של אוכל של בני אדם, פרי מפרי, וולד וולדות הארץ (=נברא מן הארץ בששת ימי בראשית), וכן הלאה. כפי שנראה בפרקים הבאים, כל אלו הם צדדים שחז"ל עצמם מצמידים לפרטים כאלו. אם כן, מספר הצדדים בבעייה הוא פונקציה של הפרטים הכתובים בפסוק, של הקונטכסט, ואולי גם של מידת היצירתיות והדמיון של הדרשן.

זה מעורר בעייה לא פשוטה. ראשית, לא תמיד ברור מה עלינו לעשות בשלב הלוגי של הדרשה בכל מספר נתון של צדדים? שנית, כיצד נוכל לדעת שהגענו אל הצדדים הרלוונטיים של הבעייה? מהו צד רלוונטי ומה לא? האם אכן כיסינו את כל הצדדים הרלוונטיים?

באשר לשאלה הראשונה, ניטיב להבין אותה על ידי ניתוח של מקרה בו ישנם שלושה צדדים. קל לראות מטבלת הסיכום שלמעלה, שאם זיקקנו מהפרט שלושה צדדים רלוונטיים לבעייה (זה המספר הקאנוני אצל חז"ל, ומייד נבין מדוע), התמונה אליה הגענו מכסה את כל האפשרויות:

- 'פרט וכלל' – מורה לנו על הרחבה בצד אחד.
- 'פרט וכלל ופרט' – מורה לנו על הרחבה בשניים/שלושה צדדים.
- 'כלל ופרט וכלל' – מורה לנו על הרחבה בשלושה/שני צדדים.
- (בניין אב – מורה לנו להרחיב מעט מעבר לפרט).
- 'כלל ופרט' – מורה לנו על היצמדות לפרטים שבפסוק.

אך מה קורה אם אנו פוגשים פרט שיש בו יותר או פחות משלושה צדדים רלוונטיים. מהטבלא שלמעלה עולה כי כאשר יש שני צדדים כאלה, שתי המידות המשולשות מזדהות זו עם זו. שתיהן נותנות הכללה בשני צדדי דמיון.

ומה קורה כשיש ארבעה צדדי דמיון? כאן באופן עקרוני יש חמש אפשרויות להוראת הכללה: לא להכליל. להכליל בצד אחד, בשניים, בשלושה, או בארבעה. אם כן, ארבעה מופעים מקראיים אינם יכולים לכסות את כל אפשרויות ההכללה. כיצד עלינו לפרש את ההוראות המדרשיות למקרה כזה? הדבר לא לגמרי ברור, אבל סביר שבמקרה כזה ייוותר עדיין חופש דרשני מסויים, והדרשן יצטרך להחליט מסברתו על רדיוס ההכללה הנכון למקרה זה. אנחנו נראה דוגמאות לכך בפרקים הבאים.

באשר לשאלה השנייה, נראה שאי אפשר להציע לה תשובה לוגית טהורה. הדבר תלוי בסברת הדרשן, ובהנחות אפריוריות שלו. השאלה מהן התכונות של עצם כלשהו, ובודאי השאלה מי מהן היא רלוונטית לדיון, הן שאלות שהתשובה להן אינה מצויה במישור הלוגי. כפי שנראה בפרקים הבאים, לפעמים הקבוצה הכוללת ביותר שבתוכה מתנהל כל תהליך הדרשה נלקחת בחשבון כצד בפני עצמה, ולפעמים לא. אנחנו נעלה השערה שכאשר אין בבעייה שלושה צדדים, אנחנו משלימים אותם באמצעות הצד הכולל, כדי להגיע למצב הקאנוני.

האינטנסיונליות של מתודת הדרש: טיפול אקסטנסיונלי

ראינו שתחילת התהליך המדרשי היא בזיהוי הצדדים הרלוונטיים בפרט שכתוב בפסוק. הצדדים הללו הם תכונות רלוונטיות של הפרט שכתוב בפסוק. יש לשים לב לכך שהתכונות לא בהכרח מגדירות קבוצות שונות. לפעמים הקבוצות מוכלות זו בזו, ולפעמים הן עשויות להזדהות זו עם זו. לדוגמא, אם נמצא שאחת התכונות היא להיות וולד וולדות הארץ (=נברא מהארץ בששת ימי בראשית), והשנייה היא להיות בעל חיים. אם שתי התכונות הללו נראות לנו כלגיטימיות, אזי עלינו לראות אותן כשתיים שונות, על אף החפיפה הרבה שיש ביניהן.

אפילו אם נניח שאלו הם שני תיאורים שונים לאותה קבוצה (לשני המושגים יש את אותה אקסטנסיה), עדיין מבחינתנו מדובר בשתי תכונות (צדדים) שונות. לכן אם הפרט שכתוב הוא שור, והמופע המקראי הוא 'כלל ופרט וכלל', ונניח שאנחנו דורשים בשיטת 'בתרא דווקא', אזי עלינו לרבות את כל מה שדומה לשור בשני צדדים. כעת אנחנו מתבוננים על שה, ושואלים את עצמנו בכמה צדדים הוא דומה לשור? גם הוא וולד וולדות הארץ, וגם הוא בעל חיים. האם יש כאן צד דמיון אחד או שניים? במקרה כזה, גם אם ההגדרות היו זהות לגמרי מבחינת ההיקף (האקסטנסיה) היה עלינו להתחשב בהן כשני צדדי דמיון שונים, ולהחיל את ההלכה גם על שה.

מכאן עולה שהדרך לבצע את הדרשה באופן לוגי-פורמלי היא באמצעות שרטוט של הצדדים הרלוונטיים של הפרט, ומציאת היחסים ביניהם. את התוצאה לניתוח הזה אנחנו מציגים באמצעות דיאגרמות ון, שהן מכשיר רווח בלוגיקה כדי לתאר יחס בין אקסטנסיות של קבוצות שונות.

לדוגמא, כאשר אנחנו רוצים לתאר את הפרט 'משה רבנו', אנחנו רואים שיש לו כמה וכמה תכונות: הוא לוי, הוא מנהיג ישראל, הוא נביא, שמו 'משה', הוא בן עמרם, וכדו'. ישנם יחסים בין כל שתיים מן התכונות הללו. לדוגמא, בני עמרם כולם שייכים לשבט לוי, כלומר קבוצת בני עמרם מוכלת בקבוצת הלוויים. קבוצת הנביאים יש לה חיתוך חלקי עם קבוצת הלוויים (כלומר יש

לוויים שאינם נביאים ויש נביאים שאינם לוויים) וכדו׳. הוא הדין גם לקבוצת המנהיגים עם קבוצת הלוויים.

התוצאה של הניתוח הזה היא דיאגרמה שמתארת את הקבוצות השונות באמצעות מעגלים, וקובעת את היחסים ביניהם. ובדוגמא שלנו :

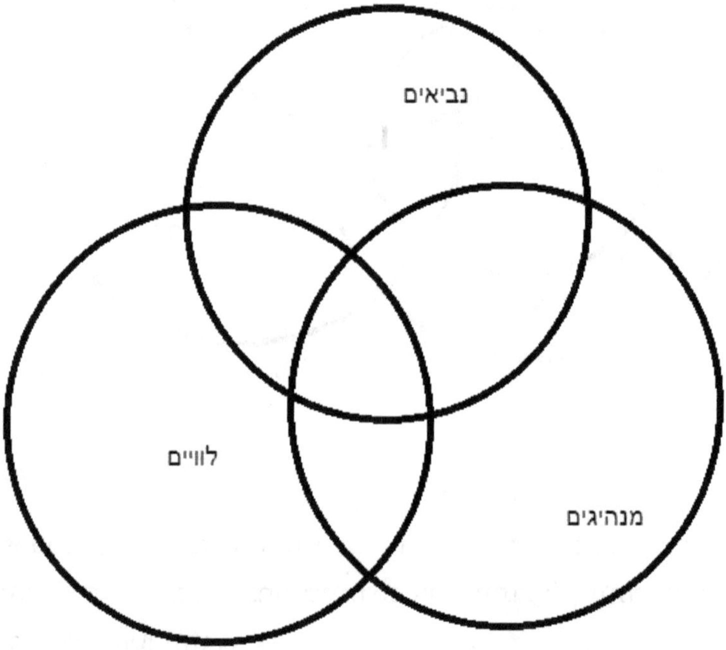

זהו תיאור של שלוש מהתכונות הללו. התכונה של ׳בני עמרם׳ מצויה כולה בתוך המעגל של הלוויים, והיא חותכת את שני המעגלים האחרים (שכן יש בני עמרם שהם בני לוי, מנהיגים ונביאים). לכן התמונה המתקבלת היא הבאה :

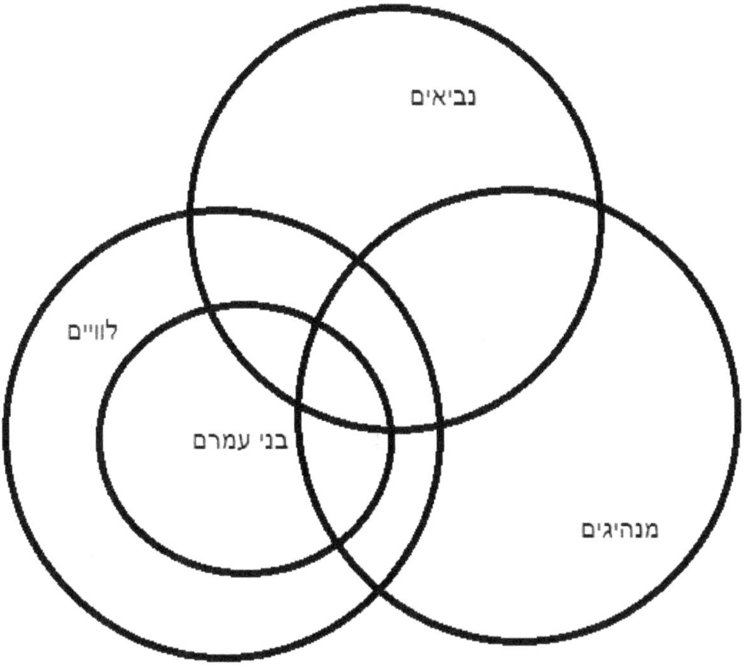

באופן כללי ברור שככל שיש יותר תכונות, כך הקבוצה מצטמצמת. ככל שיש לנו יותר מידע על הדבר אנחנו מייחדים אותו יותר. לכן יותר צדדים פירושו רדיוס הכללה קטן יותר.

כעת נניח שיש לנו פסוק שכתוב בצורת מופע כלשהו של 'כללי ופרטי', שמחייב אותנו להחיל את ההלכה הנדונה על פרטים שדומים למשה רבנו בכמה מן הצדדים. אם המופע המקראי הזה מכתיב דמיון בכל הצדדים (לדוגמא, 'כלל ופרט וכלל' לפי שיטת 'קמא דווקא'), אזי ההכללה תיעשה לקבוצה שנמצאת במוקד הדיאגרמה:

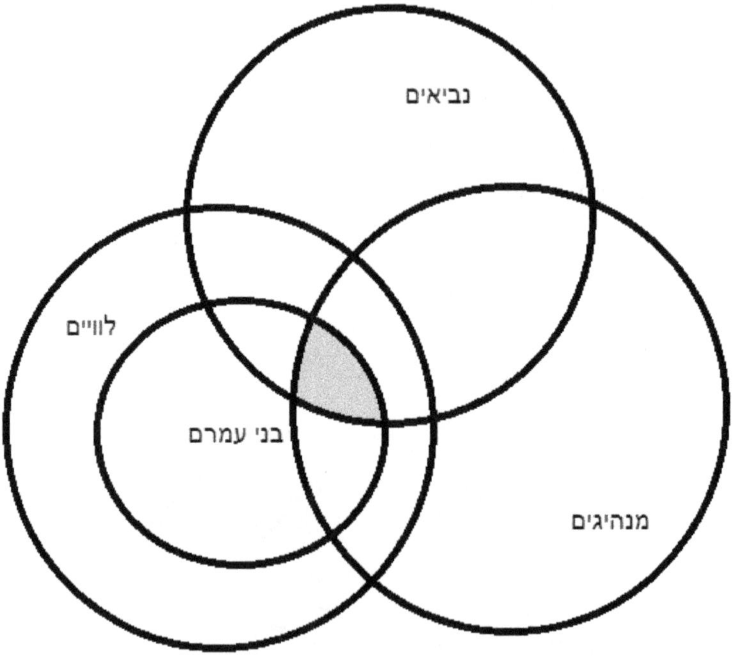

זהו דמיון בארבעה צדדים, שכן יש כאן ארבע תכונות רלוונטיות. לשון אחר: קבוצה זו מכילה את כל מי שהוא גם מנהיג, גם בן עמרם, גם נביא וגם לוי, ואלו ארבעת הצדדים. כל הפריטים ששייכים לקבוצה הזו יש להחיל עליהם את ההלכה הנדונה.

לעומת זאת, מופע שמכתיב דמיון בשלושה צדדים מכתיב תוצאה שהיא איחוד של כמה תת-קבוצות. ברור שמדובר בכל הפריטים שדומים למשה רבנו בשלוש מהתכונות, ולכן התוצאה היא: {נביאים שהם גם לוויים וגם בני

עמרם}, {מנהיגים שהם גם נביאים וגם לוויים}, {מנהיגים שהם גם לוויים וגם בני עמרם}, {נביאים שהם גם בני עמרם וגם מנהיגים}.

אמנם זוהי תוצאה אינטנסיונלית, כלומר תוצאה שלא מתחשבת בדיאגרמה, והיא נכונה תמיד. אם נבצע את האיחוד בין הקבוצות במונחים אקסטנסיונליים (כלומר נגדיר את קבוצת התוצאה דרך ההיקף ולא דרך התוכן), עלינו להתבונן בדיאגרמה, ולראות שחלק מהקבוצות הללו חופפות, ולכן ניתן לכתוב זאת בצורה פשוטה יותר. אנחנו מתבוננים בדיאגרמה ומשחירים את החלק שמורכב משלוש שכבות לפחות (כל שכבה מבטאת תכונת דמיון אחת). התוצאה היא הבאה:

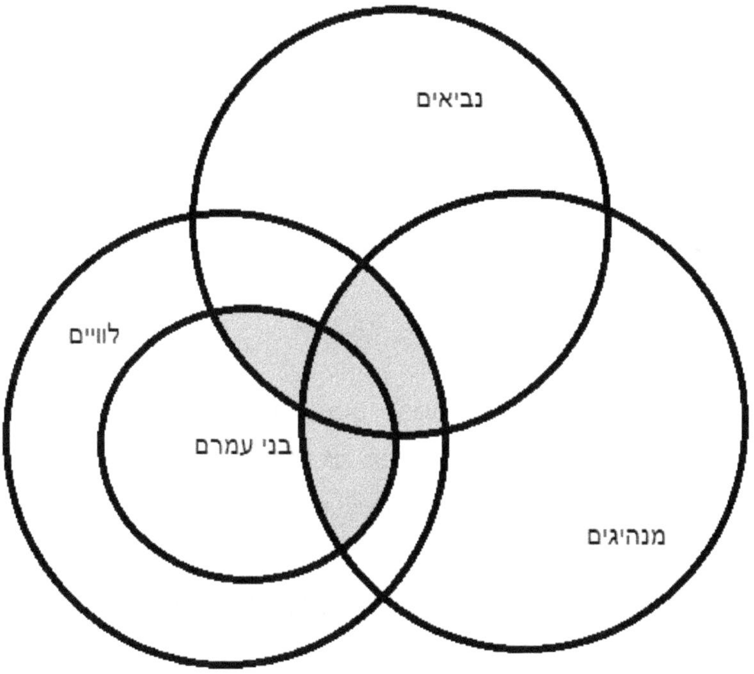

ואם נכתוב אותה כעת נמצא: {בני עמרם שהם נביאים}, או {בני עמרם שהם מנהיגים}, או {לוויים שהם נביאים ומנהיגים}. כאן כבר עברנו מהאינטנסיה אל האקסטנסיה, ולכן נמחקות הכפילויות. התוצאה היא פשוטה יותר, אף כי האקסטנסיה שלה זהה לאקסטנסיה של התוצאה הקודמת. זה כמובן תלוי בנתונים ובתכונות הספציפיות בהן אנחנו עוסקים. האינטנסיה היא תמיד באותה צורה אבל האקסטנסיה משתנה מבעיה לבעיה. כעת נכליל ונסביר יותר את הקביעה הזו.

הכללה: אקסטנסיה ואינטנסיה של תכונות וקבוצות

בתיאור של האינטנסיה אנו פועלים לפי התכונות, גם אם ישנה חפיפה בין הקבוצות ששייכות לתכונות הללו (כלומר בין האקסטנסיות של התכונות הללו). בתיאור האקסטנסיבי אנו לוקחים בחשבון את החפיפה, ומשמיטים את החלקים החופפים. ומכאן נוכל להבין שהתיאור האינטנסיונלי של אופן הפעולה של מידת הדרש אינו תלוי בכלל בדיאגרמת ון, כלומר באופי הצדדים הספציפיים וביחסים ביניהם. לדוגמא, אם יש ארבע תכונות, אזי דמיון בשלושה צדדים הוא לעולם האיחוד בין כל הקבוצות שהן חיתוך של שלוש מהן. ובאופן פורמלי, אם נסמן את התכונות הרלוונטיות באותיות {A,B,C,D} יש לנו איחוד בין כל השלשות האפשריות:

$$\{A\cap B\cap C\} \cup \{A\cap B\cap D\} \cup \{A\cap C\cap D\} \cup \{B\cap C\cap D\}$$

ובאופן כללי יותר, אם יש לנו n צדדים בבעייה (אותם זיקקנו מתוך הפרטים), ויש לנו רדיוס הכללה של m צדדים (אותו למדנו מסוג המופע המקראי), אזי אנחנו לוקחים את כל האפשרויות השונות של בחירת קבוצה של m צדדים מתוך ה-n, ומסכמים (במונחי תורת הקבוצות: מאחדים) אותן. מספר תת-הקבוצות שעלינו לאחד ביניהן הוא:[20]

[20] הסימן !n (יש לבטא: n עצרת) פירושו לכפול את כל המספרים הטבעיים עד n. לדוגמא, !3 הוא 3x2x1=6. !5 הוא 5x4x3x2x1=120, וכן הלאה.

$$n!/[(n-m)!m!]$$

במקרה שלנו: $n=4$ $m=3$, ולכן יש בסה"כ 4 תת-קבוצות, שהן אותן שתיארנו למעלה.

בתמונה האינטנסיונלית הכל יותר פשוט, שכן כעת נוכל להכריע לגבי כל פרט האם ההלכה חלה עליו או לא, דרך בדיקה של תכונותיו של הפריט הזה והשוואתן לתכונות של הפרט שכתוב בפירוש בתורה (=הצדדים). בדוגמא שהבאנו למעלה, כל אדם שנרצה לבחון האם העיקרון שנלמד ממשה רבנו חל לגביו, נעשה זאת דרך בדיקה של תכונותיו, ונשאל את עצמנו האם יש לו לפחות שלוש תכונות של משה רבנו או לא. לדוגמא, אהרן הכהן, אחיו של משה, היה מבני עמרם, היה משבט לוי (אך לא לוי), לא היה מנהיג והיה נביא. לכן הוא מקיים שלוש תכונות וממילא העיקרון הנלמד חל גם לגביו. ומה על אליהו הנביא? גם הוא היה נביא, לא מנהיג (במובן הפוליטי), ולא מבני עמרם. אם כן, יש לו רק שתי תכונות, ולכן העיקרון הנלמד לא חל לגביו.

אם כן, הטיפול האינטנסיונלי הוא פשוט, בשני מובנים: תמיד ניתן לכתוב את הפתרון כאיחוד של חיתוכים חלקיים של קבוצות (הביטוי הוא ארוך ומפורט, אבל תמיד יש דרך סיסטמטית לכתוב אותו). ובנוסף, לגבי כל פרט שאנחנו מתעניינים לגביו, יש דרך מוגדרת היטב (אלגוריתם) למצוא האם העיקרון חל לגביו או לא (דרך בדיקת כמות התכונות המשותפות לו ולפרט שכתוב בפסוק).

אז מדוע בכלל להיזקק לטיפול אקסטנסיונלי? מדוע אנחנו נזקקים לדיאגרמות ון? דבר זה מתרחש כאשר אנחנו מתעניינים בכתיבת ההלכה העקרונית ולא בפסיקת הלכה קונקרטית. להלכה קונקרטית, בדרך כלל השאלה אותה אנחנו שואלים היא מה דינו של הקשר הלכתי ספציפי? כאן הדרך הנכונה היא לבדוק את מספר התכונות המשותפות לו עם הפרט המלמד. אבל אם אנחנו רוצים לכתוב את ההלכה העקרונית, על איזו קבוצת הקשרים חל הדין שנלמד מהפרט הזה? כאן הכתיבה האינטנסיונלית היא מסובכת מאד (שכן לפעמים מדובר באיחוד של הרבה מאד קבוצות), ולכן

לפחות ברמה הפרקטית אנחנו צריכים להגיע לתיאור מפורש של ההקשרים ההלכתיים שלגביהם חלה ההלכה הנדונה. כדי להגיע לתיאור אקסטנסיונלי כזה (לא דרך תכונות וקבוצות, אלא מניית ההקשרים הספציפיים עצמם), עלינו להתחשב ביחסים בין התכונות והקבוצות שלהן, כלומר בדיאגרמת ון של הבעייה.

מדוע השימוש בדיאגרמת ון מפשט את התוצאה הכללית? מפני שבתיאור האינטנסיונלי כאיחוד של חיתוכי קבוצות, יש הרבה מרכיבים שהם חופפים זה לזה, או חופפים חלקית. ובנוסף יכולים להיות גם חלק מהם שהם ריקים (לדוגמא, אם החיתוך של התכונות ABC אינו קיים. משמעות הדבר היא שאין לו אקסטנסיה, כלומר שאין שום פרט שיש לו את שלוש התכונות הללו). לאחר שמשמיטים את כל החפיפות והביטויים חסרי האקסטנסיה, אנו נותרים עם התוצאה הכללית למקרה המסויים הזה.

התוצאה האקסטנסיונלית של שני היסקים עם אותו מספר צדדים כלליים (n) ועם אותו מופע מקראי (אותו m), יכולה להיות שונה לגמרי, אם דיאגרמת ון שמתארת את היחס בין התכונות (=הצדדים) בשני המקרים היא שונה.

המשך התיאור האקסטנסיונלי

התיאור האינטנסיונלי הוא פשוט ויש אלגוריתם פשוט וכללי לעשות אותו עבור כל בעיה. השינוי הוא במישור האקסטנסיונלי, ולכן נמשיך כעת בתיאור של הניתוח האקסטנסיונלי של הדוגמא שלנו. אם המופע המקראי מחייב דמיון בשני צדדים התוצאה המדרשית היא הבאה:

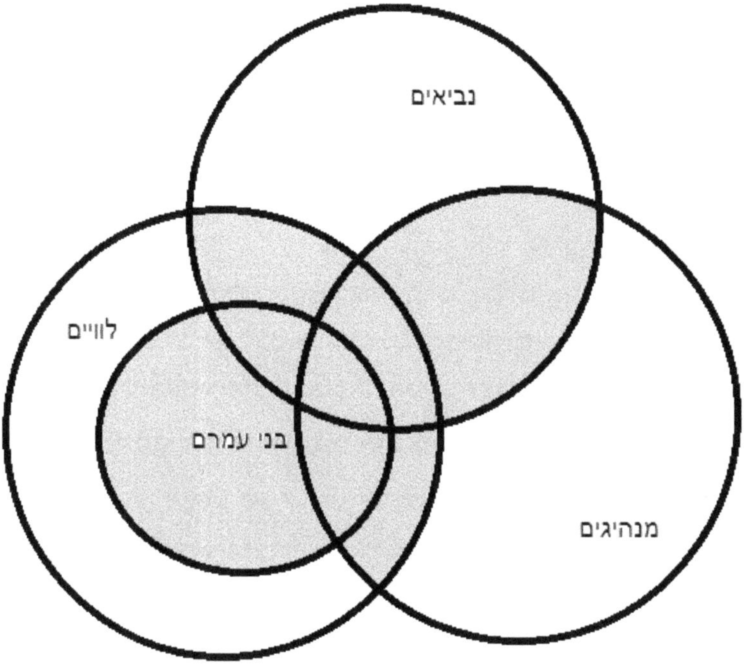

כאן כבר יש איחוד של כמה וכמה תת-קבוצות. מכיון שניתן להוציא אותן מהתבוננות בחלק המושחר בדיאגרמה, לא נפרט אותן כאן.

ולבסוף, אם המופע המקראי דורש הרחבה בצד אחד (כגון 'פרט וכללי'), אנחנו מקבלים:

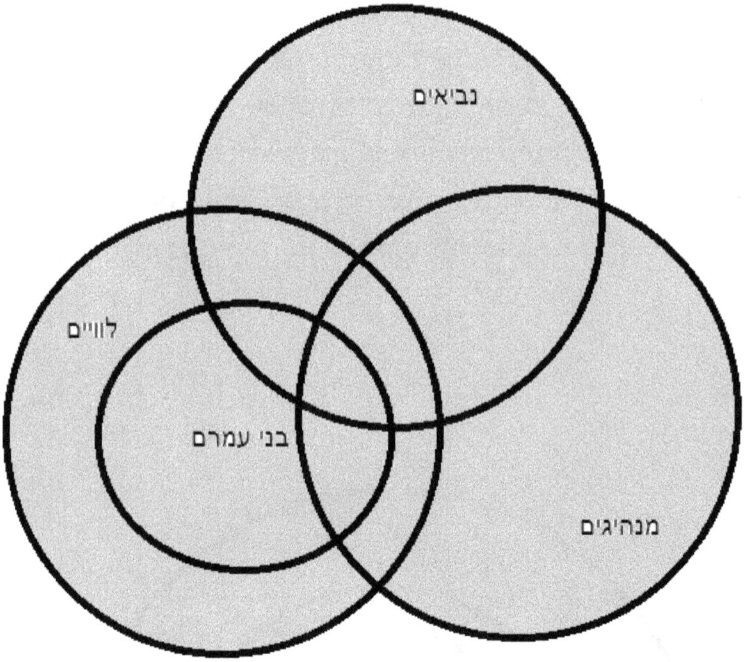

כאן זה כל מי שדומה לפחות באחד מארבעת הצדדים.

כאמור, אנחנו נוכחים לראות שככל שמספר הצדדים להרחבה הוא גדול יותר, כך רדיוס ההכללה הוא קטן יותר. ככל שאנחנו דורשים דמיון גבוה יותר, יש פחות הקשרים שמקיימים את הדרישה הזאת.

היחס להגדרה האריסטוטלית: קונצנטריות של דיאגרמות ון

בעצם מה שאנחנו עושים כאן הוא הרחבה של ההגדרה במובנה האריסטוטלי. אריסטו מלמד אותנו שכאשר אנחנו רוצים להגדיר קבוצה כלשהי, אנחנו

עושים זאת באמצעות הסוג והמין. לדוגמא, הגדרה של בן אדם היא חי מדבר. החי הוא הסוג, והסוג הזה מכיל הרבה מינים. לאחר קביעת הסוג, אנחנו מציעים את התכונות שמייחדות את המין הנדון בין מיני הסוג השונים (ובדוגמא שלנו: שהוא מדבר, בניגוד לשאר בעלי החיים).

ההגדרה בשיטת 'כללי ופרטי' עושה משהו דומה, אבל מורכב ומשוכלל יותר. היא מציעה לנו הגדרה של מושגים דרך יחסים יותר מורכבים בין תכונותיהם. התמונה האריסטוטלית מניחה את קיומו של יחס פשוט בין התכונות הנדונות. הסוג תמיד מכיל את המינים. כאשר יש יחס פשוט כזה בין התכונות, פירוש הדבר במונחים אקסטנסיונליים הוא שדיאגרמת ון היא קונצנטרית, לדוגמא:

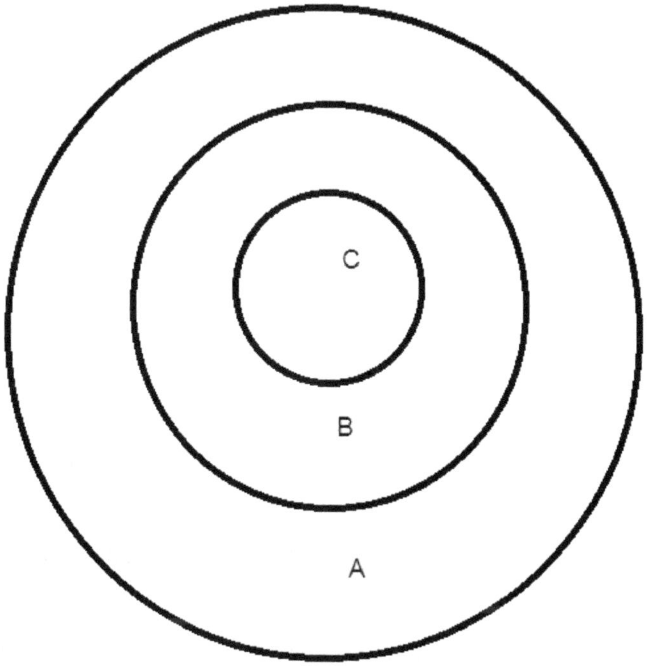

כאן היחס בין התכונות A, B ו-C הוא קונצנטרי, ולכן מתקבלת דיאגרמה כזו. כאשר הדיאגרמה היא קונצנטרית, אנחנו מתכנסים למקרה האריסטוטלי, ומקבלים מתודה פשוטה להגדרה של מושגים. לדוגמא, אם התכונה A היא צומח, התכונה B היא חי, והתכונה C היא מדבר, אזי דמיון בשלושה צדדים נותן לנו את הצומח שהוא חי ומדבר (העיגול הפנימי, ובעצם C). דמיון בשני צדדים נותן לנו את הצומח שהוא חי (שני העיגולים הפנימיים, ובעצם את B). במצב כזה הביטוי האינטנסיונלי הוא מורכב יחסית (הוא מכיל איחוד של כמה חיתוכים), והטיפול האקסטנסיונלי נותן תוצאה פשוטה הרבה יותר (קבוצה/תכונה בודדת).

המתודה של 'כללי ופרטי' מציעה לנו אפשרות להגדיר מושגים מורכבים יותר, באופן סיסטמטי מחד ואינטואיטיבי מאידך. המקרה הקונצנטרי-אריסטוטלי הוא נפוץ, ואנחנו נפגוש אותו בניתוח הסוגיות בפרקים שיבואו להלן.

מקרה פשוט אחר הוא יחס שבו כל התכונות הן באותו מעמד. או שהן זרות כולן זו לזו, או שהן חופפות חלקית כולן זו עם זו, כמו בציורים הבאים:

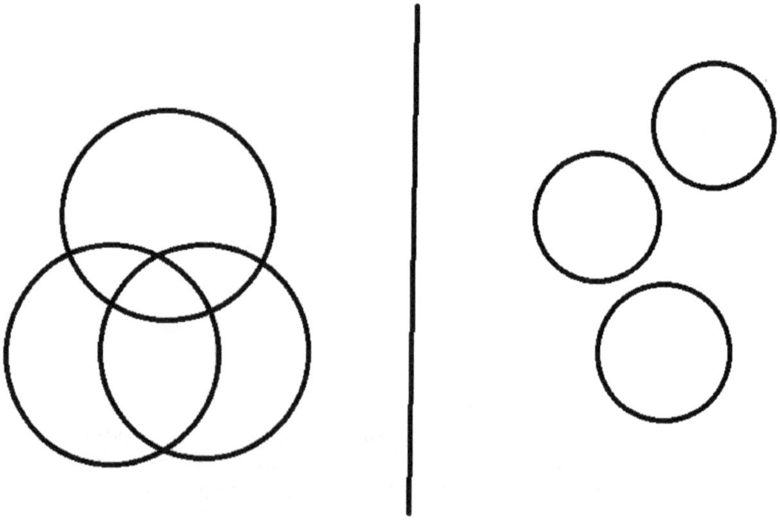

בצד הימני יש שלוש תכונות שאין שום יחס בין קבוצות הפרטים שמאופיינים על ידן. במצב כזה אין בכלל חיתוכים, וכל הכללה של שני צדדים או יותר לא כוללת מאומה. במצב השמאלי הביטוי האינטנסיונלי שקול לגמרי לביטוי האקסטנסיונלי, כי אין חפיפות מלאות וגם לא חיתוכים ריקים. אלו שלוש הדיאגרמות הרווחות ביותר, ואנו נראה כמה דוגמאות כאלה בהמשך הספר.

מה קורה כשיש רשימה של כמה פרטים?

ברוב המופעים המקראיים אנחנו פוגשים רשימה של כמה פריטים, שכולה מהווה את ה'פרט'. מה עושים כאשר יש לנו יותר מפרט אחד בפסוק? כאן יכולים להיווצר מצבים מורכבים, שכן לכל אחד מהפרטים יש תכונות שונות, וישנם יחסים בין הפרטים השונים.

ברוב הסוגיות באמת איננו מוצאים במפורש דרך סיסטמטית לטפל במקרים אלו. אבל סוגיית חולין, שתנותח להלן בפירוט, מלמדת אותנו שבמקרים אלו אנחנו דורשים דרשת 'כללי ופרטי' סביב כל אחד מהפרטים לחוד, ולאחר מכן משלבים את התוצאות ביחד, במכניזם שנכנה אותו 'רזוננס' (=תהודה).[21] המכניזם הזה נראה דומה מאד ל'צד השווה', אך בחינה מדוקדקת יותר מגלה שמדובר במכניזם שונה. את הפרטים וההבדלים, כמו גם את ההשלכות של ההבדלים בין המכניזמים, נציג בפרק על סוגיית חולין.

מסקנתנו היא שברוב הסוגיות, היכן שאיננו מוצאים את השלב הזה בתהליך, הסוגיא מתחילה את הדיון מהאמצע, כלומר מהשלב שאחרי הרזוננס. במקרים רבים הדבר נובע מכך שהתוצאה שלו היא מתבקשת, ולכן אין טעם לעשות זאת בפירוט. לשמחתנו, סוגיית חולין עושה זאת בפירוט, ומלמדת אותנו על קיומו של שלב כזה בתהליך הדרשה של 'כללי ופרטי'.

מקרה מעניין נוסף של כמה פרטים מופיע בסוגיית ב"ק סב (ראה פרק עשירי), שם הפרטים מחולקים לשתי תת-קבוצות, שאחת מהן מכילה שלושה פריטים

[21] סוגיית ב"ק סד עושה טיפול שונה לרשימת הפרטים (ראה להלן בפרק שלושה-עשר). שם כל פריט נוסף מוריד צד מדרישות ההכללה (כלומר מגדיל את רדיוס ההכללה). ההסבר שהצענו לכך הוא ששם הפרטים הם זהים מבחינת המאפיינים שלהם (=הצדדים).

והשנייה מכילה פריט אחד. גם שם דורשים כל קבוצה לחוד, ולאחר מכן מחברים את התוצאות. ובפרק שלושה-עשר ישנו מקרה אחר, שבו יש רשימה של פריטים, שחלקם שקולים זה לזה מבחינת המאפיינים שלהם. כפי שנוכיח שם, במקרה כזה הכפילות מלמדת אותנו שעלינו להרחיב את התוצאות לרדיוס רחב יותר (לדרוש צד אחד פחות של דמיון).

האם יש 'למד מן הלמד' בדרשות 'כללי ופרטי'

בסוגיות 'למד מן הלמד' בזבחים (סביב דף נ) אנחנו לא מוצאים שילובים בין מידות 'כללי ופרטי' למידות דרש אחרות. ניתן למצוא שם בעיקר שילוב בין מידות דרש הגיוניות (שני בנייני אב וקו"ח), וגם שילוב בין אלו לבין גז"ש. לדוגמא, תוצאה שנלמדה בקו"ח חוזרת ומלמדת הלכה נוספת בעוד קו"ח, או בבניין אב, או בגז"ש, וכדו'. אבל בכל הסוגיא שם, ולמעשה בכל ספרות חז"ל, לא ניתן למצוא ולו מקום אחד שבו משולבת דרשת 'כללי ופרטי' עם מידות דרש אחרות.

במחשבה שנייה, הסיבה לכך היא פשוטה מאד. כאשר יש למד מן הלמד, אנחנו לומדים מה מצינו (בניין אב) מקו"ח או להיפך. דבר כזה יכול להיעשות במידות ההגיוניות, שכן שם ההשוואה וההכללה מבוססות על התוכן הנלמד בדרשה, ואין צורך בטריגר טכסטואלי. אך דרשת 'כללי ופרטי' מתחילה במופע מקראי מסויים, ובלעדיו אין כל מקום לבצע דרשה כזו. כיצד בכלל נוכל לבצע דרשה של 'כלל ופרט וכלל' שמבוססת על קו"ח? תוצאת הקו"ח היא הלכה כלשהי, אבל כדי לבצע דרשת 'כלל ופרט וכלל' אנחנו זקוקים למופע מקראי מסויים, ולא להלכה מסויימת. לכן שילוב כזה הוא בלתי אפשרי.

מה עם הכיוון ההפוך? האם ניתן ללמוד הלכה כלשהי בדרשת 'כללי ופרטי', ומתוכה לחזור וללמוד באמצעות מידת דרש אחרת? עקרונית זה אפשרי. לדוגמא, אם נלמד בדרשת 'כלל ופרט וכלל' שניתן לקנות בממון מעשר שני גם מלח, אזי ניתן כעת ללמוד מכאן בגז"ש, או בקו"ח להקשר הלכתי נוסף שגם הוא יכול להיקנות בכספי מעשר שני, או שגם הוא יכול להיעשות במלח. אך

זהו מצב נדיר ביותר, שכן בדרך כלל התוצאה של דרשת ׳כללי ופרטי׳ היא הרחבת קבוצות, ולא לימוד של הלכה כזו או אחרת. ואכן אנחנו לא מוצאים בכל ספרות חז״ל שילוב של מידות ממשפחת ׳כללי ופרטי׳ עם מידות דרש נוספות במבנה של ׳ילמד מן הלמד׳.

נדגיש כי הדבר אינו נובע מהאופי הטכסטואלי של מידות אלה. לדוגמא, גז״ש, שגם היא מידת דרש טכסטואלית, כן מאפשרת שילוב עם מידות הדרש ההגיוניות. הסיבה לכך היא מאד פשוטה. התוצאה של גז״ש היא הלכה שנלמדה מהשוואה להקשר אחר. לאחר שיש בידינו הלכה כזו, אנחנו יכולים ללמוד ממנה בקו״ח הלכה נוספת. ולאידך גיסא, אם למדנו הלכה כלשהי בקרן על ידי קו״ח, אזי אם תהיה לנו גז״ש בין קרן לשן ורגל, נוכל להעתיק את ההלכה שנלמדה בקרן גם לשן ורגל.

והנה לכאורה אנחנו מוצאים חריג אחד, והוא בסוגיית חולין. בסוגיא שם לכאורה מופיע שילוב של דרשת ׳כלל ופרט וכלל׳ עם הצד השווה (בניין אב משני כתובים). ואכן יש ראשונים שהבינו כך את הסוגיא (ראה בפרק העוסק בה). אך כפי שנוכיח שם, לדעתנו לא מדובר בדרשת בניין אב, אלא בתהליך רזוננס, שמטרתו היא לאתר צדדים לדרשת כללי ופרטי׳ מורכבת. האופי הלוגי של התהליך הזה דומה במידה מסויימת לצד השווה, אך בהחלט לא מדובר בדרשת בניין אב, כפי שנוכיח בדיוננו על הסוגיא שם.

האבחנה אותה הצגנו כאן, שאין למצוא בכל ספרות חז״ל שילובים בין מידות ׳כללי ופרטי׳ בתוך מבנים של ׳ילמד מן הלמד׳, היא עצמה מהווה תמיכה משמעותית להצעתנו שם, לפיה בסוגיית חולין לא מדובר בדרשת בניין אב משני כתובים, אלא בשלב מקדמי ששייך לדרשת ׳כללי ופרטי׳. כאמור, אנו נסיק משם שגם ברוב ככל שאר דרשות ׳כללי ופרטי׳ בסוגיות התלמוד ישנו שלב מקדמי כזה, שמסייע לנו להגדיר צדדים במצב בו יש בפסוק רשימה שמכילה יותר מפרט אחד.

האם יש פירכות על דרשות 'כללי ופרטי'?

עוד תופעה שניתן למצוא במידות הדרש ההגיוניות ואיננו מוצאים אותו בדרשות 'כללי ופרטי', הוא פירכות. כבר הזכרנו שבדרשת בניין אב פורכים פירכא כל דהו. בדרשות של קו"ח פורכים בעשרות מקומות פירכות שונות (ראה בספרנו הקודם ניתוח מפורט שלהן).

והנה כאן אנחנו יכולים לראות שגם בדרשות שעושות שימוש בגז"ש אין פירכות. לכאורה נראה שזוהי תכונה של מידות טכסטואליות, שהרי זו מהותן שההשוואה לא נעשית בגלל קשר תוכני אלא בגלל מופע מקראי שמורה לנו לעשות השוואה כזו. אמנם גז"ש אינה ראיה, שכן זוהי המידה שאותה אין אף חכם דורש בעצמו אלא אם קיבלה מרבותיו (ראה **אנצי"ת** ע' 'גזירה שוה'). ומכיון שהדרשה נמסרה במסורת ייתכן שאין מקום לפרוך עליה מאומה.

אך דומה כי בדרשות במידות 'כללי ופרטי' ישנה סיבה מהותית לכך שאנחנו לא מוצאים פירכות. מהי בכלל פירכא? זהו הבדל (=פגיעה בדמיון) שקיים בין הלמד לבין המלמד. אבל כל מהותה של דרשת 'כללי ופרטי' היא להורות לנו לעשות הכללות שמוותרות על חלק מצדדי הדמיון. כלומר עלינו להכליל את ההלכה הנדונה מההקשר בו היא כתובה (הפרט), אל הקשרים אחרים שדומים אליו במידת דמיון מסויימת. על כן, מעצם ההגדרה לעולם תהיה פירכא על לימוד כזה: "מה ללמד שכן אין בו צדדים רלוונטיים שיש במלמד". אבל זה גופא פישרה של ההוראה לבצע הכללה של 'כללי ופרטי', שהיא מורה לנו להתעלם מההבדלים הללו ולבצע את ההכללה על אף שהדמיון הוא חלקי בלבד.

וכך כותב ר"י קארו ב**כללי הגמרא** שלו, על **הליכות עולם** שער ד סי' כז:

> ***ועוד שבמידה זו*** [=כלל ופרט וכלל] ***אנו מוכרחים לרבות עכ"פ ואפילו שיש פירכא, שלא נכתבו הכללים לחנם כי אם לרבות קצת ולמעט קצת. ומ"מ נתפוס המועט. אבל במה מצינו, אם לא נוכל ללמוד מחמת פירכא לא נלמוד.***

ראינו זאת גם כאשר עסקנו ביחס בין מידת בניין אב לבין מידות 'כללי ופרטי'. ראינו שם שעל מידת בניין אב עושים פירכא כל דהו, ולכן התוצאה

היא הכללה להקשרים שדומים למלמד בכל הצדדים ואפילו במאפיינים שאינם ממש רלוונטיים. כלומר פירכא אינה אלא צמצום של רדיוס ההכללה. לדוגמא, כאשר אנחנו מכלילים בצד השווה של שני מלמדים, X ו-Y, ללמד שנכנה אותו Z, מה שאנחנו עושים הוא הכללה של התכונה שמשותפת לשני המלמדים (נסמן אותה באות a), אל כל ההקשרים שמאופיינים בתכונה הזו. כיצד פורכים היסק מדרשי כזה? פירכא מבוססת על מציאת תכונה משותפת לשני המלמדים שלא קיימת בלמד: מה ל-X ו-Y שכן יש בהם גם תכונה ייחודית b שלא קיימת ב-Z. מהי המשמעות הלוגית של הדבר? שיש לצמצם את רדיוס ההכללה, וללמוד משני המלמדים אך ורק להקשרים הלכתיים שמאופיינים בשתי התכונות a ו-b גם יחד. כעת כבר לא תהיה פירכא על הלימוד, שהרי בכל הלמדים תהיינה שתי התכונות שיש במלמדים.

אם כן, משמעותה הלוגית של פירכא אינה אלא צמצום של רדיוס ההכללה (באופן שמוציא את הלמד הספציפי ממעגל ההכללה). כעת קל מאד לראות שמכניזם כזה לא יפעל בהקשר של דרשות 'כללי ופרטי', שכן בדרשות כאלה התורה עצמה מכתיבה את רדיוס ההכללה (כמה צדדי דמיון יש לשמור ועל כמה לוותר), ולכן אין כל משמעות להעלות פירכא על דרשה כזו. גם אם נמצא הבדל בתכונות בין המלמדים ללמד, זה לא יפריע להכללה, שהרי התורה עצמה הורתה לנו להתעלם מההבדל הזה. יתר על כן, לעולם תהיינה פירכות כאלה, שהרי כמעט בכל הדרשות אנחנו דורשים דמיון חלקי בלבד (כלומר לא בכל הצדדים אלא רק בחלק מהם).

למעשה הדברים מפורשים בסוגיית נזיר לד ע"ב, שם אומרת הגמרא:

> ***ומאחר שסופינו לרבות כל דבר, מה ת"ל מחרצנים ועד זג? לומר לך: כל מקום שאתה מוצא פרט וכלל, אי אתה רשאי למושכו ולדונו כעין הפרט, אלא נעשה כלל מוסף על הפרט, עד שיפרוט לך הכתוב כדרך שפרט לך בנזיר, מחרצנים ועד זג.***

כלומר במופע של 'פרט וכלל' אין לנו רשות לצמצם את רדיוס ההכללה. הוא הדין לכל המופעים האחרים, כל אחד לפי ההוראות שנוגעות אליו.

וכך כותב בעל **הליכות עולם**, שער רביעי סי׳ כו:

פרט ואחריו כלל נעשה כלל מוסיף על הפרט ונתרבה הכל. ואהני פרטא לאלומי כללא שמא יש דבר שלא היה מתרבה מן הכלל מכוח מידה מן המידות אם לא מחמת שקדמהו פרט ולעשו תהכלל מוסיף עליו ולרבות הכל. ואין לך למעט ממנו דבר מקל וחומר ומגזירה שוה או מדה אחרת.

הדברים פועלים גם לכיוון ההפוך. כאשר יש מופע של ׳כלל ופרט׳, שמורה לנו לא להרחיב את הפרט כלל, אזי אין להפעיל כאן שום מידת הרחבה אחרת (כמו בניין אב). וכך כותב בעל **הליכות עולם**, שער רביעי סי׳ כה, כאשר הוא עוסק במידת ׳כלל ופרט׳:

ואם תאמר, אם כן למה נכתב הכלל הואיל ואין למדין ממנו דבר? ויש לומר דאי לאו כללא היינו מוסיפים על הרט בבניין אב או במידה מן המידות, והילכך אהני כללא כדי שתדע שהפרט דווקא הוא ולא גמרינן מיניה מידי בשום מידה מ המידות שאין לך בו אלא מה שפירשה תורה בלבד, וכן מפרש לה בנזיר.

וכן הוא בספר **הכריתות** ח״א בית ה סעיף א, ובמפרשי ברייתת המידות על מידה זו. וראה גם בתוד״ה ׳איכא׳, נזיר לה ע״ב ומקבילות.

המסקנה היא שמידות ׳כללי ופרטי׳ הן יחידות אוטונומיות. אין להמשך אותן באמצעות דרשות במידות נוספות, וגם אין לסייג אותן באמצעים אלו או אחרים. מופע של ׳כללי ופרטי׳ יידרש לפי העקרונות של מידות אלו, ותו לא.

מערכת ׳כללי ופרטי׳

בפ״ז כהנא מתייחס לשלוש מידות הדרש הללו כמידות שונות, שהתפתחו זו מתוך זו. מידת ׳כלל ופרט׳ נקבעת אך ורק על פי הפרט, מידת ׳פרט וכללי׳ נקבעת אך ורק על פי הכלל, כלומר שתיהן נשלטות על ידי הגורם השני. בהערה 149 הוא אף מעלה את ההשערה שמידת ׳פרט וכללי׳ נוצרה באופן מלאכותי כדי להשלים את המידה שכנגדה ׳כלל ופרט׳ , מתוך הנחה שתמיד

האיבר האחרון הוא הקובע. ומידת 'כלל ופרט וכלל' היא שאחראית על הכללות. הוא מסביר שמסיבה זו כנראה השימוש בה הוא הנפוץ ביותר.

לפי דרכנו אכן המידות הללו משלימות זו את זו, אך שלושתן זוויות שונות של אותה מידה קדומה, שנקראה 'כללי ופרטי'. הן לא התפתחו זו מתוך זו, אלא שלושתן נפרדו כאחת מתוך המידה הכללית של 'כללי ופרטי'. אכן האחת משלימה את חברתה, אבל זו לא סיבה להמציא מידה, אלא זוהי סיבה פרשנית שלימדה את חז"ל שההמשגה הנכונה של המידה אותה הם קיבלו במסורת היא ההמשגה המשולשת הזו. השלימות והכלליות של המבנה שנוצר היא עצמה ראיה לתקפותה של המשגה זו. קשה להניח שחכמים ממציאים מידות דרש כדי להשלים מבחינה אסתטית את תמונת מידות הדרש. יותר סביר שהאסתטיות היא מדד לאמיתיות, כמו בכל הכללה מדעית. כפי שראינו, ההמשגה היא תהליך מדעי של זיקוק חוקים כלליים מתוך אוסף של פרטים, וככזו היא נבחנת גם בפריזמה האסתטית. אכן גם במדע מקובל שהשלימות הלוגית מהווה מדד אסתטי לתקפות של תיאוריה, או הכללה.

בנוסף לכך, לא נכון לומר שבמידות 'כלל ופרט' ו'פרט וכלל' תמיד האיבר האחרון הוא הקובע. כל מידות 'כללי ופרטי' הן שילוב של כל השרשרת. אם היה רק פרט, היינו מכלילים בבניין אב. רק שרשרת של 'כלל ופרט' מורה לנו לא להרחיב (הכללה ברדיוס 0). לעומת זאת, שרשרת של 'פרט וכלל' מורה לנו על הרחבה מלאה (צד אחד), ושוב לא בגלל האיבר האחרון (ה'כלל'), אלא בגלל המבנה. מה שקובע את המופע המקראי ואת ההוראה הדרשנית הוא השרשרת כולה.

לפי הצעתנו, מכלול המידות הללו הוא מערכת שלימה שאחראית על הכללות, מרדיוס 0 עד רדיוס מכסימלי (צד אחד), וכולה השתלשלה, התפרטה והומשגה, מהמסורת שניתנה למשה בסיני.

כהנא בפ"ט מדבר גם הוא על ההתפתחות של מידות 'כללי ופרטי', ומצביע על ההתרחבות שלהם עם הדורות. הוא שואל את עצמו מהן הסיבות שהובילו להתפתחות הזו, ורואה בה בעיקר תגובה שמטרתה להגביל שימושים לא זהירים שעלולים להוביל למסקנות הלכתיות בעייתיות (כמו גם השלמה של

עקיבותה השיטתית, כפי שהזכרנו לעיל). הדבר נוצר, לדעתו, בגלל פער הולך וגדל בין המקרא לבין ההלכה המתפתחת.

לפי דרכנו התהליך דומה, אבל כיוונו הפוך. הסיבות לפיתוח של המערכת המסועפת של 'כללי ופרטי' הוא המשך הפורמליזציה וההמשגה, שמוציאה מן הכוח אל הפועל את מה היה חבוי במערכת מתחילתה. ככל שהאינטואיציה ההלכתית-מדרשית נחלשת, כך גובר הצורך במערכת פורמלית שתהווה תחליף לאינטואיציה הדרשנית.[22]

---

[22] עמדנו על כך למעלה. ראה גם בפסרו של מ. אברהם, **שתי עגלות וכדור פורח**, בשער השלישי, בדיון על ירידת הדורות.

פרק רביעי: סכימה כללית

מבוא

בפרק זה נסכם את מה שעלה מדברינו עד כה, באופן של אלגוריתם לביצוע דרשת 'כללי ופרטי'. יש לציין שהאלגוריתם הזה הוא בעל משמעות כפולה, ואולי משולשת: ראשית, הוא מסייע לנו להבין את דרך הדרשה של חז"ל, ולפענח דרשות ספציפיות שמצויות בספרות ההלכתית. שנית, זה עשוי לסייע לנו לזהות דרשות לא מובנות כדרשות 'כללי ופרטי', שכן בספרות חז"ל לא תמיד מקפידים על הניסוח הקאנוני של 'כללי ופרטי', ויש דרשות שמוצגות באופן סתמי, ומאחורינן עומד מכניזם של 'כללי ופרטי'. שלישית, לאחר שנשתכנע שאכן הבנו את המכניזם של הדרשה, נוכל אולי לדרוש דרשות 'כללי ופרטי' חדשות, מפסוקים שטרם נדרשו במידות אלו. הדרשות הללו, כמו כל דרשה שעשו חז"ל עצמם, עשויות לסמוך הלכות ידועות, או ליצור הלכות חדשות.

מבחינה מתודולוגית, היה עלינו להציג סכימה ראשונית של הדרשה ב'כללי ופרטי', כזו שבנינו עוד לפני שראינו את פרטי הסוגיות, ובה השתמשנו בבואנו לנתח אותן. העיון והניתוח של הסוגיות עצמן הוסיף שלבים ופרטים שונים לאלגוריתם הסכימטי, ואת הזה היה עלינו לתאר בסוף הספר כמסקנה של לימוד הסוגיות השונות. אך מבחינה פדגוגית חשנו כי הצגה מקדמית של הסכימה כולה נותנת בידי הקורא כלים לקרוא ואף לבקר את הנחותינו ומסקנותינו בעיון בסוגיות עצמן, ולכן החלטנו להקדים את האלגוריתם המלא, ובפרטים מסויימים לתת הפניות לפרקים שיבואו. לאחר קריאת הספר, הקורא יכול לשוב לכאן ולעבור שוב על האלגוריתם, ולהשתכנע (או לא) בכך שזה אכן מה שעולה מהסוגיות.

אם כן, כעת נציג את האלגוריתם שמתקבל ממה שתיארנו עד כה, ובהתחשב גם בניתוחי הסוגיות שיוצגו בפרקים הבאים. כאמור, ההדגמה והפירוט, וגם מקורות הדברים בספרות חז"ל, מצויים כולם בפרקים שיבואו להלן.

האלגוריתם הכללי

בבואנו לבצע דרשה באחת ממידות 'כללי ופרטי', יש לנהוג על פי השלבים הבאים:

א. תחילה יש לאתר האם עומד לפנינו מופע מקראי שאמור להידרש באחת ממידות 'כללי ופרטי'. כדי לעשות זאת, יש לאבחן האם ההוראה בפסוק מנוסחת בלשון שמתחלפת בין כלל לפרט.
כפי שכבר הזכרנו,[23] לפעמים לשון כלל אינה באה לידי ביטוי במונח שמכליל באופן מפורש, כמו 'כל'. בדרך כלל הוא צריך לתאר משהו שכולל את הפרטים כאיברים או תת-קבוצות שלו.
עוד רואים שיש לשונות כלל שמתפרשות כריבוי (ראה פרק שנים-עשר, ס"ג, על סוגיית זבחים, במחלוקת רש"י ותוס' שם. וכן בפרק העשירי לגבי סוגיית ב"ק סב, בחילוק בין 'כל' ל'בכל').
עוד יש לציין שהדרשן צריך לבדוק האם יש הבדל בין שני הכללים, או בין הכלל לפרט, כגון שכלל אחד הוא קבוצה פחות רחבה מהשני, או שאחד הוא אזהרה והשני עונש וכדו'. ראה בפרק שנים-עשר על השיטות השונות בעניין זה, ומה נותר למסקנה.

ב. לאחר מכן יש לאבחן איזה מהמופעים המקראיים מצוי בפסוק הנדרש? האם יש כאן 'כלל ופרט' או 'פרט וכלל' או מבנה משולש כלשהו (אם הפרט מופיע אחרי שני הכללים, ראה להלן סעיף ח).

ג. בשלב הבא עלינו לרשום את רשימת הפרטים שמופיעים בפסוק. יש לבחון האם הם מחלוקים לקבוצות או שיש להתייחס אליהם כאוסף של פרטים בודדים. לדוגמא, "שור, חמור, שה ושלמה", מחולקים בסוגיית ב"ק לשתי קבוצות: שלושה בעלי חיים ודומם.

---

[23] ראה למעלה בהערה 43 (מתחת לדיון בדרשת הפסוקים ביחזקאל על החופות שעשה הקב"ה לחווה).

בסוגיית חולין סה-ו יש דוגמא שבה אחד הפרטים הוא עצמו קבוצה (=חגב), ולא תכונה ייחודית. במצב כזה הפרט הזה מתפקד באופן לוגי שונה מכל פרט אחר. הוא מטיל מגבלה על תוצאת הדרשה (ראה על כך בפרק השמיני).

ד. באופן עקרוני יש להחליט האם דורשים כאן את כל הפרטים יחד (כמו בסוגיית עירובין), או שדורשים 'כלל ופרט וכלל' סביב כל פרט לחוד, ואז עושים בניין אב וצד שווה (כמו שנראה בסוגיית חולין). הדבר שנוי במחלוקת ראשונים: יש שיטות (רש"י) שתמיד דורשים כל פרט לחוד, ויש שיטות (תוס' ורמב"ן) שדורשים כל פרט לחוד רק אם יש אינדיקציה טכסטואלית שמורה לנו לעשות כן. אמנם מסקנת הניתוח שלנו היא שנראה כי חז"ל תמיד דורשים כל פרט לחוד, אלא שלפעמים התוצאה היא פשוטה ואין צורך לעשות זאת בפירוש, ולכן ניתן להתחיל ישירות מהצדדים הכלליים. אמנם כפי שנראה להלן (ראה סעיף יג) ישנם מצבים שהפרטים דומים או כוללים, ואז דורשים את כולם יחד.

ה. לאחר שהוחלט מיהו הפרט שאותו דורשים כעת, יש לאתר את כל המאפיינים הרלוונטיים של כל פרט מקראי.

ו. לאחר מכן יש לאתר את המאפיינים הרלוונטיים מתוכם, ואלו יוגדרו כצדדים של הבעייה. הבירור הזה נעשה תוך התחשבות בכללים שמופיעים בפסוק (שכפי שראינו, תפקידם לתת לנו קונטכסט שמסייע לזהות את התכונות הרלוונטיות).

זוהי נקודה רגישה, שכן כפי שראינו לא כל מאפיין נלקח בחשבון. יש להתחשב רק במאפיינים רלוונטיים (וזהו שיקול מסברתו של הדרשן, לפי הקונטכסט של ההלכה הנדונה).

יתר על כן, לפעמים יהיו מצבים בהם שני צדדים שונים ייחשבו כצד אחד בלבד. זהו מצב של 'צדדים גרועים', שעולה בתוס' עירובין לה, ונדון מעט יותר בפירוט להלן בסוף פרק ארבעה-עשר. הדבר קורה

כאשר ישנו דמיון מובהק בין שני הצדדים, אבל לא מדובר על זהות באקסטנסיה אלא על דמיון באינטנסיה (פירוש: רעיון דומה, ולא זהות בהיקף, כלומר מבחינת קבוצת ההקשרים שהם מייצגים)[24].

ישנן כמה ראיות לכך שכאשר יש בבעייה רק שני צדדים רלוונטיים בלבד, אנו מוסיפים גם את הצד הטריביאלי (=הקונטכסט) כצד שלישי (הדבר עולה מסוגיית שבועות כו, שנדונה בפרק השביעי, וממקבילות שנראה גם בשאר הפרקים).

מספר הצדדים של הבעייה יסומן להלן ב-n.

ז. עלינו להחליט האם הולכים בשיטת 'קמא דווקא' או בשיטת 'בתרא דווקא'. נעיר כי לא ברור מהראשונים מה מהשיטות נפסק להלכה. למיטב הערכתנו, סתמא דגמרא מניח בדרך כלל 'כללא בתרא דווקא' (אמנם יש לא מעט יוצאי דופן).[25]

ח. מתוך המופע המקראי ניתן לזהות את רדיוס ההכללה, כלומר בכמה צדדים יש להכליל. הדרך לעשות זאת מתוארת בטבלא הבאה:

---

[24] מקובל לחשוב שזהות באקסטנסיה היא תנאי חלש מדיי, כלומר היא בגדר תנאי הכרחי אך לא מספיק לצדדים גרועים. הסיבה לכך היא שלפעמים יש זהות באקסטנסיה שאינה מבוססת על זהות באינטנסיה, כלומר יש שני מושגים בעלי תוכן שונה שיש להם אותה אקסטנסיה (לדוגמא, נשך ותרבית. ראה בגמרא ב"מ ס ע"ב, "אלא אמר רבא..."). אבל אין מצב של צדדים שזהים באינטנסיה (=ברעיון) אך לא באקסטנסיה. הדבר נובע מכך שלמושגים זהים יש את אותו היקף.

אך בסוף פרק ארבעה-עשר הערנו שבכל זאת ייתכן מצב הפוך, כלומר ייתכן מצב בו יש שני צדדים גרועים שייחשבו כצד אחד, על אף שיש ביניהם הבדל באקסטנסיה. רעק"א וה**קרן אורה** בזבחים ד ע"ב העירו שטעון צפון וישנו בחטאות הפנימיות נחשבים שם כצד אחד, על אף שהולכה אינה טעונה צפון, אך היא ישנה בחטאות הפנימיות.

המסקנה היא שהזהות באקסטנסיה אפילו אינה תנאי הכרחי. היא לא חשובה כלל לעניין זיהוי הצדדים. רק האינטנסיה קובעת. עוד רואים שבמישור האינטסיה מה שנחוץ כדי לקבוע ששני צדדים הם גרועים הוא רק דמיון, או שורש משותף, אך לא בהכרח זהות מוחלטת.

[25] למעלה הסברנו את ההיגיון שיש בגישה זו (כדי שמבנה של 'כלל ופרט וכללי' לא יזדהה עם בניין אב).

	לשיטת 'קמא דווקא'	לשיטת 'בתרא דווקא'
פרט וכלל	צד אחד	צד אחד
כלל ופרט וכלל	כל הצדדים הרלוונטיים	שני צדדים
פרט וכלל ופרט	שני צדדים	כל הצדדים הרלוונטיים
כלל ופרט	אין הכללה	אין הכללה

נזכיר כי כאשר n>3 ראינו לעיל שמספר צדדי ההכללה אינו מוגדר באופן חד ערכי על ידי הטבלא.

מספר צדדי ההכללה של הבעייה יסומן ב-m.

נוסיף כאן, שאם יש מופע מקראי של 'כלל וכלל ופרט', ישנה מחלוקת האם במקרה כזה גם לפי דבי ר"יש דורשים ב'ריבוי ומיעוט', או שבמקרה כזה שמים את הפרט בין שני הכללים ודורשים ב'כלל ופרט וכלל'.

ט. החישוב האינטנסיונלי הוא פשוט: תוצאת הדרשה היא איחוד של k תת-קבוצות שונות שמספרן נתון בנוסחא:

$$k=n!/[(n-m)!m!]$$

כל תת קבוצה היא חיתוך של m צדדים שונים מתוך ה- n.

י. אם אנחנו רוצים לבחון האם הקשר ספציפי כלשהו כלול בתחולת ההלכה הנלמדת מהדרשה, יש לבחון האם להקשר הזה יש m מאפיינים שונים מתוך ה- n.

יא. אם אנחנו רוצים לקבוע את התוצאה באופן עקרוני, רצוי לעשות את החישוב האקסטנסיונלי, ולקבוע באופן כללי את הקבוצה שלגביה חל הדין שנלמד מהפסוק.

לצורך החישוב הזה עלינו לבחון את היחס-בזוגות בין כל שני צדדים, ולשרטט מתוך כך את דיאגרמת ון. עבור כל צמד צדדים ייתכנו שלוש

תוצאות-בזוגות: 1. הכלה (=קונצנטריות). 2. יחס של זרות. 3. חפיפה חלקית. התוצאה של התהליך כולו צריכה להיות דיאגרמת ון של קבוצות, שמציגה את כל הצדדים של הפרט הרלוונטי בדרשה.

יב. כעת אנחנו מסמנים את השטח שרוכב על גבי m שכבות לפחות, וזוהי תוצאת הדרשה.

יג. עד כאן ביצענו דרשה של הכללה סביב פרט אחד. אם ישנם כמה פרטים יש להבחין בין שני מקרים:

1. אם הפרטים הם בעלי מאפיינים זהים (ואולי אפילו אם אחד מוכל בשני), זהו ייתור, והוא מלמד אותנו להרחיב את רדיוס ההכללה מעבר למה שהנוסחה, כלומר הטבלא למעלה, מחייבת (כמו בסוגיית ב"ק סד, בפרק שלושה-עשר).

2. אם הפרטים הם שונים (ולא מוכלים) אזי יש לבצע את הדרשה לפי האלגוריתם שתואר עד כאן, עבור כל אחד מהם לחוד.

יד. במקרה 2, בין התוצאות שהתקבלו בשלב הקודם יש לבצע תהליך של רזוננס, שייתן לנו את הצדדים הכלליים של הבעייה (לפירוט ראה בפרק על סוגיית חולין). בהינתן הצדדים הכלליים אנחנו עושים כעת דרשה של 'כללי ופרטי' על הצדדים הכלליים. כלומר במישור האקסטנסיונלי יש לבצע את השלבים מי"א והלאה עבור הצדדים הללו. אם אנחנו מעוניינים בתוצאה האינטנסיונלית (כלומר עבור הקשר מסויים), יש לבצע את השלבים ט-י.

טו. אם תוצאת הדרשה אינה מחדשת דבר מעבר למה שכתוב ברשימת הפרטים, יש לחפש הרחבה נוספת, מעבר לקבוצה אליה הגענו, גם אם מספר הצדדים אינו מתאים לנוסחה כללית (בדומה לסעיף יג1).

טז. אם תוצאת הדרשה חורגת מעבר לכלל בתרא, הדבר אינו אפשרי, ויש לדרוש בריבוי ומיעוט או למצוא מוצא אחר (ראה סוגיית ב"ק סד,

ולהלן בפרק שלושה-עשר). לגבי חריגה מכללא קמא, לפחות לשיטת רש"י שם נראה שהדבר אפשרי.[26]

דוגמא 'מהחיים'

רק כדי להבהיר את הדברים, נציג דוגמא מפורטת, מתחום שהוא לחלוטין לא הלכתי (הדוגמא הזו מנותחת בפירוט במאמר באנגלית). חשוב לציין שהדוגמא הזו היא תרגום מדוייק של הדרשה בסוגיית חולין סד-סה, שעוסקת בכשרות של חגבים לאכילה, לשפה ומונחים מודרניים. דוגמא זו מאירה באור חדש את ההיגיון של הדברים, ומראה שכאשר התורה משתמשת בצורת ההגדרה של 'כללי ופרטי', לא מדובר כאן בתהליך מכני עיוור ושרירותי, אלא בצורת ביטוי סבירה והגיונית. בחרנו בדוגמא זו מפני שהיא מורכבת יחסית, שכן הרשימה של הפרט כוללת כמה פריטים, מה שמחייב אותנו לבצע גם הליך של רזוננס. בנוסף, אחד מהפריטים הללו הוא תכונה ולא פרט ספציפי (כמו בסוגיית חולין), דבר שמסבך עוד יותר את הפרוצדורה. אנחנו נציג כאן ניתוח מפורט של ביצוע ההיסק, ונדגים כל שלב ממנו, על אף שלא הכל הוסבר עד כאן. הפרטים יימצאו בפרקים הבאים, ובעיקר בסוגיית חולין. הקורא יוכל להתרשם מאופן ביצוע הדרשה, מהמטרה של היסק כזה, ושל ניסוח כזה של הוראות נורמטיביות (כמו ציוויים).

חשוב על מצב בו בעקבות משבר כלכלי ממשלת ארה"ב מחליטה לתמוך בחברות שונות שנקלעו לקשיים. צורת תמיכה אפשרית היא לגבות מהן את המיסים והחובות שלהן לא בכסף מזומן, אלא על ידי קבלת מניות שלהן. אך הממשלה אינה מוכנה לעשות זאת לכל חברה שהיא, והיא רוצה לפעול על פי קריטריונים כלשהם. בגלל המחוייבות לאזרחים והמינהל התקין, לא כל מניה נחשבת כנכס שסביר לקחת אותו לאוצר המדינה, ולא כל חברה מצדיקה תמיכה ממשלתית, אם היא באה על חשבון הקופה הציבורית.

---

[26] הוא מסביר שכללא קמא בא למעט, ולכן הוא לא מהווה חסם על רדיוס ההכללה. רק כללא בתרא שבא לרבות מהווה חסם כזה. הנימוק הפורמלי הוא שמבנה של 'פרט וכלל' שמרבה הכל, ודאי לא יכול לחרוג מעבר לכלל, ואם מוסיפים לפניו כללא קמא שבא למעט, זה ודאי לא יכול להביא ליתר הרחבה.

בפרסום הממשלתי מופיע הקריטריון הבא:

> ***הממשלה תתמוך בחברות שמראות סימני ופוטנציאל התאוששות מהמשבר. חברות כמו מיקרוסופט, גולדמן-סאקס, או חברת הנפט של דרום טקסס, או כל חברה ששמה קשור באופן מובהק למוניטין האמריקני (כמו קוקה-קולה למשל), או כל חברה דומה אחרת.***

מעיון פשוט אנחנו מזהים שהניסוח הזה אינו אלא מבנה משולש של 'כלל ופרט וכלל':

> ***חברות שמראות סימני ופוטנציאל התאוששות*** – כלל קמא.
>
> ***מיקרוסופט, גולדמן-סאקס, חברת הנפט של דרום טקסס, או כל חברה ששמה קשור באופן מובהק למוניטין האמריקני (כמו קוקה-קולה למשל)*** – רשימת פרטים, שמחולקת לשלושה בודדים ותכונה/קבוצה.
>
> ***או כל חברה דומה אחרת*** – כלל בתרא.

עד כאן עברנו את שלבים א-ג באלגוריתם שלנו. זיהינו מופע של 'כלל ופרט וכלל', ומנינו את הפרטים. זיהינו שהם מחולקים לשלושה בודדים ותכונה/קבוצה אחת.

כעת אנחנו מניחים שיש לבצע (לדרוש) הכללה סביב כל פרט כזה לחוד, והתכונה שבסוף תלמד אותנו משהו על הקונטכסט (כמו שקורה בסוגיית חולין).

השלב הבא הוא לזהות את התכונות הרלוונטיות של הפרטים הללו. כפי שהסברנו למעלה, כדי לזהות מהן התכונות הרלוונטיות מתוך מכלול התכונות של הפרטים הללו, אנחנו משתמשים בקונטכסט (קריטריונים סבירים לעזרה ממשלתית לחברות במצוקה), ולפעמים גם בכלל קמא.

נראה סביר שהדוגמאות הללו משקפות את התכונות הבאות: חברה גדולה (הרבה מועסקים). חברה בינלאומית. חברה שסובלת מבעיות אשראי. פוטנציאל צמיחה חזק.

בשלב הבא אנחנו יוצרים טבלא שבה מופיעות כל התכונות ביחס לכל הפרטים ברשימה:

	הרבה מועסקים D	בינלאומיות A	בעיות אשראי B	פוטנציאל צמיחה C
טקסס	+	+	-	-
גולדמן	+	+	+	+
מיקרוסופט	+	+	-	+
השם האמריקני	+	+	+	+

נדגיש שוב כי זו בדיוק הטבלא שמופיעה לצדדים של החגבים בסוגיית חולין (השוו לטבלא שם).[27]

ניתן לראות שמספר הצדדים הרלוונטיים בבעייה, עבור כל אחד מהפרטים, הוא: n=4. אמנם יש כאלה שהצדדים שלהם הם שליליים (לדוגמא, אחת התכונות של טקסס היא היעדר פוטנציאל צמיחה), ויש כאלה שהצדדים שלהם הם חיוביים (לדוגמא, לגולדמן יש פוטנציאל צמיחה).

בשלב הבא אנחנו מגדירים את רדיוס ההכללה על פי המופע הטכסטואלי. מתוך הטבלא שהובאה בסעיף ח של האלגוריתם, בגלל שהמבנה כאן הוא 'כלל ופרט וכלל', מספר הצדדים בהם יש להכליל (בשיטת בתרא דווקא) הוא: m=2.

כעת עלינו לבצע דרשה סביב כל פרט לחוד, על פי תכונותיו. נתחיל בטיפול אינטנסיונלי. ההכללה סביב כל אחד משלושת הפרטים הספציפיים נותנת איחוד של k תת-קבוצות, שכל אחת מהן היא חיתוך של צמדי צדדים. מהו k במקרה זה? מהנוסחא למעלה (סעיף ט של האלגוריתם), חישוב פשוט נותן לנו: k=6. אם כל כל דרשה נותנת לנו איחוד של 6 תת-קבוצות, שכל אחת

[27] בשורה האחרונה בטבלא (שהיא ריקה שם) ניתן למלא + גם שם, לאחר שהגענו למסקנת הסוגיא, שכל התכונות הנדונות פועלות במסגרת של החגבים.

מהן היא חיתוך של שני צדדים שונים מתוך אלו שמאפיינים את הפרט הנדון (זה שסביבו מתבצעת ההכללה).

תוצאת ההכללה סביב גולדמן-סאקס היא:[28]

$$(A \cap B) \cup (A \cap C) \cup (B \cap C) \cup (D \cap A) \cup (D \cap C) \cup (D \cap B)$$

אם נרצה תוצאה אקסטנסיונלית לדרשה זו, עלינו לצייר את דיאגרמת ון. במקרה זה, לא נראה שיש קשר בין התכונות השונות, ולכן הדיאגרמה היא כללית, למעט העובדה שהכל מתרחש בתוך חברות ששמן קשור למוניטין האמריקאי, כלומר שזה המעגל שמקיף את כל הדיאגרמה. מה שמתקבל הוא דיאגרמה רגילה ללא חפיפות, מהטיפוס הבא:

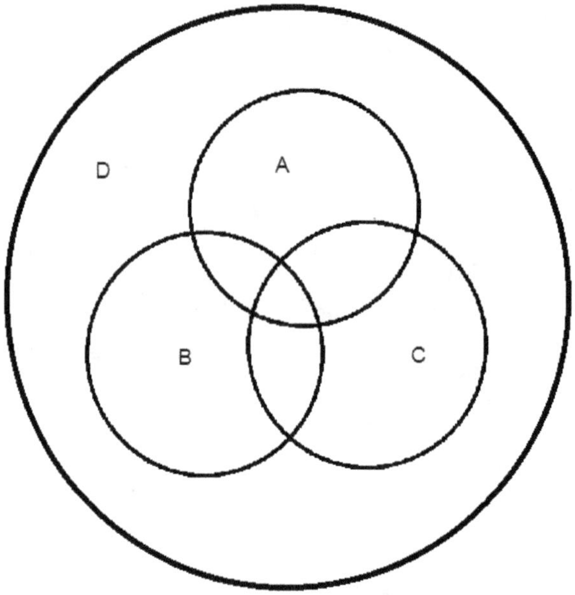

[28] התחלנו מגולדמן-סאקס מפני שכל התכונות שלה הן חיוביות. כאן יהיה קל יותר להדגים את האלגוריתם. סדר הפריטים בדרשה אינו משנה את התוצאה.

קל מאד לראות שאין כאן חפיפות מיוחדות, ואין שום חיתוך ריק בין צמד קבוצות כלשהו, ולכן התיאור האקסטנסיונלי לא יהיה פשוט יותר מהתוצאה שהגענו אליה בטיפול האינטנסיונלי.

רק כדי להשלים את התמונה, נציג כעת את התוצאה האקסטנסיונלית, על ידי סימון השטחים שמונחים מעל שתי שכבות (יש להם שתי תכונות דמיון לפרט – גולדמן-סאקס):

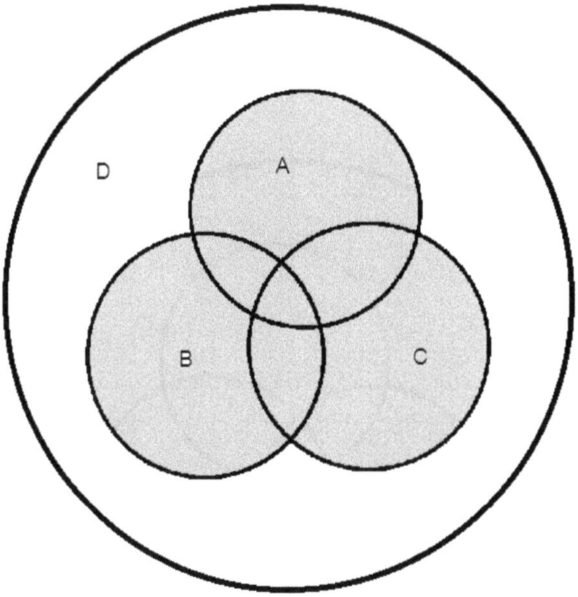

נרשום כעת את התוצאה לדרשה שמכלילה סביב טקסט:

$(A\cap\sim B)\cup(A\cap\sim C)\cup(\sim B\cap\sim C)\cup(D\cap A)\cup(D\cap\sim C)\cup(D\cap\sim B)$

תוצאת ההכללה סביב מיקרוסופט היא :

$$(A\cap\sim B) \cup (A\cap C) \cup (\sim B\cap C) \cup (D\cap A) \cup (D\cap C) \cup (D\cap\sim B)$$

עד כאן סיימנו את הדרשה סביב כל פרט. כעת אנחנו מבצעים את השלב שקרוי רזוננס, שמטרתו לאחד את כל תוצאות הדרשות הללו. כאמור, מפשט הסוגיא בחולין נראה שמדובר כאן בהיסק של 'הצד השווה' (בניין אב משני כתובים). אך כפי שראינו לא סביר שזהו הצד השווה, שכן אנחנו לא מוצאים שילוב של דרשת 'כללי ופרטי' עם מידות דרש אחרות (כמו בניין אב). יתר על כן, כפי שנראה בסוגיית חולין, גם תוצאות הדרשה מורות שזה לא בניין אב משני כתובים (להלן נראה זאת גם כאן).

בשלב זה אנחנו עושים איחוד בין הקבוצות שהתקבלו משלושת הדרשות, ולכן כאשר יש לנו קבוצות משלימות ניתן להתעלם משתיהן. לדוגמא, אם יש לנו איחוד בין $(A\cap\sim B)$ לבין $(A\cap B)$, התוצאה היא A.[29] כאמור, תוצאת הרזוננס אינה תוצאה של הצד השווה, אלא זיהוי של הצדדים הכלליים לדרשה הסופית והכללית. מכיון שצריכים להיות כאן שני צדדים, הרי שהתוצאה A אינה רלוונטית, כי היא מכילה רק צד דמיון אחד, ועבור מופע טכסטואלי של 'כלל ופרט וכלל' אנחנו מחפשים הקשרים שדומים בשני צדדים לפחות. המסקנה היא שבכל פעם שיש שתי תכונות משלימות ניתן להתעלם לגמרי מצמד הסוגריים הללו.

בסופו של תהליך הרזוננס אנחנו מקבלים עבור כל החברות את התוצאה :

$D\cap A$. אם תהליך הרזוננס היה היסק של 'הצד השווה' בין תוצאות הדרשות הפרטיות, כפי שנראה לכאורה מפשט הסוגיא בחולין, אזי זו היתה התוצאה הסופית של הדרשה (ראה שם את הפרטים) : כל חברה שהיא בינלאומית ושהיא מעסיקה הרבה עובדים. יתר על כן, מתוכן המאפיינים הללו ניתן לפשט זאת יותר. הנחה סבירה היא שכל חברה בינלאומית מעסיקה הרבה עובדים, ולכן התוצאה הסופית היא שמי שזכאי לתמיכה ממשלתית הוא אוסף החברות הבינלאומיות.

---

[29] הצד השווה לשניהם הוא A, והאיחוד מוכיח שהצד B אינו רלוונטי.

אמנם יש לשים לב שעד עתה לא התחשבנו בכך שיש ברשימת הפרטים עוד פרט קבוצתי: החברות ששמן קשור למוניטין האמריקאי (כמו קוקה-קולה). עקרונית היה עלינו לבצע עוד דרשת 'כלל ופרט וכלל' סביב הפרט הזה, אך זוהי תכונה ולא פרט, ולכן לא ברור מה עלינו לעשות איתה במכניזם של 'כלל ופרט וכלל' (ראה בפרק על סוגיית שבועות דוגמא לרשימה שמכילה תכונות ולא פרטים, אבל שם כן ברור מה עלינו לעשות איתן). איך אפשר להכליל תכונות (לתכונה יש תמיד רק צד רלוונטי אחד – היא עצמה)? אנחנו נראה מייד מה תפקידה של התכונה הזו בהמשך התהליך, אך קודם נשוב לתוצאת תהליך הרזוננס הקודם.

כפי שהסברנו, כאן לא מדובר בהיסק של הצד השווה, אלא בתהליך רזוננס שמטרתו לחלץ את הצדדים הרלוונטיים עבור דרשת 'כלל ופרט וכלל' הכללית שמתבצעת בסוף התהליך. לפיכך משמעותה של התוצאה שקיבלנו אינה תוצאת הדרשה, אלא איתור הצדדים הרלוונטיים לדרשה הכללית. התוצאה היא שצדדים אלו הם D ו-A. כעת עלינו לבצע עוד דרשת 'כלל ופרט וכלל'.

כעת נחזור לשאלה מה עושים עם הפרט שהוא תכונה קבוצתית, ונוכל להבין גם את התשובה לה. חז"ל בסוגיית חולין מסבירים לנו שהתכונה הזו מצטרפת לתכונות שנמצאו בתהליך הרזוננס, וביחד עושים מכולן עוד דרשת 'כלל ופרט וכלל' סופית. מעיון בסוגיית חולין עולה שעלינו להתחשב בתכונה הזו כקונטכסט כללי לדרשה, כלומר שרק חברות כאלה באות בחשבון. פירוש הדבר הוא שהתכונה הזו מתפקדת כצד נוסף של הבעייה (המוניטין האמריקאי), שיסומן באות E. אם כן, כעת יש לנו דרשת 'כלל ופרט וכלל' סופית, ובה שלושה צדדים: A, D, E.

כעת אנחנו צריכים לבצע דרשת 'כלל ופרט וכלל' סופית עם שלוש התכונות הללו, אינטנסיונלית או אקסטנסיונלית. לשם כך נבחן את היחס בין שלוש התכונות שקיבלנו. התכונה (=הצד) E מעצם הגדרתה מקיפה את כל המרחב הרלוונטי (שכן כפי שראינו בסויית חולין למדנו שכאשר הפרט הוא קבוצה, הוא מתפקד כמגבלה כוללת על הדרשה). כל המשחק מתנהל בתוך המעגל של

הצד E. כעת נותר לקבוע את היחס בין הצדדים A ו-D בתוך המעגל. כפי שכבר הערנו, ההנחה היא שחברה בינלאומית תמיד מעסיקה הרבה עובדים, ולכן הצד של היות חברה בינלאומית מוכל בצד של העסקת הרבה עובדים.
הדיאגרמה שמייצגת את היחס בין הצדדים היא הבאה:

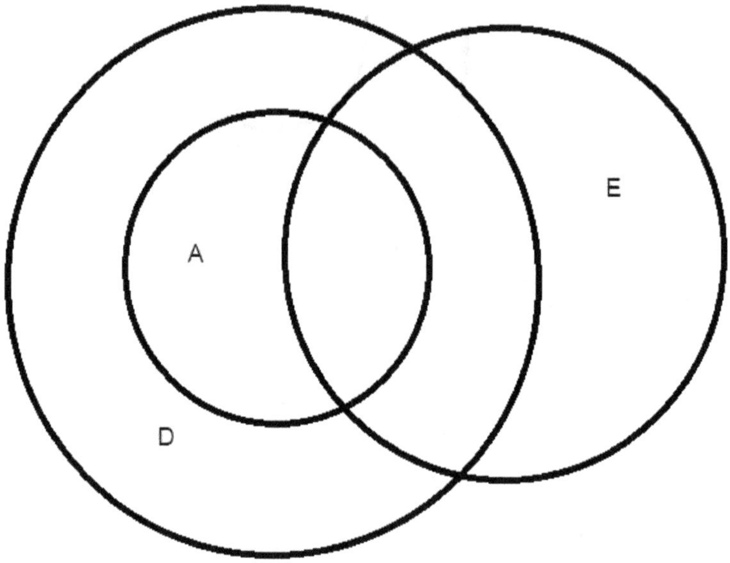

אך, כאמור, כל המשחק מתנהל בתוך המעגל של E (הוא מהווה מגבלה כוללת על תוצאת הדרשה). לכן דיאגרמת ון שמייצגת בפועל את היחס בין שלושת הצדדים הללו (כשמתעלמים מהמקרים שבהם יש A או D מחוץ לעיגול של E), היא קונצנטרית:

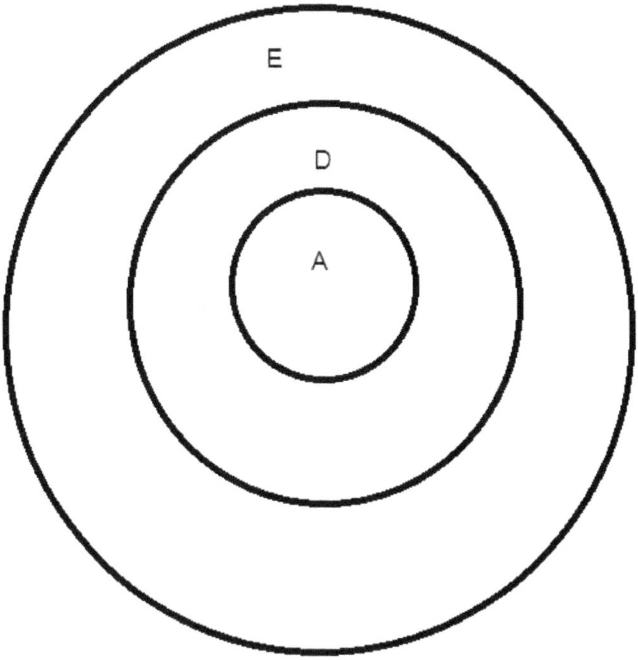

במקרה פשוט כזה אין טעם לעשות את החישוב האינטנסיונלי, שכן הוא יוצא יותר מסובך (איחוד של שלוש קבוצות שונות שכל אחת חותכת שניים שונים משלושת הצדדים הנ״ל). במקרה הקונצנטרי, התשובה האקסטנסיונלית היא פשוטה יותר, והיא מתקבלת באופן מיידי מהציור (זה נכון תמיד לדיאגרמה קונצנטרית): $D \cap E$.

הפירוש הויזואלי של התוצאה הזו הוא העיגול האמצעי:

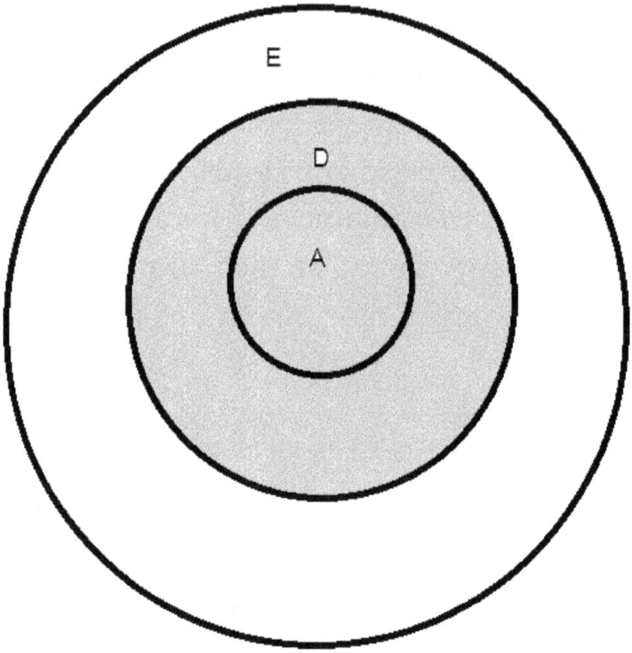

החלק המושחר הוא אוסף כל ההקשרים (=החברות, בדוגמא שלנו) שדומים בשני אספקטים לדוגמאות שניתנו בהוראת הממשלה האמריקאית.

אם ננסח זאת במילים, משמעות התוצאה הזו היא: התמיכה תינתן לאוסף החברות שמעסיקות הרבה עובדים (שמכיל אוטומטית גם את החברות הבינלאומיות, כפי שהסברנו), ששמן קשור מהותית למוניטין האמריקני.

לא תמיד ברור שזו אכן המשמעות שהוראה כזו נושאת בהקשר הכלכלי-סוציאלי עליו דובר, אבל היתה כאן הדגמה לצורת הטיפול בהיסק מורכב של 'כלל ופרט וכלל', והתוצאה המתקבלת נראית אפילו סבירה. נקטנו כאן בהנחות ההלכתיות של אופן הדרשה (כגון ההוראה מה לעשות כאשר אחד הפרטים ברשימה הוא קבוצה). בהקשרים לא הלכתיים בהחלט יש מקום

לאמץ עקרונות ספציפיים אחרים במסגרת הדרשות הללו (כמו איך להתייחס לכל פרט, או תכונה, או לכל סוג מופע לשוני), אבל הלוגיקה הבסיסית צריכה להיות דומה.

המסקנה היא שבאופן עקרוני דרשות 'כללי ופרטי' הן טכניקה של הגדרת קבוצה דרך הכללות שונות של דוגמאות נתונות. זה מה שרצינו להדגים כאן. נדגיש שוב שהמהלך הזה כולו נעשה ככתבו וכלשונו בסוגיית חולין לגבי כשרות של שרצים וחגבים. אנחנו רק תרגמנו אותו לשפה ולבעייה מודרנית ואקטואלית. כעת ניתן לראות שהיסקים של 'כללי ופרטי' הם הגיוניים, ויש להם תפקיד ברור במקומות בהם הגדרות לוגיות נכשלות, ואנחנו נזקקים לאינטואיציה.

האלגוריתם לניתוח הסוגיות

כעת אנחנו שבים לניתוח מבנה הדרשות של 'כללי ופרטי'. ראינו אלגוריתם שמציג את דרך ביצוע הדרשה, וראינו גם דוגמא לביצועו. אולם האלגוריתם שהצגנו עד כאן הוא תוצאה של ניתוח הסוגיות, והוא נכתב אחרי שהגענו למסקנות הניתוח. אך כאשר ניגשנו לנתח סוגיא כלשהי, פעלנו על פי אלגוריתם מקביל. אלגוריתם זה סייע לנו לזהות את השלבים השונים של הדרשה, ובכך לבנות את האלגוריתם שהוצג כאן. חשוב להדגיש שאנחנו מציגים אותו כאן בקווים כלליים בלבד, ובלי להסביר. הדברים יובהרו יותר מקריאת הפרקים שיבואו.

ראשית יש לזהות את את הפקטורים של הבעייה (=ההקשרים הספציפיים שמהווים את מרחב הבעייה). אלו מזוהים מתוך מהלך הסוגיא (על מה היא דנה, מה היא מחייבת ומה היא שוללת), כפי שנראה לפעמים זה מסתמך על הדעות של 'ריבוי ומיעוט' ולא רק על הדרשות של 'כללי ופרטי'.

לאחר מכן יש לזהות את הצדדים שמצאו חז"ל לבעייה (המימדים). בשלב זה חשוב מאד לשים לב שמספר הצדדים של הבעייה הוא n, ולא m. כלומר אם למסקנת הסוגיא תוצאת הדרשה מורה לנו לקחת את כל מה שהוא פרי מפרי

וגידולי קרקע, לכאורה נראה שיש בבעייה הזו רק שני צדדים. אבל זה לא נכון. מה שזה אומר הוא שמספר הצדדים שאנחנו מכלילים על בסיסם (m) הוא 2, אבל מספר הצדדים הכולל (n) מורכב גם מצדדים שלא התרבו (הם ללא נכנסו לרדיוס ההכללה, בגלל ההוראות שהתקבלו מהמופע המקראי).

לכן חשוב להבין את מכלול מהלך הסוגיא, וזאת בעיקר כדי לא להשמיט צדדים רלוונטיים שעולים בה. מסיבה זו הניתוח שלנו בכל פרק כולל את כל מהלך הסוגיא, ולא רק את השלב בו נעשית הדרשה עצמה.

לאחר מכן אנחנו מנסים להבין את תוצאת הדרשה, ואת המו״מ בדרך אליה, לאור האלגוריתם שהצגנו למעלה.

הזיהוי של כל השלבים הללו הוא אימון לקראת שימוש עצמאי במידות ׳כללי ופרטי׳. יש לעקוב אחרי מה שעשו חז״ל, ומשנרגיש כי אנחנו מבינים זאת היטב, נהיה בשלים יותר לבצע דרשות שחזור, כלומר לזהות מקור להלכות או לדרשות ידועות, ולבסוף אולי אף לבצע דרשות ׳כללי ופרטי׳ בעצמנו.

פרק חמישי: רשימה ואפיון של סוגיות 'כללי ופרטי'

מבוא

בפרקים הבאים נעבור על כמה סוגיות, אחת לאחת, וננסה לנתח אותן לפי השיטה שתוארה לעיל. כך יוכל הקורא להיווכח כיצד הגענו אל פרטי האלגוריתם אותו תיארנו כאן, ומה היו הנחותינו. כמו כן, אנחנו נדגים שם פתרון של כמה בעיות בפשטי הסוגיות, שניתן להציע לאור המודל שלנו.

כאמור, הנחתנו היא שההמשגה של עקרונות הדרש של 'כללי ופרטי' הגיעה לשלימותה רק בתלמוד הבבלי (וגם השלבים הגאוניים נכנסו לתלמוד. ראה ר' אחאי בסוגיית חולין). למעלה ראינו שכבר כהנא עומד על כך שהבבלי דורש 'כללי ופרטי' לפי שיטת הסכוליון (בניגוד לירושלמי ולרוב מדרשי ההלכה), אלא שלדעתו יש כאן מחלוקת בין מסורות שונות. לפי דרכנו זה מצביע על סוף תהליך ההמשגה, שבו כבר התגבשו ההבחנות בין שלוש מידות 'כללי ופרטי'. לדעתנו הבבלי כבר משתמש בצורה המשוכללת והסופית של מידות הדרש הללו, ולכן הדיון שלנו בספר זה מתמקד בתמונה העולה מן הבבלי.

תמונה כללית של דרשות 'כללי ופרטי'

בפ"ז כהנא אוסף וממיין את הדרשות התנאיות במידות 'כללי ופרטי'. התמונה הכללית היא:

- דרשות 'כלל ופרט' – יש שלוש בתוספתא ובמדרשי ההלכה, בירושלמי יש שתיים ובבבלי יש אחת.
- דרשות 'פרט וכלל' – יש אחת במדרשי ההלכה (והיא דוגמת הסכוליון), אחת מפוקפקת בבבלי, ואין יותר.

- דרשות 'כלל ופרט וכללי' – יש עשר במדרשי ההלכה ובתוספתא, שתיים בירושלמי, ושמונה בבבלי.

הסיכום הכללי לכל הספרות התנאית, לאחר השמטת המקבילות, הוא: 'כלל ופרט' – 4 דרשות, 'פרט וכלל' – 2 דרשות, ו'כלל ופרט וכלל' – 15 דרשות.

כפי שכבר הזכרנו, כהנא מסיק מכאן כמה מסקנות אפשריות. אך לפי דרכנו לא לגמרי ברור האם באמת נכון להתייחס כך לדרשות. בירושלמי ובמדרשי ההלכה, הדרשות מתבצעות בשלב שקודם לתום ההמשגה והגיבוש של מידות 'כללי ופרטי', ולכן שם המינוח לא מלמד על מהות הדרשה אותה ביצעו. לפעמים מה שכינו שם 'כלל ופרט' היה מופע משולש (והמונח 'כלל ופרט' אינו אלא שם ל'כללי ופרטי'), וכפי שראינו גם מהמונחים ההוראתיים לא ניתן ללמוד הרבה בשלב זה. לכן לפי דרכנו קשה להסיק מסקנות כלשהן מההבדלים במספרים. אכן נכון שרוב הדרשות הוא מופעים משולשים, אבל זה סביר מאד, שכן זוהי הוראה להכליל ברדיוס ממוצע.

נוסיף עוד שמידת 'פרט וכלל ופרט' כלל לא נדונה אצל כהנא, בעוד שבבבלי היא מופיעה בסוגיית נזיר. אנחנו נראה בפרק העוסק בה, שכנראה מדובר בסוגיא מאוחרת מאד, וייתכן שזהו השלב הבא בהמשגה, שחלק מהמופעים המקראיים שכונו 'כלל ופרט וכלל', עוברים שם הפרדה לשני סוגי מופעים משולשים.[1]

מעבר לכל זה, דרשות 'כלל ופרט' או 'פרט וכלל' מופיעות בעוד מקומות רבים כחלק מדרשות של מופע משולש. כלומר הגמרא לומדת 'כלל ופרט וכלל' כמורכב משני שלבים (אנחנו מדגימים כאן לפי שיטת 'קמא דווקא'): ראשית, עושים 'כלל ופרט', ואחר מסייגים על ידי הכלל הבא. השלב הראשון הוא דרשת 'כלל ופרט' לכל דבר. הוא הדין לגבי 'פרט וכלל'.

יתר על כן, בדברי האמוראים בבבלי אנחנו מוצאים עוד דרשות רבות כאלה. יש בבבלי 18 (!) דרשות אמוראיות של 'כלל ופרט', ו-8 דרשות של 'פרט וכלל',

---

[1] הבבלי עצמו שם עושה ערבוב בין שני סוגי המידות, וחלק מהדרשות שמוצגות שם כ'פרט וכלל ופרט' מוצגות במקורות מקבילים כ'כלל ופרט וכלל'.

ועוד 15 דרשות של 'כלל ופרט וכלל'.[2] אין לשלול את האפשרות שגם בבבלי מופיעות דרשות של מופע משולש תחת הכותרת של 'כלל ופרט' או 'פרט וכלל', כשארית מהתקופות הקודמות, ולכן גם המספרים הללו אינם בהכרח ביטוי מדוייק לנפוצותן של שלוש המידות הללו.

לבעיית הרפלכסיה

רוב הדרשות בספרות חז"ל מובאות באופן די לאקוני, וקשה לדעת מהי מתודה הדרש, ומהן הנחותיו. במקרים לא מעטים קשה אפילו לזהות את המידה בה השתמשו. יש דרשות מוקדמות שהשתרבבו לבבלי, ולכן אפילו בבבלי הזיהוי אינו תמיד ברור (נראה דוגמאות לכך בהמשך דברינו).

לכן בפרקים הבאים אנחנו מתמקדים אך ורק בסוגיות שניתן למצוא בהן רפלכסיות של חז"ל עצמם לגבי מתודות הדרש. יש כמה סוגיות בבבלי שבהן נדונה מתודת הדרש עצמה, ונדונות ההנחות השונות שלו. מתוכן ניתן להסיק מסקנות ברורות יותר (על אף שיש עמימות לא מעטה, כמו גם בעיות נוסח, גם בהן). בסוגיות אלו האמוראים עוסקים באותו תהליך המשגה עליו דיברנו כאן, כאשר הם מנסים לחלץ מתוך דברי התנאים (שלא תמיד הזכירו את הדרשה, ואת מידת הדרש בה השתמשו) את מתודת הדרש שלהם, וגם עקרונות כלליים של דרש שיכולים להיות ישימים לסוגיות אחרות.

מאפיינים כלליים של הסוגיות

ברוב הסוגיות הללו עולות שתי מתודות דרש שחלוקות ביניהן: דרשת 'ריבויי ומיעוטי' מדבי ר"ע, ודרשות 'כללי ופרטי' מדבי רי"ש. בדרך כלל דרשת ר"ע מרחיבה את הדין יותר מאשר דרשת רי"ש. כל מופע של 'ריבוי ומיעוט' נדרש לרבות הכל (=צד אחד), וממעט מקרה פרטי אחד (לא הכללה בצד אחד פחות, אלא הכללה מכסימלית שמתוכה מתמעט פרט אחד).

---

[2] ראה אצל כהנא, בהערות 31 ו-76, ואצל צ'רניק עמ' 142.

כאן לא ניכנס לשיטתם של דבי ר״ע, אף כי מסתבר שגם היא התפצלה בשלב כלשהו מהמסורת שהתקבלה בסיני, ולכן ברור שגם בה יש רכיבים דומים להכללות שעושים דבי רי״ש.

בסוגיות בהן נדון, הדרשה העקיבאית מלמדת אותנו משהו לגבי ההקשרים שמעורבים בדיון (=נכנה אותם ׳פקטורים׳). זה יהיה חשוב מאד בניתוח שנעשה כדי לקבוע את היחס בין התכונות (הצדדים), ובציור דיאגרמת ון. לכן אנחנו עוקבים אחרי מהלך הסוגיא ולא מתמקדים רק בדרשה עצמה, שכן הסוגיא מאירה את הדרשה והאת ההנחות והרקע שבתוכו היא מתבצעת. אנחנו נסביר את מהלך ומבנה הסוגיא, ונראה שלא מעט קשיים נפתרים לאור הנחותינו.

בסוגיות עצמן לא תמיד ברור לפי איזו שיטה הן הולכות (׳קמא דווקא׳, או ׳בתרא דווקא׳), וגם זו שאלה שנצטרך לתת עליה את הדעת. לפעמים זיהוי זה פותר סתירות לכאורה בין מקורות שונים, ובין חלקים שונים בסוגיא.

האלגוריתם שניגשנו איתו כדי להבין את הסוגיות עצמן, מתואר בכלליות בפרק הקודם. אנחנו נבהיר אותו תוך כדי ההתקדמות בין הפרקים והסוגיות השונות.

אפיון הסוגיות שיידונו, ותכנית החלקים הבאים

שלוש הסוגיות הרפלכסיביות שמכוננות את עיקר המודל שלנו יידונו בחלק השני. ראשית, נלמד את סוגיית עירובין כז-כח, בה נבחין לראשונה במיון הכללי של דרשות ׳כללי ופרטי׳, הן מבחינת המידות והן מבחינת המונחים ההוראתיים וה׳צדדים׳. זוהי הסוגיא היסודית, השיטתית והבהירה ביותר בנושא זה. לאחר מכן נראה דוגמא של צדדים לא קונצנטריים בדיאגרמת ון, תוך עיון בסוגיית הבבלי שבועות כו (אותה תיארנו למעלה כשעסקנו בתהלך ההמשגה והפורמליזציה של מידות ׳כללי ופרטי׳). ובסוף החלק השני נעיין בסוגיית חולין סד-סה, שם נראה דרשה מורכבת של רשימת פרטים שאחד מהם הוא תכונה ולא פרט ספציפי. שם נגדיר את תהליך הרזוננס, ונבחן את

היחס למידות בנייני האב. שם גם נפגוש את השלב האחרון בתהליך ההמשגה המוכר לנו, בדברי ר' אחאי גאון שהשתרבבו לסוגיית הבבלי עצמו.

כאמור, החלק השני של הספר מנתח שלוש סוגיות, שמתוכן ניתן לחלץ את רוב ככל רכיבי האלגוריתם שלנו. החלק השלישי עוסק בכמה שאלות נוספות, צדדיות יחסית, שעולות בסוגיות רפלכסיביות אחרות. בכל אופן, מופיעות בו השלכות נוספות (חלקן חדשות) של הפרדיגמה שלנו. החלק הרביעי עוסק בשאר הסוגיות הרפלכסיביות בהן לא עסקנו בחלקים הקודמים. בסוגיות אלו אין רעיון מיוחד ומחודש אלא יישומים שונים של התוצאות מהחלקים הקודמים. רק פרק חמישה-עשר, שהוא הפרק האחרון בספר, הוא כללי יותר. פרק זה עוסק (בקצרה) ביחס בין דרשות 'כלל ופרט וכלל' לפירוש הפשטי. היבט זה אינו נוגע ליישום העקרוני של המתודה של 'כללי ופרטי', אלא רק למשמעותה הכללית, ולכן הדיון בנושא זה ממוקם בחלק הרביעי.

בשלושת החלקים הבאים אנחנו עוסקים בכל הסוגיות הרפלכסיביות שמצאנו בבבלי. שאר הסוגיות מביאות דרשת 'פרטי וכללי' מקומית, ללא רפלכסיה. לכן לא מצאנו לנכון להתייחס לכולן (בכל אופן, אין עוד סוגיות רבות כאלה). כמו כן, סוגיות שלא מצויות בבבלי לא נדונו כאן, אלא אם היה בהן צורך כדי להאיר נקודה מסויימת בה עסקנו. הסיבה לכך היא שלמיטב הבנתנו הבבלי הוא השלב האחרון, השיטתי, ולכן גם המשוכלל ביותר, של ההמשגה ההיסטורית של מידות 'כללי ופרטי', ולכן הבנת התמונה העולה ממנו נותנת את המבט המקיף ביותר על הנושא כולו. החלטה זו גופא היא חלק ונגזרת של הפרדיגמה שלנו.

נחזור ונציין כי עיון בכל הסוגיות הרפלכסיביות בבבלי יבהיר לקורא את מקורותיהם של פרטי האלגוריתם אליו הגענו בפרק הקודם. אנחנו מאמינים שלאחר קריאת הדברים יוכל הקורא להשתכנע בתזה המתודולוגית שהצענו, שלפעמים סוגיות הבבלי שמאחדות את החומר התנאי, מהוות פירוש אמין ונכון לגביו, ולא תמיד הריבוד ההיסטורי המקובל במחקר האקדמי של התלמוד מוליך לתמונה אמינה ואותנטית יותר. אנו נשוב לנקודה זו בקצרה בפרק הסיכום.

חלק שני

בניית המודל – שלוש סוגיות עיקריות

בחלק זה נעבור על שלוש סוגיות יסודיות בבבלי, ונדלה מתוכן את העקרונות כיצד חז״ל דרשו במידות ׳כללי ופרטי׳ השונות. לאחר בניית המודל, בחלק השלישי, נעבור לעיין בכמה סוגיות נוספות שעוסקות באופן רפלכסיבי בדרשות ׳כללי ופרטי׳.

- פרק שישי: מיון כללי של דרשות ׳כללי ופרטי׳ – עיון בסוגיית הבבלי עירובין כז-כח
- פרק שביעי: צדדים לא קונצנטריים – עיון בסוגיית הבבלי שבועות כו
- פרק שמיני: היחס לבנייני אב: מה עושים כשיש יותר מפריט אחד? – עיון בסוגיית הבבלי חולין סה-סו
- הערה ברטרוספקטיבה על סוגיית עירובין
- סיכום ביניים

פרק שישי: מיון כללי של דרשות 'כללי ופרטי'

עיון בסוגיית עירובין כז-כח

סוגיית הבבלי, עירובין כז ע"ב - כח ע"א

משנה. בכל מערבין ומשתתפין - חוץ מן המים ומן המלח. והכל ניקח בכסף מעשר - חוץ מן המים ומן המלח.

הכל ניקח בכסף מעשר כו'. רבי אליעזר ורבי יוסי בר חנינא, חד מתני אעירוב וחד מתני אמעשר. חד מתני אעירוב: לא שנו אלא מים בפני עצמו ומלח בפני עצמו, דאין מערבין - אבל במים ומלח מערבין. וחד מתני אמעשר: לא שנו אלא מים בפני עצמו ומלח בפני עצמו דאין ניקחין, אבל מים ומלח - ניקחין בכסף מעשר. מאן דמתני אמעשר - כל שכן אעירוב, ומאן דמתני אעירוב - אבל אמעשר לא. מאי טעמא - פירא בעינן. כי אתא רבי יצחק מתני אמעשר. מיתיבי, העיד רבי יהודה בן גדיש לפני רבי אליעזר: של בית אבא היו לוקחין ציר בכסף מעשר. אמר לו: שמא לא שמעת אלא כשקרבי דגים מעורבין בהן. ואפילו רבי יהודה בן גדיש לא קאמר אלא בציר, דשומנא דפירא היא - אבל מים ומלח לא! - אמר רב יוסף: לא נצרכה אלא שנתן לתוכן שמן. אמר ליה אביי: ותיפוק ליה משום שמן! - לא צריכא שנתן דמי מים ומלח בהבלעה. - ובהבלעה מי שרי? - אין, והתניא בן בג בג אומר: +דברים י"ד+ בבקר - מלמד שלוקחין בקר על גב עורו, ובצאן - מלמד שלוקחין צאן על גב גיזתה, וביין - מלמד שלוקחין יין על גב קנקנו, ובשכר - מלמד שלוקחין תמד משהחמיץ...

במאי קא מיפלגי רבי יהודה בן גדיש ורבי אליעזר והני תנאי דלקמן? - רבי יהודה בן גדיש ורבי אליעזר דרשי רבויי ומיעוטי, והני תנאי דרשי כללי ופרטי. רבי יהודה בן גדיש ורבי אליעזר דרשי ריבויי ומיעוטי: +דברים י"ד+ ונתתה הכסף בכל אשר תאוה נפשך - ריבה, בבקר ובצאן וביין ובשכר - מיעט, ובכל אשר תשאלך נפשך - חזר וריבה. ריבה ומיעט וריבה - ריבה

הכל. מאי רבי - רבי כל מילי, ומאי מיעט - לרבי אליעזר מיעט ציר, לרבי יהודה בן גדיש מיעט מים ומלח. והני תנאי דרשי כללי ופרטי, דתניא: ונתתה הכסף בכל אשר תאוה נפשך - כלל, בבקר ובצאן וביין ובשכר - פרט, ובכל אשר תשאלך נפשך - חזר וכלל. כלל ופרט וכלל - אי אתה דן אלא כעין הפרט; מה הפרט מפורש - פרי מפרי וגידולי קרקע, אף כל - פרי מפרי וגידולי קרקע. ותניא אידך: מה הפרט מפורש - ולד ולדות הארץ, אף כל ולד ולדות הארץ. מאי בינייהו? - אמר אביי דגים איכא בינייהו, למאן דאמר: פרי מפרי וגידולי קרקע - הני דגים גידולי קרקע נינהו. למאן דאמר ולד ולדות הארץ - דגים ממיא איברו. ומי אמר אביי דגים גידולי קרקע נינהו? והאמר אביי: אכל פוטיתא - לוקה ארבע, נמלה - לוקה חמש, צירעה - לוקה שש. ואם איתא, פוטיתא נמי לילקי משום השרץ השרץ על הארץ! - אלא אמר רבינא: עופות איכא בינייהו. למאן דאמר פרי מפרי וגידולי קרקע - הני נמי גידולי קרקע נינהו. למאן דאמר ולד ולדות הארץ - הני עופות מן הרקק נבראו. מאן דמרבי עופות מאי טעמיה, ומאן דממעיט עופות מאי טעמיה? מאן דמרבי עופות קסבר: כללא בתרא דוקא, פרט וכלל נעשה כלל מוסף על הפרט. ואיתרבו להו כל מילי, ואהני כללא קמא למעוטי כל דלא דמי ליה משני צדדין. ומאן דממעט עופות קסבר: כללא קמא דווקא, כלל ופרט - ואין בכלל אלא מה שבפרט, הני - אין, מידי אחרינא - לא. ואהני כללא בתרא לרבויי כל דדמי ליה משלשה צדדין.

מבוא

סוגיא זו נראית אחת מהדוגמאות הקאנוניות של דרשות 'כלל ופרט', ויש בה התייחסות רפלכסיבית למידות הדרש הללו. בין היתר, היא מופיעה בתור הדוגמא הקאנונית למידה זו בברייתא דדוגמאות. מעבר לכך, כפי שנראה מייד, בסוגיא זו מופיעה ההבחנה והחלוקה בין מידות 'כלל ופרט' השונות באופן הברור והנקי ביותר (אולי זו הסיבה לקאנוניות שלה), ולכן מצאנו לנכון להתחיל את הדיון דווקא בה.

פרשת מעשר שני

התורה מצווה בפרשת מעשר שני את הדברים הבאים (דברים יד, כב-כו):

עַשֵּׂר תְּעַשֵּׂר אֵת כָּל תְּבוּאַת זַרְעֶךָ הַיֹּצֵא הַשָּׂדֶה שָׁנָה שָׁנָה: וְאָכַלְתָּ לִפְנֵי יְקוָק אֱלֹהֶיךָ בַּמָּקוֹם אֲשֶׁר יִבְחַר לְשַׁכֵּן שְׁמוֹ שָׁם מַעְשַׂר דְּגָנְךָ תִּירֹשְׁךָ וְיִצְהָרֶךָ וּבְכֹרֹת בְּקָרְךָ וְצֹאנֶךָ לְמַעַן תִּלְמַד לְיִרְאָה אֶת יְקוָק אֱלֹהֶיךָ כָּל הַיָּמִים: וְכִי יִרְבֶּה מִמְּךָ הַדֶּרֶךְ כִּי לֹא תוּכַל שְׂאֵתוֹ כִּי יִרְחַק מִמְּךָ הַמָּקוֹם אֲשֶׁר יִבְחַר יְקוָק אֱלֹהֶיךָ לָשׂוּם שְׁמוֹ שָׁם כִּי יְבָרֶכְךָ יְקוָק אֱלֹהֶיךָ: וְנָתַתָּה בַּכָּסֶף וְצַרְתָּ הַכֶּסֶף בְּיָדְךָ וְהָלַכְתָּ אֶל הַמָּקוֹם אֲשֶׁר יִבְחַר יְקוָק אֱלֹהֶיךָ בּוֹ: וְנָתַתָּה הַכֶּסֶף בְּכֹל אֲשֶׁר תְּאַוֶּה נַפְשְׁךָ בַּבָּקָר וּבַצֹּאן וּבַיַּיִן וּבַשֵּׁכָר וּבְכֹל אֲשֶׁר תִּשְׁאָלְךָ נַפְשֶׁךָ וְאָכַלְתָּ שָּׁם לִפְנֵי יְקוָק אֱלֹהֶיךָ וְשָׂמַחְתָּ אַתָּה וּבֵיתֶךָ:

את המעשר השני יש לאכול בירושלים. אם כבד לאדם לשאת את הכל איתו לירושלים, הוא יכול לפדות זאת בכסף, לקחת את הכסף לירושלים, ושם לקנות דברים ולאכול אותם בירושלים. השאלה היא אילו דברי מזון ניתן לקנות בכסף הזה? הפסוק האחרון מפרט מה ניתן לקנות בכסף, ועל כך דנה הסוגיא בעירובין.

נקדים כאן את רשימת הפריטים שלגביהם מתעוררת השאלה בסוגיית הגמרא בעירובין. אנו מסדרים אותם כאן בסדר יורד, כפי שהדבר משתקף

בסוגיא (בינתיים לא נכנסנו לשאלה כיצד נקבעה ההירכיה הזו): מי שמספרו נמוך יותר - מתאים יותר להיקנות בכספי מעשר שני:

1.	בקר וצאן, יין ושיכר
2.	עופות
3.	דגים
4.	ציר שמכיל קרבי דגים
5.	ציר דגים (בלי קרביים)
6.	מי מלח
7.	מים, מלח

נעיר עוד כי בברייתא דדוגמאות (הסכוליון) מופיעה דרשה שמרבה גם כמהין ופטריות. לא ברור היכן הם עומדים ביחס לרשימה הזו (האם במקביל לדגים, או למי מלח וכדו'). וראה על כך עוד להלן.

בעקבות המינוח המקובל בחקר האינטליגנציה המלאכותית, אנו משתמשים במינוח הבא: הפריטים ברשימה הזו הם ה'פקטורים'. בהמשך נראה שדרשות 'כלל ופרט' מתייחסות לפקטורים דרך ה'מימדים', כלומר התכונות שמאפיינות אותם, ומקבצות אותם לקבוצות שונות.

מחלוקת התנאים בסוגיית עירובין

במשנת עירובין כו ע"ב מובא:

> ***משנה. בכל מערבין ומשתתפין - חוץ מן המים ומן המלח. והכל ניקח בכסף מעשר - חוץ מן המים ומן המלח.***

מסביר שם רש"י שמים ומלח אינם אוכל, ולכן הם אינם ניקחים בכספי מעשר שני לאכול בירושלים, וגם לא עושים בהם עירוב. אם כן, כבר במשנה ברור שמים ומלח אינם ניקחים בכספי מעשר, כלומר הפקטור 7 הוא מחוץ לתחום. הקו שחוצץ בין הדברים שניקחים במעשר שני לבין אלו שלא ניקחים, עובר בין פקטור 6 לפקטור 7.

והנה שם בסוגיית כז ע"א מובאת מחלוקת התנאים הבאה:

הכל ניקח בכסף מעשר כו'. רבי אליעזר ורבי יוסי בר חנינא, חד מתני אעירוב וחד מתני אמעשר. חד מתני אעירוב: לא שנו אלא מים בפני עצמו ומלח בפני עצמו, דאין מערבין - אבל במים ומלח מערבין. וחד מתני אמעשר: לא שנו אלא מים בפני עצמו ומלח בפני עצמו דאין ניקחין, אבל מים ומלח - ניקחין בכסף מעשר.

עד כאן נקבעה ההירכיה שמי מלח גבוהים בהירכיה יותר מאשר מים או מלח לחוד.

כעת הגמרא ממשיכה וקובעת יחס בין עירוב למעשר:

מאן דמתני אמעשר - כל שכן אעירוב, ומאן דמתני אעירוב - אבל אמעשר לא. מאי טעמא - פירא בעינן. כי אתא רבי יצחק מתני אמעשר.

אם כן, לכל הדעות מים ומלח ביחד כן יכולים לשמש לעירוב, והמחלוקת היא האם הם ניקחים בכספי מעשר שני או לא. המחלוקת כאן היא בשאלה האם הקו בין מה שניקח ולא ניקח בכספי מעשר עובר מעל פקטור 7 או מעל פקטור 6. לא מפורט כאן מיהו בעל איזו דעה. אם כן, לפי אחת הדעות הקו החוצץ בין מה שניקח ולא ניקח בכספי מעשר שני עלה קומה אחת לעומת הנחת היסוד המשתקפת במשנה.

והנה, מייד אחר כך מובאת מימרא של ר' יהודה בן גדיש:

מיתיבי, העיד רבי יהודה בן גדיש לפני רבי אליעזר: של בית אבא היו לוקחין ציר בכסף מעשר. אמר לו: שמא לא שמעת אלא כשקרבי דגים מעורבין בהן. ואפילו רבי יהודה בן גדיש לא קאמר אלא בציר, דשומנא דפירא היא - אבל מים ומלח לא!

יש כאן מחלוקת האם ניתן לקחת בכספי מעשר שני ציר גרידא, או רק ציר שמעורבים בו דגים. אבל מים ומלח לכל הדעות ודאי שלא לוקחים. אם כן, ר' יהודה בן גדיש סובר שהקו עובר מעל פקטור 6, כאותה דעה מחמירה שמצאנו קודם. ואילו ר' אליעזר מעלה את הקו החוצץ קומה נוספת: הוא טוען שהוא עובר מעל פקטור 5.

לא ברור כיצד זה מתיישב עם מה שראינו למעלה, שר״א סובר שהקו הוא מעל 6 או 7. האפשרות היחידה היא שר״א הוא שסבר שהקו עובר מעל 6 ולא מעל 7, וכאן מתברר שהקו בכלל עובר מעל 5. מי מלח לא ניקחים, שכן אפילו ציר לא ניקח. כלומר כאן הוברר מה שנותר עמום בשלב הקודם של הסוגיא (מהי דעת ר״א ומה דעת ריב״ח).

מייד נראה שבהמשך הסוגיא מובאת דרשה שממנה יוצא שאין לקחת אפילו דגים בכספי המעשר. זה מעלה את הקו בשתי קומות נוספות (כעת הוא עובר מעל פקטור 3), זאת בניגוד לשתי האפשרויות בביאור דעת ר׳ יהודה בן גדיש. סוגייתנו עוסקת בבירור המחלוקת הזו.

יסוד מחלוקת התנאים: ׳ריבויי ומיעוטי׳ או ׳כללי ופרטי׳

בהמשך הסוגיא מובאת מחלוקת בין התנאים הקודמים לבין דעה נוספת:

> ***במאי קא מיפלגי רבי יהודה בן גדיש ורבי אליעזר והני תנאי דלקמן? - רבי יהודה בן גדיש ורבי אליעזר דרשי רבויי ומיעוטי, והני תנאי דרשי כללי ופרטי. רבי יהודה בן גדיש ורבי אליעזר דרשי ריבויי ומיעוטי: +דברים י״ד+ ונתתה הכסף בכל אשר תאוה נפשך - ריבה, בבקר ובצאן וביין ובשכר - מיעט, ובכל אשר תשאלך נפשך - חזר וריבה. ריבה ומיעט וריבה - ריבה הכל. מאי רבי - רבי כל מילי, ומאי מיעט - לרבי אליעזר מיעט ציר, לרבי יהודה בן גדיש מיעט מים ומלח.***

ריב״ג ור״א דורשים ריבוי ומיעוט, וכך הם מגיעים למיעוט של ציר, או מי מלח. דרשה בריבוי ומיעוט תמיד נותנת מיעוט קטן יותר (הכללה רחבה יותר) מאשר כלל ופרט. סביר להניח שריב״ח שממעט רק מים או מלח לחוד, גם הוא דורש ריבוי ומיעוט, ולדעתו יש למעט עוד פחות. לא מוסבר כאן מדוע התנאים הללו החליטו להעביר את הקו דווקא במקום שהחליטו, אך זה קשור ללוגיקה העקיבאית של ׳ריבוי ומיעוט׳, בה איננו עוסקים כאן.

אם כן, עד כאן יש מחלוקת תנאים משולשת בשאלה מה מתמעט בריבוי ומיעוט וריבוי. מי שדורש כאן ׳ריבוי ומיעוט וריבוי׳ דורש לרבות הכל,

והמיעוט הוא רק של משהו מסויים: לריב"ח מדובר במים או מלח, לריב"ג במי מלח, ולר"א מדובר בציר.

התנאים שמובאים כעת דורשים כלל ופרט, וכך הם מגיעים להכללה צרה יותר, כלומר הקו שתוחם את מה שניקח ושלא ניקח בכספי מעשר שני ממשיך כעת לעלות כלפי מעלה. תנאים אלו דורשים את הדרשה הבאה:

והני תנאי דרשי כללי ופרטי, דתניא: ונתתה הכסף בכל אשר תאוה נפשך - כלל, בבקר ובצאן וביין ובשכר - פרט, ובכל אשר תשאלך נפשך - חזר וכלל. כלל ופרט וכלל - אי אתה דן אלא כעין הפרט; מה הפרט מפורש - פרי מפרי וגידולי קרקע, אף כל - פרי מפרי וגידולי קרקע. ותניא אידך: מה הפרט מפורש - ולד ולדות הארץ, אף כל ולד ולדות הארץ. מאי בינייהו? - אמר אביי דגים איכא בינייהו, למאן דאמר: פרי מפרי וגידולי קרקע - הני דגים גידולי קרקע נינהו. למאן דאמר ולד ולדות הארץ - דגים ממיא איברו.

אם כן, יסוד הכל הוא הפסוק שהבאנו לעיל. יש שם מבנה של 'כלל ופרט וכלל': "בכל אשר תאוה נפשך" – כלל, 'בבקר ובצאן וביין ובשיכר' – פרט, 'ובכל אשר תשאלך נפשך' – כלל.

דרשת ה'כלל ופרט וכלל': הצדדים

כאשר דורשים 'כלל ופרט וכלל', דנים כעין הפרט. השאלה היא עד כמה להרחיב את הפרט (=הפקטור) שמופיע בפסוק. כאן נכנסים המימדים שמאפיינים את הפקטורים (=הפרטים) הללו. כלומר אנחנו מתבוננים ברשימת הפרטים בפסוק, ומנסים לחלץ מתוכה מאפיינים רלוונטיים שמתארים אותם. המימדים קרויים בהמשך הסוגיא כאן (ובמקבילות) 'צדדים', וגם אנחנו נשתמש לסירוגין במינוח הזה.

בסוגייתנו חכמים מחלצים שלושה צדדים (=מאפיינים של הפרטים שמופיעים בפסוק), שכל אחד מהם מאפיין את כל הפריטים המופיעים בפסוק:

1. פרי מפרי (=נולד, או נוצר, ממשהו). ראה רש״י בב״ק סג ע״א: ״ולד מולד וגפן מחרצן למעוטי מים ומלח וכמיהין ופטריות״.
2. גידולי קרקע (=ניזון מהקרקע). רש״י עירובין כז ע״ב: ״שכולן ניזונין וגדילין מן הקרקע״.
3. וולד וולדות הארץ (=נברא מהארץ). רש״י עירובין שם: ״שנבראו מן הארץ במעשה בראשית״.

לכאורה יש בבעייה גם צד רביעי, רחב יותר:

4. מזון. כל מה שמשמש לאכילה (שהרי בכספי מעשר שני קונים רק אוכל).

צד זה אינו עולה כמימד מאובחן בסוגיא, על אף שהוא מאפיין את כל הפרטים ונכנס במסגרת הדיון שמוכתבת על ידי הכלל. מסתבר שזהו צד טריביאלי, שכן הוא מתווה את כל מסגרת הדיון, ולכן הוא אינו נספר כצד נפרד.

למה דווקא שלושת אלו הם הצדדים? עקרונית ניתן היה להכליל את הפרטים המופיעים בפסוק בצורות נוספות. לדוגמא, מדובר בבשר ויין, כלומר זה רק אוכל משמח (אין שמחה אלא בבשר ויין), וזה אף מתיישב עם תחילת הפסוק ״בכל אשר תאוה נפשך״. חז״ל בוחרים בהכללות אחרות, ולא ברור כרגע מה הוליך אותם לזה. ייתכן שההסבר הוא שבקר וצאן ויין ושיכר מופיעים בהקשרים מקראיים נוספים, ושם לא נראה שהשמחה היא קריטריון רלוונטי.

ייתכן שההכללות הללו קשורות לאופיו של הדין הנדון. כספי מעשר שני אמורים לקנות דברים שקשורים בצורה כזו או אחרת לקרקע, שהרי זהו הרעיון של המעשר המקורי שנמכר תמורת הכסף. כלומר היה ברור שלא מדובר בכל אוכל (מעצם העובדה שמופיעה בפסוק כאן רשימת פרטים), והסברא של הדרשן הוליכה אותו לכך שזה חייב להיות קשור לארץ או ליוצא ממנה, או למה שניזון ממנה.

עוד שאלה שעולה כאן היא מדוע נטלו רק את הצדדים שמשותפים לכל הפריטים ברשימה? מדוע לא התחשבו בכך שבהמה וצאן הם בעלי חיים ושיין ושיכר הם מן הצומח? שאלה נוספת היא מדוע נדרשים ארבעה פריטים ברשימת ה'פרט', כאשר לכולם יש את אותם צדדים בדיוק? מדוע התורה לא הסתפקה בפריט אחד בלבד בעל אותן תכונות?

אנחנו נענה על שתי השאלות הללו לאחר הדיון בפרק השלישי על סוגיית חולין ותהליך הרזוננס.

מחלוקת התנאים בדרשות ה'כלל ופרט וכלל'

הברייתות חלוקות עד איזו רמה יש להכליל את הפרטים שמופיעים בפסוק, כלומר בכמה מהמימדים להשתמש בהכללה, ובאילו מהם. לפי הברייתא הראשונה אנחנו מרבים כל מה שהוא פרי מפרי וגידולי קרקע. ולפי הברייתא השנייה אנו מרבים כל מה שהוא וולד וולדות הארץ. וההבדל ביניהם הוא לעניין דגים (שאינם וולדות הארץ, שכן הם נבראו מהמים במעשה בראשית – רש"י), אבל הם פרי מפרי וגידולי קרקע (=ניזונים מהקרקע). כעת הקו עובר או מעל פקטור 4 או מעל פקטור 3. זוהי מחלוקת הברייתות לפי אביי.

ברור מהניתוח שעושה הגמרא שוולד וולדות הארץ הוא המעגל הצר והמצומצם ביותר (הוא לא מכיל דגים, אלא רק בקר וצאן, יין ושיכר). לעומת זאת, פרי מפרי וגידולי קרקע, אלו מעגלים רחבים יותר, שכן הם מכילים גם את הדגים (הם ניזונים מהקרקע אבל לא נבראו ממנה).

כעת הגמרא דוחה את ההשלכה לגבי דגים (אבל לא את המבנה העקרוני):

> ***ומי אמר אביי דגים גידולי קרקע נינהו? והאמר אביי: אכל פוטיתא - לוקה ארבע, נמלה - לוקה חמש, צירעה - לוקה שש. ואם איתא, פוטיתא נמי לילקי משום השרץ השרץ על הארץ!***
>
> ***- אלא אמר רבינא: עופות איכא בינייהו. למאן דאמר פרי מפרי וגידולי קרקע - הני נמי גידולי קרקע נינהו. למאן דאמר ולד ולדות הארץ - הני עופות מן הרקק נבראו.***

רבינא דוחה את דברי אביי, שכן לדעתו דגים אינם גידולי קרקע (אף שהם פרי מפרי, כמו שכותב רש״י), ולכן לכל הדעות הם אינם כלולים במה שניקח בכספי מעשר. רבינא עצמו מסביר שהמחלוקת היא האם מרבים כאן עופות או לא (כי דגים הם פרי מפרי, אבל הם גידולי המים, ולא גידולי קרקע). כעת הקו עובר או מעל 3 או מעל 2.

זהו כמובן המכסימום האפשרי, שכן הפקטורים שמופיעים בסעיף 1 הם מפורשים בפסוק, ולכן ברור שהם כלולים במה שניקח מכספי מעשר. האפשרויות לרמות הכללה רחבות יותר, מתחילות מהעופות ומטה. ראינו עד כאן שכל אפשרויות ההכללה עולות בסוגיא.

סיכום ביניים של קבוצות ההכללה

מה שראינו עד עתה הוא שמתוך הפריטים המנויים בפסוק הגמרא מחלצת שלושה מעגלי הכללה שתוארו למעלה. נציג כעת את התוכן המפורט של כל קבוצה כזו:

1. פרי מפרי: בקר וצאן יין ושיכר, דגים ועופות.
2. גידולי קרקע: בקר וצאן יין ושיכר, עופות (דגים זו מחלוקת, ולמסקנה הם לא נכללים כאן).
3. וולד וולדות הארץ: בקר וצאן יין ושיכר, לא דגים ולא עופות.

כלומר בינתיים נראה שכל הפריטים שמופיעים בפסוק נכללים בכל שלושת מעגלי ההכללה (הצדדים). כל צד מאפיין כל אחד מהפרטים הללו. הצדדים הללו מסודרים זה סביב זה, במעגלים קונצנטריים, כאשר 1 הוא הרחב ביותר, 2 מצומצם יותר, ו-3 הוא הכי מצומצם.

עד כאן איתרנו את הצדדים הרלוונטיים. כיצד המבנה המקראי מוליך אותנו למסקנה המדרשית? מהי קבוצת הדברים שאותם ניתן לקחת בכספי מעשר שני? זוהי הכללה כלשהי על בסיס הפריטים שמופיעים בפסוק, תוך שימוש בצדדים, או מעגלי ההכללה, שחילצנו מאפיון של הפריטים הללו. חשוב מאד לקבוע את היחס בין הצדדים לפני שעוברים לביצוע ההכללה. במקרה שלנו

נראה שהגמרא רואה את הצדדים הללו כקונצנטריים, אבל לא תמיד זהו המצב. כפי שנראה מייד, לאחר שמוגדרים הצדדים השונים ונקבעים היחסים הלוגיים (מדובר על יחסי הכלה מתורת הקבוצות) ביניהם, אופי והיקף ההכללה נקבעים על פי המבנה של הטכסט המקראי.

בירור המחלוקת ואופן הדרשה

למסקנת הגמרא ההבדל בין שתי הדרשות בברייתות הוא לגבי עופות. יש מי שדורש לרבות עופות כי הם פרי מפרי וגידולי קרקע. ויש מי שממעט עופות כי אינם וולד וולדות הארץ. מדוע זה דורש פרי מפרי וגידולי קרקע, ואילו השני דורש גם וולד וולדות הארץ? הגמרא תולה זאת במכניזם של דרשת 'כלל ופרט':

מאן דמרבי עופות מאי טעמיה, ומאן דממעיט עופות מאי טעמיה? מאן דמרבי עופות קסבר: כללא בתרא דוקא, פרט וכלל נעשה כלל מוסף על הפרט. ואיתרבו להו כל מילי, ואהני כללא קמא למעוטי כל דלא דמי ליה משני צדדין. ומאן דממעט עופות קסבר: כללא קמא דווקא, כלל ופרט - ואין בכלל אלא מה שבפרט, הני - אין, מידי אחרינא - לא. ואהני כללא בתרא לרבויי כל דדמי ליה משלשה צדדין.

וברש"י כאן מפרש:

והוה ליה פרט וכלל ונעשה כלל מוסיף על הפרט ומרבי כל מילי - וכללא קמא דאתי למעוטי, ולמימר דנדרשיה בכלל ופרט ואין בכלל אלא מה שבפרט, ולא נרבי מידי - לא אזלינן בתריה, ומיהו, אהני פורתא למימר: דכי מרבי כללא בתרא - לא כל מילי מרבי, אלא כעין הפרט מאי דדמי ליה משני צדדין, דהוי פרי מפרי וגידולי קרקע, ומיתרבי נמי עופות בהאי דינא, ולמעוטי דגים דלא דמו ליה אלא בחד צד, בפרי מפרי.

ומאן דממעט עופות קסבר - כל היכא דאיכא כלל ופרט כללא קמא דווקא, ואין בכלל אלא מה שבפרט, וממעטי כל מילי ואפילו מאי

דדמי ליה בפרטא, והדר כתב כללא בתרא - לאפוקי ממיעוטא דכללא קמא במקצת, ולאתויי מיהא מידי דדמי לפרטא בכל שלשה צדדין, דהוי פרי מפרי, וגידולי קרקע, וולד ולדות הארץ.

כדי להבין את המכניזם הזה, עלינו לזכור שיש כאן מבנה משולש: 'כלל ופרט וכלל'. מבנה כזה הוא הרכבה של שני מבנים פשוטים יותר: 'כלל ופרט', ו'פרט וכלל'. הברייתא דרי"ש קובעת שמבנה של 'כלל ופרט' דורשים באופן של 'אלא מה שבפרט', כלומר דמיון מושלם. ומבנה של 'פרט וכלל' דורשים בצורה של 'נמצא כלל ומוסיף על הפרט', לרבות כל מילי (כלומר כל מה שדומה לפרט באופן כלשהו). אלו שני הקטבים של הדיון. המבנה המשולש מצוי בתווך, כלומר הוא אמור להוליך להכללה בהיקף שבין שני ההיקפים הללו.

כיצד נקבע את ההיקף הזה? על כך חלוקות הדעות, והדבר תלוי האם אנחנו רואים את המבנה המשולש כדרשת 'פרט וכלל' המרחיבה, שהכלל הראשון שנוסף בהתחלה מסייג מעט את ההכללה הרחבה הזו. או שמא זוהי דרשת 'כלל ופרט' המצמצמת, וכללא בתרא מופיע כתיקון שמרחיב מעט את הצמצום הראשוני. זוהי המחלוקת האם 'כללא בתרא עיקר' (כלומר זהו 'פרט וכלל' שמסוייג מעט) או 'כללא קמא עיקר' (כלומר זהו 'כלל ופרט' שמורחב מעט).

כיצד עלינו להגדיר את היקף ההכללה? מה שמשמש אותנו להגדרת קבוצות ההכללה הוא הצדדים (=המימדים). ככל שנדרוש דמיון ביותר צדדים ההכללה תהיה צרה יותר. מספר הצדדים קובע את היקף ההכללה.

כעת נוכל להבין את ההסבר שמציע רש"י למחלוקת בין שתי הברייתות בסוגייתנו:

- <u>כללא בתרא דווקא</u>. המבנה הבסיסי הוא 'פרט וכלל', והוא מרבה הכל. כלומר ההכללה היא מכסימלית, ובמונחי צדדים פירוש הדבר הוא שמספיק לנו דמיון בצד אחד בלבד. כעת בא הכלל הראשון וממעט (עושה פעולה דומה לפעולתו של הכלל במבנה של 'כלל ופרט'). המיעוט המינימלי ביחס לקבוצה שדומה בצד אחד הוא לדרוש דמיון בשני צדדים. כלומר אנחנו ממעטים את מה שלא דומה בשני צדדים

(אלא רק בצד אחד), ובמקרה זה אלו הם הדגים. לכן עופות נכללים בקבוצת התוצאה, שכן הם דומים בשני צדדים (פרי מפרי וגידולי קרקע), אבל דגים לא (כי למסקנה הם רק פרי מפרי).

- כללא קמא דווקא. המבנה הבסיסי הוא 'כלל ופרט', והוא נדון אלא מה שבפרט לגמרי (אפילו יותר משלושה צדדי דמיון). והכללא בתרא בא לרבות את מה שדומה בשלושה צדדים (כלומר שיהיה גם וולד וולדות הארץ). לכן עופות לא נכללים בקבוצת התוצאה, מפני שהם דומים לפקטורים רק בשני צדדים.

לא לגמרי ברור כיצד לנסח זאת במונחי צדדים. המיעוט הראשוני של מבנה 'כלל ופרט' היה אמור להיות מכסימלי, כלומר דרישת דמיון בשלושה צדדים. אבל אז הריבוי של כללא בתרא, אמור להוריד את הדרישות לדמיון ולהסתפק בשני צדדים. ואז היתה יוצאת קבוצה זהה לזו של בעלי עמדת 'כללא בתרא דווקא'.

הגמרא כאן כנראה מניחה שמבנה של 'כלל ופרט' שדורש דמיון מכסימלי, מתכוין לדמיון חזק יותר מאשר של שלושה צדדים. כיצד הדבר ייתכן? התשובה היא שדמיון בשלושה צדדים הוא עדיין הכללה. מבנה של 'כלל ופרט' כנראה מיועד לצמצם את הדין רק לפריטים המופיעים בפסוק, ולא יותר. אין להחיל את הדין אפילו על דברים שדומים לפריטים שבפסוק בכל הצדדים. כלומר מבנה של 'כלל ופרט' אינו הכללה, אלא רק דמיון מושלם (או זהות). במונחי צדדים פירוש הדבר הוא כאילו הכללה בארבעה צדדים (אחד יותר מל הצדדים שישנם בסיטואציה).

ואכן הרב הנזיר, בספרו **קול הנבואה**, ספר ראשון, מאמר רביעי, סעיף כב (בעיקר סביב הערה סו) עומד על כך. הוא טוען שדמיון בשלושה צדדים גם הוא הכללה, אלא שמדובר בהכללה המצומצמת ביותר האפשרית. ומכאן עולה המסקנה שבאופן עקרוני ייתכן מבנה מצומצם יותר, כזה שדורש לא לעשות הכללה כלל.

היחס לבניין אב: מבט ראשוני

כבר הזכרנו שכמה מהראשונים[3] באמת מתלבטים מדוע בכלל מוגדר מבנה של 'כלל ופרט'. אם התורה רוצה ללמד אותנו דין רק לגבי הפריט שמופיע בפירוש בפסוק, אז היה עליה לכתוב את הפרט ותו לא. לכאורה הכללא קמא הוא מיותר. הם עונים על כך שהכללא קמא מיועד למנוע הכללה, או הרחבה של הדין. כלומר אם היו כותבים את הפרט בלבד, אזי היינו מכלילים אותו על ידי בניין אב. הכלל שלפני הפרט בפסוק נכתב כדי למנוע את ההכללה הזו. והן הן דברינו כאן. מידת 'כלל ופרט' עניינה הוא מניעת אנלוגיה של בניין אב.

אלא שלפי זה עדיין עלינו לשאול את עצמנו במה שונה האנלוגיה של בניין אב ממידות 'כלל ופרט' השונות? לכאורה גם היא אינה אלא הכללה בכמות כלשהי של צדדים, אז מדוע יש כאן מידה שונה? ייתכן שיש כאן מצב ביניים: הכללה בשלושה צדדים היא עדיין הכללה. אלא שנדרש מכל איבר בקבוצת התוצאה דמיון מושלם למקור ההכללה (בכל צדדי הדמיון הרלוונטיים). בניין אב הוא אנלוגיה, כלומר השוואה ולא הכללה. כאן אנחנו משווים פריט מסויים לפריט המקורי, אבל לא עושים הכללה לקבוצה, אפילו לא לקבוצה שדומה לגמרי לפריט המקור.[4] במובן הזה, בניין אב אינו נכנס לחשבון הצדדים שאנו עושים כאן, שכן לא מדובר בהכללה אלא בהשוואה. ועדיין יש לדון בבניין אב משני צדדים, שודאי עושה הכללות.

אמנם התלמוד קובע כי על הצד השווה פורכים אפילו פירכא כל דהו, כלומר כל הבדל קטן מונע הרחבה בצד שווה. אם כן, הקבוצה שאליה ניתן להרחיב אמצעות צד שווה היא רק קבוצת ההקשרים שדומים לגמרי לפרט שכתוב במפורש בתורה. כל הבדל קטן, גם אם הוא אינו נראה ממש רלוונטי (=כל דהו), כבר מונע את ההרחבה. לעומת זאת, מידות 'כללי ופרטי' לוקחות בחשבון רק צדדים משמעותיים, ולא 'כל דהו'. לכן יש כאן דרגת ביניים שפועלת ברזולוציה שונה. אפילו אם ההבדל אינו נחשב כ'צד' במונחי 'כללי

---

[3] ראה תוד"ה 'איכא', נזיר לה; פירוש הראב"ד לברייתא דרי"ש על מידת 'כלל ופרט'; **ספר הכריתות** בית ה; וכן **מידות אהרן** פ"ה ח"ב.

[4] על היחס בין אנלוגיה לאינדוקציה, ובין שני אלו לשתי מידות בניין אב, ראה במאמרו של מ. אברהם, 'מעמדן הלוגי של דרכי הדרש', **צהר** יב, תשרי תשסג, עמ' 9-23.

ופרטי׳, לעניין ׳הצד השווה׳ זה נחשב כהרחבה מופרזת. אנו נדון ביחס בין המידות הללו גם בסוגיות הבאות.

מסקנות ביניים

יש בבעיה הזו שלושה מימדים (=צדדים): פרי מפרי, גידולי קרקע, וולד וולדות הארץ. הצדדים הללו הם גנרטורים (מחוללים) של קבוצות, שנבנות סביבם על פי קריטריונים של רמות דמיון שונות למקור. מה שעולה מהניתוח כאן הוא כדלהלן:

׳כלל ופרט׳ – ממעט הכל חוץ מהפרט עצמו. צריך דמיון מוחלט לפקטור שבפסוק. כביכול ארבעה צדדים.

׳פרט וכלל׳ – מרבה הכל. זהו דמיון בצד אחד בלבד.

׳כלל ופרט וכלל׳ – מחלוקת האם מתחילים מכללא קמא אז מרבים מה שדומה בשלושה צדדים. ואם מתחילים מכללא בתרא אז מרבים מה שדומה בשני צדדים.

אמנם יש להעיר שבסוגיא כאן הניחו שקיימים בבעייה שלושה צדדי דמיון רלוונטיים: פרי מפרי, גידולי קרקע, וולד וולדות הארץ. לכן בסוגיא זו ארבעה צדדים זוהי זהות מוחלטת (ללא כל ריבוי), צד אחד הוא תמיד ההכללה המכסימלית. אך ייתכן מצב שבו מספר צדדי דמיון יהיה שונה, ולכן שם הטבלא תיראה אחרת. לדוגמא, אם יהיו רק שני צדדי דמיון רלוונטיים, נצטרך לזהות כמה מופעים מקראיים שייתנו את אותה תוצאה מדרשית (החשבון אותו עשינו למעלה נותן שגם ׳כלל ופרט וכלל׳ וגם ׳פרט וכלל ופרט׳ נותנים במקרה כזה קבוצה שדומה למקור בשני צדדים, וזאת הן למ״ד כללא קמא דווקא והן למ״ד כללא בתרא דווקא). ואם יהיו ארבעה צדדי דמיון, אזי תהיה דרגת חופש לגרור כמה צדדים ביחד. ואולי כשיש ארבעה צדדים ומעלה בכלל לא דורשים ב׳כלל ופרט׳, כי אז המידות הללו באמת אינן מוגדרות היטב. זהו מכניזם שיכול ליישב כמה סתירות בין מקורות מדרשיים.

השלמת התמונה: ׳פרט וכלל ופרט׳

כדי להשלים את התמונה עלינו לשאול שתי שאלות משלימות משני צידי המטבע:

א. כיצד התורה אמורה לבטא רצון לרבות בשלושה צדדים למ״ד כללא בתרא דווקא, או שני צדדים למ״ד כללא קמא דווקא? בעצם יוצא מדברינו שבכל אחת מהשיטות הללו חסר כלי הכללה אחד.

ב. ישנם מבנים מקראיים חסרים בתמונה הזו. מדובר בעיקר על ׳פרט וכלל ופרט׳,[5] שאמנם כמעט לא מופיעה בספרות חז״ל (למעט בסוגיית נזיר), אך לשם השלמת התמונה חשוב להבין כיצד היא נדרשת, כלומר כיצד עלינו להכליל את הדין כאשר המבנה המקראי הוא כזה? הסוגיא כאן לא מלמדת אותנו זאת.

אנחנו יכולים להעלות השערה, כהכללה למה שראינו בסוגיא כאן, ששתי השאלות הללו משיבות זו על זו. המבנה של ׳פרט וכלל ופרט׳ הוא שמשמש את התורה כדי ללמד אותנו את ההכללה החסרה לפי כל שיטה. אם נעשה ניתוח דומה לזה של רש״י כאן למבנה של ׳פרט וכלל ופרט׳, נגלה מייד שזה אכן מה שמתקבל:

- למ״ד כללא קמא דווקא, כנראה הוא סובר גם שבמבנה המשולש של ׳פרט וכלל ופרט׳ - פרטא קמא דווקא. לכן לשיטתו עלינו להתחיל את הניתוח ריבוי הכי מקיף, כמו במבנה של ׳פרט וכלל׳ (שכפי שראינו נותן את כל מה שדומה בצד אחד). וכעת נאמר שאהני פרטא בתרא למעט ולדרוש שתהיה כאן הכללה רק למה שיש לו דמיון בשני צדדים. זהו בדיוק כלי ההכללה שהיה חסר לנו בשיטת ׳כללא קמא דווקא׳.

---

[5] מידות כמו ׳כלל וכלל ופרט׳ או ׳פרט ופרט וכלל׳, נדונות על ידי הטלת החריג בין שני הזהים. לדוגמא, במופע מקראי של ׳כלל וכלל ופרט׳ אנו מטילים את הפרט בין שני הכללים, ודורשים זאת ב׳כלל ופרט וכלל׳ (הגמרא עצמה קובעת זאת. ראה לדוגמא, סוגיית נזיר ומקבילות).

- ואילו למ״ד כללא בתרא דווקא, הוא כנראה סובר שבמבנה הנדון כאן פרטא בתרא דווקא. לשיטתו אנחנו מתחילים במיעוט הכי קיצוני, כמו 'כלל ופרט' (שכפי שראינו נותן רק את מה שבפסוק עצמו. כביכול דמיון בארבעה צדדים). וכעת נאמר שאהני פרטא קמא לסייג את המיעוט, ולהעמידו על דמיון בשלושה צדדים. זהו בדיוק הכלי שהיה חסר לנו בשיטת 'כללא בתרא דווקא'.[6]

אם כן, נפתרה כאן שתי הבעיות שהעלינו, והתמונה היא עקבית לגמרי: הדרך לבטא את הריבוי (כלי ההכללה) החסר בכל שיטה, נעשית בדיוק על ידי מידת 'פרט וכלל ופרט'.

סיכום כללי של מסקנת הסוגיא ושל מידות 'כלל ופרט'

נציג את המסקנות שקיבלנו בטבלא הכללית:

	לשיטת קמא דווקא	לשיטת בתרא דווקא
צד אחד (ריבוי מכסימלי)	פרט וכלל	פרט וכלל
שני צדדים	פרט וכלל ופרט	כלל ופרט וכלל
שלושה צדדים	כלל ופרט וכלל	פרט וכלל ופרט
ארבעה צדדים (דמיון מוחלט)	כלל ופרט	כלל ופרט

יש לשים לב שלשיטת 'קמא דווקא' יוצא ש'כלל ופרט וכלל' מרבה פחות מאשר 'פרט וכלל ופרט', ולשיטת 'בתרא דווקא' יוצא ההיפך.

הגמרא כאן אינה מכריעה הלכה בשאלה האם דורשים כללא קמא עיקר או בתרא עיקר. בהמשך דברינו נראה שסוגיות אחרות בש״ס אינן מפרטות האם

---

[6] למעשה הדברים מפורשים ברש״י חולין סה ע״ב, ד״ה 'וכ״ת'. כאן הצגנו זאת כהשערה לאור מהלך הסוגיא הזו. התאמתות ההשערה הזו מחזקת את התוקף של הניתוח הכללי אותו הצענו כאן.

הן מניחות את שיטת 'קמא דווקא' או 'בתרא דווקא', והדבר מעורר מחלוקות ראשונים ועמימויות בפרשנותן.

ולהלכה הרמב"ם פוסק בפ"ז מהל' מעשר שני ונטע רבעי ה"ג והלאה, כמי שדורש 'כלל ופרט' בסוגייתנו, אבל הוא לא מביא את הדין לגבי עופות ודגים, ולא ברור מה הוא פסק ביחס אליהם. מסתימת דבריו נראה שהוא פוסק שאפשר לקחת עופות ודגים. וגם הניסוח שלו בה"ג שם הוא:

> ***אין נלקח בכסף מעשר אלא מאכל אדם שגידוליו מן הארץ, או גידולי גידוליו מן הארץ, כגון הפרט המפורש בתורה בבקר ובצאן וביין ובשכר.***

כלומר הדרישה היא שיהיה פרי מפרי וגידולי קרקע (הרמב"ם מפרש זאת כקבוצה שכוללת את גידולי הקרקע ואת מה שיצא מהם, פריים). אם כן, הוא פוסק כללא בתרא דווקא, ודורש דמיון בשני צדדים (לא צריך שיהיה וולד וולדות הארץ).

אמנם במאמר **מידה טובה** לפרשת ויקרא, תשסה, עמדנו על כך שהרמב"ם אינו פוסק באופן עקבי במישור הדרשות, כלומר הוא אינו מכריע באופן עקבי לפי צורת דרש אחידה, אלא מכריע את ההלכה כאילו היה מדובר כאן בויכוח הלכתי גרידא. לפעמים הוא הולך בשיטה שמבוססת על דרשת 'ריבויי ומיעוטי' ולפעמים על 'כללי ופרטי'.

בחזרה לסוגיא

כעת נחזור לשתי הברייתות שאותן הסוגיא מסבירה. ברייתא אחת סוברת שכללא בתרא עיקר, כלומר שדרוש דמיון בשלושה צדדים, והברייתא השנייה סוברת שכללא קמא עיקר, ולכן היא מסתפקת בדמיון של שני צדדים. העופות דומים בשני צדדים (הם לא וולד וולדות הארץ), ולכן הם הנפ"מ. הברייתא שדורשת וולד וולדות הארץ אינה מדברת על צד אחד אלא על שלושה: בנוסף לפרי מפרי וגידולי קרקע, דרוש שיהיה גם וולד וולדות הארץ.

כעת נוכל למיין את הפקטורים לפי המימדים: פקטור 1 (בקר וצאן, יין ושיכר) הוא פרי מפרי וגידולי קרקע וולד וולדות הארץ. פקטור 2 (עופות) הוא

פרי מפרי וגידולי קרקע, אבל לא וולד וולדות הארץ. פקטור 3 (דגים) הוא רק פרי מפרי (ואולי מחלוקת ר׳ אשי ורבינא האם הוא גידולי קרקע). פקטור 4-5 לא ברור (ייתכן שגם הם כמו דגים). והשאר הם אפילו לא פרי מפרי. אמנם ייתכן שמים ומלח נחשבים כגידולי קרקע, אך בסוגיית מעמר בשבת עג ע״ב – מלחא ממלחתא, נראה שמלח אינו גידולי קרקע. ולגבי וולד וולדות הארץ, המים אינם כאלה שכן הם נבראו עצמאית, אבל המלח נראה שהוא כן נברא מהארץ (אא״כ הוא נברא מהמים).

	פקטור/מימדים	גידולי קרקע	פרי מפרי	וולד וולדות הארץ
1.	בקר וצאן, יין ושיכר	1	1	1
2.	עופות	1	1	0
3.	דגים	0 (לר׳ אשי 1)	1	0
4.	ציר דגים עם קרבי דגים	״	״	״
5.	ציר דגים	״	״	״
6.	מי מלח	0	0	1?!
7.	מלח	0	0	1?!
8.	מים	0	0	0

כעת רואים מדוע דרישה לשלושה צדדים (כלומר גם וולד וולדות הארץ) ממעטת רק עופות.

רואים שאין משהו שהוא גידו״ק אבל לא פרי מפרי. ההיפך אפשרי (מחלוקת ר׳ אשי ורבינא לגבי דגים). וולד וולדות הארץ יש לה חפיפה חלקית עם שתי הקבוצות האחרות, אבל היא לא מוכלת בהן ולא מכילה אותן.

כעת נראה שריבוי בצד אחד הוא כל מה שיש בשורה שלו 1 בודד. כלומר הכל חוץ ממים.

ריבוי בשני צדדים הוא כל מה שבשורה שלו יש שני 1. חוץ מדגים או מי מלח ומטה.

ריבוי בשלושה צדדים הוא כל מה שיש בשורה שלו שלושה 1, כלומר רק מה שבפסוק. אבל זוהי הכללה, שכן יש עוד דברים שמקיימים את שלושת התנאים. זה לא כמו ארבעה צדדים, שזו כלל אינה הכללה אלא צמצום למה שנמנה בפסוק בלבד.

ממים או מלח ועד דגים מדובר לכל היותר בצד דמיון אחד, אם בכלל, ולכן זה לא נכנס לדיון בסוגיא במסגרת דרשות 'כללי ופרטי' (רק למי שדורש 'ריבויי ומיעוטי').

כאשר אנחנו הולכים בשיטת כללא קמא דווקא, ומרבים בשני צדדים, אנחנו בוחרים כאן רק שניים מתוך הצדדים: פרי מפרי וגידולי קרקע. מדוע לא בוחרים צמדים אחרים? יש לכך שתי אפשרויות:

1. או בגלל שתמיד בוחרים רק שניים מסויימים מהצדדים, ולא כל שניים. זה לא סביר, שכן לא מוצג כאן שיקול שמסביר מדוע מכלילים דווקא בשני הצדדים הללו. 2. סביר יותר שזה בגלל שבמקרה זה אין צירוף של שניים מהצדדים האחרים (וולד וולדות הארץ עם אחד משני האחרים – ראה בטבלא), כי התמונה היא קונצנטרית. אבל אם היה צירוף כזה נראה לכאורה שהיינו מאפשרים גם אותו. את זה נצטרך לבדוק כאשר נגיע לדוגמאות שבהן הצדדים אינם כלולים זה בזה.

המסקנה היא שדיאגרמת ון של הצדדים בסוגייתנו היא קונצנטרית:

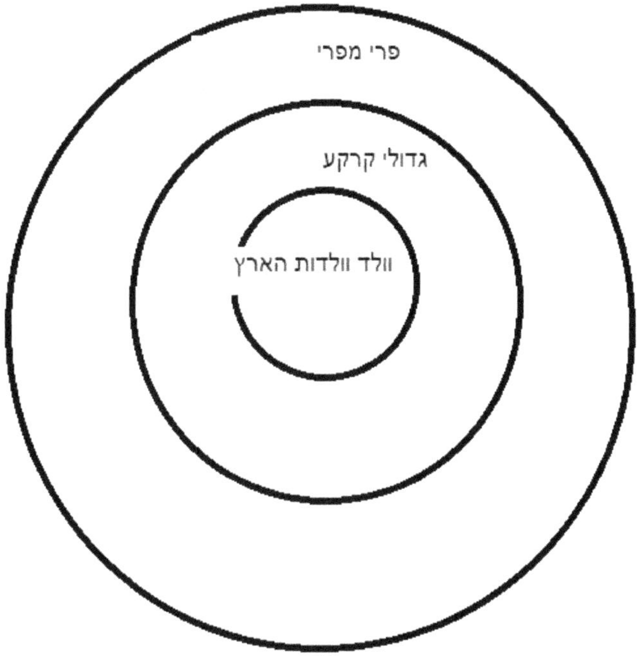

המבנים השונים של 'כלל ופרט' קובעים את היקף (או רדיוס) ההכללה. המחלוקת היא האם מבנה של 'כלל ופרט וכלל' מחייב הכללה ברדיוס של שני צדדים (פרי מפרי וגידולי קרקע) או של שלושה צדדים (רק וולד וולדות הארץ).

הדרשה בסכוליון

הסכוליון מביא את הדרשה שלנו כדוגמא לדרשת 'כלל ופרט וכלל'. וכך זה מופיע שם:

> ***מכלל ופרט וכלל כיצד ונתת הכסף בכל אשר תאוה נפשך כלל, בבקר ובצאן ביין ובשכר פרט ובכל אשר תשאלך נפשך חזר וכלל כלל ופרט וכלל אי אתה דן אלא כעין הפרט לומר לך מה הפרט מפורש דבר***

שהוא וולד וולדות הארץ וגדולי קרקע אף אין לי אלא כל דבר שהוא וולד וולדות הארץ וגדולי קרקע יצאו כמהין ופטריות.

כאן לכאורה מופיעים רק שני צדדים. אמנם ראינו למעלה שפרי מפרי אינו מוסיף על גידולי קרקע (אלא לשיטת רבינא), ולכן ייתכן שהכוונה כאן היא לריבוי בשלושה צדדים (המקביל בסוגייתנו לוולד וולדות הארץ). כלומר התנא כאן סובר כללא קמא עיקר.

אמנם ייתכן שהתנא כאן אינו רואה את פרי מפרי כתכונה נפרדת, והיא נכללת בגידולי קרקע (זוהי הרחבה של גידולי קרקע: לומר שגם מה שיוצא מהם, כמו יין ושיכר, נכלל בתוך גידולי קרקע. ולכן הניסוח גם בסוגייתנו הוא פרי מפרי וגידולי קרקע, לעומת וולד וולדות הארץ. ראה גם את לשון הרמב״ם בהל׳ מעשר שני ונטע רבעי, פ״ז ה״ג וה״ה, שמתנסח כך בפירוש. ולפי זה, ייתכן שיש כאן רק שני צדדים רלוונטיים. במקרה כזה, כפי שכבר הערנו, ההשוואה לפי שתי השיטות (קמא דווקא או בתרא דווקא) היא לקבוצה שדומה בשני צדדים.

נעיר כי בדרשות מקבילות בספרות חז״ל יש פעמים שמופיע רק פרי מפרי וגידולי קרקע (ב״ק נד ע״ב וס״ג ע״א, וכן נזיר לה ע״ב ועוד), ויש שמופיע רק וולדות הארץ (ירושלמי מעשר שני פ״א ה״ג ועוד). לאור הניתוח שלנו כאן עלינו לפרש זאת באופן שכאשר מדברים על וולד וולדות הארץ, הכוונה היא לדרוש דמיון בשלושה צדדים, כלומר כשיטת כללא קמא דווקא. וכשמדברים על פרי מפרי וידולי קרקע, מתכוונים לדמיון בשני צדדים, כלומר כללא בתרא עיקר. אלו הן שתי השיטות שפגשנו בניתוח הסוגיא כאן.

והנה המיעוט בדרשה שבסכוליון כאן הוא של כמהין ופטריות. הפקטור הזה כלל לא מופיע בסוגייתנו, ולא ברור היכן הוא ממוקם, וכפי איזו מהשיטות אצלנו (אם בכלל) סובר התנא ההוא.

מהניתוח שלנו כאן עולה שהתנא של הסכוליון סובר כמ״ד קמא דווקא, שכן הוא דורש גם וולד וולדות הארץ. אם כן, כמהין ופטריות שהתמעטו כאן אינם כלולים אפילו בצד הפנימי ביותר, ולכן הם מתמעטים. לפי התנאים הקודמים בסוגייתנו, שדורשים ריבויי ומיעוטי, ראינו שיש מקום להכללות רחבות

יותר, ולשיטתם נראה שכמהין ופטריות ודאי ייכללו, שהרי הם לא יותר גרועים ממים ומלח.

אמנם נראה שבתפיסה ההלכתית של חז"ל כמהין ופטריות הם לא גידולי קרקע (הם לא ניזונים מהארץ, ולכן קצירתם בשבת אינה קצירה. וכך כותב בפירוש הרמב"ם בה"ה), וכנראה שהם גם לא וולד וולדות הארץ (זה נובע מעצם הקונצנטריות של הצדדים, שהרי אין מי שהוא וולדות הארץ אבל אינו גידולי קרקע). ולפי זה, הם היו מתמעטים גם למ"ד כללא בתרא דווקא, שחולק על בעל הסכוליון. אך בזה יש לעיין עוד.

אמנם מלשון הרמב"ם בה"ג נראה שהוא פוסק כללא בתרא דווקא, שכן הוא מסתפק בדמיון בשני צדדים בלבד. ולכן הוא אמנם מביא את ההלכה של בעל הסכוליון, שממעט כמהין ופטריות, אבל בעל הסכוליון עושה זאת לשיטתו שנדרש דמיון בשלושה צדדים (וולד וולדות הארץ), כי כללא קמא דווקא, ואילו הרמב"ם פוסק זאת גם לשיטתו שכללא בתרא דווקא ודי לנו בשני צדדי דמיון.

הערה בשולי הדברים על צורת הדרשה

אנחנו נראה בהמשך דברינו, כי למבנה בו הפרט מכיל רשימה של כמה פריטים (=פקטורים) יש שתי אפשרויות דרש עקרוניות:

ג. לדרוש כל פרט לחוד, ואח"כ לעשות בניין אב משני צדדים (הצד השווה) על התוצאות, וכך מגיעים לשלושה צדדים.

ד. לדרוש את כל הפרטים ביחד.

כאן בסוגיא נראה בבירור שחז"ל דרשו את כל הפרטים יחד (לפחות לא מפורט כאן משהו מורכב יותר, אבל באופן עקרוני ייתכן שברקע היתה דרשה מורכבת והובאו רק התוצאות שלה).

בתחילת תוד"ה 'דהא כל חד', ב"ק סג ע"א, כתבו בעלי התוס' שבאמת כאן נדרשו כל הפרטים יחד. כפי שנראה שם, שיטת התוס' היא שאין עיקרון כללי שיש לדרוש כל פרט לחוד, ולכן אין לו בעייה עם זה. אבל לפי רש"י שם

ובסוגיית חולין נראה שכן דורשים כל פרט לחוד. ואילו מהסוגיא כאן נראה לא כך, ואולי הסוגיות חלוקות גם בזה. אנו נראה בהמשך דברינו (אחרי סוגיית חולין וב״ק) כי ניתן להציע הסבר שמיישב את הסוגיות, ומסביר מדוע בסוגייתנו נדרשו כל הפריטים ביחד.

מסקנות ראשוניות לגבי מתודת הביצוע של דרשות 'כלל ופרט'

התמונה המתקבלת עד עתה היא שהדרך לדרוש 'כללי ופרטי' היא כדלהלן:

1. ראשית, מאתרים בטכסט המקראי מבנה שמתאים לאחד מארבעת הדפוסים של 'כלל ופרט'.
2. לאחר מכן בודקים מיהם הפריטים שמופיעים כפרט של המבנה הזה. יכול להיות פריט אחד כזה, או יותר.
3. בהמשך מנסים לחלץ מתוך אוסף הפריטים הללו את התכונות שמאפיינות אותם ביחס להקשר הנדון, בכדי להגדיר את הצדדים של הבעייה. אם יש פריט אחד ברשימה, מדובר על המאפיינים שלו. אם ישנם כמה פריטים – אזי הצדדים הרלוונטיים יכולים להיות משותפים לכל הפריטים, או אולי ייתכן מצב בו יהיו צדדים שונים שמאפיינים רק חלק מהפריטים.
4. בשלב הבא, בודקים את היחס בין הצדדים השונים שהתקבלו, ומשרטטים דיאגרמת ון שמייצגת את היחסים ביניהם. דיאגרמה זו יכולה באופן עקרוני להיות קונצנטרית, כלומר שהצדדים מוגדרים כמעגלים קונצנטריים אחד סביב השני, כמו במקרה שפגשנו בסוגיא כאן. ייתכן גם מצב בו היחס בין הצדדים יוצר תמונה מורכבת יותר (נראה דוגמאות לכך בסוגיות הבאות).
5. לאחר מכן חוזרים למבנה המקראי, ומחליטים על פיו בכמה מהצדדים שמצאנו עלינו להשתמש כאשר אנחנו באים להכליל את פריטי המקור. התוצאה שתתקבל תלויה כמובן בשאלה האם אנחנו

עומדים בשיטת 'קמא דווקא' או בשיטת 'בתרא דווקא'. זה קובע את רדיוס ההכללה שלנו.

6. בשלב האחרון רדיוס ההכללה שהתקבל מיושם על דיאגרמת ון, והוא מגדיר את קבוצת התוצאה של הדרשה. הדין שמופיע בתורה חל על כל הפריטים ששייכים לקבוצת התוצאה שהתקבלה.

אנו רואים שמערכת מידות הדרש של 'כללי ופרטי' אינה רק מערכת טכסטואלית גרידא. גם לה יש קשר ללוגיקה, שכן היא מגדירה קבוצות דרך כמה אופני הכללה שמרחיבים את הפריטים שכתובים בטכסט המקראי.

פרק שביעי: צדדים לא קונצנטריים

עיון בסוגיית שבועות כו

סוגיית הבבלי, שבועות כו ע"א

מתני'. ר' ישמעאל אומר: אינו חייב אלא על העתיד לבא, שנאמר: +ויקרא ה'+ להרע או להיטיב. אמר לו ר"ע: א"כ, אין לי אלא דברים שיש בהן הרעה והטבה, דברים שאין בהן הרעה והטבה מנין? אמר לו: מריבוי הכתוב. אמר לו: אם ריבה הכתוב לכך, ריבה הכתוב לכך .

...ר' ישמעאל אומר: אינו חייב אלא על העתיד לבא. ת"ר: +ויקרא ה'+ להרע או להיטיב - אין לי אלא דברים שיש בהן הרעה והטבה, שאין בהן הרעה והטבה מנין? תלמוד לומר: +ויקרא ה'+ או נפש כי תשבע לבטא בשפתים, אין לי אלא להבא, לשעבר מנין? תלמוד לומר: +ויקרא ה'+ לכל אשר יבטא האדם בשבועה, דברי רבי עקיבא; רבי ישמעאל אומר: להרע או להיטיב - להבא. אמר לו רבי עקיבא: אם כן, אין לי אלא דברים שיש בהן הטבה והרעה, דברים שאין בהן הרעה והטבה מנין? אמר לו: מרבוי הכתוב. אמר לו: אם ריבה הכתוב לכך, ריבה הכתוב לכך. שפיר קא"ל רבי עקיבא לר' ישמעאל! א"ר יוחנן: ר' ישמעאל ששימש את רבי נחוניא בן הקנה שהיה דורש את כל התורה כולה בכלל ופרט, איהו נמי דורש בכלל ופרט, רבי עקיבא ששימש את נחום איש גם זו שהיה דורש את כל התורה כולה בריבה ומיעט, איהו נמי דורש ריבה ומיעט. מאי ר' עקיבא דדריש ריבויי ומיעוטי? דתניא: או נפש כי תשבע - ריבה, להרע או להיטיב - מיעט, לכל אשר יבטא האדם - חזר וריבה, ריבה ומיעט וריבה - ריבה הכל, מאי ריבה? ריבה כל מילי, ומאי מיעט? מיעט דבר מצוה. ור' ישמעאל דריש כלל ופרט: או נפש כי תשבע לבטא בשפתים - כלל, להרע או להיטיב - פרט, לכל אשר יבטא האדם - חזר וכלל, כלל ופרט וכלל אי אתה דן אלא כעין הפרט, מה הפרט מפורש להבא, אף כל להבא, אהני כללא לאתויי אפי' דברים שאין בהן הרעה והטבה להבא, אהני פרטא למעוטי אפילו דברים שיש בהן הרעה והטבה

לשעבר. איפוך אנא! א"ר יצחק: דומיא דלהרע או להיטיב, מי שאיסורו משום +במדבר ל'+ בל יחל דברו, יצאתה זו שאין איסורו משום בל יחל דברו אלא משום בל תשקרו. רב יצחק בר אבין אמר, אמר קרא: או נפש כי תשבע לבטא בשפתים, מי שהשבועה קודמת לביטוי ולא שהביטוי קודמת לשבועה, יצא זה אכלתי ולא אכלתי - שהמעשה קודם לשבועה.

מבוא

הדרשה בסוגיא זו היא פשוטה יחסית. יש בה ייחוד שכן הפריטים ברשימה הם תכונות ולא פריטים. עוד נראה שהצדדים שמופיעים כאן אינם קונצנטריים, ונבחן מה עלינו לעשות במצב כזה. שאלה נוספת שתעלה היא מה עושים כאשר יש פחות משלושה צדדים, וכיצד מתייחסים לצד הטריביאלי (כלומר הקבוצה הכללית ביותר, מסגרת הדיון של הדרשה).

מקור ראשוני

התורה בויקרא ה, ד, כותבת:

אוֹ נֶפֶשׁ כִּי תִשָּׁבַע לְבַטֵּא בִשְׂפָתַיִם לְהָרַע אוֹ לְהֵיטִיב לְכֹל אֲשֶׁר יְבַטֵּא הָאָדָם בִּשְׁבֻעָה וְנֶעְלַם מִמֶּנּוּ וְהוּא יָדַע וְאָשֵׁם לְאַחַת מֵאֵלֶּה:

דרשת רי"ש ור"ע

והנה המשנה כה ע"א מביאה מחלוקת של ר"ע ורי"ש:

ר' ישמעאל אומר: אינו חייב אלא על העתיד לבא, שנאמר: +ויקרא ה'+ להרע או להיטיב. אמר לו ר"ע: א"כ, אין לי אלא דברים שיש בהן הרעה והטבה, דברים שאין בהן הרעה והטבה מנין? אמר לו: מריבוי הכתוב. אמר לו: אם ריבה הכתוב לכך, ריבה הכתוב לכך.

רי"ש סובר שחייבים על שבועה רק כשנשבע שיעשה משהו בעתיד, ולא שעשה משהו בעבר. הוא לומד זאת מלשון הכתוב "להרע או להיטיב". ר"ע תוקף אותו מדוע הוא לא מגביל זאת רק לדברים שיש בהם הרעה והטבה? רי"ש עונה שיש ריבוי שמרבה גם דברים שאין בהם הרעה והטבה, ור"ע עונה לו שאם כן עליו לרבות גם את העבר.

ובגמרא שם כו ע"א מובאת נוסחא שונה למחלוקת:

ר' ישמעאל אומר: אינו חייב אלא על העתיד לבא. ת"ר: +ויקרא ה'+ להרע או להיטיב - אין לי אלא דברים שיש בהן הרעה והטבה, שאין בהן הרעה והטבה מנין? תלמוד לומר: +ויקרא ה'+ או נפש כי

תשבע לבטא בשפתים, אין לי אלא להבא, לשעבר מנין? תלמוד לומר: +ויקרא ה'+ לכל אשר יבטא האדם בשבועה, דברי רבי עקיבא; רבי ישמעאל אומר: להרע או להיטיב - להבא. אמר לו רבי עקיבא: אם כן, אין לי אלא דברים שיש בהן הטבה והרעה, דברים שאין בהן הרעה והטבה מנין? אמר לו: מרבוי הכתוב. אמר לו: אם ריבה הכתוב לכך, ריבה הכתוב לכך.

בנוסח הזה מי שפותח את הדיון הוא ר״ע, ורי״ש עונה לו. זה בדיוק הפוך מהנוסח שבמשנה. כאן ר״ע מרבה הכל, ורי״ש מרבה רק מה שאין בו הרעה והטבה, אבל רק על העתיד.

מדברי ר״ע נראה שהוא משתמש בשני הכללים שבהתחלה ובסוף לרבות בשני צירי הכללה: הערכיות (טוב ורע או נייטרלי) והזמן (עבר ועתיד). הכלל הראשון מרבה דברים שאין בהם הרעה והטבה, והכלל השני מרבה שבועות על העבר. ואילו רי״ש מרבה רק בציר הערכיות (דברים שאין בהם הרעה והטבה), אך לא מרבה בציר הזמן (את העבר).

כעת הגמרא ממשיכה לברר מה רי״ש עונה לר״ע:

שפיר קא״ל רבי עקיבא לר' ישמעאל! א״ר יוחנן: ר' ישמעאל ששימש את רבי נחוניא בן הקנה שהיה דורש את כל התורה כולה בכלל ופרט, איהו נמי דורש בכלל ופרט, רבי עקיבא ששימש את נחום איש גם זו שהיה דורש את כל התורה כולה בריבה ומיעט, איהו נמי דורש ריבה ומיעט.

כאן ישנה קביעה עקרונית בדבר שני בתי מדרש לגבי דרשות חז״ל. כעת בא הפירוט:

מאי ר' עקיבא דדריש ריבויי ומיעוטי? דתניא: או נפש כי תשבע - ריבה, להרע או להיטיב - מיעט, לכל אשר יבטא האדם - חזר וריבה, ריבה ומיעט וריבה - ריבה הכל, מאי ריבה? ריבה כל מילי, ומאי מיעט? מיעט דבר מצוה.

כפי שכבר ראינו, מי שדורש 'ריבוי ומיעוט וריבוי', מרבה הכל וממעט דבר אחד. ורי״ש דורש 'כלל ופרט וכלל':

ור' ישמעאל דריש כלל ופרט: או נפש כי תשבע לבטא בשפתים - כלל, להרע או להיטיב - פרט, לכל אשר יבטא האדם - חזר וכלל, כלל ופרט וכלל אי אתה דן אלא כעין הפרט, מה הפרט מפורש להבא, אף כל להבא, אהני כללא לאתויי אפי' דברים שאין בהן הרעה והטבה להבא, אהני פרטא למעוטי אפילו דברים שיש בהן הרעה והטבה לשעבר.

הנוסח כאן הוא מעט חריג, שכן הגמרא מבינה שהכלל מרבה משהו והפרט ממעט משהו. אבל בשורה התחתונה יש כאן שני צדדים שמאפיינים את הפרט: 1. דברים שיש בהם הרעה והטבה. 2. שבועות על העתיד. ר"ש מרבה רק באחד משני הצירים, כלומר רק בציר הערכיות, אבל לא בציר הזמן.

בלשוננו נאמר כי מבנה של 'כלל ופרט וכלל' נדרש כאן בריבוי של צד אחד. אבל לא מדובר בכל אחד משני הצדדים, אלא אך ורק באחד משניהם.

כיצד נבחר הצד (או הציר) המתרבה:

איפוך אנא! א"ר יצחק: דומיא דלהרע או להיטיב, מי שאיסורו משום +במדבר ל'+ בל יחל דברו, יצאתה זו שאין איסורו משום בל יחל דברו אלא משום בל תשקרו. רב יצחק בר אבין אמר, אמר קרא: או נפש כי תשבע לבטא בשפתים, מי שהשבועה קודמת לביטוי ולא שהביטוי קודמת לשבועה, יצא זה אכלתי ולא אכלתי - שהמעשה קודם לשבועה.

כלומר יש כאן אינדיקציה נפרדת שמלמדת אותנו באיזה משני הצירים עלינו לרבות.

המסקנה היא שלפי ר"ש מבנה של 'כלל ופרט וכלל' מרבה בציר אחד מתוך השניים האפשריים, וצריכה להיות אינדיקציה חיצונית כלשהי באיזה משני הצירים לבחור.

חריגויות

הדברים כאן חריגים בכמה מובנים:

א. הכלל אינו באמת לשון של כלל (אין שם מילת 'כל'). נראה שמבינים זאת ככלל, רק לאור הפירוט שבא אחריו. כי תשבע – להרע או להיטיב. ואולי גם בגלל הכלל הברור שמופיע בסוף (לכל אשר יבטא האדם).

ב. הצדדים העקרוניים (=המימדים, צירי ההכללה) עצמם נתונים כמעט בפירוש בתורה, ולא דרך פריטים (=פקטורים). כאן אין צורך לתהליך הזיקוק של הצדדים מתוך הפריטים המקראיים.

ג. הלימוד מוצג כאילו הכלל מרבה והפרט ממעט. אין כאן התייחסות לשאלה האם כללא קמא או בתרא דווקא. אמנם יש כאן רק שני צדדים, ולכן לפי החשבון שעשינו בסוגיית עירובין לכאורה אין נפ"מ בין שתי השיטות הללו. בשני המקרים מרבים שני צדדים.

ד. הריבוי הוא בצד אחד, ולא בשני צדדים, כפי שהיה מתחייב ממקרה שבו יש רק שני צדדים (בין אם קמא דווקא ובין אם בתרא דווקא).

ה. הצדדים כאן אינם קונצנטריים, כלומר שני צירי ההכללה הם אורתוגונליים (חפיפה חלקית), ואף אחד אינו מוכל בחברו.

אם היינו מרבים בצד אחד, במובן שלוקחים דמיון בצד אחד, התוצאה היתה שכל השבועות שהן או הרעה והטבה, או לעתיד, הן מחייבות. כלומר השבועות שאין בהן הרעה והטבה וגם הן עוסקות בעבר, הן השבועות היחידות שלא מחייבות.

כעת עלינו להבין את אופן הדרשה בסוגיא זו, לאור הסכימה שעלתה מסוגיית עירובין. נבחן שלוש אפשרויות לעשות זאת.

הצעה ראשונה

יש מקום לומר שכשיש שני צדדים, אם נסבור 'כללא בתרא דווקא', התוצאה של 'פרט וכלל' היא שמרבים בצד אחד. אך במקרה שהצדדים אינם קונצנטריים המשמעות של ריבוי בצד אחד היא שאנחנו מרבים בכל אחד משני הצירים. כעת המצב הוא שכל השבועות מחייבות. אבל כעת בא כללא

קמא, וממעט אחד מהצדדים, ולכן אנחנו מרבים רק בצד אחד מתוך השניים. כלומר אנחנו לא ממעטים ישירות לשני צדדים ביחד (גם הרעה והטבה וגם לעתיד), אלא לצד אחד מתוך השניים (יש או אין הרעה והטבה, אבל רק על העתיד). כעת עלינו לבחור איזה משני הצירים מורחב, ולזה מובאים שני המקורות בסוף הסוגיא.

ההבדל היסודי בין הסוגיא כאן לבין סוגיית עירובין הוא שדיאגרמת ון כאן אינה קונצנטרית. במקרה שלנו הדיאגרמה היא הבאה:

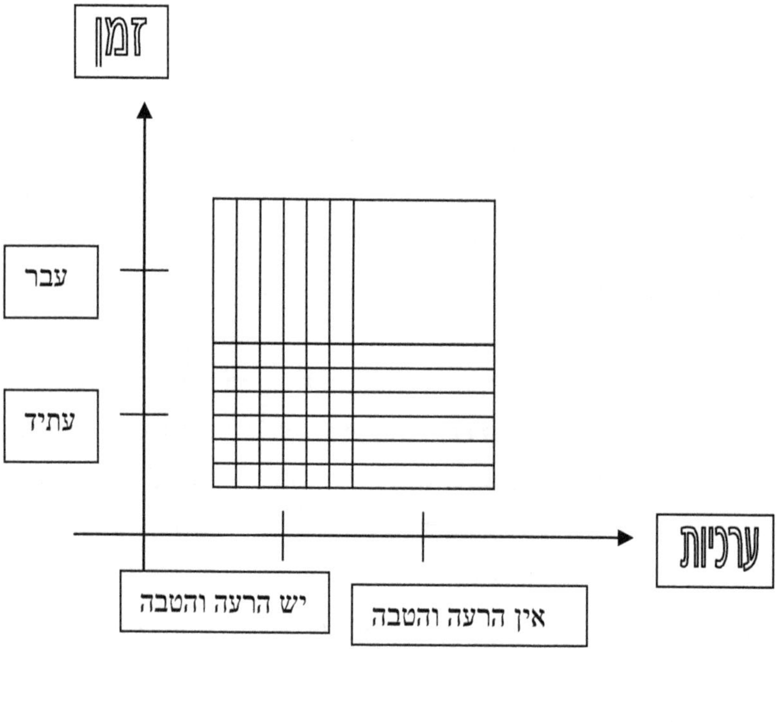

בשרטוט אנחנו רואים את ההרחבה הראשונית, אילו היה כאן רק 'פרט וכלל', שהיא בכל אחד משני הצירים (אך עדיין לא כמו ר"ע שטען כי יש להרחיב

הכל). ולאחר מכן יש צמצום בגלל כללא קמא, שבגללו יש לבחור רק את אחד משני צירי ההרחבה. ר״ש בוחר את ציר הערכיות בלבד.

הצעה זו משנה את התמונה שקיבלנו בסוגיית עירובין. המעבר בין הצדדים אינו בא לידי ביטוי במספר הצדדים הכולל, אלא במספר הכיוונים בני צד אחד. זה לפחות במצב שהצדדים אינם קונצנטריים, שכן אם הם קונצנטריים אין לכך משמעות.

לשיטה זו הדרשה כאן אינה תלויה במחלוקת האם ׳כללא קמא דווקא׳ או ׳בתרא דווקא׳. אלו נחלקו רק לגבי המצבים הקונצנטריים.

הצעה שנייה

לפי הצעה זו אנחנו מתייחסים למקרה זה כאילו היו כאן שלושה צדדים, ודיאגרמת ון שלהם היא קונצנטרית. לצורך כך עלינו להתחשב בצד הטריביאלי, כלומר כלל השבועות. הסיבה לכך שכאן אנחנו מתחשבים בו היא שדרשת ׳כללי ופרטי׳ מתבצעת תמיד על מצב שבו יש לפחות שלושה צדדים, וכשחסר צד מתחשבים גם בצד הטריביאלי. בסוגיות הבאות נצטרך לבדוק האם באמת מתחשבים בו כשהוא נחוץ, או לא.[7] נדגיש כי הוספת הצד הטריביאלי אינה מכניסה אותו באמת לתמונה. זהו צעד פורמלי, שמטרתו להכניס את הדרשות במצבים של שני צדדים למסגרת התיאורטית הכללית. בסופו של דבר הוספת הצד הטריביאלי שקולה לאמירה שכאשר יש שני צדדים במופע מקראי של ׳כלל ופרט וכלל׳, אזי לפי שיטת ׳בתרא דווקא׳ אנו מרבים בשני צדדים, ולפי שיטת ׳קמא דווקא׳ אנו מרבים בצד אחד.[8] אם נרצה להכניס את התוצאות הללו כמקרה פרטי של האלגוריתם הכללי שלנו,

---

[7] ראה, לדוגמא, בפרק יא, בסוגיית חולין סז ע״א לגבי מקווי המים של סימני הכשרות של דגים, ובסוגיית שבועות ה ע״א בהערת שוליים לגבי רציעה. בשני המקרים הללו ישנם רק שני צדדים רלוונטיים, וכנראה חז״ל הוסיפו להם את הצד הטריביאלי, בדיוק כמו בסוגיא כאן.

[8] ואכן בכמה סוגיות נראה שכך בדיוק עושים. ראה נזיר לה ע״ב, שם הדבר מפורש בגמרא עצמה, וכן בסוגיית חולין סז ע״א, לפחות על פי רש״י ותוס׳ שם (ראה דיוננו על כך להלן בפרק יא).

נוכל לומר שאנחנו מוסיפים את הצד הטריביאלי לחשבון. זהו צעד פורמלי, שמטרתו היא שלימות וקוהרנטיות של המודל ותו לא.

בכל אופן, מה שמתקבל כעת הוא ציור קאנוני של שלושה מעגלים קונצנטריים. ריבוי של צד אחד הוא כל השבועות (כלומר המעגל החיצוני). ריבוי של שני צדדים הוא מילוי של המעגל האמצעי. וריבוי של שלושה צדדים הוא ריבוי של שבועות המעגל הפנימי בלבד.

אולם במקרה זה, בגלל שבאופן בסיסי היחס בין הצדדים אינו קונצנטרי, יש שתי אפשרויות לצייר את המעגלים הקונצנטריים (כשכל פעם אנחנו מתעלמים מסוג אחד של שבועות):

א. המעגל החיצוני הוא כלל השבועות. בתוכו מצוייר מעגל פנימי יותר, ובו אלו שהן על העתיד. ובמעגל פנימי יותר מופיעות רק אלו שיש בהן הרעה והטבה. כאן אנחנו מתעלמים מהשבועות שיש בהן הרעה והטבה והן על העבר. התמונה המתקבלת היא הבאה:

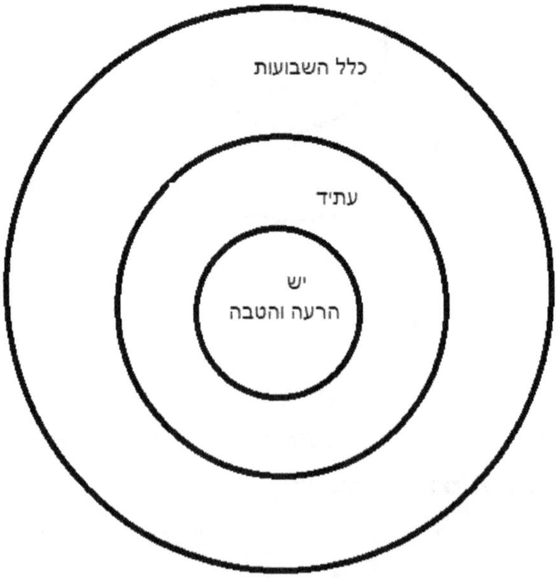

ב. האפשרות השנייה היא כשהמעגל החיצוני הוא כלל השבועות. בתוכו מצוייר מעגל פנימי יותר, ובו אלו שיש בהן הרעה והטבה. ובתוכו עוד מעגל ובו אלו שהן על העתיד. במקרה זה אנחנו מתעלמים משבועות שהן על העתיד ואין בהן הרעה והטבה. התמונה המתקבלת היא הבאה:

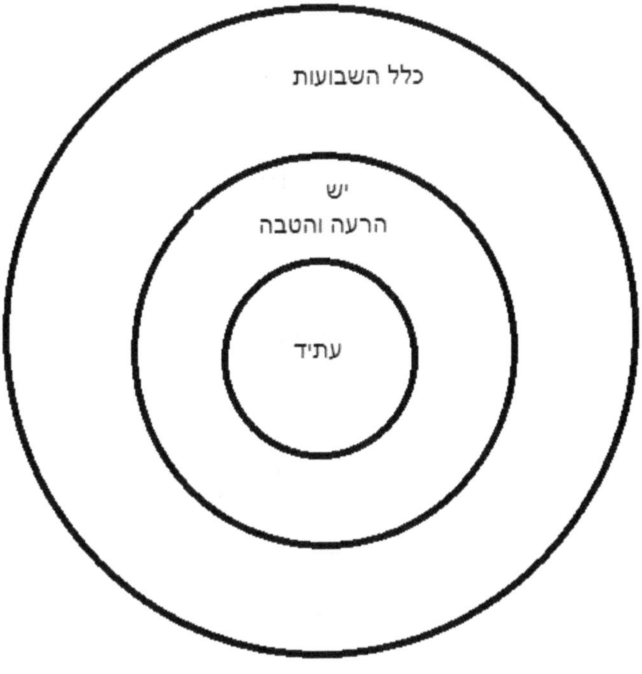

מכיון שיש לנו שתי אפשרויות לדרוש את הדרשה, אנחנו נזקקים ללימודים החיצוניים כדי להכריע באיזו משתיהן לבחור. במקרה זה הלימוד מורה לנו לבחור את אופציה א. כעת אנחנו מרבים שני צדדים בציור הזה. פירוש הדבר

הוא שמתרבים כל אלו שאין בהם הרעה והטבה אבל רק בעתיד. כלומר אנחנו ממלאים את המעגל השני.

לפי הצעה זו, הדרשה הולכת כמ״ד כללא בתרא דווקא, שכן למ״ד כללא קמא דווקא היה עלינו לרבות רק מה שדומה בשלושה צדדים. זה מניח כנראה שהלכה כמ״ד בתרא דווקא, וכן נראה מעוד סוגיות.

הצעה נוספת

אפשרות נוספת היא לטעון שאכן יש כאן רק שני צדדים, ולא לוקחים בחשבון את הצד הטריביאלי. אבל אם היינו מרבים בשני הצדדים ביחד (יש הרעה והטבה ולעתיד), אז לא היתה כאן שום תוספת לעומת מה שכתוב בפירוש בתורה. ולכן אנחנו מרבים צד אחד בלבד.[9]

אבל זה דוחק, כי סו״ס לא ברור מדוע לרבות צד אחד, ומדוע התורה לא כותבת זאת בצורה של 'פרט וכלל', שהוא מרבה באופן הרגיל רק בצד אחד. אין היגיון לכתוב 'כלל ופרט וכלל' באופן שמאלץ אותנו לדרוש כאילו היה כאן 'פרט וכלל'.

ניתן להבין זאת בכל זאת בשתי צורות:

1. אולי צורת הכתיבה נובעת משיקולים אחרים (כלומר לא מהשאלה כיצד לדרוש, אלא ממסרים אחרים רוצים להעביר).
2. כאשר הצדדים אינם קונצנטריים, 'פרט וכלל' גם הוא אינו מלמד אותנו כיצד לדרוש. האם צד אחד הוא בחירה באחד משני צירי ההכללה, או בכל אחד משניהם?

לפי הצעה זו הדרשה אינה תלויה במחלוקת האם קמא דווקא או בתרא דווקא, שכן במקרה של שני צדדים אין הבדל בין השיטות הללו.

הערה על הכללה ביותר ממימד אחד

---

[9] כעין זה ניתן לראות בסוגיית נזיר, שכאשר מציעים לרבות רק פרי (צד אחד) זה נדחה בגלל שלא היה כאן מה שיתרבה. הדברים מפורשים גם בסוגיית ב״ק סד רע״ב.

בדיאגרמה לא קונצנטרית יש לנו שתי אפשרויות הכללה. כאן ראינו שיש ילפותא שמסייעת לנו לבחור באיזה מהם להכליל. האם ייתכן מצב שבו נכליל בשתי האפשרויות גם יחד (כל אחת משתיהן)? נראה שלא, שהרי כאן ראינו שכללא קמא אומר לנו לבחור רק אחת מהן. הילפותא רק מורה לנו איזה אחד לקחת, אבל העובדה שיש לקחת רק אחת נובעת מכללי 'כלל ופרט וכלל'. אנחנו נראה זאת גם בסוף הפרק על סוגיית חולין. גם שם הרמב"ן יביא אינדיקציות שונות לגבי ציר ההכללה, אבל הנחתו הברורה היא שיש להכליל רק בציר אחד, ותו לא.

הערה על בחירת הצדדים

על פניו, לא ברור מדוע לקחו כאן את 'יש הרעה או הטבה' כצד אחד ולא שניים? לכאורה יש בפסוק כאן שני צדדים: 1. הרעה. 2. הטבה. יתר על כן, כעת אולי גם היה מקום לוותר על התחשבות בצד הטריביאלי (כלל השבועות), כי יש שלושה צדדים.

נראה שמכיון שמדובר בשתי אפשרויות מנוגדות ומשלימות ששתיהן מופיעות בפסוק, אנחנו לא לוקחים זאת כשני צדדים. אם הרעה לבדה היתה צד, אזי הריבוי מהרעה היה נותן את הטבה, ולהיפך, ואז זה היה מייתר את מה שכתוב בפסוק. המסקנה היא שלעולם כאשר יש שני הפכים שמופיעים כפריטים בפסוק, אז אחד מהם לא ייספר כצד נפרד אלא רק שניהם יחד.

לכן החליטו לקחת את האיחוד שלהם (הרעה או הטבה) כצד אחד, וניגודו הוא מה שאין בו הרעה או הטבה (חסר ערכיות).

המסקנה היא שכאשר אנחנו רוצים להגדיר צדדים בדרשת 'כלל ופרט', אנחנו לוקחים רק את הפריטים שאין ברשימת הפריטים משהו שהוא היפוכם. המשמעות היא שהצדדים תמיד אמורים להיות בעלי יחס כלשהו זה לזה, ולא ניגודים. תמיד חייבת להיות דיאגרמת ון לא טריביאלית שמתארת אותם. היחס ביניהם יכול להיות קונצנטרי (הכלה, כמו בסוגיא הקודמת), או לא קונצנטרי (חיתוך חלקי, כמו בסוגיא הזו), אבל לא יחס של היפוך (שיוצר דיאגרמה טריביאלית שאינה יכולה להוות בסיס להכללה).

פרק שמיני: היחס לבנייני אב: מה עושים כשיש יותר מפריט אחד?

עיון בסוגיית חולין סה-סו

סוגיית הבבלי חולין סה-סו

מתני' (שם, נט ע"ב). ...ובחגבים: כל שיש לו ארבע רגלים, וארבע כנפים, וקרצולים, וכנפיו חופין את רובו, רבי יוסי אומר: ושמו חגב...

ובחגבים כל שיש לו כו'. מאי רובו? אמר רב יהודה אמר רב: רוב ארכו, ואמרי לה: רוב הקיפו; אמר רב פפא: הלכך, בעינן רוב ארכו, ובעינן רוב הקיפו. ת"ר: אין לו עכשיו ועתיד לגדל לאחר זמן, כגון הזחל - מותר, ר"א בר' יוסי אומר: +ויקרא י"א+ אשר לא כרעים - אף על פי שאין לו עכשיו ועתיד לגדל לאחר זמן. מאי זחל? אמר אביי: אסקרין. ת"ר +ויקרא י"א+ את אלה מהם תאכלו את הארבה וגו', ארבה - זה גובאי, סלעם - זה רשון, חרגול - זה ניפול, חגב - זה גדיאן, מה ת"ל +ויקרא י"א+ למינו למינהו למינהו למינהו ד' פעמים - להביא ציפורת כרמים, ויוחנא ירושלמית, והערצוביא, והרזבנית; דבי ר' ישמעאל תנא: אלו כללי כללות ואלו פרטי פרטות, ארבה - זה גובאי, למינו – להביא ציפורת כרמים, אין לי אלא הבא ואין לו גבחת, הבא ויש לו גבחת מנין? ת"ל: +ויקרא י"א+ סלעם - זה ניפול למינהו - להביא את האושכף; ואין לי אלא הבא ואין לו גבחת, הבא ויש לו גבחת, הבא ואין לו זנב, הבא ויש לו זנב, מנין? ת"ל: חרגול - זה רשון, למינהו - להביא את הכרספת ואת השחלנית; ואין לי אלא הבא ואין לו גבחת, הבא ויש לו גבחת, הבא ואין לו זנב, הבא ויש לו זנב, הבא ואין ראשו ארוך, הבא וראשו ארוך, מנין? אמרת, הרי אתה דן בנין אב משלשתן: לא ראי ארבה כראי חרגול, ולא ראי חרגול כראי ארבה, ולא ראי שניהם כראי סלעם, ולא ראי סלעם כראי שניהם, הצד השוה שבהן - שיש לו ד' רגלים, וארבע כנפים, וקרצולים, וכנפיו חופין את רובו, אף כל שיש לו ארבע רגלים,

וארבע כנפים, וקרצולים, וכנפיו חופין את רובו. והלא הצרצור הזה יש לו ארבע רגלים וד׳ כנפים וקרצולים וכנפיו חופין את רובו, יכול יהא מותר? ת״ל: חגב - ששמו חגב, אי שמו חגב, יכול אין בו כל הסימנין הללו? ת״ל: למינהו - עד שיהא בו כל הסימנין הללו. פריך רב אחאי: מה להנך שכן אין ראשן ארוך! וכי תימא כיון דשוו בד׳ סימנין, מייתינן ולא פרכינן, אי הכי חרגול נמי, דשוו להו, לא ליכתוב, ותיתי מארבה וסלעם! אלא, איכא למיפרך, מה להנך שכן אין להן זנב, ה״נ איכא למיפרך: מה להנך שכן אין ראשן ארוך! אלא אמר רב אחאי: סלעם יתירא הוא; לא ליכתוב רחמנא סלעם ותיתי מארבה ומחרגול, דמאי פרכת - מה לארבה דאין לו גבחת - הרי חרגול דיש לו גבחת, מה לחרגול דיש לו זנב - הרי ארבה דאין לו זנב, סלעם דכתב רחמנא ל״ל? אם אינו ענין לגופו, תנהו ענין לראשו ארוך! במאי קמיפלגי תנא דבי רב ותנא דבי רבי ישמעאל? בראשו ארוך קמיפלגי, תנא דבי רב סבר: אשר לו כרעים כלל, ארבה סלעם חרגול חגב למינהו - פרט, כלל ופרט אין בכלל אלא מה שבפרט, דמיניה אין דלאו דמיניה לא, ומרבי דדמי ליה משני צדדין; תנא דבי ר׳ ישמעאל סבר: אשר לו כרעים - כלל, ארבה סלעם חרגול חגב - פרט, למינהו - חזר וכלל, כלל ופרט וכלל אי אתה דן אלא כעין הפרט, ומרבי כל דדמי ליה בחד צד. והא לא דמי כללא קמא לכללא בתרא! כללא קמא - אשר לו כרעים אמר רחמנא, דאית ליה אכול דלית ליה לא תיכול, כללא בתרא - עד דשוו בארבעה סימנין! תנא דבי ר׳ ישמעאל בכללי ופרטי כי האי גוונא דאין, ודאמרי׳ נמי בעלמא דדאין תנא דבי ר׳ ישמעאל בכללי ופרטי כי האי גוונא - מהכא. אמר מר: אי שמו חגב יכול אין בו כל הסימנין הללו ת״ל למינהו עד שיהו בו כל הסימנין הללו, אין בו כל הסימנין הללו מהיכא תיתי? ארבה וחרגול כתיב! אי לא כתיב סלעם - כדקאמרת, השתא דכתיב סלעם לרבויי ראשו ארוך, אימא לירבי נמי כל דהו - קמ״ל. מאי שנא התם דאמרת סלעם - זה רשון חרגול - זה ניפול ומאי שנא הכא דאמרת סלעם זה ניפול חרגול זה רשון? מר כי אתריה ומר כי אתריה.

מבוא

בפרק זה נעסוק בדרשה שבה מתייחסים לכל פריט ברשימה המקראית לחוד. אנו נראה שזהו כנראה המצב גם בסוגיות שבהן הדבר לא מוזכר בפירוש. במובן זה יש בסוגיית חולין פירוט שמאיר את שאר דרשות 'כלל ופרט וכלל' שבמקורות חז"ל.

אנו נראה שלכאורה ישנה בדרשה הזו הרכבה של בנייני אב עם דרשות 'כלל ופרט', תופעה יחידאית בכל ספרות חז"ל. אנו נוכיח שגם כאן לא זהו המצב, ונחלץ מתוך כך את התהליך שיכונה כאן 'רזוננס', כלומר איחוד של תוצאות דרשות כלל ופרט.

סימני חגבים

התורה נותנת לנו את סימני הטהרה של שרץ העוף (ויקרא יא, כ-כב):

כֹּל שֶׁרֶץ הָעוֹף הַהֹלֵךְ עַל אַרְבַּע שֶׁקֶץ הוּא לָכֶם: ס אַךְ אֶת זֶה תֹּאכְלוּ מִכֹּל שֶׁרֶץ הָעוֹף הַהֹלֵךְ עַל אַרְבַּע אֲשֶׁר לא לוֹ כְרָעַיִם מִמַּעַל לְרַגְלָיו לְנַתֵּר בָּהֵן עַל הָאָרֶץ: אֶת אֵלֶּה מֵהֶם תֹּאכֵלוּ אֶת הָאַרְבֶּה לְמִינוֹ וְאֶת הַסָּלְעָם לְמִינֵהוּ וְאֶת הַחַרְגֹּל לְמִינֵהוּ וְאֶת הֶחָגָב לְמִינֵהוּ: וְכֹל שֶׁרֶץ הָעוֹף אֲשֶׁר לוֹ אַרְבַּע רַגְלָיִם שֶׁקֶץ הוּא לָכֶם:

מופיע כאן רק סימן אחד: שרץ העוף בעל ארבע רגליים הוא טמא, אבל אם יש לו עוד שתי כרעיים (=רגליים) ממעל לארבע בכדי לנתר בהן (בלשון המשנה: קרצולים), זה כשר.

כפי שנראה, מסגרת הדיון בגמרא היא שני הפסוקים שבאמצע. הפסוק הראשון והאחרון אינם נכללים במבנים של כלל ופרט כפי שהם יידונו להלן. נראה כי הסיבה לכך היא ששניהם מורים לנו מה לא לאכול (מהו שקץ), והפרטים הם השרצים שמותרים באכילה. כלל שעניינו הוא מה לא לאכול אינו יכול להוות בסיס להכללה של מה שמותר באכילה. וכעין זה מצאנו שלא

דורשים בכלל ופרט, כאשר הכלל הוא לאו והפרט הוא עשה, או להיפך.[10] אם כן, יש כאן מבנה של 'כלל ופרט וכלל' של הנחיות עשה (מה לאכול), שעטוף משני צדדיו בשני כללים של לאוין (מה לא לאכול).

בסוגיא הזו אין רשימה מסודרת של פקטורים שמסודרים זה מעל לזה, אלא מעגלי הכללה, ולכן לא נציג כאן טבלא של הפקטורים. ייתכן שמסיבה זו אין כאן תנאים שדורשים ריבוי ומיעוט (כפי שנראה להלן, הגמרא מניחה שגם תנא דבי רב שחולק על תנא דבי ר"ש דורש בכללי ופרטי ולא בריבויי ומיעוטי). אם כן, הדיון כאן הוא על קבוצות (=צדדים, מימדים) ולא על פרטים (=פקטורים).

משנת חולין

במשנה חולין נט ע"א מופיעים סימני החגבים, במסגרת סימני טהרה של בעלי חיים:

> ***...ובחגבים: כל שיש לו ארבע רגלים, וארבע כנפים, וקרצולים, וכנפיו חופין את רובו, רבי יוסי אומר: ושמו חגב. ובדגים: כל שיש לו סנפיר וקשקשת, רבי יהודה אומר: שני קשקשין וסנפיר אחד: ואלו הן קשקשין - הקבועין בו, וסנפירים - הפורח בהן.***

וברש"י שם:

> ***ובחגבים - זהו סימן טהרתם כל שיש לו ארבע רגלים וארבע כנפים ויש לו קרצולים הם שני רגלים ארוכין לבד הארבעה והם סמוך לצוארו ממעל לרגליו לנתר בהם כשהוא רוצה לקפץ וכנפיו חופין את רובו והן ד' סימנים.***
>
> ***ה"ג כל שיש לו ד' רגלים וד' כנפים וקרצוליו וכנפיו חופין את רובו - ולא גרסינן וקרסוליו וכנפיו ובגמרא נפקא לן מקרא.***

אם כן, יש לחגבים הטהורים ארבעה סימנים: ארבע רגליים, ארבע כנפיים, שתי רגליים ארוכות, כנפיים שחופות את רובו.

---

[10] ראה בבלי מו"ק ג ע"א.

יש לציין ששניים מהסימנים הללו כתובים בפירוש בתורה, ארבע רגליים ושתיים עליונות לנתר בהן (=קרצולים). הכנפיים והדרישה שיחופו את רוב הגוף, לא מופיעה בפירוש בתורה. זהו כנראה מאפיין משותף לכל הפריטים שמופיעים בפסוק.

מעבר לארבעת הסימנים הללו, שקיימים בכל החגבים, חז״ל בגמרא נותנים עוד סימנים שקיימים רק בחלק מסוגי החגבים: יש או אין זנב, יש או אין גבחת (=רש״י: ראשו מרוט), יש או אין ראש ארוך. נראה זאת כעת ביתר פירוט.

מיון סוגי החגבים

בסוגיית הגמרא שם, בדף סה-סו, מתבאר שהתכונות של החגבים שכתובים בתורה הן כדלהלן:

החגב/תכונה	גבחת	זנב	ראש קצר	ריבוי מ׳למינו׳ לפי רב	ריבוי לפי ר״ש
ארבה (גובאי)	-	-	+	ציפורת כרמים	ציפורת כרמים
חרגול (ניפול/רשון)	+	+	+	ערצוביא	כרספת ושחלנית
סלעם (רשון/ניפול)	+	-	+	יוחנא	אושכף
חגב (גדיאן)				רזבנית	ממעט צרצור

נקדים שהמילה המקראית ׳חגב׳ נראית בסוגיא כמו סוג של בעלי חיים, ולא כמו בעל חי ספציפי, בניגוד לשלושת הראשונים. נראה שיש בין החגבים כאלה שיש להם ראש ארוך וכאלה עם ראש קצר. כפי שעוד נראה להלן, ישנם חגבים בלי הד׳ סימנים של המשנה.

בכל אופן, כבר כעת עלינו לשים לב שהפריטים שמופיעים ברשימה הם בעלי אופי שונה: יש שלושה פריטים ספציפיים, ועוד אחד שהוא מין מתוך הסוג הכללי. שלושה פרטיים ותת-קבוצה אחת. להלן נראה שההבדל הזה בא לידי ביטוי בצורת הדרשה: את שלושת הראשונים אנחנו דורשים ב׳כלל ופרט וכלל׳, ואת האחרון אנחנו דורשים באופן שונה.

דרשת תנא דבי רב

בסוגיית סה ע״א מובאת הדרשה שמיוחסת בהמשך לתנא דבי רב:

> ***ת״ר +ויקרא י״א+ את אלה מהם תאכלו את הארבה וגו׳, ארבה - זה גובאי, סלעם - זה רשון, חרגול - זה ניפול, חגב - זה גדיאן, מה ת״ל +ויקרא י״א+ למינו למינהו למינהו ד׳ פעמים - להביא ציפורת כרמים, ויוחנא ירושלמית, והערצוביא, והרזבנית;***

בהמשך הסוגיא מתבאר שהברייתא הזו היא מדבי רב (ראה רש״י סו רע״א, ד״ה ׳תנא דבי רב׳), והיא דורשת את המילים ״למינו״, או ״למינהו״, בפסוק, לרבות מיני חגבים נוספים בעלי אותן תכונות. לגבי כל אחד מהפרטים שמופיעים בפסוק מופיע כאן תרגום מלשון המקרא ללשון חז״ל, ואחריו ריבוי מהמילה ׳למינהו׳ שמופיעה אחריו בתורה. במה בעלי החיים שהתרבו שונים מאלו שכתובים בפירוש? כנראה רק במראה, אך בתכונות הייחודיות הם דומים. בהמשך הסוגיא מתבאר שלפי תנא דבי רב המילים ׳למינו׳ מרבות רק חגבים נוספים שיש להם אותן תכונות בדיוק.

בכל אופן, תנא דבי רב מבינים שהמילים ׳למינו׳ או ׳למינהו׳ מרבות בעלי חיים ספציפיים. כלומר אלו הם ריבויים רגילים, שמצטרפים להיחשב כפריטים נוספים בפסוק, ולא מילות כלל שנדרשות ב׳כלל ופרט וכלל׳. בהמשך הסוגיא הגמרא מסבירה לאור זאת שהמבנה הכולל בפסוקים כאן לשיטת דבי רב הוא ׳כלל ופרט׳ (שהרי אין כלל בסוף המבנה, כי ׳למינו׳ הוא פרט ולא כלל). יש כאן כלל ואחריו רשימה של שמונה פריטים. ארבעת בעלי החיים וארבעת ה׳למינהו׳ של כל אחד מהם. כידוע, ׳כלל ופרט׳ אין לך אלא

מה שבפרט, כלומר אין כאן בכלל ריבוי (רדיוס ההכללה של 'כלל ופרט' הוא 0).

המסקנה שעולה מכאן היא שלפי תנא דבי רב לא מרבים חגבים שראשם ארוך, שכן כל אלו שכתובים בפסוק ראשם קצר. יוצא מכאן שלפחות דה-פקטו יש חמישה סימני טהרה בחגבים: הארבעה של המשנה וראש קצר. אמנם לכאורה לפי דבי רב אין צורך בסימנים, שהרי הרשימה היא סגורה, ואנחנו לא מרבים. מאידך, הרי מפורש בדרשתם שהם כן מרבים את מה שדומה לגמרי לבעלי החיים הכתובים. להלן נסביר זאת ביתר פירוט.

דרשת התנא דבי רי״ש

כעת מביאה הגמרא דרשה של דבי רי״ש, שלדעתם לפחות חלק מהמילים 'למינהו' אינן נדרשות לעצמן, והן בבחינת כלל שבא לרבות:

> ***דבי ר' ישמעאל תנא: אלו כללי כללות ואלו פרטי פרטות, ארבה - זה גובאי, למינו – להביא ציפורת כרמים, אין לי אלא הבא ואין לו גבחת. הבא ויש לו גבחת מנין? ת״ל: +ויקרא י״א+ סלעם - זה ניפול למינהו - להביא את האושכף; ואין לי אלא הבא ואין לו גבחת, הבא ויש לו גבחת, הבא ואין לו זנב. הבא ויש לו זנב, מנין? ת״ל: חרגול - זה רשון, למינהו - להביא את הכרספת ואת השחלנית;***

רש״י כאן מסביר שלפי רי״ש המילים 'למינהו' או 'למינו' מהוות כלל (ולא פרט נוסף, כמו אצל דבי רב). תהליך הדרשה בנוי מאוסף של דרשות 'כל ופרט וכללי' סביב כל אחד מארבעת הפריטים בפסוק, באופן הבא: המילה של בעל החיים עצמו, כמו 'ארבה', או 'חרגול', אינה מרבה מאומה פרט לו עצמו (כלומר אפילו לא את הקבוצה שדומה לו לגמרי). רק המילה 'למינו', או 'למינהו', שמגיעה מייד אחריו, שנתפסת כאן כמילת כלל (בניגוד לתנא דבי רב), מרבה את המין שדומה לאותו בעל חיים (לפי שורת המאפיינים שלו בטבלא למעלה), מפני שאנחנו דורשים את הפריט המסויים הזה בדרשת 'כלל ופרט וכללי'. בעקבות הדרשות ב'כלל ופרט וכללי' סביב כל פריט שמופיע בפסוק, כל בעל חיים מוכלל לקבוצה עם מאפיינים מסויימים (המאפיינים

בשורה שהתאימה לו בטבלא למעלה). בסוף התהליך אנחנו מאחדים את הקבוצות שמתקבלות, ואף מרבים אותן הלאה (לגבי ראש ארוך, ראה להלן).

היחס למידות בניין אב: מבט נוסף

השאלה הראשונה שעולה כאן היא מדוע המילה של בעל החיים עצמה אינה מספיקה כדי שנרבה ממנה בבניין אב את המין שדומה לה? למה נדרשת כאן דרשת 'כלל ופרט וכלל' סביבו שמשתמשת גם ב'למינהו'? נציין כי תופעה כזו לכאורה לא קיימת אצל דבי רב, שהרי לשיטתם יש רק רשימת פריטים, וה'למינהו' הוא עוד פרט, ובכל זאת הם מרבים חגבים נוספים. על פניו נראה שהריבוי הוא בבניין אב, שהרי ב'כלל ופרט' אי אפשר לרבות מאומה.

התשובה היא, כפי שמסבירים כמה וכמה ראשונים, ובעיקר מפרשי ברייתת המידות, שמידת 'כלל ופרט' כולה לא מיועדת אלא למנוע הרחבה של הפרט בבניין אב. אם הפרט היה כתוב לבד היינו מרבים ממנו בבניין אב, ולכן התורה שמה לפניו כלל כדי לומר לנו שאין לנו אלא מה שבפרט.

נעיר כי דרשה בבניין אב היא הרחבה לכל מה שדומה, בעוד שמבנה של 'כלל ופרט' אינו מרחיב כלל. אז מה ההבדל בין בניין אב לבין מבני 'כלל ופרט' אחרים, שכן מרחיבים? אנחנו נראה בהמשך שעל בניין אב פורכים פירכא כל דהו, ופירוש הדבר הוא שהדמיון בין המלמד ללמד חייב להיות מלא. בלשון מידות הכלל ופרט נאמר שהדמיון צריך להיות בכל הצדדים הרלוונטיים. אם יש צד דמיון אחד חסר, אנחנו יכולים לפרוך את הבניין אב ולומר מה למלמד שכן יש לו את הצד ההוא שאין בלמד. לכן על כורחנו זוהי הרחבה לקבוצה של פריטים שדומים בכל הצדדים (אנלוגיה, או, נכון יותר: אינדוקציה). לעומת זאת, מבני 'כלל ופרט' שמרחיבים (כמו 'פרט וכלל', או 'כלל ופרט וכלל'), בונים קבוצה רחבה יותר, שמעצם הגדרתה דומה לפרט שבפסוק (הגנרטור של הקבוצה) רק בחלק מהצדדים (כלומר זוהי לא אינדוקציה שמבוססת על היגיון, אלא הרחבה מעבר לאינדוקציה שהיינו עושים בעצמנו). לכן 'כלל ופרט' אינן חלק מהמידות הלוגיות, שכן הבסיס להרחבה הוא הוראה של התורה ולא ההיגיון שלנו. אין כאן אינדוקציה, אלא ויתור על כמה מאפיינים

(התורה מגלה לנו שהמאפיינים הללו אינם רלוונטיים להלכה הנדונה, וכך מאפשרת לנו להרחיב את ההכללה של בניין אב).

המסקנה היא שבניין אב הוא הרחבה לקבוצה שדומה בכל הצדדים. אך זה אינו עונה לגמרי על שאלת היחס למידות 'כלל ופרט'. בפרק על סוגיית עירובין ראינו שבמקרה של שלושה צדדים מבני כלל ופרט מכסים את כל האפשרויות של הדמיון. במקרה כזה נראה שאין תפקיד לבניין אב, שכן התפקיד שלו נעשה על ידי מבנה משולש (או 'כלל ופרט וכלל', או 'פרט וכלל ופרט', תלוי האם כללא קמא עיקר או בתרא עיקר). אבל אם יש מספר שונה של צדדים, אז ייוותר מרווח לוגי, שיכול להתמלא על ידי בניין אב.[11] בנוסף, ישנם מצבים שבהם אולי לא נרשה לעצמנו מבחינה הגיונית להרחיב מהפרט לקבוצה, אפילו לא לקבוצה דומה לגמרי. ולכן דרוש מבנה של 'כלל ופרט' שידרוש מאיתנו לעשות את ההרחבה הזו, גם מעבר למה שהיינו עושים על פי ההיגיון שלנו.[12] זה עשוי להיות נכון אפילו למצב של שלושה צדדים. אפשרות נוספת היא שישנם מצבים שבהם לא ניתן להגדיר צדדים רלוונטיים, והדמיון הוא אינטואיטיבי, ושם התורה לא משתמשת במידות 'כללי ופרטי' אלא בבניין אב. אפשרות אחרת היא שיש מקומות שבהם אין לנו הבנה ליסוד הדין, ולכן אין אפשרות לעשות השוואות והכללות הגיוניות שמשתמשות בבנייני אב. שם התורה מנחה אותנו באמצעות 'כללי ופרטי'.

יסוד הדברים הוא שבניין אב הוא מידה שמבוססת על ההיגיון, כלומר על השוואה בין שני הקשרים הלכתיים לפי קווי דמיון שביניהם. לעומת זאת, מידות 'כללי ופרטי' הן השוואות שמי שמחולל אותן הוא הטכסט, שמאלץ אותנו לעשות הכללה, גם במקום שלא היינו עושים לבד מכל הסיבות שנמנו למעלה. ומזווית אחרת של אותו חילוק עצמו עולה ההבחנה שעל בניין אב ניתן לפרוך, בעוד שעל כלל ופרט אין פירכות. זה בדיוק בגלל העובדה שלא מדובר במידה הגיונית אלא בהוראת הכללה של התורה. אנחנו בין כה וכה לא

---

[11] כמובן אם בהגדרה לעולם יש בדרשת 'כלל ופרט' שלושה צדדים, כפי שהצענו בפרק הקודם על סוגיית שבועות (ולכן הכנסנו שם את הצד הטריביאלי), אז אין מקום לאפשרות זו.

[12] ראה על כך בספר **כללי הגמרא** לר"י קארו, על **הליכות עולם** שער ד סי' כז.

מניחים דמיון מלא, ולכן פירכא לא תשנה כאן מאומה. התורה עצמה מורה לנו להתעלם מפירכות ולהכליל תוך וויתור על קווי דמיון מסויימים. מסיבה זו לפעמים התורה תעדיף לומר לנו להרחיב באמצעות מבנה של כלל ופרט ולא להשאיר זאת לבניין אב (במקום בו ישנה פירכא).

תזת ההפרדה

מה בדבר הרכבה של מידה ממידות 'כללי ופרטי' עם מידות הגיוניות (קו"ח ושני בנייני אב)? ברור שסדר ההרכבה, אם הוא בכלל אפשרי, הוא דרשת 'כל ופרט' כלשהי ואחריה מידה הגיונית. סדר הפוך לא ייתכן, שכן מידת כלל ופרט היא טכסטואלית, ולא ניתן להפעיל אותה על תוצאה של בניין אב שהיא תוצאה הגיונית ולא פסוק. מידת 'כלל ופרט' הנתון שלה הוא פסוק, ולא סתם דין, ותוצאת בניין אב היא הלכה תלושה ולא פסוק. היא לא כתובה בשום מקום, ולא ניתן לדרוש אותה ב'כללי ופרטי'.

כפי שנראה גם להלן, מתברר שלאחר שדרשנו דרשת 'כלל ופרט' כלשהי אנחנו לא עושים בניין אב על התוצאה. הדבר אמור לא רק ביחס למבנה המסויים של 'כלל ופרט', שעל זה הדבר מפורש בראשונים (כפי שהזכרנו למעלה), אלא בכל דרשה שמבוססת על מבנה של 'כללי ופרטי', התוצאה נותרת בעינה, ולא ניתן להרחיב אותה על ידי דרשות הגיוניות.

ההיגיון הוא דומה מאד למה שראינו לגבי 'כלל ופרט'. שם אמרנו שהתורה כתבה את הכלל בהתחלה ולא הסתפקה בכתיבת הפרט כדי לומר שלא נרחיב אותו בבניין אב. אם כן, כל מבנה מקראי, כמו 'כלל ופרט וכלל', או 'פרט וכלל', גם הוא מצביע על תוצאות דווקאיות. המבנה הזה קובע שיש לרבות בשני צדדים, או צד אחד, ולא להרחיב יותר. יתר על כן, מכיון שהתוצאות התקבלו לא על סמך היגיון, אין אפשרות להרחיב אותן למה שדומה באמצעות השוואה והכללה הגיוניות.

המסקנה היא שדרשות 'כללי ופרטי' למיניהן מהוות אגף שונה ונפרד של עולם הדרש. אין לחבר אותו עם הדרשות ההגיוניות (קו"ח ובנייני אב). ואכן, ראינו זאת במסגרת המחקר על קו"ח ובנייני אב, שם בדקנו את סוגיית 'למד מן

הלמד׳ בזבחים דף נ, ולא מצאנו שום הרכבה בין מידות ׳כלל ופרט׳ לבין אחת מן המידות ההגיוניות. אנו מוצאים הרכבה של גז״ש עם מידות הגיוניות, כמו גם היקש עם מידות הגיוניות. אבל הרכבה של מידה ששייכת ל׳כללי ופרטי׳ עם מידות הגיוניות לא מצאנו שם.

וכך הוא בכל הש״ס כולו, ובכל ספרות חז״ל. לעולם לא נמצא שם חיבור בין תוצאות הדרשות בכלל ופרט לבין מידות הדרש ההגיוניות.

להלן נראה שלכאורה בסוגיא זו ניתן למצוא דוגמא יחידאית שבה מחברים בכמה וכמה שלבים דרשות ׳כללי ופרטי׳ עם דרשות הגיוניות (צד שווה ובניין אב). אנו נוכיח שגם כאן זה לא נכון, ונפתור בזה כמה תעלומות שהעלו הראשונים והאחרונים.

למה דורשים כל פרט לחוד?

שאלה שנייה היא: מדוע אנחנו דורשים כאן כל פרט לחוד, ולא את כל הפרטים ביחד, כמו שהגמרא עושה בסוגיית עירובין?

בפרק על סוגיית נזיר אנו מביאים מחלוקת בין רש״י לתוס׳ בשאלה זו. לפי רש״י נראה שבדרשה הרגילה אנחנו דורשים כל פרט לחוד, וצריך סיבה מיוחדת כדי שלא נעשה זאת. לעומת זאת, לפי תוס׳ המצב הרגיל הוא שדורשים הכל יחד (כמו בעירובין), ואם דורשים כל פרט לחוד צריכה להיות לכך סיבה מיוחדת (כמו רמז מקראי מפורש). אם כן, לפחות לשיטת התוס׳ אנחנו זקוקים להסבר מדוע בסוגיא זו דורשים כל פרט לחוד.

בפרק על סוגיית נזיר מובאות ארבע סיבות אפשריות לכך שדורשים כל פרט לחוד. אם נבחן זאת לגבי הסוגיא הזו, נראה ששלוש מהן רלוונטיות לכאן. נדון בכל אחת לחוד:

1. יש כאן רמז טכסטואלי, שכן כתובה המילה ׳למינהו׳ אחרי כל פרט שמופיע במקרא.
2. בגלל המבנה המיוחד של הצדדים כאן. אנחנו רואים רשימת פרטים בפסוק שלכל אחד יש מאפיינים שונים, וחלקם סותרים. מכאן ברור שהם מיועדים לסילוק, ולכן יש לדרוש כל אחד לחוד. ראינו בסוגיית

עירובין שכל אחד משלושת הצדדים מאפיין את כל הפרטים שמופיעים בתורה. במצב כזה דורשים את כולם יחד, ומתייחסים לכל אחד מהצדדים כצד נפרד. אבל כאן המצב הוא מעורב: יש סימנים ששייכים לכל הפרטים (ארבעת אלו שבמשנה, ונראה להלן עוד אחד), ויש סימנים ייחודיים שמאפיינים רק חלק מהפרטים ולא אחרים. במצב כזה אנחנו דורשים כל פרט לחוד.

כפי שנראה, במצב כזה אנחנו גם מתייחסים לכל ארבעת הסימנים המשותפים לכל הפרטים במקרא כצד אחד בלבד (שלא כמו בעירובין, כי שם כל הסימנים היו משותפים, ואם היינו מתייחסים אליהם כצד אחד לא היתה דרשה).

3. כאשר יש הבדל בין שתי צורות הדרשה, אם דורשים את כולם ביחד או את כל אחד לחוד, אזי דורשים את כל אחד לחוד. כאן יש הבדל כזה, ולכן דורשים את כל אחד לחוד. בעירובין אין הבדל (בדיוק בגלל שהצדדים מאפיינים את כל הפריטים), ולכן שם דורשים את כולם יחד.

בעצם במצב שהמאפיינים שייכים לכל הפריטים, ניתן לומר שאנחנו כן דורשים כל פרט לחוד, אלא שלשם הקיצור לא אומרים זאת. התוצאה היא אותה תוצאה.

כאמור, נראה לכאורה שהסבר זה אינו שונה מההסבר הקודם. לכאורה אם כל הפרטים מאופיינים בכל הצדדים אז גם אין הבדל בין שני אופני הדרשה. אבל ההיפך אינו נכון, שכן ייתכן מצב שהצדדים שונים ביחס לכל פרט, ובכל זאת אם נדרוש כל פרט לחוד לא תהיה לכך השלכה, כי בפועל אין מה שמתרבה (לדוגמא, אם לא היה חגב שהוא בעל זנב היתה יוצאת כאן אותה תוצאה. ראה להלן). במקרה כזה יהיה הבדל בין שני ההסברים הללו.

מהלך הדרשה של דבי רי״ש

בהנחות הללו, נתאר את מהלך הדרשה של דבי רי״ש, כפי שהוא מופיע בסוגיא, לפי שלבים. זהו מהלך מורכב, שבו דורשים כל פריט לחוד, ולאחר מכן מחברים בצורה מיוחדת את תוצאות הדרשות הפרטיות. אנחנו נבדוק את מהלך הדרשה גם לפי שיטת כללא קמא דווקא וגם לפי שיטת כללא בתרא דווקא. אמנם רש״י הולך לכל אורך הדרך לפי שיטת 'בתרא דווקא' (הוא כותב זאת בפירוש בד״ה 'וכ״ת', אבל רואים זאת בפירושו לכל אורך הדרך, שכן הוא מסביר שהגמרא תמיד מרבה מכל מבנה של 'כלל ופרט וכלל' שני צדדים), וננסה בהמשך להסביר מדוע.

הדרשה הבסיסית מארבה

1. מארבה שמתורגם לגובאי (כמו תנא דבי רב), לומדים רק את הארבה הספציפי. כפי שראינו שמילה כשלעצמה אינה מורחבת בבניין אב לקבוצה, כי לפניה מופיע כלל.

2. לאחר מכן לומדים מהמילה 'למינו' שיש לדרוש 'כלל ופרט וכלל' סביב המילה 'ארבה'. מלשון הגמרא נראה שריבו מכאן את כל מי שאין לו גבחת (״אין לי אלא הבא ואין לו גבחת״). השאלה היא מדוע הרחיבו דווקא סביב המאפיין של היעדר הגבחת ולא היעדר הזנב או ראש קצר?

אם נשרטט את המאפיינים של הדרשה הזו סביב ארבה, הצדדים הרלוונטיים הם: הרביעייה שבמשנה, אין לו גבחת, אין לו זנב, ואין לו ראש ארוך. אנחנו בוחרים את הצדדים לפי המאפיינים של הארבה עצמו (לכן בוחרים את היעדר הגבחת כצד, ולא את הגבחת. וכן את היעדר הזנב כצד, ולא את הזנב). לצורך דרשות 'כללי ופרטי', אנחנו מגדירים את רביעיית המאפיינים הללו כצד אחד. הסיבה לכך היא שכנראה אנחנו לא מחשיבים מאפיינים משותפים לכל הפרטים כיותר מצד אחד (זה כנראה גם לא ישנה מאומה, שהרי כולם מאפיינים את כל הפרטים, ולכן לא נוכל להיפטר מהרלוונטיות שלהם).

מתוך הסתכלות על הטבלא שלמעלה, מתקבלת דיאגרמת ון הבאה עבור היחס בין הצדדים לדרשה זו:

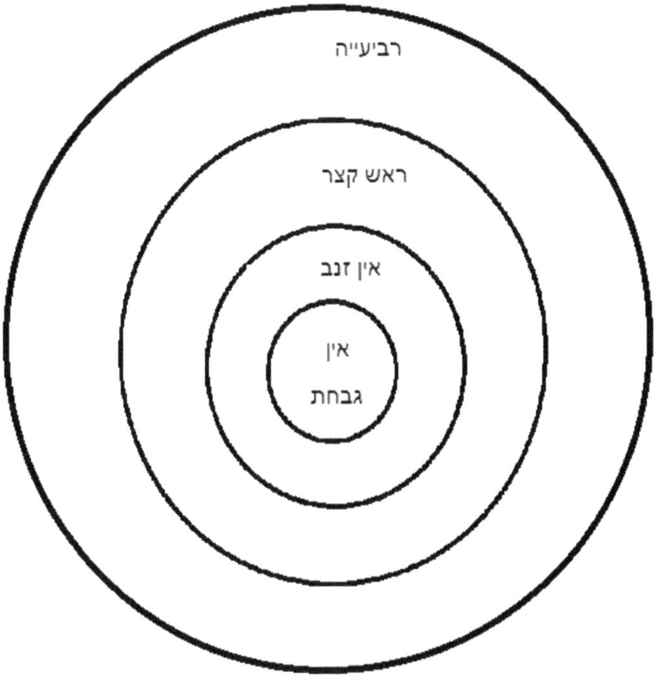

לפי שיטת כללא קמא דווקא, התוצאה של ארבעה צדדים היא דמיון בארבעה צדדים (לפי מה שראינו בסוגיית עירובין: 'כלל ופרט' דורש חמישה צדדים, כלומר זהות גמורה ללא הכללה. והכלל האחרון מרבה עוד צד). ואילו לפי כללא בתרא דווקא, התוצאה היא דמיון בשני צדדים ('פרט וכלל' מוליך להכללה של צד אחד, והכלל הראשון דורש למעט עוד צד), כלומר כל בעלי הראש הקצר והרביעייה. אם כן, ממהלך הגמרא כאן נראה שהתנא דבי רי"ש נוקט כללא קמא עיקר.

אמנם כאן הנחנו שהדיאגרמה היא קונצנטרית, לאור נתוני הטבלא. הדבר הזה אינו הכרחי, שכן ייתכן שיש עוד חגבים שלהם אין גבחת ויש זנב, שאינם מופיעים בטבלא, והם מפריכים את הדיאגרמה הזו. במצב כזה עלינו לשאול את עצמנו מה היחס האמיתי הכללי (במציאות) בין הצדדים השונים? אם אין יחס פשוט ביניהם, אז לכאורה יש להתייחס אליהם כבלתי תלויים. למעשה, ממהלך הגמרא נראה שהרביעייה של המשנה כנראה מכילה את כולם, אבל כל השאר הם במעמד שווה. ולכן הדיאגרמה הכללית ביותר היא הדיאגרמה האוניברסלית לשלושה צדדי דמיון:[13]

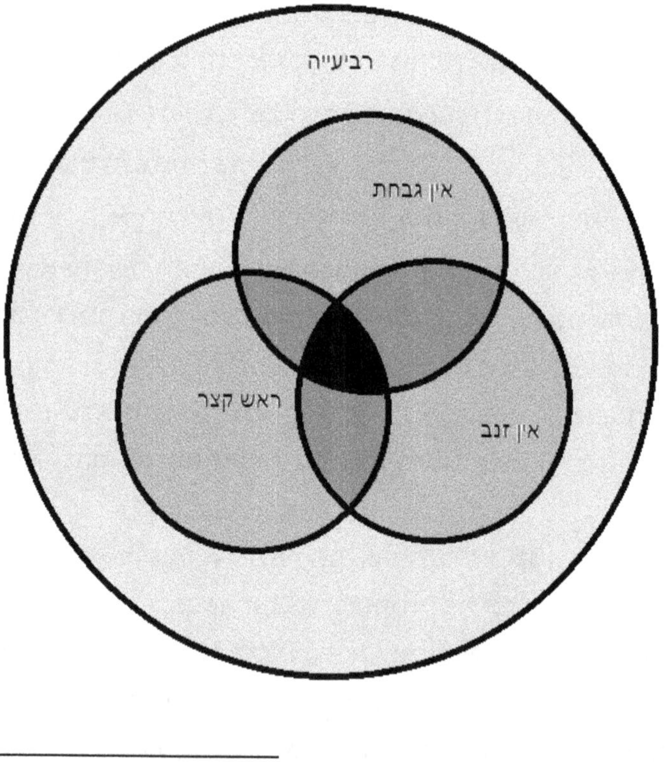

[13] כזכור, מהפרק הקודם בסוגיית שבועות ראינו שחייב להיות יחס בין הצדדים, כלומר שהם לא זרים לגמרי זה לזה (כלומר לא מנוגדים). לכן הדיאגרמה המשורטטת כאן היא הכללית ביותר.

השחרנו את השטחים בעוצמות יורדות לפי מספר צדדי הדמיון (יותר צדדים הוא יותר כהה). במקרה זה, לפי שיטת כללא קמא דווקא אנחנו מרבים ארבעה צדדים, כלומר את אלו שדומים לגמרי לארבה (השטח השחור, שהוא חיתוך כל המעגלים הפנימיים). ולפי שיטת כללא בתרא דווקא אנחנו מרבים בשני צדדים, אבל כאן יש שטח שהוא איחוד של כמה קבוצות. כפי שראינו בסוגיית שבועות, כאשר הדיאגרמה לא קונצנטרית, אנחנו יכולים לרבות כל צירוף של שני צדדים, ויש לבחור ביניהם על ידי אינדיקציה טכסטואלית או מדרשית שמלמדת אותנו במי לבחור. אבל הכרח הוא לבחור, ולא מרבים כמה אפשרויות שונות. כאן נראה שהמשך הדרשה יבחר את אחד הכיוונים מאליו, ולא צריך אינדיקציה חיצונית לשם כך.

לכאורה שני צדדים הוא רק השטח בעוצמה השלישית (כי רק השטח הזה הוא דמיון בשני צדדים), אבל זה לא נכון. הרי מה שדומה בשלושה צדדים ודאי מתרבה, שהרי בו יש שני צדדי דמיון. לכן התוצאה היא איחוד (להלן: $\cup$) בין שלושת העיגולים הפנימיים במלואם:

(רביעייה, אין גבחת) $\cup$ (רביעייה, אין זנב) $\cup$ (רביעייה, ראש קצר)

אמנם בגמרא מופיעה התוצאה של הדרשה הזו כאילו ריבו רק את אלו שאין להם גבחת (כלומר התת-קבוצה הראשונה בלבד), אבל זה כנראה מפני ששאר הקבוצות צפויות לרדת בשלבים הבאים של הדרשה, כפי שנראה להלן. והראיה היא שלא מזכירים גם את רביעיית המאפיינים, שגם היא נותרת. הסיבה היא שהם לא משתתפים במשחק כי הם בכל אופן נשארים בסוף התהליך.

מסקנתנו היא שאם הגמרא הולכת לפי שיטת כללא קמא דווקא, אזי ניתן להסביר אותה בשתי האפשרויות, שכן שתיהן מוליכות לאותה תוצאה. אך אם הגמרא הולכת לפי שיטת כללא בתרא דווקא, אזי לא ניתן להסביר אותה אלא לפי האפשרות השנייה (האוניברסלית).

לכן סביר יותר להניח שהגמרא מאמצת את צורת ההסתכלות של האפשרות השנייה (שרטוט דיאגרמה לא לפי הטבלא אלא לפי המציאות). ואכן כבר

הזכרנו שרש"י כנראה הבין את הגמרא לפי מ"ד כללא בתרא דווקא, והסביר זאת כפי שתיארנו כאן. וכבר כאן רואים ברש"י סה רע"ב, ד"ה 'ואין לי אלא', שתוצאת הדרשה על הארבה היא הרביעייה ועוד סימן חמישי (שאין לו גבחת). כלומר הוא הולך כשיטת כללא בתרא דווקא.

הדרשה הבסיסית מסלעם

3. בשלב הבא אנחנו דורשים את הפרט הבא והכלל שלו: 'הסלעם למינהו'. סימני הסלעם הם ארבעה: יש גבחת, ראש קצר, אין זנב, והרביעייה. בגמרא רואים שאנחנו מרבים מכאן את בעלי הגבחת (והרביעייה). כדי להבין את הדרשה כאן עלינו לצייר את דיאגרמת ון של היחס בין הצדדים כאן.

האפשרות הראשונה היא לקחת את הנתונים מהטבלא שלמעלה, ואז מתקבלת הדיאגרמה הבאה:

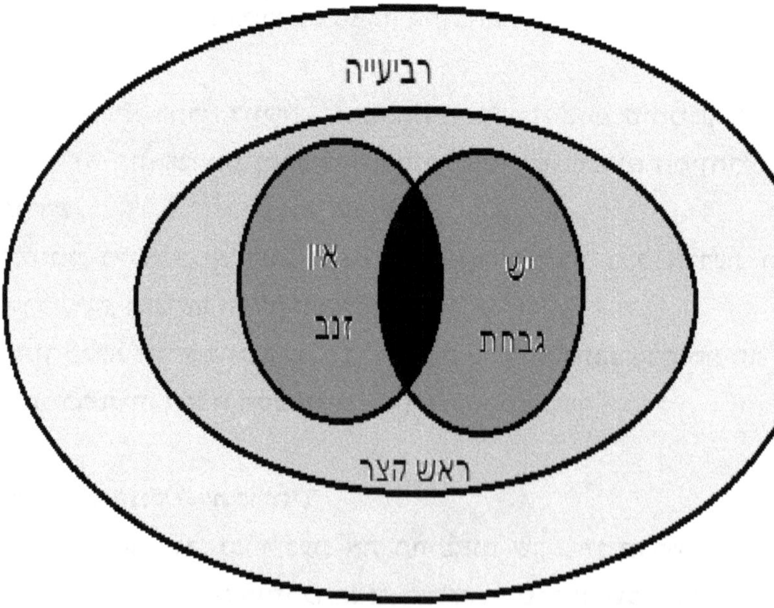

לפי כללא קמא דווקא התוצאה היא רק מה שדומה לגמרי לסלעם (בארבעה צדדים), כלומר השטח השחור. לפי כללא בתרא התוצאה היא שני צדדים, והפעם זהו שטח אחד (בעלי הראש הקצר).

האפשרות השנייה היא לשרטט את הדיאגרמה האוניברסלית, בדיוק כמו קודם, אבל עם המאפיינים של הסלעם. ואז לפי שיטת כללא בתרא דווקא להגיע לריבוי בשני צדדים, שזה נותן את השטח שהוא האיחוד של שלוש הקבוצות הבאות:

(רביעייה, יש גבחת) $\cup$ (רביעייה, אין זנב) $\cup$ (רביעייה, ראש קצר)

אמנם לכאורה הגמרא מרבה כאן רק את מי שיש לו גבחת (ראה גם רש״י ד״ה 'הבא ויש לו גבחת'), וגם כאן נצטרך לפרש שכוונתה רק לתת-קבוצה הראשונה, מפני שרק היא תשרוד בשלבי הניפוי הבאים (ראה להלן).

מסקנה וסיכום ביניים

בכל 'כלל ופרט וכלל' קטן יש ארבעה סימנים (הרביעייה, ושלושת הסימנים מהשורה המתאימה בטבלא דלעיל). התוצאה תלויה בשאלה לפי איזו שיטה אנחנו דורשים:

לשיטת כללא בתרא דווקא – התוצאה היא ריבוי בשני סימנים, שזה איחוד של שלוש תת-קבוצות (הרביעייה עם כל אחד מהסימנים המיוחדים לפריט הנדרש).

ולשיטת כללא קמא דווקא – התוצאה היא ריבוי בכל ארבעת הצדדים (הרביעייה, ושלושת הצדדים הרלוונטיים).

מתוך כללא בתרא דווקא עולה כי הדרשה צריכה להתבצע בהנחת הדיאגרמה האוניברסלית, ולא זו הספציפית. כך גם נעשה בהמשך.

תהליך הרזוננס (='תהודה')

4. לצורך ההמשך, נבחן כעת את התוצאות של שתי הדרשות הראשונות, ונבדוק כיצד מחברים אותן לתוצאה הכללית (בשלב זה של הדרשה).

<u>שיטת כללא קמא דווקא</u>

הדרשה סביב ארבה נתנה לנו: (רביעייה, אין גבחת, אין זנב, ראש קצר)

הדרשה סביב סלעם נתנה לנו: (רביעייה, יש גבחת, אין זנב, ראש קצר)

בחיבור של תוצאות שתי הדרשות הללו, אנחנו עושים איחוד קבוצות, ואז הגבחת נעלמת (כי הקבוצות הן משלימות). התוצאה היא:

(רביעייה, אין גבחת, אין זנב, ראש קצר) $\cup$ (רביעייה, יש גבחת, אין זנב, ראש קצר) $\rightarrow$ (רביעייה, אין זנב, ראש קצר).

יש לדון מה עניינו של החיבור הזה? לכאורה פעולת האיחוד הזו אינה אלא סוג של 'צד שווה' (כאשר התכונות הייחודיות של שני המלמדים, שבמקרה זה הן תכונות מנוגדות, מסולקות), שהרי לשתי הקבוצות יש מאפיינים שווים (אין זנב וראש קצר) ומאפיין שונה (יש או אין גבחת). אנחנו מסלקים את המאפיין השונה כלא רלוונטי, ומשאירים את המאפיינים שהם הצד השווה.

אם כן, יש כאן דוגמא, כנראה יחידאית בכל ספרות חז"ל, של הרכבת דרשה של 'כלל פרט' עם הצד השווה (שהיא הכללה ממידות הדרש ההגיוניות – בניין אב משני כתובים).

<u>שיטת כללא בתרא דווקא</u>

הדרשה סביב ארבה נתנה לנו:

רביעייה ואין גבחת.

רביעייה ואין זנב.

רביעייה וראש קצר.

הדרשה סביב סלעם נתנה לנו:

רביעייה ויש גבחת.

רביעייה ואין זנב.

רביעייה וראש קצר.

אם נבצע כעת את החיבור כמו בשיטת כללא קמא דווקא (כלומר איחוד קבוצות):

רביעייה (מחיבור שתי תת-הקבוצות הראשונות).

רביעייה ואין זנב (מחיבור שתי תת-הקבוצות השניות).

רביעייה וראש קצר (מחיבור שתי תת-הקבוצות האחרונות).

לכאורה תת-הקבוצה הראשונה בולעת את שתי האחרות (כי היא מכילה אותן). כלומר אם בשלב הזה אנחנו עושים 'צד שווה', אזי התוצאה היא הרביעייה בלבד. אבל בגמרא מופיע לא כך (רק הגבחת סולקה בשלב זה). כדי להבין מדוע אנחנו מתעלמים מן הקבוצה הראשונה, עלינו לדון מהו התהליך שאותו עשינו? לכאורה מלשון הסוגיא עולה שזהו 'צד שווה' (כמו שראינו למעלה). יש לנו שתי קבוצות, שלכל אחת שני מאפיינים: רביעייה ובעלי גבחת. רביעייה וחסרי גבחת. אנחנו עושים צד שווה, ואומרים שכנראה הדין (=היתר האכילה) תלוי רק ברביעייה ולא בגבחת. אבל אם זה היה התהליך, אזי התוצאה היתה צריכה להיות רביעייה בלבד. אך ראינו שהתוצאה הזו נזנחת, ואנו משאירים רק קבוצות בעלות שני צדדי דמיון (ראינו שיש שתיים כאלו).

לכן נראה שהתהליך הזה כלל אינו 'הצד השווה', וזאת בניגוד למה שאפשר היה להבין מניסוח הגמרא. אנחנו טוענים שזהו תהליך שממשיך את דרשות ה'כלל ופרט וכלל' הפרטיות. ההנחה היא שמכיון שמדובר כאן בדרשת 'כלל ופרט וכלל', התוצאה צריכה להיות דמיון בשני צדדים. לאחר שבשלב הראשון קיבלנו כמה קבוצות של שני צדדים, אנחנו מחפשים מי מביניהן היא תוצאת הדרשה הכללית. התהליך אותו עשינו מגלה לנו שהגבחת אינה פרמטר רלוונטי, ולכן אנו נותרים עם שתי הקבוצות הנותרות (רביעייה, ראש קצר) עם (רביעייה, חסרי זנב). הקבוצה שיש לה דמיון בצד אחד בלבד (הרביעייה) נזנחת, מפני שתוצאת דרשה של 'כלל ופרט וכלל' חייבת להיות קבוצה עם דמיון של שני צדדים. כך איתרנו אילו קבוצות של שני צדדים הן תוצאת הדרשה הזו. אנו נכנה את השלב הזה תהליך 'תהודה' (=רזוננס), ונסמן אותו באופרטור $\oplus$. הוא דומה לאיחוד של שתי קבוצות, אבל משאיר רק קבוצות שמתאימות למתווה של 'כלל ופרט וכלל' (כלומר שני צדדים).

אם כן, אנחנו מגלים שתהליך הצד השווה שנעשה בשלב זה של הדרשה, אינו צד שווה רגיל, כלומר לא חלק ממידת בניין אב. צד שווה רגיל מבניין אב היה יוצר כאן את קבוצת בעלי הרביעייה (שהרי זה הצד השווה לשתי הקבוצות), ומנטרל את הצדדים השונים (יש גבחת אין גבחת). כאן זהו תהליך שבא לברור אילו קבוצות של שני צדדים יש לקחת בתור תוצאה של הדרשות הפרטיות של 'כלל ופרט וכלל'. המסקנה היא שהגמרא מניחה כי לא ניתן לבצע 'הצד השווה' על תוצאה של 'כלל ופרט' מפני שאלו שתי קבוצות מידות שלא 'מדברות' זו עם זו, כפי שהערנו למעלה. לכן הגמרא מחוייבת לחפש את תוצאת הכלל ופרט. היא עושה זאת באמצעות תהליך רזוננס, שנראה דומה לצד השווה, אך זו אשלייה בלבד. כפי שראינו, לא ניתן להרכיב דרשה 'הצד השווה' ששייכת למידות ההגיוניות עם דרשת 'כללי ופרטי' שהיא טכסטואלית. אנו נראה זאת גם בהמשך.

הערה חשובה

התוצאות שמתקבלות בשתי השיטות אינן זהות. לפי שיטת כללא קמא דווקא, התוצאה היא קבוצה בעלת שלושה צדדים: (רביעייה, בלי זנב, ראש קצר). ואילו לשיטת כללא בתרא דווקא, התוצאה היא שתי קבוצות שכל אחת בעלת שני צדדים: (רביעייה, בלי זנב) $\cup$ (רביעייה, ראש קצר). עלינו לראות כעת כיצד הדרשה נמשכת לפי כל אחת מהשיטות הללו.

הדרשה מחרגול

5. כעת הגמרא דורשת את הפרט הבא: 'החרגול למינהו'. אנחנו כבר מכירים את הפרוצדורה, והדבר נעשה בדיוק כמו בארבה והסלעם למעלה. לחרגול יש ארבעה סימנים: (הרביעייה, יש גבחת, יש זנב, ראש קצר). זה כמו בסלעם, אלא שלסלעם לא היה זנב, ולחרגול יש זנב.

לכאורה הדבר אומר שניתן לקחת את התוצאות של סלעם, ולהחליף 'אין זנב' ב'יש זנב', אבל זה לא מדויק. היחסים בין התכונות שבאים לידי ביטוי בדיאגרמת ון, יכולים להיות שונים בשני המקרים (השאלה היא האם אלו

שיש להם זנב מתייחסים לראש הקצר ולגבחת באותה צורה, כמו אלו שאין להם זנב. מאד סביר שלא). אמנם באפשרות השנייה לדרשה, זו האוניברסלית (דיאגרמת ון עובדתית, ללא הנחות מיוחדות על פי הטבלא), שם באמת לא משתנה מאומה.

מסקנתנו למעלה היתה שבשתי שיטות הדרש (קמא ובתרא דווקא), הדרשה מתנהלת לפי דיאגרמת ון האוניברסלית, וכאן באמת אין שינויים. לכן המסקנה היא שלמ״ד כללא קמא עיקר, התוצאה היא כמו בסלעם, אלא שהפעם יש זנב. כלומר התוצאה היא ארבעה צדדים:

(רביעייה, יש גבחת, יש זנב, ראש קצר).

ולמ״ד כללא בתרא דווקא, התוצאה היא תהודה של שלוש קבוצות (במקרה זה התהודה אינה שונה מאיחוד קבוצות רגיל, כי כל התוצאות הן בעלות שני צדדים):

(רביעייה, יש גבחת) ∪ (רביעייה, יש זנב) ∪ (רביעייה, ראש קצר)

הגבחת כבר הוכחה בשלב הקודם כבלתי רלוונטית, ולכן אנחנו מקבלים את התוצאות הבאות:

כללא קמא דווקא: (רביעייה, יש זנב, ראש קצר)

כללא בתרא דווקא: (רביעייה, יש זנב) ∪ (רביעייה, ראש קצר)

תהודה נוספת

6. כעת אנחנו מצרפים שוב את הקבוצות שנוצרו, והפעם אלו תוצאות הדרשה מחרגול עם הצירוף של ארבה וסלעם (ההנחה היא שניתן גם לעשות את הכל יחד, שכן איחוד קבוצות הוא תהליך קומוטטיבי).

לפי שיטת כללא קמא דווקא, עלינו לחבר את התוצאות הבאות:

(רביעייה, אין זנב, ראש קצר) ∪ (רביעייה, יש זנב, ראש קצר)

התוצאה היא: (רביעייה, ראש קצר)

ולפי שיטת כללא בתרא דווקא, אנחנו עושים תהליך תהודה בין הקבוצות הבאות:

(רביעייה, יש זנב) ⊕ (רביעייה, ראש קצר) ⊕ (רביעייה, בלי זנב) ⊕ (רביעייה, ראש קצר)

התוצאה היא: (רביעייה, ראש קצר)

השמטנו את התוצאה בת הצד האחד (רביעייה), מפני שמדובר כאן בתהודה ולא באיחוד קבוצות רגיל. בתהליך התהודה הזה הוכחנו שהזנב אינו פרמטר רלוונטי, וכעת גם הוא נוטרל. בשלב זה של הדרשה שתי השיטות, קמא דווקא ובתרא דווקא, מביאות אותנו לאותה תוצאה: שללנו את הרלוונטיות של הגבחת ושל הזנב. ולכן נכון לעכשיו יש לנו חמישה מאפיינים לחגבים שמותרים באכילה: הרביעייה והראש הקצר. אמנם מבחינת דרשת ה'כלל ופרט וכלל' חמשת המאפיינים הללו נחשבים שני צדדים.

הניסיון לרבות בעלי ראש ארוך

7. כעת אנחנו מנסים לרבות גם כאלה שיש להם ראש ארוך:

ואין לי אלא הבא ואין לו גבחת, הבא ויש לו גבחת, הבא ואין לו זנב, הבא ויש לו זנב, הבא ואין ראשו ארוך. הבא וראשו ארוך, מנין? אמרת, הרי אתה דן בנין אב משלשתן: לא ראי ארבה כראי חרגול, ולא ראי חרגול כראי ארבה, ולא ראי שניהם כראי סלעם, ולא ראי סלעם כראי שניהם, הצד השוה שבהן - שיש לו ד' רגלים, וארבע כנפים, וקרצולים, וכנפיו חופין את רובו, אף כל שיש לו ארבע רגלים, וארבע כנפים, וקרצולים, וכנפיו חופין את רובו.

המאפיינים של כל שלושת הפריטים שנדונו עד עתה הם הרביעייה שבמשנה, ולכן הגמרא רוצה לרבות את בעלי ראש ארוך.

לכאורה מדובר כאן בריבוי שהוא מהצד השווה של שלושתם.[1] הלימוד הוא שלוקחים רק את הסימן של הרביעייה כרלוונטי, כי הוא הצד השווה לכולם.

---

[1] אם נבחן זאת דרך הטבלא שלמעלה, בהשמטת העמודה של הראש הקצר) נראה שארבה וסלעם וחרגול, ביחד עם עוד בעל חיים שראשו ארוך, יוצרים מבנה טבלאי של צד שווה (ראה בחיבורנו על הקו״ח). אבל עמודת הראש הקצר מהווה פירכא, שכן היא מאפיינת את כולם, ולא את הלמד. זה מה שמקשה ר' אחאי להלן. לעומת זאת ארבה וחרגול יוצרים צד שווה

אם כן, לכאורה יש לנו כאן דוגמא שמידה הגיונית (בניין אב משני כתובים, 'הצד השווה') ממשיך דרשות של 'כלל ופרט', וזה נגד העיקרון שקבענו לעיל.

קשיים בהנחה שמדובר כאן בדרשת 'הצד השווה'

אלא שאם אכן מדובר כאן בדרשת 'הצד השווה', מתעוררים כמה וכמה קשיים:

א. יש פירכא פשוטה להפליא על הצד השווה הזה, שהרי כל המלמדים הם בעלי ראש קצר. כך אכן מקשה ר' אחאי להלן. לא ברור מה בכלל היתה ההו"א להעלות אפשרות כזו, אחרי שאנחנו כבר יודעים שיש מאפיין משותף של ראש קצר, והריבוי מתייחס בדיוק אליו?

ב. מדוע דוחים את העלאת קושייתו זו של ר' אחאי לשלב מאוחר יותר (אחרי הדיון בצרצור וחגב), והיא לא מופיעה כאן מייד אחרי הצד השווה הזה שעליו היא נסובה?[2]

ג. מדוע ר' אחאי צריך להביא ראיה מהלימוד בחרגול לטענתו שניתן לפרוך על צד שווה? הרי זהו דבר רגיל בש"ס להביא פירכות על צד שווה?

ההסבר לכל זה הוא מאד פשוט, ולמעשה הוא נמצא כבר במפורש ברש"י כאן (ד"ה 'וכ"ת'). המבנה הזה לא היה צד שווה, אלא ניסיון לעשות דרשת 'כלל ופרט וכלל' על כל הפרטים ביחד. כעת הגענו למצב שבו הצדדים הרלוונטיים הם ראש קצר והרביעייה, והם מאפיינים את כל הפרטים. אם כן, כעת נדרוש את הפסוק כולו ב'כלל ופרט וכלל', ונרחיב בצד אחד מתוך השניים, כלומר

ללא פירכא, שממנו אפשר היה ללמוד את סלעם. ועל זה בונה ר' אחאי את הצעתו שלו (ראה על כך להלן).

[2] אמנם ייתכן שהדחייה היא מפני שדרשת ר"ש כולה, עד הצרצור, היא ציטוט של ברייתא. והפירכא של ר' אחאי היא פירכא מאוחרת (אמוראית או גאונית, ראה להלן) על הברייתא, ולכן היא מופיעה אחרי סיום הציטוט. אלא שזה לא סביר, כי בהמשך ר' אחאי מציע אלטרנטיבה לברייתא, ולא מיישב אותה. ומשמע שזה לא מקור תנאי, אלא הסבר אמוראי על דרך הדרשה של ר"ש. לכן שוב חוזרת השאלה מדוע ר' אחאי לא הוכנס בעריכה באמצע. ואולי יש לומר בדוחק שהמימרא האמוראית גם היא מצוטטת במלואה ממקור אחר, ולכן פירכת ר' אחאי נדחתה לאחריה.

ננטרל את הראש הקצר ונדרוש רק את הרביעייה (להלן נסביר מדוע מרבים כאן בצד דמיון אחד ולא בשניים).

בעצם ההו״א הזו טוענת שאם אכן האיחוד שבוצע בשלבים 4 ו-6 לא היה 'הצד השווה', אלא המשך של דרשות הכלל ופרט, אזי לא נכון שיש כאן דרשות נפרדות. הרי ישנה זיקה בין הדרשות הללו, שהרי בתהליך התהודה אנחנו משתמשים בתוצאות של כולן כדי לאתר את צמד הצדדים שיהוו תוצאה של הדרשה הכוללת של 'כלל ופרט וכלל' של כל הפסוק. אם כן, למה לא לחזור ולהתייחס לכל המבנה הזה כדרשת 'כלל ופרט וכלל' אחת, שבה יש שני צדדים (שאותרו בתהליך הנ״ל). כלומר זוהי הצעה לראות את תהליך התהודה כמשהו שמקדים את הדרשה ב'כלל ופרט וכלל', כלומר מאתר את הצדדים הרלוונטיים. לאחר שאיתרנו אותם, אנחנו מבצעים דרשת 'כלל ופרט וכלל', ומכלילים רק לרביעייה (כלומר כוללים גם חגבים עם ראש ארוך).

בכל אופן, שוב אנחנו מגלים שאין אפשרות לחיבור של מידת דרש הגיונית ('הצד השווה', במקרה זה) לתוצאות של דרשת כלל ופרט. וזה מתאים לקביעתנו מלמעלה.

הבעיות שנותרו בהצעתנו

הבעיות שעוד נותרו כאן הן: א. מדוע נדחתה העלאת קושייתו של ר' אחאי לשלב מאוחר יותר, ולא עלתה ישירות על הלימוד הזה? ב. אם אכן ההו״א הזו היא שמדובר בדרשת 'כלל ופרט וכלל' ולא בצד השווה, אז מתעורר קושי לגבי פירכת ר' אחאי: מדוע ר' אחאי טוען שיש לפרוך שלכל המלמדים יש ראש קצר, הרי ראינו על 'כלל ופרט וכלל' אין פירכות? ג. אם אכן יש כאן דרשה של 'כלל ופרט וכלל' שלפרט יש בה שני צדדים, התוצאה היא שני צדדים ולא אחד (בין למ״ד כללא קמא עיקר ובין למ״ד כללא בתרא עיקר)?[3]

---

[3] הסבר אפשרי לכך הוא שהמצב כעת דומה למצב בסוגיית שבועות, שגם שם היו שני צדדים רלוונטיים (עתיד, וערכיות), וגם שם הכללנו לכיוון אחד (כי לקחנו את הצד הטריביאלי כדי להשלים לשלושה צדדים עבור הדרשה). אמנם בשבועות הצדדים לא היו קונצנטריים, ולכן היו שתי אפשרויות לצייר סכימה קונצנטרית שבררנו את הנכונה מביניהן על ידי פסוק. כאן לא ברור האם הצדדים הם קונצנטריים או לא. אם הם קונצנטריים, אז גם כאן ניתן לקחת

אנו נסביר את כל זה לאחר שנלמד את השלב הבא בדרשה, שכאמור חוצץ בין הלימוד של צד שווה לבין הפירכא של ר' אחאי עליו.

מה עושים עם המילה 'חגב': הצרצור

8. עד עתה דרשנו את שלושת הפריטים הראשונים מתוך הארבעה שברשימה (מה שנותר הוא החגב). כבר הערנו שיש הבדל באופי שלהם, שכן שלושת הראשונים הם פריטים ספציפיים והאחרון הוא מין בפני עצמו.

כעת הגמרא שואלת לגבי הצרצור, שגם הוא בעל התכונות הללו (אבל אינו נקרא 'חגב', מסיבה כלשהי):

> ***והלא הצרצור הזה יש לו ארבע רגלים וד' כנפים וקרצולים וכנפיו חופין את רובו, יכול יהא מותר? ת"ל: חגב - ששמו חגב, אי שמו חגב, יכול אין בו כל הסימנין הללו? ת"ל: למינהו - עד שיהא בו כל הסימנין הללו.***

הגמרא מנסה לרבות צרצור, שיש בו את רביעיית המאפיינים שבמשנה.[4] הגמרא דוחה שהוא לא נקרא 'חגב', ובכך מסיימת את הדרשות מארבעת הפריטים שמופיעים בפסוק.

אנחנו רואים ששלושת המילים (הפריטים) הראשונות בפסוק (ארבה, סלעם וחרגול) נדרשו באותה צורה בדיוק. משום מה, המילה 'חגב' נדרשת באופן שונה. כאן זה מוצג כניסיון לרבות את הצרצור, שנדחה בכך שהוא לא נקרא

את הצד הטריביאלי (כלל החגבים, אולי זהו 'שמו חגב', שיובא להלן), וליצור דיאגרמה ובה שלושה מעגלים קונצנטריים. במצב כזה עלינו לדרוש דרשת 'כלל ופרט וכללי בשיטת כללא בתרא דווקא, וזה נותן לנו דמיון בשני צדדים. במקרה זה, הצדדים הם חגבים והרביעייה, כלומר ריבינו ראש ארוך. אם הצדדים כאן אינם קונצנטריים, אזי עלינו לחפש אינדיקציה איזו הכללה מבין השתיים האפשריות עלינו לבצע (כמו שנעשה בסוגיית שבועות). ייתכן שכאן הראש הקצר הוא מועמד טבעי להכללה, שכן הוא אינו מאפיין את כל החגבים, בעוד ששני המאפיינים האחרים כן.

אמנם כל זה ההוא בעייתי, שהרי ראינו שהרביעייה נחשבת כצד אחד בלבד, מפני שלא לוקחים מתוך המאפיינים שמשותפים לכל הפריטים יותר מצד אחד לדרשה הכללית. וכאן לקחנו בעצם שניים: שהם חגבים והרביעייה. להלן נבין זאת ביתר פשטות לפי המודל שלנו.

[4] וכנראה ראשו ארוך, אם כי זה לא לגמרי ברור. אבל זה לא חשוב, כי בשלב הזה בסוגיא אין הבדל בין ראש ארוך לקצר. הרמב"ן שנביא להלן כותב שיש בזה מחלוקת ראשונים.

׳חגב׳. במילים אחרות: המילה ׳חגב׳ בעצם ממעטת ולא מרבה, זאת בניגוד לשלוש המילים הראשונות. מדוע זה כך?

כדי להבין זאת, עלינו לשים לב המילה ׳חגב׳ היא ייחודית, שכן היא מהווה שם של מין ולא שם של בע״ח ספציפי. לכן ממנה לומדים שיש תנאי כללי (=צד) בשרץ העוף הטהור שייקרא ׳חגב׳. זה לא מרבה קבוצה נוספת, אלא מטיל תנאי כללי על השרצים המותרים. לכן הגמרא הפרידה את הדיון בחגב מהדיונים בשלושת הראשונים שרק מרבים בעלי חיים מסויימים ולא מוסיפים צדדים כלליים לדיון. מסיבה זו גם לא נדרש כאן הריבוי של ׳למינהו׳, כי כאן השם הפרטי עצמו הוא מין ולא בע״ח מסויים. ה׳למינהו׳ דורש שיתקיימו גם התנאים של הרביעייה, ולא די בכך ששמו הוא חגב.

בכל אופן, כעת המסקנה מהדרשה היא שמי שיש בו את ארבעת הסימנים הללו והוא גם נקרא ׳חגב׳ (בלי תלות בזנב, ראש ארוך וגבחת), מותר באכילה. כלומר יש חמישה סימנים מחייבים, וזה כדעת ר׳ יוסי במשנה הנ״ל (שבאמת גם נפסקה להלכה ברמב״ם **וטושו״ע**). בנוסח אחר נאמר שיש כאן כעת שני צדדי דמיון שנדרשים מכל שרץ העוף שמותר באכילה: (רביעייה, שמו חגב), שכן המאפיין של ראש קצר נמצא בלתי רלוונטי בגלל הריבוי שהוצע כאן.

ניסוח מחדש של דרשת הראש הארוך

כעת, רק לאחר דרשת המילה ׳חגב׳, נוכל להבין מדוע דרשת הריבוי לראש הארוך אינה דרשת ׳צד שווה׳, אלא דרשת ׳כלל ופרט וכלל׳. ומכאן נוכל להבין גם מדוע בדרשת ׳כלל ופרט וכלל׳ מרבים צד דמיון אחד ולא שניים? מצבנו כרגע הוא שיש לנו פסוק במבנה של ׳כלל ופרט וכלל׳, ההנחה היא שיש לדרוש אותו בבת אחת, ולא כל פרט לחוד. כמה צדדים ישנם? בהתחלה חשבנו שיש שני צדדים (רביעייה וראש קצר), ולכן שאלנו מדוע ההו״א מציעה לרבות צד דמיון אחד ולא שניים? אבל כעת אנחנו מבינים שיש כאן שלושה צדדים: (רביעייה, ראש קצר, שמו חגב).

מה התוצאה של דרשה כזו? מהנתונים שבפנינו נראה לכאורה שהצדדים הם קונצנטריים, כלומר דיאגרמת ון לדרשה זו היא הבאה:

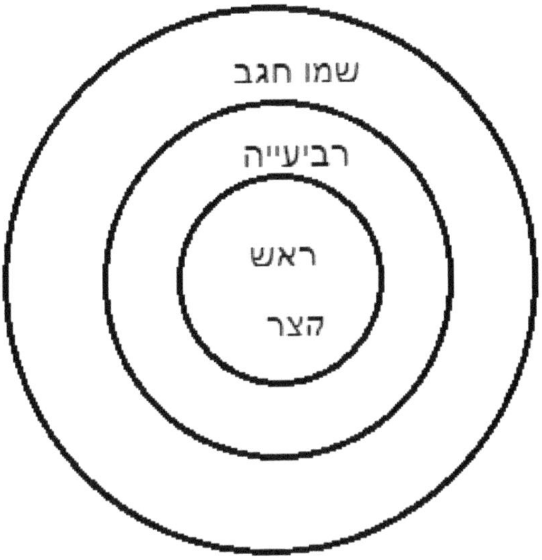

יש לציין שבעצם לא חשוב מה היחס האמיתי בין הקריטריון ששמו חגב לשני האחרים. הנחתנו היא שהדרישה ששמו יהיה חגב היא אילוץ על ההכללה שלנו. לכן כל הדיון מתנהל בקבוצת החגבים. בתוכה אנחנו מסמנים את אלו שיש להם את הרביעייה ואת הראש הקצר (שהיחס ביניהם הוא כן חשוב). לכן גם אם החגבים לא היו כוללים את שתי הקבוצות האחרות עדין הדיאגרמה היתה יוצאת כמו כאן.

מהי תוצאת הדרשה? מכיון שאנחנו הולכים כאן לשיטת 'כללא בתרא דווקא', יש להכליל בשני צדדים, כלומר רדיוס ההכללה הוא רדיוס העיגול האמצעי (זוהי ראיה נוספת לכך שהסוגיא כאן הולכת בשיטת כללא בתרא דווקא, כפי שכותב רש"י). כך בדיוק אנחנו מרבים את בעלי הראש הארוך. זה מסביר מדוע יש כאן הו"א לרבות בעלי ראש ארוך, על אף שכל המלמדים הם בעלי ראש קצר: לא מדובר כאן בדרשת 'צד שווה', אלא ב'כלל ופרט וכלל'. זוהי

בדיוק הצעת ההו״א לרבות את אלו שראשם ארוך (כלומר כל מי שהוא חגב ויש לו את רביעיית הסימנים, ולהתעלם מהדרישה לראש קצר).

נדגיש כי התוצאה אינה כוללת בהכרח את כל בעלי הרביעייה. לדוגמא, אם יש כאלו שאינם חגבים שיש להם את הרביעייה, הם לא ייכללו. כאן הנחנו שכל הדיון מתרחש בתוך עולם החגבים, ולכן התמונה היא קונצנטרית. אם יש יצורים שיש להם את הרביעייה אבל הם אינם חגבים, הם לא נכנסים לדיון. לכן התמונה היא קונצנטרית מבחינתנו. אמנם את התוצאה יש לכתוב בצורה כללית יותר כך: בעלי הרביעייה שנקראים חגבים (ולא בעלי הרביעייה בלבד).

נעיר כאן כי ההנחה בדבר קונצנטריות אינה לגמרי מבוססת, ובסוף הפרק, כשנדון בשיטת הרמב״ן (שהבין שכך אכן מתבצעת הדרשה גם למסקנה, ודלא כרש״י), נראה דרך אחרת להגיע לתוצאה הזו מתוך דיאגרמה לא קונצנטרית.

הפירכא

9. כעת בא ר׳ אחאי ופורך את הלימוד משלושת הפריטים הראשונים:

> ***פריך רב אחאי: מה להנך שכן אין ראשן ארוך! וכי תימא כיון דשוו בד׳ סימנין, מייתינן ולא פרכינן, אי הכי חרגול נמי, דשוו להו, לא ליכתוב, ותיתי מארבה וסלעם! אלא, איכא למיפרך, מה להנך שכן אין להן זנב, ה״נ איכא למיפרך: מה להנך שכן אין ראשן ארוך!***

ראשית, ר׳ אחאי פורך את הלימוד על הראש הארוך (שכבר הראינו למעלה שהוא אינו ׳הצד השווה׳). יתר על כן, הוא ממשיך ודן כאן באפשרות שאולי לא פורכים על צד שווה, ודוחה אותה. כיצד בכלל עולה על הדעת אפשרות כזו? הרי יש בש״ס כמה וכמה דוגמאות לפירכות על צד שווה. מדוע בכלל נדרשת לר׳ אחאי הוכחה שניתן לפרוך על צד שווה?

זוהי ראיה נוספת לכך שלא מדובר כאן בלימוד של ׳הצד השווה׳, אלא בלימוד של ׳כלל ופרט וכלל׳, כפי שהסברנו לעיל. על לימוד כזה, כפי שראינו, אין אפשרות להעלות פירכות. לכן ר׳ אחאי צריך להוכיח שניתן לפרוך על הלימוד הזה, וראייתו היא מחרגול.

החרגול ניתן היה להילמד ב'כלל ופרט וכלל' (דומה לצד השווה שנעשה כאן) מארבה וסלעם (ראו תכונותיהם בטבלא למעלה, שזו ממש טבלת צד שווה קלאסית[5]). על כורחנו שיש פירכא שלשניהם אין זנב, ולכן הכתוב הוצרך לכתוב גם את החרגול. ומכאן שאכן פורכים פירכא כזו על לימוד 'כלל ופרט וכלל' שדומה לצד השווה. אם כן, טוען ר' אחאי, גם ה'כלל ופרט וכלל' הקודם, שגם הוא דומה לצד השווה משלושת המלמדים, צריך להידחות באותה צורה.

שאלנו למעלה מדוע הפירכא של ר' אחאי הושהתה עד השלב הזה? כעת נוכל להבין שהתשובה היא שהגמרא חיכתה עד לאחר הריבוי מ'חגב', שכן רק כעת התברר ששוב יש לנו שלושה צדדים בבעייה (ולא רק שניים): (הרביעייה, ראש קצר, שמו חגב). בהו"א הציעו לרבות ראש ארוך, כי רצו לדרוש 'כלל ופרט וכלל' על כל הפריטים בפסוק ביחד, ולרבות כך שני צדדים מתוך השלושה. זה בדיוק מתאים לחוקי הכלל ופרט, למ"ד 'כללא בתרא דווקא'.

אבל אם לא מדובר כאן בצד שווה אלא ב'כלל ופרט וכלל' אז כיצד בדיוק פועלת הפירכא הזו? הרי ראינו כבר שלא ניתן לפרוך על דרשות 'כללי ופרטי'. כפי שהסברנו, ההצעה בהו"א היתה לדרוש 'כלל ופרט וכלל' מהפסוק כולו, ולא מכל פרט לחוד, ולבצע את ההכללה על בסיס שלושה צדדים. ההנחה בהו"א היא שבפסוק הזה יש שלושה צדדים, ויש לדרוש אותם ביחד.

אם כן, מה ר' אחאי פורך על כך? יש שתי אפשרויות להבין זאת (ולא לגמרי בטוח שהן כה שונות זו מזו):

א. הוא מסכים שעושים דרשה מהפסוק כולו, אבל לפני כן יש תהליך רזוננס שמגדיר מהם הצדדים הרלוונטיים. ר' אחאי פורך על תהליך הרזוננס שמקדים את הדרשה, ולדעתו הוא אינו חלק מדרשת ה'כלל ופרט וכלל', אלא שיקול לוגי (ולא טכסטואלי), ולכן ניתן להתייחס אליו בדומה ל'צד שווה'. את זה הוא מוכיח מחרגול.

---

[5] השווה לטבלאות המופיעות בחיבורנו על המידות ההגיוניות.

ב. הוא טוען שהדרשה צריכה להיעשות על כל פריט לחוד, ולא על כולם יחד. במצב כזה התוצאות של כל דרשת 'כלל ופרט וכלל' פרטית, מחוברות זו לזו בתהליך דמוי 'צד שווה' (תהודה), ולכן אפשר לפרוך עליו. לדעתו זה לא דומה לדרשת 'כלל ופרט וכלל' רגילה שעליה אי אפשר לפרוך, כי החלק השני, התהודה, הוא חלק לוגי ולא טכסטואלי, ועליו אפשר לפרוך. את זה הוא מוכיח מחרגול.

לפי אפשרות זו, ר' אחאי טוען שאין לדרוש 'כלל ופרט וכלל' מכל הפסוק, אלא מכל פרט לחוד (מהסיבות שהבאנו בתחילת הפרק), ולחבר אותם לאחר מכן. במצב כזה אין מקום לרבות את בעלי הראש הארוך, כפי שחשבנו בהתחלה.

בכל אופן, יש לשים לב שגם לפי ר' אחאי ברור שלא מדובר כאן בבניין אב או צד שווה, אלא בויכוח בתוך מסגרת דרשות 'כלל ופרט' (שהרי הוא טורח להוכיח שניתן לפרוך עליו).

רש"י, בד"ה 'ה"ג', מדגיש שיש לגרוס את ר' אחאי אחרי הדיון על הצרצור ודרשת המילה 'חגב', ולפני המשך הגמרא. ייתכן שהגירסה שעמדה מולו גרסה זאת מייד אחרי הצד השווה משלושת הראשונים, כי היא הבינה שלא צריך לחכות שיוצג עוד צד שלישי, כי מדובר כאן באמת בצד שווה ולא ב'כלל ופרט וכלל' (כפי שנראה להלן, כך כנראה למד הרמב"ן, ואולי מקורו הוא בגירסה שונה, וכנ"ל). אולם לפי רש"י, כבר הערנו שלשיטתו בד"ה 'וכ"ת', הוא מסביר שההו"א שנגדה מתמודד ר' אחאי היא דרשת 'כלל ופרט וכלל' ולא צד שווה.

נמצאנו למדים שהיה כאן ויכוח האם לדרוש כל פרט לחוד, או שמא לדרוש את כולם יחד. למסקנה, הלכה כר' אחאי שדורשים כל פרט לחוד.

האלטרנטיבה של ר' אחאי

במשנה לא מופיע הסימן של ראש קצר, ולכן לאחר שר' אחאי פורך את הלימוד שמופיע לפניו, הוא צריך להציע אלטרנטיבה אחרת שתסביר את המשנה.

10. כעת רב אחאי מסביר מניין, אם כן, לומדים לרבות ראש ארוך:

אלא אמר רב אחאי: סלעם יתירא הוא; לא ליכתוב רחמנא סלעם ותיתי מארבה ומחרגול, דמאי פרכת - מה לארבה דאין לו גבחת - הרי חרגול דיש לו גבחת, מה לחרגול דיש לו זנב - הרי ארבה דאין לו זנב, סלעם דכתב רחמנא ל"ל? אם אינו ענין לגופו, תנהו ענין לראשו ארוך!

ר' אחאי מסביר שסלעם הוא מיותר, שכן ניתן ללמוד אותו בצד השווה משני הקודמים (וכאן זהו כבר צד שווה בלי פירכא, כפי שניתן לראות בטבלא שהבאנו למעלה). כמובן, לפי השיטה שהלימוד כאן הוא מ'כלל ופרט וכלל' כללי, אין לכך מקום. אבל כעת שאנחנו לומדים מכל אחד לחוד, ומאתרים צדדי דמיון רלוונטיים במכניזמים שבאים בשלב השני, הלימוד הסופי יכול להיעשות כמו הצד השווה. בהיגיון הזה, הסלעם הוא מיותר, שכן גם אותו ניתן היה ללמוד בצד השווה, ולכן הוא יוצא ללמד ב'אם אינו עניין' על ראש ארוך.

מסקנתו של ר' אחאי היא שהסלעם אינו נצרך לגופו, ולכן הוא בא ללמד על מי שראשו ארוך. למעשה, מבחינה מתודולוגית עלינו למלא דה-פקטו בטבלא שלמעלה את הסימן (-) במשבצת שנוגעת לראש קצר של סלעם. בגלל שאינו עניין לגופו, אז אנחנו מתייחסים אליו כאילו יש לו ראש ארוך ולומדים ממנו לרבות את בעלי הראש הארוך.

הערה מתודולוגית

יש להעיר שגם לפי הצעת הדרשה הראשונה, כלומר ההצעה ללמוד מהפסוק באופן כללי בדרשת 'כלל ופרט וכלל' עם שלושה צדדים, הסלעם הוא עדיין מיותר. אם נחזור על התהליך בלי הסלעם, נקבל את התוצאות הבאות מהדרשות הפרטיות:

ארבה: (רביעייה, אין גבחת) (רביעייה, אין זנב) (רביעייה, ראש קצר)

חרגול: (רביעייה, יש גבחת) (רביעייה, יש זנב) (רביעייה, ראש קצר)

[סלעם: (רביעייה, יש גבחת) (רביעייה, אין זנב) (רביעייה, ראש קצר)]

בתהליך הרזוננס (כשמשמיטים את האיחודים שנותנים מאפיין אחד בלבד), אנחנו מקבלים משתי השורות הראשונות מייד את התוצאה: (רביעייה, ראש קצר), וזו התוצאה של התהליך כולו. כלומר הסלעם הוא אכן מיותר, כי גם אם הוא לא היה כתוב היינו מגיעים לאותה תוצאה.

כעת כבר לא ברור האם הפירכא של ר׳ אחאי חייבת להניח שדורשים כל פרט לחוד. גם אם דורשים הכל יחד, התוצאה שמתקבלת היתה אותה תוצאה.

בעצם מה שר׳ אחאי טוען הוא שלא צריך להגיע ל׳כלל ופרט וכלל׳ כללי כדי לרבות ראש ארוך, כי זה לא עוזר. האלטרנטיבה היא לרבות אותו ב׳אם אינו עניין׳ מסלעם.

בינתיים אנחנו מבינים מדוע כתוב בפסוק ׳סלעם׳? אבל לכאורה עדיין לא ברור מה ר׳ אחאי עושה עם ה׳למינהו׳ של הסלעם? די ברור שהוא משתמש בלמינהו של הסלעם כדי לדרוש עוד דרשת ׳כלל ופרט וכלל׳ סביב סלעם, אבל בהנחה הפיקטיבית שיש כאן ראש ארוך (בגלל ה׳אם אינו עניין׳). כאשר היתה טבלא שאלו נתוניה, אזי התוצאה היא בדיוק מה שכתוב במשנה.

בשורה התחתונה, ר׳ אחאי אכן דורש כל פריט לחוד, ודוחה את הצורך (וממילא גם את הלגיטימיות) של דרשה כללית בפסוק על כל הפריטים ביחד.

הערה היסטורית

נעיר כי תוס׳ כותבים בכמה מקומות שר׳ אחאי בגמרא הוא תוספת מר׳ אחאי גאון (בעל **השאילתות**), כלומר מתקופה מאד מאוחרת (המאה העשירית). ובאמת גם הניסוח בגמרא הוא ״פריך ר׳ אחאי״, ולא כנוסחת שאלה שמובנית בלשון הסוגיא הערוכה עצמה. על פניה זו נראית הערה צדדית שנוספה בעריכה מאוחרת יותר. ואולי הגירסה שרש״י מזכיר ודוחה, לא כללה כלל את התוספת של ר׳ אחאי.

ייתכן שזוהי תוספת מאוחרת להמשגה של דרשות ׳כלל ופרט׳, והיא נוספה רק בתקופת הגאונים. כאן על הציר ההיסטורי הוכרע שכאשר יש רשימת פריטים שונים בפסוק (לפחות כשהמאפיינים הם שונים, כפי שהסברנו בתחילת הפרק), עלינו לדרוש כל פרט לחוד ולא את כולם יחד. כאן הוברר

ונוסח סופית מכניזם התהודה לאיתור צדדים רלוונטיים באמצעות השוואות בין הדרשות מכל פרט (בדומה לצד שווה ופירכות, אבל לא כחלק ממידות בניין אב ההגיוניות, אלא כהמשך של מידות 'כלל ופרט', וכנ"ל).

מחלוקת הדרשות

כאן בעצם מסתיים תיאור מהלך הדרשה של דבי ריי"ש, ואנחנו חוזרים לבירור המחלוקת עצמה. ראינו את הדרשות של דבי רב ודבי ריי"ש. מתברר ששני בתי המדרש דורשים לחוד כל פרט, ולא את המכלול כולו. ההבדל ביניהם הוא רק בשאלה האם כל פרט נדרש ב'כלל ופרט', או ב'כלל ופרט וכלל'. אם כן, השאלה שבמחלוקת ביניהם היא כיצד להתייחס למילים 'למינהו' שבפסוק? האם זה פרט נוסף, או שזה כלל אחרון?

מה שורשה של המחלוקת הזו? בכך עוסקת הגמרא שם, סו רע"א, אשר דנה בנקודת המחלוקת:

> ***במאי קמיפלגי תנא דבי רב ותנא דבי רבי ישמעאל?***

ומסביר על כך רש"י:

> ***במאי קא מיפלגי - תנא דבי ר' ישמעאל דמייתי ליה סלעם לרבויי ראשו ארוך ואייתר ליה חגב למעוטי צרצור ותנא דברייתא קמייתא דמיבעי ליה כולהו לגופייהו.***

רש"י מסביר שהמחלוקת בין התנאים היא הבאה: לפי דבי ריי"ש אנו מרבים את אלו שראשם ארוך מהסלעם המיותר (כמסקנת ר' אחאי), וממעטים את הצרצור מפני שאינו נקרא חגב. ולפי דבי רב אנו לא מרבים את אלו שראשם ארוך, וגם לא ממעטים צרצור (כי לשיטתם הוא כלל לא התרבה, ולכן אין צורך למעט אותו).[6]

כעת הגמרא מסבירה את המחלוקת:

---

[6] רש"י שם, סה ע"ב, ד"ה 'הצד השווה', אומר שהמחלוקת היחידה בין הדרשות היא לגבי ראשו ארוך. זה נכון, שכן הצרצור לא נאכל לפי שניהם, אלא שלריי"ש יש לנו מיעוט לגביו ולרב לא צריך מיעוט כי אין מהיכן לרבות אותו.

בראשו ארוך קמיפלגי, תנא דבי רב סבר: אשר לו כרעים כלל, ארבה סלעם חרגול חגב למינהו - פרט, כלל ופרט אין בכלל אלא מה שבפרט, דמיניה אין דלאו דמיניה לא, ומרבי דדמי ליה משני צדדין; תנא דבי ר' ישמעאל סבר: אשר לו כרעים - כלל, ארבה סלעם חרגול חגב - פרט, למינהו - חזר וכלל, כלל ופרט וכלל אי אתה דן אלא כעין הפרט, ומרבי כל דדמי ליה בחד צד.

כאן הגמרא מניחה שגם תנא דבי רב פועלים במסגרת דרשות 'כלל ופרט' (ולא במסגרת של 'ריבוי ומיעוט'), אלא שלדעתם המבנה כללי הוא 'כלל ופרט', ולא 'כלל ופרט וכלל', שכן ה'למינהו' אצלם הוא פרט ולא כלל.

לכן לשיטת דבי רב אנחנו מרבים ב'כלל ופרט' שני צדדים רלוונטיים, כלומר הרביעייה והראש הקצר (כפי שראינו אלו אכן הצדדים שנותרים גם לפי דבי ר"יש). יש כאן התעלמות מ'שמו חגב' שהוא הצד השלישי, שכן לשיטת דבי רב חגב הוא עוד סוג בע"ח (גדיאן, לרבות רזבנית).

הבעייה שמתעוררת כאן היא כפולה: 1. מדוע דבי רב בכל זאת מרבים עוד בעלי חיים? הרי מבנה של 'כלל ופרט' הוא אלא מה שבפרט? 2. מדוע מתארים כאן את שיטתם כריבוי של שני צדדים? הרי במבנה כפול של 'כלל ופרט' עלינו להיצמד לרשימת הפריטים שבפסוק (בסיכום סוגיית עירובין הגדרנו זאת פורמלית כצד אחד יותר מכל הצדדים של הבעיה, בדוגמא שם, שכללה שלושה צדדים, זה הוגדר כארבעה צדדים).

התשובה לשתי השאלות היא אחת: בעיני דבי רב המילים 'למינהו' הן פרטים, אבל מה תוכנם של הפרטים הללו? הרי אין להם תוכן קונקרטי. מדובר על מין ולא על בע"ח ספציפי. אם כן, יש כאן 'כלל ופרט', אבל הפרט כאן אינו בע"ח ספציפי אלא מין מתוך הסוג. במקרה כזה אנחנו אכן נצמדים לפרט ולא מרחיבים במאומה, אבל הפרט עצמו הוא קבוצה (=מין). לדוגמא, סביב הארבה אנחנו מרבים את מי שיש לו את הרביעייה והוא חסר גבחת ואין זנב וראש קצר.

תהליך כזה בעצם דומה מאד להפעלת בניין אב סביב המילה ארבה (כפי שראינו, גם בניין אב הוא כלי שנותן דמיון של הלמד למלמד בכל הצדדים).

אז למה התורה כאן בחרה לכתוב זאת בצורה של 'כלל ופרט'? מפני שכנראה לולא זה לא היינו עושים בניין אב, והיינו חושבים שזה רק ארבה.

ועדיין צ"ע מדוע לא הסתפקו בכתיבת המילים 'ארבה למינו', בלי הכלל בהתחלה? אבל זה סוג שאלות מסדר שני. יש לנו תשובה חד ערכית מה עושים עם כל סוג כתיבה, אלא שיש כפילות בשני מופעים מקראיים: כלל ופרט כשהפרט הוא מין, זה אותו דבר כמו לכתוב את הפרט עצמו ולעשות ממנו בניין אב.

הדרשה של דבי ר"ש תוארה עד כאן. אמנם כעת הגמרא כאן מתארת זאת כהרחבה בצד אחד, וזה תמוה שהרי אין מצב שב'כלל ופרט וכלל' מרחיבים בצד אחד (זה רחב מדיי). כפי שראינו בסיכום עירובין, זה נותן הרחבה של שני צדדים או שלושה (תלוי אם כללא בתרא עיקר או כללא קמא עיקר, עי"ש).

אך לאור דברינו עד כאן, ניתן ליישב זאת. העובדה שנותרנו עם צד אחד היא תוצאה של כל המהלך, כלומר החיבור בין כל הדרשות הספציפיות, ולא של דרשת 'כלל ופרט וכלל'. אחרי שהגדרנו את הרביעייה, הורדנו את הראש הקצר, נשאר לנו צד אחד. אמנם הכל צריך להיקרא חגב, אבל זה צד שרק מגדיר את המסגרת, ולכן הוא אינו נספר.[7]

ובצורה אחרת: כאן אנחנו משווים את דבי רב לדבי ר"ש, והרי אצל דבי רב אין צד של שמו חגב, כי הם לא דורשים כך את המילה 'חגב'. אם כן, הצדדים האובייקטיביים המוסכמים של הבעייה הם רק שנים: רביעייה וראש קצר. דבי רב משאירים אותם, כי הם דורשים כאן 'כלל ופרט'. ודבי ר"ש מרחיבים אותם ומוותרים על הראש הקצר. לכן כאשר הגמרא עוסקת בהשוואה ביניהם היא לא מתייחסת לצד של 'שמו חגב', אבל הוא קיים ברקע דרשת דבי ר"ש.

---

[7] כעין זה נראה להלן בסוף פרק ט, על סוגיית נזיר. גם שם מדובר על הרחבה לצד אחד, ואנו נסביר שזה צד אחד מעבר לטריביאלי.

יסוד המחלוקת

ראינו שהמחלוקת היא בשאלה האם להתייחס ל'למינו' או 'למינהו' ככללים (דבי ריי"ש) או כפרטים (דבי רב), וההשלכה היא האם לדרוש 'כלל ופרט' או 'כלל ופרט וכלל'. אבל מניין מתחילה המחלוקת הזו עצמה?

כעת הגמרא ממשיכה להסביר זאת:

> ***והא לא דמי כללא קמא לכללא בתרא! כללא קמא - אשר לו כרעים אמר רחמנא, דאית ליה אכול דלית ליה לא תיכול, כללא בתרא - עד דשוו בארבעה סימנין! תנא דבי ר' ישמעאל בכללי ופרטי כי האי גוונא דאין, ודאמרי' נמי בעלמא דדאין תנא דבי ר' ישמעאל בכללי ופרטי כי האי גוונא - מהכא.***

הגמרא אומרת שזהו מקרה שכללא בתרא אינו דומה לכללא קמא. כללא קמא אומר לנו לאכול את כל מה שיש לו כרעיים. ואילו כללא בתרא מרבה את כל מה שיש בו ארבעה סימנים (וגם הסימן הספציפי לכל פריט), כלומר הוא מצומצם יותר.

הגמרא אומרת שיסוד המחלוקת היא בשאלה האם לדרוש במצב כזה 'כלל ופרט וכלל' או לא. דבי ריי"ש דורשים גם מצב שכללא קמא שונה מכללא בתרא במידת 'כלל ופרט וכלל', ואילו דבי רב במצב כזה מתעלמים מהכלל השני ורואים אותו כפרט.[8]

וכך מסביר זאת רש"י:

> ***תנא דבי רב סבר - למינהו דכל חד לא משתמע כללא למהוי כלל ופרט וכלל דלתרבי סלעם וחגב בכעין הפרט דניהוי קראי יתירי משום דקסבר דלא דיינינן בתרי כללי אא"כ דמי כללא בתרא לכללא קמא, והכא לא דמי דכללא קמא לא קפיד אלא אכרעים ולמינהו אי כללא קרינן ליה קפיד דלהוי דמי לארבה דאית ליה ארבעה סימנין.***

---

[8] הכלל השני הוא מצומצם יותר מכללא קמא, שאל"כ היתה מתעוררת השאלה מדוע לא לראות דווקא את כללא קמא כפרט, ולדרוש 'פרט וכלל'. גם הניסוח של הכלל השני נראה יותר מתאים מהכלל הראשון להיות פרט.

בדרך כלל רגילים להסביר שהדרישה לדמיון בין כללא קמא לכללא בתרא היא עיקרון פורמלי, חלק מכללי מידות ה'כלל ופרט', שקובע כי לא דורשים 'כלל ופרט וכלל' כשיש הבדל בין שני הכללים. אבל כעת נוכל להבין זאת גם ברובד המהותי.

כל מבנה של כלל ופרט מתייחס לקבוצה, ולפרטים שכלולים בה. הארבה והסלעם נכללים בקבוצה הכללית של שרץ העוף בעל הכרעיים. אבל מה עלינו לעשות עם מילה שמסמנת תת-קבוצה ולא פרט? לדוגמא, כל ה'למינהו' בפסוקים שכאן הם קבוצות שמכילות את הפרט שלפניהן, ומוכלות בכלל שלפניהן. על מצב כזה נחלקו התנאים: דבי רב טוענים שאלו הם פרטים, מפני שהם מודדים הכל מול הכלל הראשון. ביחס אליו מדובר כאן בפרט, אמנם פרט שהוא קבוצה. ובאמת ראינו לעיל שההשלכה היא שכאן דבי רב עושים הכללה למרות שזה מבנה של 'כלל ופרט', וזאת מפני שהפרט כאן הוא מין ולא בע"ח יחיד.

לעומת זאת, תנא דבי ר"ש סוברים שיש למדוד זאת ביחס לפרט שלפניו (ולא ביחס לכלל קמא), ולכן הם מתייחסים ל'למינהו' ככלל ולא כפרט. לכן הם דורשים כאן 'כלל ופרט וכלל'.

אם כן, המחלוקת אינה סתם פורמלית, אלא נובעת מנקודה אמיתית: אם יש מין שכלול בסוג וכולל את הפרט, האם עלינו להתייחס אליו כפרט או ככלל? לשון אחר: כשלומדים ממין כזה לסוג כולו זוהי אינדוקציה ולא אנלוגיה, ומכאן שזהו היסק מהפרט אל הכלל. מכאן שמין כזה הוא פרט ולא כלל. אבל כשלומדים מהפרט למין שכולל אותו, גם זו אינדוקציה, ולכן המין הזה הוא כלל ביחס לפרט שכלול בו.

ניתן אולי לקשור לכאן את הערתנו לגבי 'חגב'. ראינו שגם תנא דבי ר"ש לא מתייחסים אליו כעוד פריט, ולכן הם דורשים אותו אחרת (למעט צרצור, ולא לרבות את מינו). גם כאן יש מצב שבו הפריט ברשימה הוא מין (ששמו חגב) בתוך סוג (כל שיש לו ארבע רגליים), ולכן אי אפשר להתייחס אליו כפרט רגיל. ובאמת שם ראינו שה'למינהו' שבא אחרי החגב, בא לדרוש שהחגב

הטהור יהיה רק זה שיש לו את רביעיית הסימנים מהמשנה. כלומר כאן בכלל לא דורשים דרשת 'כלל ופרט וכלל'.

הדבר מתיישב היטב עם גישת תנא דבי ר״יש שתוארה כאן, שכן ראינו שלשיטתם השאלה האם הפריט הוא פרט או כלל נמדדת מול הפרט ולא מול הכלל, ובמדדים אלו 'חגב' הוא אכן כלל ולא פרט.

מסקנות לגבי כללא קמא ובתרא

ראינו כאן ש'למינהו' היא מילה בעייתית, מפני שהיא גם כוללת את הפרט שלפניה וגם מוכלת בכללא קמא. יכולים להיות מצבי ביניים, כמו מילה שכוללת את הפרט אבל לא נכללת בכלל, או שנכללות בכלל אבל לא כוללת את הפרט (בעצם 'חגב' היא אולי מילה כזו, שכן אין לה פרט לידה, והיא נכללת בכללא קמא).

המסקנה היא שיכולים להיות כעת כמה סוגי מופעים מקראיים:

הקבוצה הרחבה ביותר – לכל הדעות כלל.

הפריט הפרטי (אובייקט בודד) – לכל הדעות פרט.

מין – תלוי האם הוא כולל את הפרט או לא, והאם הוא נכלל בכלל או לא.

עוד יש להבחין בין מצב שהוא מופיע ככלל הראשון במבנה, לבין מצב שהוא מופיע ככלל השני במבנה.

אפריורי נראה שהחוקים לגבי מצב שכללא קמא שונה מכללא בתרא הם הבאים:

א. יש להחליט האם המין הוא פרט או כלל, וזאת לפי המקרים הבאים:

1. אם המין נכלל בכלל אבל לא כולל את הפרט, זה כנראה יהיה פרט לכל הדעות.
2. אם המין כולל את הפרט ולא נכלל בכלל, זה כנראה יהיה כלל לכל הדעות.
3. אם המין גם כולל את הפרט וגם נכלל בכלל, זו מחלוקת דבי רב (=זהו פרט) ודבי ר״יש (=זהו כלל), כפי שראינו.

4. אם המין לא כולל את הפרט ולא נכלל בכלל, אין כאן בכלל מבנה של דרשת כלל ופרט. במצב כזה אנחנו כנראה נתעלם ממנו.

ב. לאחר שהחלטנו האם המין הוא כלל או פרט, עלינו לחזור ולמקם אותו בפסוק, ולהתייחס אליו בהתאם, בדרשה שאנחנו מבצעים.

יש לבדוק האם יש סוגיות נוספות שבהם כללא קמא שונה מכללא בתרא, ולראות האם הכללים שהוצעו כאן אכן עובדים. ובפרט לבדוק במקומות שחז״ל עצמם ציינו שיש הבדל בין כללא קמא ובתרא, והסיקו ממנו מסקנות. המקומות הללו, מלבד סוגייתנו, הם הבאים (כולם בבבלי, ולא מצאנו אחרים): ב״ק סד ע״א, זבחים ד ע״ב, זבחים ח ע״ב, כריתות כא ע״א. אנו נוסיף לדון בנקודה זו להלן בפרק שנים-עשר.

הערת סיום

כעת הגמרא מסיימת בהערה צדדית:

אמר מר: אי שמו חגב יכול אין בו כל הסימנין הללו ת״ל למינהו עד שיהו בו כל הסימנין הללו, אין בו כל הסימנין הללו מהיכא תיתי? ארבה וחרגול כתיב! אי לא כתיב סלעם - כדקאמרת, השתא דכתיב סלעם לרבויי ראשו ארוך, אימא לירבי נמי כל דהו - קמ״ל.

הגמרא שואלת מדוע צריך מילה ׳למינהו׳ כדי למעט את כל מי שאין בו את הסימנים, הרי אין לנו מניין לרבות משהו אחר? אמנם היה מקום לרבות מהמילה ׳חגב׳ את כל מי שנקרא ׳חגב׳, ללא תלות בסימנים השונים.

ברש״י שם מסביר:

ארבה וחרגול כתיב - וכעין הפרט בעינן.

כלומר יש כאן מבנה של ׳כלל ופרט וכלל׳, ואנחנו אמורים לדרוש ממנו כעין הפרט ברמה כלשהי. אם היינו מרבים מהמילה ׳חגב׳, לא היתה כל משמעות לכל המבנה הקודם בפסוק.

הגמרא מסבירה שההו״א לרבות הכל הגיעה מסלעם, שראינו שהוא מיותר.[9]

כל דהו - ואפי׳ לא דמו ליה אלא בחד סימן דהא שמעינן סלעם דלא בעינן דמי לפרט בכל צדדין מדאיתרבי ראשו ארוך.

כלומר היתה הו״א מזה שהמילה ׳סלעם׳ היא מיותרת, שאולי נדרוש אותה לדמיון בצד אחד בלבד. איזה צד? כל אחד מהצדדים הוא אפשרי. כלומר ההו״א לא היתה להתיר את כל החגבים, אלא להתיר את כל החגבים שיש להם דמיון כלשהו לפריטים (אחד מהצדדים). והראיה ש׳אם אינו עניין׳ מרבה את ראשו ארוך, כלומר מוותר על אחד מצדדי הדמיון.

ישנה כאן הנחה שהדרשה שניסתה לרבות ראש ארוך מ׳סלעם׳ היא ׳כלל ופרט וכלל׳, ולא ׳הצד השווה׳. ומהמילה ׳חגב׳ אולי ניתן להסיק שנרבה את כל מה שדומה בצד אחד ולא בשניים (שמו חגב והרביעייה), או לפרק את הרביעייה ולדרוש דמיון באחד הצדדים מתוכה.

מה הצד לעשות זאת? ייתכן שאם לא היתה כתובה המילה ׳למינהו׳ בסוף, אלא היה כתוב רק ׳חגב׳, ההו״א כאן מציעה לראות את החגב כסוג של כלל, ולכן הוא מרבה עוד יותר את התוצאה של הדרשה הקודמת. אם מקודם ריבינו שני צדדים, הרי כאן היינו מרבים לצד אחד (שזו קבוצה רחבה יותר, כלומר רדיוס הכללה רחב יותר). לכן נאמר ה׳למינהו׳, ללמד שמרבים רק את מה שדומה לצדדים של הפריטים שבפסוק בכל הסימנים.

המסקנה היא שמעצם זה שנדרשת המילה ׳סלעם׳ כדי לרבות ראש ארוך, אנחנו לומדים שבלי זה מהמילה ׳חגב למינהו׳ לא מרבים הכל אלא רק מה שדומה לגמרי בארבעת הסימנים. אם היינו יכולים לרבות הכל, אז המילה ׳סלעם׳ היתה נשארת ללא משמעות, כי ראש ארוך גם הוא היה מתרבה ממילא.

[9] רש״י בדף סה ע״ב, ד״ה ׳ה״ג׳, מבהיר את הגירסה בכל הסוגיא, ומגיע עד ל׳אמר מר׳ שמופיע כאן. וכנראה הוא רצה לומר שהמימרא הזו ודאי נאמרה אחרי ר׳ אחאי, שהרי היא נסמכת על כך שהסלעם הוא מיותר, ואת זה רק ר׳ אחאי קבע. כלומר גם זו מימרא מאוחרת.

נספח: ביאור הסוגיא לפי שיטת הרמב"ן

פירכת ר' אחאי, ומחלוקתו עם הסתמא

עד כאן עסקנו בסוגיא לפי שיטת רש"י. הרמב"ן כאן (סה ע"ב) מעיר את ההערה הבאה:

> ***והאי בנין אב דקאמרינן הצד השוה שבהן וכו', קשה לי דהא כלל ופרט וכלל דרשינן בהו ולאו מבנין אב אתו כדמפרש ואזיל. ורש"י ז"ל מערב דין בנין אב לכלל ופרט דמסקנא, אלא יש לפרש דה"ק ר' ישמעאל אלו כללי כללות אם אתה דורשן בכללין אתיא שאפי' למינהו כלל הוא אע"פ שהכלל הראשון מרובה הימנו, ואלו פרטי פרטות אם אתה עושה הכל פרט, כלומר דאי מביניא דפרטין אתי ואי מכללא אתי, ומפרש בנין אב, ועיקר טעמא אכלל ופרט.***

נראה שהוא מסביר שיש שתי אלטרנטיבות להבין את הדרשה של דבי ר"יש, ומתוך כך גם את הביטוי 'אלו כללי כללות ואלו פרטי פרטות' שמופיע בגמרא לגביה: 1. ניתן להבין אותה כבניין אב. 2. וניתן גם להבין אותה כדרשת 'כלל ופרט וכלל', אבל לא על כל פרט לחוד, אלא דרשה שנעשית על כל הפריטים בפסוק ביחד (כפי שהסברנו בשיטת רש"י).

הוא מסביר שהדבר תלוי האם 'למינהו' הוא כלל או פרט. אם זה כלל, אז יש כאן דרשת 'כלל ופרט וכלל', ואם זה פרט אז יש כאן בניין אב מרשימת הפרטים, והצד השווה מוליך אותך לאותה תוצאה. בשני המקרים מדובר באותה תוצאה שתומכת בדעת ר"יש, אבל הדרשה העיקרית היא בכל זאת מכלל ופרט.

ייתכן שכוונתו לומר שהניסוח הראשון שמופיע בסוגיא (סה ע"א-ע"ב) נראה כמו בניין אב, ועליו פורך ר' אחאי. והניסוח השני (בדף סו ע"א) קובע בפירוש שמדובר כאן ב'כלל ופרט וכלל'. לכן הוא תופס שזו מסקנת הסוגיא, על אף הפירכא והתירוץ של ר' אחאי.

אם זה 'כלל ופרט וכלל', יש כאן מקרה של שלושה צדדים (הרביעייה, ראש קצר, שמו חגב), והתוצאה היא ריבוי של שני צדדים (הרביעייה ושמו חגב). וזהו 'ואי מכללא אתי' בדברי הרמב"ן. ואם זה בניין אב, אז הריבוי של ראש ארוך הוא מבין שלושת הפריטים המלמדים. וזהו 'ואי מבינייא דפרטין אתי', שבדבריו.

כעת הוא מסביר שר' אחאי תוקף רק את הפרשנות של בניין אב לדרשה הזו (שהיא זו שמופיעה לפני דבריו. כאמור, ה'כלל ופרט וכלל' מופיע בעמוד הבא):

ורב אחאי למאי דדריש בנין אב פריך דמה הצד כל דהוא נמי פרכינן וכל שכן דהא כעין קולא וחומרא הוא וצ"ע.

ר' אחאי מקשה שאם מדובר בבניין אב, אז יש פירכא מה לכולם שכן יש להם ראש ארוך. ההנחה היא כנראה שאין אפשרות לתקוף לימוד של 'כלל ופרט וכלל' על ידי פירכות, כפי שראינו בדעת רש"י. כלומר ר' אחאי בא להוכיח שלא מדובר בבניין אב, אלא בכלל ופרט.

לפי התפיסה הראשונה בסוגיא, שאכן מדובר כאן בבניין אב (שזו מסקנת ר' אחאי, כפי שנראה מייד), קשה להסביר את הביטוי 'כללי כללות' שמופיע בגמרא. רש"י הסביר שיש כאן כמה כללים, שכל אחד מהם מיועד לדרשה סביב פריט אחר מהרשימה המקראית, שכן הוא רצה ליישב זאת עם הדרשה המפוצלת, כי הוא למד כבר את הנוסח הראשון של הדרשה כאוסף דרשות 'כלל ופרט וכלל' על כל פריט. אך הרמב"ן תמה עליו, שכן ברור לו שמדובר כאן בבניין אב, ועל זה פרך ר' אחאי.

הביטוי 'כללי כללות' של רי"ש, מוסבר רק לפי מסקנת הסוגיא, שאכן מדובר בדרשת 'כלל ופרט וכלל'. אמנם לפי הרמב"ן דרשה זו נעשית בבת אחת על כל הפסוק (הפיצול שנעשה בהתחלה הוא רק בדרשת בניין אב, אבל דרשת 'כלל ופרט וכלל' תמיד נעשית על כל הפסוק ביחד). כאן הוא מסביר ש'למינהו' גם הוא כלל, בנוסף לכלל הראשון ('כללי כללות' מתפרש בתור 'כלל ופרט וכלל'. כשרי"ש אומר 'כללי כללות' כוונתו לומר ש'למינהו' הוא כלל, ולכן נוצר כאן

מבנה של שני כללים, ודורשים אותו ב'כלל ופרט וכלל'). ולא כרש"י שהסביר שיש כאן כמה מבנים עוקבים של 'כלל ופרט וכלל'

לכאורה המסקנה שמתבקשת מדברי ר' אחאי היא שהאופן האחרון ללמוד את הדרשה הוא הנכון, כלומר שיש כאן 'כלל ופרט וכלל', ולא בניין אב. אך אם נתבונן מה עונה ר' אחאי, נראה שלא זו המסקנה שלו. ר' אחאי לומד ראש ארוך מהייתור של הסלעם. נראה שכוונתו לומר שאף לשיטה שהדרשה היא בבניין אב לא קשה, שכן ניתן לקבל את הפירכא מה לכל אלו שראשם קצר, וללמוד לרבות ראש ארוך מהייתור של הסלעם.

לאחר מכן הוא אף מביא ראיה שלגיטימי (ואולי אף הכרחי) לראות כאן לימוד של בניין אב ולא 'כלל ופרט וכלל', שהרי אם לא היה כאן בניין אב, לא היה ניתן לפרוך את הצד השווה מסלעם וארבה, ולכן החרגול היה מיותר. אם החרגול מופיע בפסוק זה סימן שיש לדרוש כאן בבניין אב ולא ב'כלל ופרט וכלל'.

מה המסקנה?

הרמב"ן מסיים בצ"ע, ולא ברור האם זה צ"ע שמביעה הסוגיא עצמה (ר' אחאי) על ההו"א, כלומר איך אפשר לומר אחרת מר' אחאי? או שמא זה צ"ע של הרמב"ן עצמו על ההו"א של הגמרא לעשות צד שווה כשיש פירכא. או אולי יש כאן צ"ע על הסברו של רש"י בסוגיא, שמערבב בנייני אב עם 'כלל ופרט וכלל'.

דומה כי כוונתו לומר שמסקנת ר' אחאי צריכה עיון, שכן נראה שר' אחאי סבור שהדרשה היא במידת בניין אב ולא ב'כלל ופרט וכלל'.

אך הרמב"ן מסכם שלמסקנת הסוגיא ודאי מדובר כאן בדרשת 'כלל ופרט וכלל', כפי שמופיע להדיא בעמוד הבא. כאמור, לפי הרמב"ן דרשה זו נעשית בבת אחת על כל הפריטים שבפסוק. בבסיסה של הדרשה יש שלושה צדדים (הרביעייה, שמו חגב וראש קצר), ומסקנתה היא ריבוי בשני צדדים: רביעייה ושמו חגב. וזה בעצם כפי שהצענו בהו"א של הגמרא לפי רש"י. ומכיון

שמדובר כאן בדרשת 'כלל ופרט וכלל' אין מקום לפירכא של ר' אחאי, וזו נותרת המסקנה.

קצ"ע לשיטתו מה עושים לפי זה עם המילה 'סלעם' שנותרת מיותרת. למעשה קשה גם על ה'למינהו' של סלעם. שו"ר שהרמב"ן עצמו (סה ע"ב) מקשה זאת:

> ***ואם תאמר אם כן סלעם דכתב רחמנא למה לי כיון דכתב רחמנא חגב למעוטי צרצור ממילא שמעינן שמי שראשו ארוך ושמו חגב טהור, לאו מילתא היא, דאי כתב רחמנא חגב לחודיה ולא כתב סלעם הייתי אומר חגב לרבות כל שראשו ארוך בין ששמו חגב בין שאין שמו חגב דהא מיעוטא צריך, אבל עכשיו שכתב סלעם לרבות ראשו ארוך כל שראשו ארוך במשמע היתר הוא, למה כתב חגב על כרחך למעט מי שאין שמו חגב דהיינו צרצור, ולמדנו למי שראשו ארוך ושמו חגב שהוא טהור.***

ובסוף דבריו הוא חוזר ומקשה גם על ה'למינהו':

> ***וקשיא לן למינהו דכתב רחמנא גבי סלעם למה לי, בשלמא דאחריני לכלל ודחגב לומר עד שיהו בו כל הסימנין הללו, ויש לומר לרבות כל שראשו ארוך ומיניו שלא תאמר אחד מן המינין ריבה ולא יותר, ויש מתרצים דאי לאו למינהו הוה אמינא סלעם למעוטי מיניו אתא, דהא אי לא כתב רחמנא סלעם אתו מביניא ולפיכך כתביה רחמנא לומר שלא נתרבה אלא הוא ולא שאר מיניו, להכי כתב רחמנא למינהו הילכך סלעם לרבויי ראשו ארוך הוא דאתא, כך מצאתי ואינו מחוור, ולי נראה איידי דכתב האי כתב האי, דהא תרי מייתרי, דבחד למינהו סגי לכלל ופרט וכלל, דחגב צריך, תרי מייתרי בהו.***

הסכמה בין רש"י לרמב"ן אודות היחס בין 'כללי ופרטי' לבניין אב

בכל אופן, יש לשים לב שגם לשיטת הרמב"ן אין מקום לחבר בין בניין אב לכלל ופרט, וזה גופא מה שהוא מקשה על רש"י (שאין לערבב בין שני סוגי הכלים המדרשיים הללו). הם גם מסכימים שאין לפרוך פירכות כלשהן על דרשה במידות 'כללי ופרטי', כפי שראינו לעיל. לכן הרמב"ן מסביר שהפירכא

היא כשחשבו שזו דרשת בניין אב, ורש"י מסביר שהפירכא היא על התהודה ולא על הדרשה עצמה, וכנ"ל.

אופן הדרשה הכולל של 'כלל ופרט וכלל'

כיצד הולכת דרשת 'כלל ופרט וכלל' הכוללת (=על כל הפריטים ביחד) של דבי ר"ש לפי מסקנת הרמב"ן? כפי שהסברנו בשיטת רש"י, כל המהלך שנעשה בסוגיא הוא ניסיון לקבוע את הצדדים הכלליים מתוך המאפיינים של כל פרט (זהו מכניזם התהודה, שהוא לכאורה דומה לבניין אב). לאחר שקבענו את הצדדים השונים, אנחנו דורשים אותם ביחד, ומרבים מהדרשה את בעלי הראש הארוך, בדיוק כמו ההו"א לפי שיטת רש"י (שדרשה את כל הפריטים בפסוק ביחד).

בשיטת רש"י הסברנו שיש כאן תמונה קונצנטרית. הנחנו שחגב הוא השם הכולל ביותר, ובתוכו יש מעגל של הרביעייה, ובתוכם יש מעגל של ראש קצר. לאחר תהליך אלימינציה של צדדים, אנחנו נותרים עם שלושה: (רביעייה, ראש קצר, שמו חגב). לא ברור מה יחס הקונצנטריות ביניהם. לדוגמא, הגמרא אומרת בפירוש שהצרצור אינו קרוי חגב. הוא כנראה מקיים את הרביעייה. אם כן, יש חלק מאלו שיש להם את הרביעייה שאינם קרויים חגבים, וזה בניגוד לציור שציירנו בביאור שיטת רש"י. אם כן, הרביעייה הוא מעגל שיש לו חלק מחוץ למעגל של אלו ששמם חגב. האם כל מי ששמו חגב כלול כולו ברביעייה, כלומר זה עדיין קונצנטרי? זה לא ברור.

יש כאן שתי אפשרויות של דיאגרמת ון (ה-X מסמן את הצרצור):

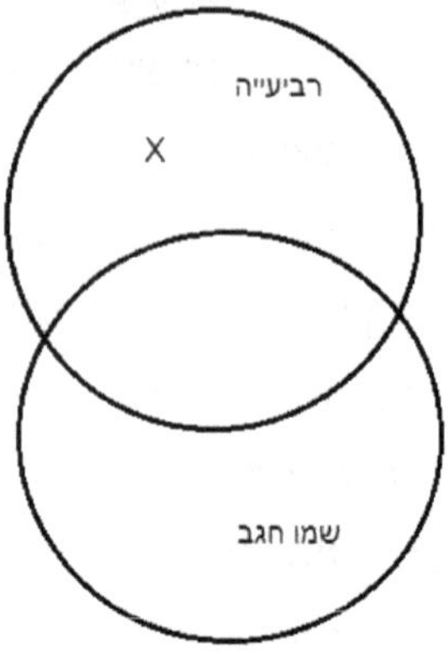

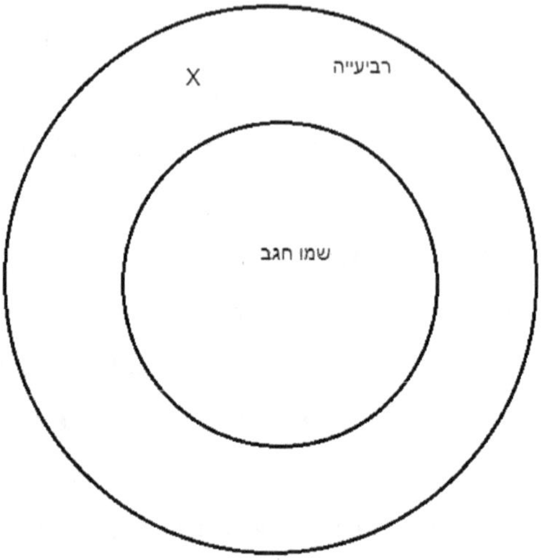

מהו היחס בין שני הצדדים הללו לבין ראש קצר? הדבר תלוי, בין היתר, בשאלה מה אורך ראשו של הצרצור? הרמב"ן עצמו מביא שתי דעות בעניין זה:

> ***ויש מי שאומר שהצרצור הזה ראשו ארוך הוא ומאחר שהוצרך הכתוב למעט אותו מפני שאין שמו חגב ש"מ שכל מי ששמו חגב אע"פ שראשו ארוך טהור, שאם אין אתה אומר כן למה הוצרך הכתוב למעט מי שאין שמו חגב שאין בכל שאר המינין מי שאין שמו חגב אלא הצרצור הזה והוא ראשו ארוך הוא.***[10]

---

[10] לכאורה הנימוק שלו הוא תמוה, שהרי ברור שגם ראש ארוך הוא כשר, שכן זו מסקנת הסוגיא (שנדרש רק רביעייה ושמו חגב). אמנם הקטע הזה מופיע אחרי הקושיא האם לרבות ראש ארוך או לרבות סימן אחר. לכן הוא לא מניח שמרבים ראש ארוך אלא מוכיח זאת כך.

והנה, אם ראשו של הצרצור הוא קצר, זה סותר בהכרח את ההנחה שהנחנו למעלה שראש קצר כלול בשני המעגלים האחרים. ברור שיש ראש קצר שכלול בשניהם (הארבה, הסלעם והחרגול, הם כולם כאלה). ויש ראש קצר שכלול רק ברביעייה, והוא הצרצור. לא ברור האם יש ראש קצר מחוץ לרביעייה.

אבל אם ראשו של הצרצור הוא ארוך, וכך נראית דעת הרמב״ן, אז עדיין ייתכן שהמעגל של ראש קצר עדיין כלול בשני המעגלים האחרים.

בהמשך דברי הרמב״ן (מייד אחרי הקטע הקודם) הוא מקשה:

ויש ששואלין כאן מה ראית לרבות ראשו ארוך ולמעט מי שאין בו כל הסימנין הללו איפוך אנא למעט ראשו ארוך ולרבות מי שאין בו אחד מן הסימנין כגון שאין כנפיו חופין את רובו?

ויש שמתרצים מסתברא ראשו ארוך הוה ליה לרבויי ולמעט מי שאין בו כל הסימנין מפני שהארבע כנפים וחופין את רובו דומין הן לקרסולין וארבע רגלים שפירשה בהן תורה שאף הן מסייעין אותו לנתר על הארץ.

ויש מי שאומר שהצרצור הזה ראשו ארוך הוא ומאחר שהוצרך הכתוב למעט אותו מפני שאין שמו חגב ש״מ שכל מי ששמו חגב אע״פ שראשו ארוך טהור, שאם אין אתה אומר כן למה הוצרך הכתוב למעט מי שאין שמו חגב שאין בכל שאר המינין מי שאין שמו חגב אלא הצרצור הזה והוא ראשו ארוך הוא.

כאן רואים בבירור שהוא לא מניח קונצנטריות, שהרי אם יש קונצנטריות אז ברור מדוע מרבים דווקא את מי שראשו ארוך (שהרי ראש קצר כלול בשני המעגלים האחרים, כפי שהסברנו בהו״א בגמרא לשיטת רש״י).

נראה שהוא סבר שהמבנה אינו קונצנטרי כמו בסוגיית שבועות, ולכן נדרשת לנו אינדיקציה חיצונית שתכריע באיזה מהמימדים אנחנו מכלילים. הוא מביא שתי אינדיקציות כאלה.

לא ברור מה לעשות במקרה כזה. נראה שהרמב״ן הניח כאן את הדיאגרמה האוניברסלית, כלומר שלושה מעגלים עם חפיפה חלקית:[11]

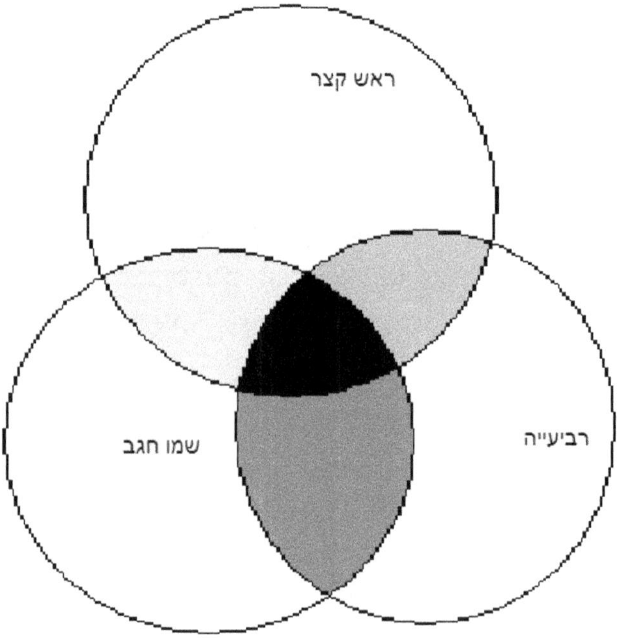

אם זוהי הדיאגרמה, אזי הגדרת ׳כלל ופרט וכלל׳ נותנת לנו שלושה צמדים (כל אחד הוא חיתוך של שני מעגלים (אחד משלושת הגוונים הבהירים + הסקטור השחור):

(רביעייה, ראשו קצר) (רביעייה, שמו חגב) (שמו חגב, ראשו קצר)

---

[11] יכולות להיות שתי הנמקות לכך:

א. ברגע שהדיאגרמה מסובכת, חז״ל הניחו שלא נדרש מחקר זואולוגי מעמיק, וניתן להניח דיאגרמה לא קונצנטרית אוניברסלית.

ב. חז״ל ידעו והכירו את החגבים, ולכן קבעו שהדיאגרמה היא כזו.

וכעת עלינו לבחור אחד מבין שלושתם לרבות, כמו במקרה הלא קונצנטרי בסוגיית שבועות. בלי אינדיקציה יש לקחת את האיחוד של שלוש האפשרויות. אבל הרמב״ן למעלה הביא כמה אינדיקציות (שכנראה מניחות אפריורי שמרבים רק בכיוון אחד, ולכן מחפשים אינדיקציות כאלה) לכך שיש לרבות רק ראש ארוך. כלומר הראש הקצר הוא המימד שנמצא לא רלוונטי, ולכן התוצאה היא הסקטור השחור + הסקטור הכהה ביותר: (רביעייה, שמו חגב).

המסקנה שעולה מכאן היא שכמו שראינו בסוגיית שבועות, כאשר יש מצב לא קונצנטרי, אנחנו תמיד מרבים רק כיוון אחד, ולכן יש לחפש תמיד אינדיקציה חיצונית שתורה לנו את מי לרבות. גם כאן רואים שההנחה הזו היא אפריורית, שתמיד מרבים רק לצמד צדדים אחד, ולכן תמיד יש לחפש אינדיקציה שתרמוז לנו איזה צמד צדדים לרבות.

הערה ברטרוספקטיבה על סוגיית עירובין

בפרק על סוגיית עירובין עלתה השאלה מדוע לא דרשו שם דרשת 'כלל ופרט וכלל' על כל אחד מהפריטים לחוד? התשובה המתבקשת היא שכאשר התכונות של כל הפריטים הן זהות דורשים את כולם יחד (כי התוצאה של דרשה כזו זהה לתוצאה של דרשה על כל פריט לחוד).

אלא שתשובה זו מעלה שאלה אחרת: מדוע התורה מביאה שם ארבעה פריטים, אם התכונות של כולם זהות? יתר על כן, לא ברור מדוע בחרו דווקא את התכונות הללו (פרי מפרי, גידו״ק, וולד וולדות הארץ), ולא תכונות אחרות (בשר, יין וכדו')?

לאור מה שפגשנו כעת בסוגיית חולין, התשובה המתבקשת היא שבאמת גם בסוגיית עירובין התהליך התחיל כדרשות של 'כלל ופרט וכלל' על כל אחד מהפריטים (צאן ובקר, יין, שיכר). לאחר הדרשות הללו, נעשה כנראה תהליך רזוננס, שבסופו נותרנו עם הצדדים המשותפים לכל הפריטים, בדיוק כמו בחולין. לאחר שחולצו הצדדים המשותפים אנחנו מבצעים דרשה כללית על כל הפריטים יחד.

אם כנים דברינו, אזי בכל דרשת 'כלל ופרט וכלל' בתורה נעשית דרשה על כל פרט לחוד, ללא יוצא מן הכלל. אלא שלפעמים התלמוד מביא רק את השלב הסופי, ולא נכנס לכל הפירוט שאנחנו פוגשים בסוגיית חולין. בסוגיית עירובין מוצג רק חציו האחרון של התהליך, לאחר שחולצו הצדדים הרלוונטיים בתהליך של רזוננס, והתקבלה התוצאה שהצדדים הרלוונטיים הם מה שמשותף לכל הפריטים גם יחד: פרי מפרי, גידו״ק, וולד וולדות הארץ.

אמנם ישנו הבדל בין סוגיית עירובין לסוגיית חולין, שכן ברשימת הפריטים בדרשה שבסוגיית עירובין לא מופיע מין (כמו החגב בסוגיית חולין) אלא רק פריטים ספציפיים. לכן הצדדים שחולצו בתהליך הרזוננס לא שימשו לדרשה

נוספת, כללית, אלא הם עצמם מהווים את התוצאה של הדרשה. במקרה כזה הרזוננס אינו רק חילוץ של צדדים כתשתית לדרשה הגלובלית, אלא הוא מהווה בעצמו דרשת כלל ופרט וכלל ממש, שתוצאתה היא תוצאת הדרשה כולה.

השלב האחרון שנעשה בסוגיית חולין, שבו דורשים את המכלול כולו ב'כלל ופרט וכלל' נובע מכך שאחד הפריטים היה מין ולא פריט ספציפי. המין הזה היה הכלל בתרא, שכן הוא לא נדרש בעצמו בפרט בדרשה עצמאית. לכן הוא מתפקד ככלל לדרשה כללית שבאה אחרי הרזוננסים. אבל במקרה בו אין פריט שהוא מין, השלב האחרון לא מופיע. במקרה כזה הרזוננס היה הדרשה עצמה (כלומר היינו דורשים כל פריט לחוד, ומחברים את תוצאות הדרשות באמצעות אופרטור הרזוננס $\oplus$). במקרה של סוגיית חולין, אם לא היה מופיע החגב התוצאה היתה ראש קצר, כלומר לא ניתן היה לרבות את בעלי הראש הארוך, מפני שהשלב האחרון לא היה נעשה.

זוהי גם הסיבה לכך שנבחרו הצדדים המשותפים לכל ארבעת הפריטים, שכן הצדדים השונים סולקו בתהליך הרזוננס, ומה שנותר הוא הצדדים המשותפים.

המסקנה היא שדרשת 'כלל ופרט וכלל' נעשית תמיד באותה צורה, ותמיד על כל פרט לחוד. השאלה האם חיבור תוצאת הדרשות נותן לנו צדדים לדרשה כוללת או שהוא עצמו תוצאת הדרשה הכוללת, תלויה בשאלה האם יש פריט ברשימה שהוא מין ולא דוגמא ספציפית.

אמנם ראה להלן בסוף פרק שלושה-עשר, שם מוצעת אפשרות אחרת למצב בו יש פריטים זהים. אנו נראה שם שבמצבים בהם יש חפיפה בין הפרטים אנו לומדים שיש להגדיל את רדיוס ההכללה. אנו נשוב ונעיר שם על סוגיית עירובין, ויחסה לסוגיות מקבילות.

סיכום ביניים

עד עתה ראינו שלוש סוגיות, ומכולן יחד ניתן לחלץ את עקרונות המודל הכללי שלנו לביצוע דרשות 'כללי ופרטי':

1. ראשית, עלינו לאתר שלפנינו מבנה שמתאים לדרשה באחת מארבע מידות 'כללי ופרטי', ולהגדיר איזה מבנה זה. להלכה גם אם כללא קמא שונה מכללא בתרא אנו דורשים כרגיל. אמנם יש לדון כשהכלל אינו מכיל את הפרט, האם זה ייחשב כפרט או ככלל (ראה דיון בסוף הפרק על סוגיית חולין).
2. לאחר מכן יש לרשום את רשימת הפריטים שמרכיבים את ה'פרט'.
3. בשלב הבא עלינו לחלץ מהפריטים הללו את הצדדים של הדרשה. כאן הדבר תלוי בשאלת אופיים של הפריטים ברשימה.

א. אם יש בין הפריטים מין (כלומר פריט שאינו ספציפי), יש להתייחס אליו בנפרד (כמו בסוגיית חולין). במקרה זה אנחנו עושים את הדרשה על השאר, ומתחשבים בקבוצה של המין הזה כאילוץ על ההכללה (כמו החגב בסוגיית חולין).

ב. אם הפריטים אינם יישים אלא תכונות, אזי אלו הם הצדדים עצמם (כמו בסוגיית שבועות).

ג. לגבי הפריטים הספציפיים (לפעמים כולם כאלו - כמו בסוגיית עירובין, ולפעמים חלקם – כמו בסוגיית חולין), יש לבחון את המאפיינים שלהם:

- אם לכולם יש את אותם מאפיינים רלוונטיים (כמו בסוגיית עירובין), אזי הצדדים הם המאפיינים המשותפים הללו.

- אם יש פרטים עם מאפיינים שונים, אנו עושים תהליך רזוננס, ובו אנחנו דורשים כל פריט לחוד כאילו היה יחיד ברשימה (כלומר עוברים לסעיף 4 עבור כל פריט לחוד). לאחר מכן מבצעים תהליך רזוננס בין התוצאות (כמו בסוגיית חולין), כדי לחלץ מתוך תוצאות הדרשות שהתקבלו את הצדדים הרלוונטיים לדרשה הכוללת.
  לאחר התהליך הזה, אנחנו מוסיפים את האילוצים שנובעים מהפריטים שהם מינים, ואלו אילוצים (מעגלים חיצוניים בדיאגרמת ון).

4. יש כמה כללים בחילוץ הצדדים:

א. כשיש שני ניגודים (כמו הרעה והטבה בסוגיית שבועות), אנחנו לוקחים את השילוב שלהם כצד אחד (הרעה או הטבה).

ב. לא ברור האם תמיד יש לשאוף לשלושה צדדים (המקרה הקאנוני), או לא (אולי זה רק כשיש לנו דרשה שיש בה פחות משלושה צדדים).

ג. לא ברור מתי מתחשבים בצד הטריביאלי (אולי כשצריך להשלים לשלושה צדדים. ראה סוגיית שבועות).

ד. כשיש פריט שהוא מין (כמו החגב בחולין), הוא הופך לצד, או מגבלה היקפית על דיאגרמת ון.

ה. ככלל, הצדדים תלויים בקונטכסט ההלכתי-מקראי, ובינתיים אין לנו עקרונות ברורים לגבי קביעתם.

5. לאחר שחילצנו את הצדדים, אנו משרטטים דיאגרמת ון שמתארת את היחס בין הצדדים שקיבלנו. ראינו בסוגיית חולין, שייתכן שאם המציאות לא ברורה אנחנו משרטטים דיאגרמה אוניברסלית (כלומר בלי הנחות ייחודיות לגבי תחומי החפיפה). ייתכן ששם זה נעשה מתוך ידע שהיה לחז״ל, ולא כברירת מחדל.

6. מתוך המבנה שאותר בסעיף 1, אנו קובעים את רדיוס ההכללה (כלומר מספר הצדדים), לפי הטבלא שהגענו אליה בסוגיית עירובין (עבור מקרה של שלושה צדדים):

	לשיטת קמא דווקא	לשיטת בתרא דווקא
צד אחד -ריבוי מכסימלי	פרט וכלל	פרט וכלל
שני צדדים	פרט וכלל ופרט	כלל ופרט וכלל
שלושה צדדים	כלל ופרט וכלל	פרט וכלל ופרט
ארבעה צדדים -דמיון מוחלט	כלל ופרט	כלל ופרט

במקרה הכללי (עבור n צדדים) התוצאות הן הבאות:

	לשיטת קמא דווקא	לשיטת בתרא דווקא
פרט וכלל	1	1
כלל ופרט	n+1 (=אין הכללה. רק הפריטים שמופיעים בפסוק)	n+1 (=אין הכללה. רק הפריטים שמופיעים בפסוק)
כלל ופרט וכלל	n	2
פרט וכלל ופרט	2	n

7. המסקנה של הדרשה (=ההכללה ההלכתית) של הדרשה היא יישום של רדיוס ההכללה (מספר הצדדים) על הדיאגרמה המסויימת שבה אנחנו עוסקים.

התוצאה תלויה במבנה הדיאגרמה:

א. בדיאגרמה קונצנטרית, אנו קובעים את רדיוס ההכללה לפי מספר הצדדים. כאן זו קביעה של קבוצה אחת (לא איחוד של שטחים שונים).

ב. בדיאגרמה לא קונצנטרית, מספר הצדדים שנקבע עשוי לתת לנו איחוד של כמה תוצאות אפשריות. בסוגיות שראינו לעולם בוחרים אחד מהם, לפי אינדיקציות חיצוניות (כמו שראינו בסוגיית שבועות). אמנם ייתכן שזה רק כאשר יש אינדיקציות כאלו, וכשאין שום אינדיקציה אז אנחנו לוקחים את כל האפשרויות. לדוגמא, בדרשת חולין הנחנו בכל דרשה של פריט בודד שאנחנו לוקחים את כל האפשרויות, ורק הרזוננס מחלץ מכולם את הצדדים הכלליים.

חלק שלישי

שאלות עיוניות נוספות

עד כאן הצגנו את הבסיס למודל העיוני שלנו למידות 'כללי ופרטי'. לשם כך ניתחנו שלוש סוגיות רפלכסיביות עיקריות. בחלק זה נבחן שאלות עיוניות נוספות שמתעוררות ביחס למודל הזה, ונעשה זאת מתוך עיון בעוד כמה סוגיות רפלכסיביות.

מטרתנו העיקרית כאן היא ללבן שאלות שלא עלו במסגרת הסוגיות הקודמות, אך הן שוליות ביחס לעקרונות המודל, או מפני שהן לא נפסקו להלכה (כמו מצב בו יש הבדלים בין כללא קמא ובתרא), או מפני שמדובר ביישום נוסף של אותם עקרונות (כמו במקרה של מידת הדרש הנדירה 'פרט וכלל ופרט', או סוגיית ב"ק שבה עושים דרשה על רשימה של פריטים בדידים וקבוצה), או מפני שמדובר בדרשות מהטיפוס של דבי ר"ע.

- פרק תשיעי: מידת 'פרט וכלל ופרט' – עיון בסוגיית הבבלי נזיר לד-לה
- פרק עשירי: דרשת 'כלל ופרט וכלל' על פריטים וקבוצה – עיון בסוגיית הבבלי ב"ק סב
- פרק אחד-עשר: דרשות 'כלל וכלל ופרט' – 'ריבויי ומיעוטי' אצל דבי רי"ש
- פרק שנים-עשר: הבדלים בין כללא קמא ובתרא

פרק תשיעי: מידת 'פרט וכלל ופרט'

עיון בסוגיית נזיר לד–לה

סוגיית נזיר לד ע"א – לה ע"ב

/מתני'/. שלשה מינין אסורין בנזיר: הטומאה, והתגלחת, והיוצא מן הגפן... גמ'. שלשה מינין אסורין בנזיר, הטומאה כו'. היוצא מן הגפן אין, גפן עצמו לא, מתני' דלא כר"א, דתניא, רבי אלעזר אומר: אפילו עלין ולולבין במשמע. איכא דאמרי לה אסיפא: אינו חייב אלא עד שיאכל מן הענבים כזית; מן הענבים אין, מהגפן עצמו לא, מתני' דלא כר"א, דתניא, רבי אלעזר אומר: אפילו עלין ולולבין במשמע. במאי קמיפלגי? ר"א דריש ריבויי ומיעוטי, רבנן דרשי כללי ופרטי. רבי אלעזר דריש רבויי ומיעוטי: +במדבר ו+ מיין ושכר יזיר - מיעט, מכל אשר יעשה מגפן היין - ריבה, מיעט וריבה - ריבה הכל, מאי ריבה? ריבה כל מילי, מאי מיעט? מיעט שבישתא. ורבנן דרשי כללי ופרטי: מיין ושכר יזיר - פרט, מכל אשר יעשה מגפן היין - כלל, מחרצנים ועד זג - חזר ופרט, פרט וכלל ופרט אי אתה דן אלא כעין הפרט, מה הפרט מפורש פרי ופסולת פרי, אף כל פרי ופסולת פרי. אי מה הפרט מפורש פרי גמור, אף כל פרי גמור! אמרת? א"כ, מה הניח לך הכתוב במשמעו שלא אמרו? ענבים לחים ויבשים הא כתיבי, יין וחומץ הא כתיבי, הא אין עליך לדון כלשון אחרון אלא כלשון ראשון. ומאחר שסופינו לרבות כל דבר, מה תלמוד לומר מחרצנים ועד זג? לומר לך: כל מקום שאתה מוצא פרט וכלל, אי אתה רשאי למשכו ולדונו כעין הפרט, אלא נעשה כלל מוסף על הפרט, עד שיפרוט לך הכתוב כדרך שפרט לך בנזיר. אמר מר: מה הפרט מפורש פרי ופסולת פרי, אף כל פרי ופסולת פרי. פרי - עינבי. פסולת פרי מאי היא? חומץ. אף כל פרי מאי היא? גוהרקי. אף כל דפסולת פרי מאי היא? אמר רב כהנא: לאיתויי עינבי דכרין. ועד זג - אמר רבינא: לאיתויי דבין הבינים. אמר מר: [אי] מה הפרט מפורש פרי גמור, אף כל פרי גמור! אמרת? א"כ,

מה הניח הכתוב במשמעו שלא אמרו? ענבים לחים ויבשים הא כתיבי, יין וחומץ הא כתיבי, הא אין עליך לדון כלשון אחרון אלא כלשון ראשון. ומאחר שסופינו לרבות כל דבר, מה ת"ל מחרצנים ועד זג? לומר לך: כל מקום שאתה מוצא פרט וכלל, אי אתה רשאי למושכו ולדונו כעין הפרט, אלא נעשה כלל מוסף על הפרט, עד שיפרוט לך הכתוב כדרך שפרט לך בנזיר, מחרצנים ועד זג. ולר' אלעזר בן עזריה, דקא מוקים להאי מחרצנים ועד זג, לומר שאינו חייב עד שיאכל ב' חרצנים וזג, פרטא מנא ליה? סבר לה כרבי אלעזר, דדריש מיעט וריבה. ואי בעית אימא: כרבנן, דאי סלקא דעתך כדאמר רבי אלעזר בן עזריה, ליכתביה רחמנא להאי מחרצנים ועד זג גבי פרטי, למאי הלכתא כתביה בתר כלל? שמע מינה למידייניה בכלל ופרט. ואימא: כוליה להכי הוא דאתא! א"כ, לכתוב או שני חרצנים או שני זגים או חרצן וזג, למאי הלכתא כתב רחמנא מחרצנים ועד זג? שמע מינה למידרש ביה כלל ופרט, ואיכא נמי למידרש ביה: עד שיאכל שני חרצנים וזג. ורבי אלעזר דדריש מיעט וריבה, פרט וכלל ופרט מנא ליה? א"ר אבהו, נפקא ליה מהאי קרא: +שמות כב+ וכי יתן איש אל רעהו חמור או שור או שה - פרט, וכל בהמה - כלל, לשמור - חזר ופרט, פרט וכלל ופרט אי אתה דן אלא כעין הפרט. רבא אמר, נפקא ליה מהאי קרא: +ויקרא א+ ואם מן - פרט, הצאן - כלל, כבשים ועזים - חזר ופרט, פרט וכלל ופרט אי אתה דן אלא כעין הפרט. אמר ליה רב יהודה מדיסקרתא לרבא, ולילף מן הדין קרא: +ויקרא א+ מן - פרט, הבהמה - כלל, בקר וצאן - חזר ופרט, פרט וכלל ופרט אי אתה דן אלא כעין הפרט! א"ל: מן האי ליכא למשמע מינה, דאי מהתם, הוה אמינא הבהמה - חיה בכלל בהמה. א"ל: חיה בכלל בהמה? הא כתיב בקר וצאן, והוה ליה פרט וכלל, ואי אתה דן אלא כעין הפרט. ומנלן דהכי הוא? דתניא: +דברים יד+ ונתת הכסף בכל אשר תאוה נפשך - כלל, בבקר ובצאן וביין ובשכר - פרט, ובכל אשר תשאלך נפשך - חזר וכלל, כלל ופרט וכלל אי אתה דן אלא כעין הפרט, מה הפרט מפורש פרי מפרי וגידולי קרקע, אף כל פרי מפרי וגידולי קרקע. מכדי כלל ופרט וכלל כעין פרטא דיינינן, כללא בתרא מאי אהני? אהני לאוסופי כל דדמי ליה. ותו, פרט וכלל ופרט כעין הפרט

דיינינן, פרטא בתראה מאי אהני? אי לאו פרטא בתראה, ה"א נעשה כלל מוסף על הפרט. ומכדי תרין כללי ופרטא ותרין פרטי וכללא (כללא) כעין פרטא דיינינן, מאי איכא בינֵי ובינֵי? איכא, דאילו תרתין כללי ופרטא - אי איכא פרטא דדמי ליה אפילו בחד צד מרבינן, תרי פרטי וכללא - אי איכא פרטא דדמי משני צדדין מרבינן, בחד צד לא מרבינן. מכדי פרט וכלל נעשה כלל מוסף על הפרט ואיתרבי כל מילי, ומיעט וריבה נמי ריבה הכל ואיתרבי כל מילי, מאי איכא בין מיעט וריבה לפרט וכלל? איכא, דאילו פרט וכלל - מרבינן אפילו עלין ולולבין, ומיעט וריבה - לולבין אין, עלין לא.

מבוא

בסוגיא זו מופיעה בפעם היחידה בספרות חז״ל המידה ׳פרט וכלל ופרט׳. אנחנו נראה כי סוגיא זו נוטה לראות כמה וכמה מופעים שונים במקרא כ׳פרט וכלל ופרט׳, וביניהם גם כאלו שסוגיות אחרות רואות אותם כ׳כלל ופרט וכלל׳. מכאן נלמד שאפילו האיתור של מידה זו בטכסט המקראי אינו חד משמעי, ויש מקום לראות מופעים מקראיים כאלה גם כ׳כלל ופרט וכלל׳.
נזכיר כי בפרק על סוגיית עירובין עמדנו על אופן הדרשה של ׳פרט וכלל ופרט׳, כפי שהיינו מצפים לו מהניתוח שעשתה הסוגיא שם למידת ׳כלל ופרט וכלל׳. המסקנה היתה שלשיטת ׳קמא דווקא׳ מידה זו מכלילה בשני צדדים (כלומר רדיוס הכללה הוא רחב יותר מאשר ׳כלל ופרט וכלל׳), ולשיטת ׳בתרא דווקא׳ היא מכלילה בשלושה צדדים (רדיוס הכללה צר יותר מאשר ׳כלל ופרט וכלל׳). כאן נבחן האם הציפיות שלנו אכן מתאשרות בבדיקה אמפירית אם לאו.
יש לזכור שהפירוש המיוחס לרש״י במסכת נזיר כנראה אינו לרש״י, ולכן צריך להיזהר מהשוואות ממנו לרש״י במקומות אחרים, ובכלל במסקנות שמסיקים ממנו. אנו נראה שגם מבנה הסוגיא הזו נראה משובש. יש בה חזרות שונות, וגם קטעים שמקדימים את הזמן הטבעי של הופעתם. חלק מהתופעות הללו יקבלו מענה דרך הניתוח שלנו.[12]

איסורי נזירות

בפרשת נזירות (במדבר ו) התורה מפרטת את איסורי הנזירות (פס׳ א-ד):

וַיְדַבֵּר יְקוָק אֶל מֹשֶׁה לֵּאמֹר: דַּבֵּר אֶל בְּנֵי יִשְׂרָאֵל וְאָמַרְתָּ אֲלֵהֶם אִישׁ אוֹ אִשָּׁה כִּי יַפְלִא לִנְדֹּר נֶדֶר נָזִיר לְהַזִּיר לַיקוָק: מִיַּיִן וְשֵׁכָר יַזִּיר חֹמֶץ יַיִן וְחֹמֶץ שֵׁכָר לֹא יִשְׁתֶּה וְכָל מִשְׁרַת עֲנָבִים לֹא יִשְׁתֶּה וַעֲנָבִים לַחִים

---

[12] לניתוח מפורט של דרשה מקבילה ב**ספרי**, ראה אצל כהנא בפ״ה. התייחסות לבבלי ניתן למצוא שם בהערה 102. הוא מצביע (בעקבות הליבני) על כמה קשיים בסוגיית הבבלי וטוען שהיא כנראה משובשת. דומה כי בדברינו כאן ניתן יהיה למצוא קריאה עקיבה של הסוגיא.

וִיבֵשִׁים לֹא יֹאכֵל: כֹּל יְמֵי נִזְרוֹ מִכֹּל אֲשֶׁר יֵעָשֶׂה מִגֶּפֶן הַיַּיִן מֵחַרְצַנִּים וְעַד זָג לֹא יֹאכֵל:

התורה מפרטת שאסור לנזיר לאכול מכל היוצא מגפן היין. המבנה המקראי כאן הוא מטיפוס של 'פרט וכלל ופרט':

פרט: ***מִיַּיִן וְשֵׁכָר יַזִּיר חֹמֶץ יַיִן וְחֹמֶץ שֵׁכָר לֹא יִשְׁתֶּה וְכָל מִשְׁרַת עֲנָבִים לֹא יִשְׁתֶּה וַעֲנָבִים לַחִים וִיבֵשִׁים לֹא יֹאכֵל:***

כלל: ***כֹּל יְמֵי נִזְרוֹ מִכֹּל אֲשֶׁר יֵעָשֶׂה מִגֶּפֶן הַיַּיִן***

פרט: ***מֵחַרְצַנִּים וְעַד זָג לֹא יֹאכֵל:***

ההנחה היא שכל מבנה של 'כללי ופרטי', ובכללם גם מבנה כזה, בא לרבות. מה בדיוק הריבוי כולל? על כך נחלקים תנאים בסוגיית נזיר שנבחן אותה כעת.

כמו שעשינו בסוגיית עירובין, גם כאן נקדים ונאמר שיש כאן רשימה של פריטים (=פקטורים) שלגביהם מתעוררת השאלה בסוגיא. גם כאן אנחנו מסדרים אותם בסדר יורד: מי שהוא בעל מספר נמוך יותר – מתאים יותר להיאסר על נזיר:

1.	ענבים לחים ויבשים, יין ושיכר
2.	חרצנים וזגים
3.	מה שבין החרצנים לזגים (רש"י). או ענבים קטנים (תוס')
4.	חומץ
5.	גוהרקי (בוסר או ענבים דקים) – ריבוי של פרי
6.	דכרין (ענבים שהתליעו) – ריבוי של פסולת פרי
7.	גוף הגפן שראוי לאכילה: עלים ולולבים (=ענפים דקים), שהם לחים וראויים לאכילה[13]
8.	גוף הגפן שלא ראוי לאכילה: שבישתא (זמורות, ענפים ועלים יבשים)

נציין כי ארבעת הראשונים כתובים בפירוש בפסוק, ואלו שאחריהם נדונים בסוגיא. האפיון של כל אחד מהם (פרי, פרי מפרי, פסולת פרי, פרי לא גמור, עץ הגפן) יידון בדברינו להלן.

מחלוקת התנאים לגבי עץ הגפן: 'ריבויי ומיעוטי' או 'כללי ופרטי'

במשנת נזיר לד ע"א-ע"ב אנו מוצאים:

> ***מתני'. שלשה מינין אסורין בנזיר: הטומאה והתגלחת והיוצא מן הגפן. וכל היוצא מן הגפן מצטרפין זה עם זה. ואין חייב עד שיאכל מן הענבים כזית. משנה ראשונה אומרת: עד שישתה רביעית יין, רבי עקיבא אומר: אפי' שרה פיתו ביין ויש בה כדי לצרף כזית - חייב.***
>
> ***וחייב על היין בפני עצמו, ועל הענבים בפני עצמן, ועל החרצנים בפני עצמן, ועל הזגים בפני עצמן;***

[13] בסוף הסוגיא, לה ע"ב, מחלקים גם בין עלים ללולבים, לפחות לפי מי שדורש ריבוי ומיעוט. אבל במהלך הסוגיא אין חילוק, ולכן לא חילקנו אותם כאן לשני פקטורים שונים.

ר' אלעזר בן עזריה אומר: אין חייב עד שיאכל שני חרצנים וזג. אלו הן חרצנים ואלו הן זגים? החרצנים - אלו החיצונים, הזגים - אלו הפנימים, דברי ר' יהודה; רבי יוסי אומר: שלא תטעה, כזוג של בהמה, החיצון זוג והפנימי עינבל.

המשנה מביאה שיש שלושה איסורים בסיסיים בנזיר: טומאה, תגלחת והיוצא מן הגפן. לאחר מכן היא מפרטת את איסורי היוצא מן הגפן, ומתברר שמדובר ביין, ענבים, חרצנים וזגים (התנאים חלוקים שם בשאלה מהם חרצנים ומהם זגים, אבל כולם מסכימים שמדובר על הגרעינים והמעטפת).

הגמרא שם, לד ע"ב, מדייקת מהמשנה שהיא באה להוציא את עץ הגפן עצמו, ומביאה מחלוקת תנאים לגבי זה:

גמ'. שלשה מינין אסורין בנזיר, הטומאה כו'. היוצא מן הגפן אין, גפן עצמו לא. מתני' דלא כר"א, דתניא, רבי אלעזר אומר: אפילו עלין ולולבין במשמע. איכא דאמרי לה אסיפא: אינו חייב אלא עד שיאכל מן הענבים כזית; מן הענבים אין, מהגפן עצמו לא, מתני' דלא כר"א, דתניא, רבי אלעזר אומר: אפילו עלין ולולבין במשמע.

ישנם כאן שני דיוקים במשנה שמלמדים שלדעתה עץ הגפן עצמו (עלים ולולבים) אינו אסור על הנזיר, וזאת בניגוד לדעת ר"א שסובר שגם העץ אסור עליו. כלומר לפי המשנה הקו בין מה שמותר או אסור לנזיר עובר מעל פקטור 7, ולפי ר"א הוא עובר מעל פקטור 8.

אנחנו כבר יכולים לצפות מראש, כמו שראינו את המבנה בסוגיית עירובין, שמי שממעט רק פקטור אחד (=ר"א) דורש 'ריבוי ומיעוט', ואילו המשנה דורשת 'כללי ופרטי'. ואכן, כעת הגמרא עוברת לברר את יסוד המחלוקת, וקובעת:

במאי קמיפלגי? ר"א דריש ריבויי ומיעוטי, רבנן דרשי כללי ופרטי.

דרשת ר' אלעזר: ריבוי ומיעוט

הגמרא עוברת כעת לתאר את דרשת ר"א:

רבי אלעזר דריש רבויי ומיעוטי: +במדבר ו+ מיין ושכר יזיר - מיעט, מכל אשר יעשה מגפן היין - ריבה, מיעט וריבה - ריבה הכל, מאי ריבה? ריבה כל מילי, מאי מיעט? מיעט שבישתא.

ר״א דורש ריבויי ומיעוטי (לכאורה כשיטת דבי ר״ע), ולכן הוא מרחיב יותר את היריעה. הפסוק הראשון ממעט: ״מיין ושיכר יזיר״ – דווקא יין ושיכר. הפסוק השני מרבה: ״מכל אשר יעשה מגפן היין״ – לרבות. מיעוט וריבוי בא לרבות כל מילי, כולל העץ עצמו. כלומר זה מלמד על הכיוון הכללי, שיש ללכת מהפרט ולרבות לקבוצה הרחבה ביותר שקשורה לגפן. אמנם העובדה שיש מיעוט מלמדת שיש גם דבר (=פקטור) אחד שאותו יש למעט מהכלל הרחב הזה, ובמקרה שלנו מדובר בשבישתא (=זמורות, סריגים יבשים). אם כן, מדובר בכל מה שקשור לענבים, כולל העלים והאשכולות שנושאים את הענבים. אבל הענפים היבשים של הגפן עצמה לא.

יש לשים לב שהדרשה כאן מבוססת על מבנה של ׳מיעוט וריבוי׳, ולא מוזכר כאן עוד מיעוט בתרא. לפי ר״א נראה שיש להתעלם ממנו. לכאורה מי שדורש ׳ריבויי ומיעוטי׳ אינו מבחין בין מופעים כפולים למשולשים, וההבחנה בין שני אלו קיימת רק בשיטת ׳כללי ופרטי׳ (הדבר דורש בדיקה מקיפה יותר במקורות חז״ל, אבל מרובם אכן עולה כך). הסיבה לכך היא שכפי שראינו עד עתה דרשת ׳כללי ופרטי׳ עוסקת בהכללה שיטתית באופנים שונים של קבוצות סביב הפריטים שמופיעים במקרא, והמבנה המקראי מגדיר את סוג ואופן ההכללה. לכן יש חשיבות לפרטי המבנה המקראי. לעומת זאת, דרשת ׳ריבויי ומיעוטי׳ לעולם מכלילה הכל וממעטת פקטור אחד. לכן אין חשיבות איזה מופע מקראי של ריבוי ומיעוט מצוי בפסוק. אנחנו לא מוצאים במקורות חז״ל הסבר שיטתי לאופן הפעולה של ׳ריבוי ומיעוט׳, כפי שמצאנו לגבי ׳כללי ופרטי׳, כלומר הגדרה ברורה מהי תרומתו של כל איבר במבנה המקראי. ייתכן שהדבר משקף את העובדה שלפי בעלי דרשת ׳ריבויי ומיעוטי׳ אכן אין הבדל בין המופעים המקראיים השונים.

דרשת המשנה: 'כללי ופרטי'

כאמור, המשנה שלנו חולקת על ר"א, שכן היא דורשת בכללי ופרטי:

ורבנן דרשי כללי ופרטי: מיין ושכר יזיר - פרט, מכל אשר יעשה מגפן היין - כלל, מחרצנים ועד זג - חזר ופרט, פרט וכלל ופרט אי אתה דן אלא כעין הפרט, מה הפרט מפורש פרי ופסולת פרי, אף כל פרי ופסולת פרי.

וברש"י שם:

מה הפרט מפורש פרי ופסולת פרי - כגון ענבים ויין וחומץ.

אף כל פרי ופסולת - להביא גוהרקי ועינבין דיכרין כדלקמן בסמוך.

כאמור, מי שדורש בכללי ופרטי לוקח בחשבון גם את המיעוט שכתוב בסוף הפסוק: "מחרצנים ועד זג", ולכן הוא רואה כאן מבנה משולש של 'פרט וכלל ופרט'. במבנה כזה דנים כעין הפרט (ראה בהקדמה שזו אינה הוראה מסויימת אחת אלא שם כללי למה שעושים בדרשות 'כללי ופרטי', לפחות במופעים המשולשים), וכמו שהפרט (=ענבים, יין וחומץ, אלו הפריטים שמפורטים בפרט הראשון במבנה המקראי, אבל זה כנראה נכון גם לפרט בתרא) הוא פרי ופסולת פרי, כך יש למעט את ההכללה שיהיה בה איסור רק על פרי ופסולת פרי (ולא לולבים ועלים).

במקרא עצמו הפסולת היא החומץ, ולכן חז"ל מאפיינים את הפרט בתורה כפרי ופסולת פרי. בהמשך הסוגיא עולה שההכללה מכניסה לכאן גוהרקי ודיכרין. המונח 'פסולת פרי' מתפרש אצל רש"י כגוהרקי (=בהמשך: ענבים דקים שגדלים באשכול, ולתוס' אלו ענבי בוסר) ועינבין דיכרין (=בהמשך: ענבים שהתליעו). לכן המשנה מעבירה את הקו מעל פקטור 7, וכנ"ל.

כיצד עלינו להבין את הדרשה הזו במונחי המודל שלנו? לכאורה יש כאן שלושה צדדים קונצנטריים: היוצא מן העץ – הרחב ביותר (כי הוא כולל גם את הפרי ופסולת פרי), פסולת פרי (שכולל גם את הפרי כמקרה פרטי), פרי.

הדיאגרמה המתקבלת היא הבאה:

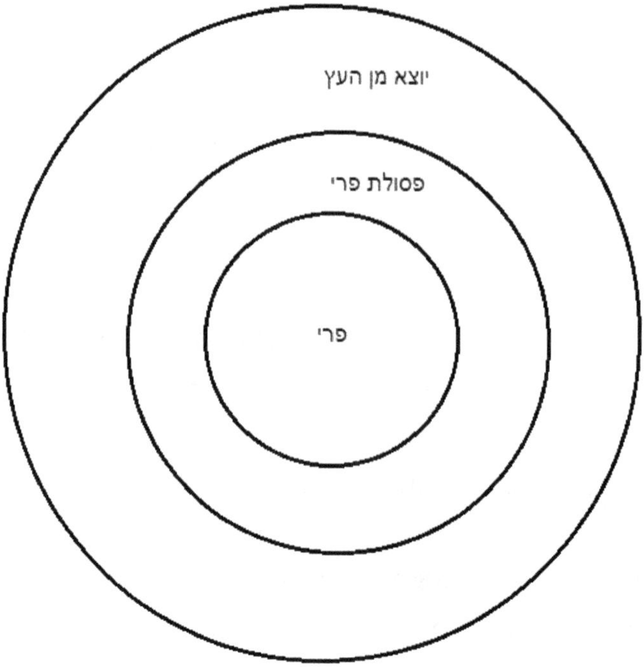

בגמרא רואים שתוצאת הדרשה היא פרי ופסולת פרי (=דמיון לפחות בשני צדדים). ומכאן שהסוגיא הזו נוקטת את שיטת קמא דווקא (כך נראה גם להלן בסוגיית ב״ק), ולכן מתקבל דמיון בשני צדדים. מדרשה בשיטת בתרא דווקא היה מתקבל רק הפרי (=דמיון לפחות בשלושה צדדים).

ומכאן יוצאת המחלוקת עם ר״א, שדורש ריבוי ומיעוט, שכן הוא מרבה גם את היוצא מן העץ (עלים ולולבים), ובעצם זה דמיון בצד אחד (למעט שבישתא, שהוא הפקטור הרחוק ביותר).

נעיר כי כפי שראינו בחלק הקודם, עקרונית היה עלינו לדרוש כל פריט מהרשימה לחוד, ואנו לא מוצאים זאת כאן. נראה שגם הסוגיא הזו, כמו סוגיית עירובין, מציגה רק את תוצאת הרזוננס, כלומר היא כבר מניחה שהצדדים הם מה שמשותף לכל הפריטים ברשימה. לא ברור האם היתה כאן בדרך חלוקה לקבוצות, פרי ומשקה, שנדרשה בשני חלקים (כמו שנראה גם להלן בסוגיית ב״ק), או לא.

בכל אופן דרשת המשנה מרבה גוהרקי ודיכרין (פרי שאינו גמור), וכעת הגמרא מקשה על כך.

מדוע לא בתרא דווקא?

הגמרא מקשה כעת על התנא של משנתנו:

אי מה הפרט מפורש פרי גמור, אף כל פרי גמור?

הגמרא מציעה כאן לישנא אחרת, ולפיה מרבים רק פרי גמור ולא פסולת פרי (כלומר בלי גוהרקי ודיכרין). מדוע בכלל לחשוב כך? לכאורה בפסוק מופיעים גם פירות וגם פסולת, שהרי הגמרא עצמה למעלה אומרת שהפרט מפורש פרי ופסולת פרי! וגם אם בפסוק לא היה מופיע פסולת פרי, הרי מבנה כזה בא לרבות משהו, אז מדוע למעט הכל? היכן כאן ההיגיון של דרשות ׳כללי ופרטי׳?

ניתן לחשוב על שתי אפשרויות להבין זאת:

א. לפי רש״י ההו״א שעולה כאן היא לא לרבות מאומה, לא דיכרין ולא גוהרקי:

אף כל פרי גמור - ולא דבר אחר ולא גוהרקי ולא עינבין דיכרין.

כלומר לפי רש״י לא מרבים שום דבר, לא מפרי ולא מפסולת פרי. ניתן להסביר זאת בשתי צורות:

1. קמא דווקא. ישנה אפשרות שחומץ נחשב גם הוא כפרי, ולא כפסולת פרי. אמנם ברש״י לעיל כתב בפירוש, ובהמשך הסוגיא מפורש כך בגמרא, שחומץ הוא פסולת פרי, אבל

אולי ההו״א הזו חולקת על זה גופא.[14] כעת ההנחה היא שהפסוק מכיל רק פרי ולא פסולת פרי, ולכן מרבים רק פרי. אם באמת יש בפסוק רק פרי, ואין פסולת פרי, אז ניתן להעלות אפשרות לעשות בניין אב, וכפי שראינו בבניין אב יש לדמות בכל הצדדים הרלוונטיים. אלא שזה קשה, שכן מופע מקראי של ׳כללי ופרטי׳ בא להוציא מההו״א לעשות בניין אב.

לכן סביר יותר שיש כאן הו״א לעשות דרשה אלטרנטיבית של ׳כללי ופרטי׳. בהנחה שאין כאן פסולת פרי, יש לנו דיאגרמה של שני צדדים בלבד:

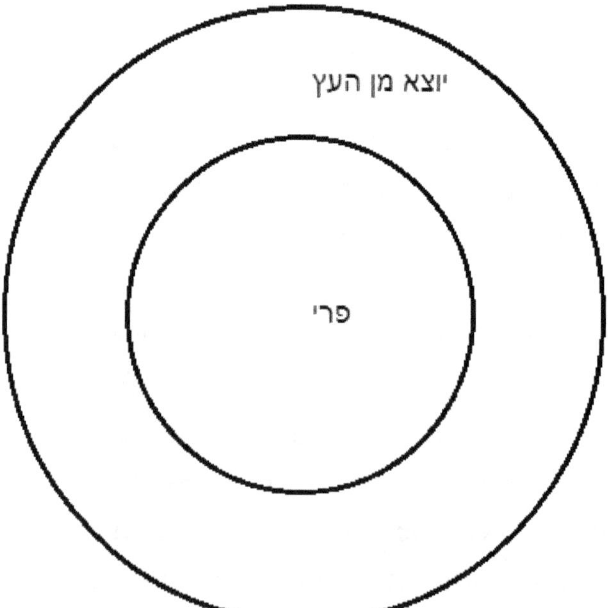

[14] גם חומץ הוא תוצר של הענבים, כמו יין, אלא שההוא תסס וזה החמיץ.

וכאן בין אם נוקטים כשיטת קמא דווקא ובין אם כשיטת בתרא דווקא, עלינו לרבות שני צדדים (מהטבלא בסיכום הביניים עולה שזוהי התוצאה המוסכמת עבור דיאגרמה של שני צדדים). דמיון בשני צדדים בדיאגרמה כזו הוא העיגול הפנימי, מה שנותן לנו רק פרי גמור. לכן לפי רש"י לא מרבים פרי לא גמור ולא מרבים פסולת פרי כלשהי. אך זו אפשרות לא סבירה, שכן לא מוזכר בגמרא מאומה לגבי העובדה שחומץ הוא פרי (ובהמשך מניחים כדבר פשוט שהוא פסולת פרי).

לכן סביר יותר לפרש אחרת:

2. בתרא דווקא. גם ההו"א מסכימה שחומץ הוא אכן פסולת פרי, אבל הלישנא הזו דורשת מבנה של 'פרט וכלל ופרט' בשיטת בתרא דווקא, והתוצאה היא הכללה של שלושה צדדים, ולא של שניים. לכן תוצאת הדרשה היא רק העיגול הפנימי (פרי בלבד). ומה עם החומץ שנמצא מחוץ למעגל הפנימי ובכל זאת כתוב בפסוק? הוא כנראה ייכלל, כי הוא כתוב בפירוש בפסוק. אבל פסולת פרי שלא כתובה (כמו דיכרין וגוהרקי) לא תתרבה ממנו, כלומר לא תיכלל באיסורי הנזירות.

ב. אפשרות נוספת עולה מתוד"ה 'מה פרט', בהצעה בשם מורו (נגד רש"י):

אי מה פרט מפורש פרי גמור אף כל פרי גמור יש מפרשין דהכי פירושו ונמעט גם בוסר גם ענבים שהתליעו ולא נראה חדא דחומץ כתיב דהוי פסולת פרי ומאי שנא ענבים שהתליעו מחומץ וע"ק דאם נמעט תרווייהו מה אנו מרויחין בכלל ופרט מה שלא נכתב בפירוש וגם לשון פרי גמור משמע דאתי למעוטי פרי שאינו גמור כמו בוסר לכן נראה

למורי דה״פ אף כל פרי גמור ולאפוקי בוסר אבל ענבים שהתליעו נרבה כעין הפרט.

הוא מביא את פירוש רש״י, דוחה אותו, ומציע שירבו רק דיכרין (מפסולת), ולא גוהרקי (מפרי). לא ברור מהו ההיגיון המדרשי בהצעה זו? כיצד מרבים מצד אחד ולא מהאחר?

אמנם לפי המודל שלנו ניתן להבין שלפי הצעה זו דורשים כל פרט לחוד, כמו שראינו בסוגיית חולין (וגם בסוגיית ב״ק להלן). כלומר אנו דורשים 'פרט וכלל ופרט' סביב הפריט פרי, ואח״כ סביר חומץ ושיכר.

וגם את זה ניתן להבין בשתי צורות:

1. קמא דווקא. ראינו שהדיאגרמה סביב פרי היא של שני צדדים, ולכן התוצאה (בהנחת קמא דווקא) היא רק פרי (ולא פרי לא גמור, כמו גוהרקי). לאחר מכן דורשים 'פרט וכלל ופרט' סביב חומץ ושיכר, וגם כאן יש רק שני צדדים (שהרי פרי לא קיים כאן). וכשיש שני צדדים התוצאה היא פסולת פרי, וזה כולל דיכרין. וההבדל הוא שפרי לא גמור הוא מעגל רחב יותר מפרי, אבל פסולת פרי זה מעגל אחד (אין הבדל בין חומץ לדיכרין).

דיאגרמת ון למקרה זה היא הבאה:

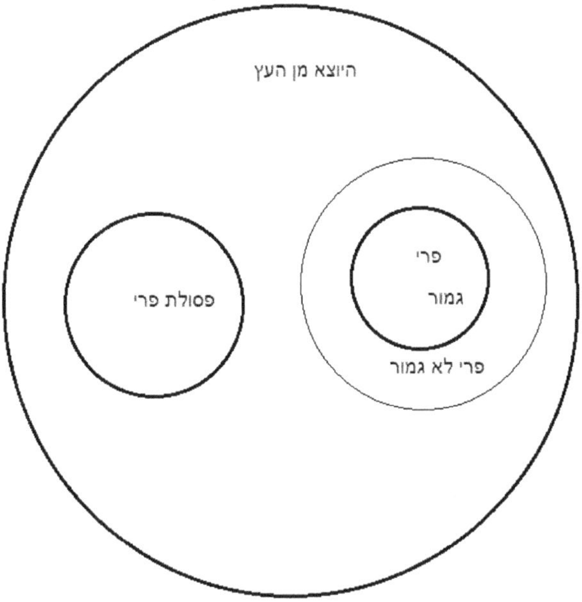

אמנם אם באמת פרי לא גמור הוא מעגל נפרד, אז בעצם יש בדיאגרמה של הפרי שלושה צדדים (כולל המעגל החלש בשרטוט כאן). ולכן סביר יותר לפרש כאן אחרת:

2. בתרא דווקא. אפשרות אחרת לפי תוס׳ היא שגם בהו״א הזו בדיאגרמה סביב פרי יש שלושה צדדים: (פרי, פרי לא גמור, עץ). ואלו בדיאגרמה של הדרשה סביב הפסולת יש רק שניים: (פסולת פרי, עץ). ההצעה של ההו״א היא לדרוש בתרא דווקא, ולכן התוצאה מהדרשה הראשונה היא שלושה צדדים, ומהשנייה שני צדדים. לכן מהדרשה הראשונה יוצא

רק פרי, ומתמעט פרי לא גמור. ומהדרשה השנייה יוצא כל פסולת פרי.

ההבדל בין שתי האפשרויות הוא בשאלה האם פסולת פרי כוללת את פרי, או שאלו שני עיגולים נפרדים בתוך העיגול הכללי של היוצא מהגפן.

בכל אופן, נראה שלפי רש״י דורשים כאן את כל הפריטים ביחד,[15] וכנראה הסוגיא דילגה על השלב של הרזוננס שהוציא צדדים לא משותפים לפריטים ברשימה, והותיר רק את הצדדים המשותפים. אבל לפי תוס׳ הדרשה כאן מתייחסת לכל השלבים, כולל הדרשות הפרטניות סביב כל פריט לחוד.

בכל אופן, התמונה הסבירה יותר היא שהן לרש״י והן לתוס׳ האפשרות של לישנא בתרא מבוססת על דרשה בשיטת ׳בתרא דווקא׳. להלן נראה את חשיבותה של ההבחנה הזו.

מה עושים כשאין הרחבה למה שכתוב בפירוש?

כעת הגמרא דוחה את ההצעה לרבות רק פרי (הלישנא האחרונה):

אמרת? א״כ, מה הניח לך הכתוב במשמעו שלא אמרו? ענבים לחים ויבשים הא כתיבי, יין וחומץ הא כתיבי, הא אין עליך לדון כלשון אחרון אלא כלשון ראשון.

הגמרא עונה שאם היינו מרבים רק פרי גמור, לא היה נשאר כאן מה לרבות. לפי רש״י לא נותר מה לרבות כי בהצעה זו לא מתרבה גוהרקי ולא דיכרין, ונשאר רק מה שכתוב בפירוש בפסוק, ולכן נדחית ההו״א. לפי אפשרות ב ברש״י, מכאן אנחנו לומדים שכשאין ריבוי מהדרשה אנחנו דורשים קמא דווקא, אפילו לשיטת הסוברים בתרא דווקא. ולפי אפשרות א ברש״י, אנחנו

---

[15] בסוגיית ב״ק רואים ברש״י שלעולם דורשים כל פריט לחוד. רק תוס׳ שם חולק וסובר שדרושה אינדיקציה טכסטואלית כדי לדרוש כל פריט לחוד.
לגבי רש״י, כאן זהו מפרש שאינו בהכרח רש״י, ולכן לא קשה. ולגבי תוס׳, ייתכן שכאן יש אינדיקציה טכסטואלית כלשהי. לחילופין, הרי מדובר כאן בהו״א שנדחתה (אמנם לא מהסיבה הזו, וצע״ק).

מפרשים שחומץ הוא פסולת ולא פרי, שכן אם הוא היה פרי לא היינו לומדים מהדרשה מאומה.

לפי תוס׳, ההסבר לתירוץ הגמרא הוא הבא:

ומשני א״כ מה הניח לך שלא אמרו ענבים לחים ויבשים הא כתיבי יין וחומץ [הא כתיבי] הא אין עליך לדון כלשון אחרון אלא כלשון ראשון פי׳ אם כן דנמעט בוסר נמצא השאר מפורש ומה נרויח שאנו דורשין פרט וכלל ופרט ואם תאמר והא איכא ענבים שהתליעו שלא נכתבו ויש לומר דתרי פרטי כתיבי פרי דהיינו ענבים ופסולת פרי דהיינו חומץ ואין לך לרבויי מכל פרט כעין הפרט ולכך יש עליך לדון ולרבות גם בוסר מפרט ענבים גם ענבים שהתליעו מפרט דחומץ ולמעוטי עלין ולולבין שאינו כעין הפרט.

שוב רואים שתוס׳ דורשים סביב כל פריט לחוד. הדחייה של ההו״א היא מכך שמאחד מהפרטים אנחנו לא מרבים כלום (מפרי לא מתרבה גוהרקי), אף שמפסולת כן מתרבים דיכרין.

המסקנה לפי אפשרות 1 בתוס׳ היא שעלינו לדרוש את כל הפריטים ביחד אם באופן השני לא יוצא שום ריבוי מאחד הפריטים. לחילופין, לפי אפשרות 2 בתוס׳ המסקנה היא שבמצב כזה יש לדרוש קמא דווקא, כפי שראינו ברש״י. כבר הערנו שבתוס׳ סביר יותר לפרש בכיוון 2.

אם כן, לפי תוס׳ העובדה שדורשים כאן קמא דווקא אינה בגלל שכך הלכה, אלא בגלל שבדרשת בתרא דווקא לא היה יוצא שום ריבוי. כלומר המסקנה עד כאן היא שלהלכה יש לדרוש בתרא דווקא, אלא אם יש שיקול מיוחד שמורה לנו לעשות אחרת.

תפקיד הפרט האחרון: חרצנים וזגים

כעת הגמרא ממשיכה ושואלת:

ומאחר שסופינו לרבות כל דבר, מה תלמוד לומר מחרצנים ועד זג?

נראה בבירור שהקושיא הזו מבוססת על המסקנה אליה הגענו, שמרבים גם פרי שאינו גמור (ולרש״י גם פסולת), כלומר שמרבים הכל. כעת הגמרא

מתקשה מדוע דרוש הפרט האחרון, הרי יכולנו לרבות זאת מ׳פרט וכלל׳, שגם הוא מרבה הכל? וכך אכן כותב רש״י:

ומאחר שסופינו לרבות כל דבר - יין וחומץ (ענבים לחים ויבשים) ומרבה יין גוהרקי ועינבין דיכרין מאף כל והיינו דהניח הכתוב במשמעו שלא אמר (וענבים לחים ויבשים).

מה היה קורה במבנה כזה, ללא הפרט בתרא? היינו מקבלים את אותה דיאגרמת ון, אבל הפעם המופע המקראי הוא ׳פרט וכלל׳, שנדרש לרבות את הדומה בצד אחד (ראה בטבלת סיכום הביניים למעלה). אבל זה היה נותן לנו גם את היוצא מן העץ, ולא רק פסולת פרי. אז כיצד הגמרא כאן מניחה שמבנה כזה היה נותן לנו את אותה תוצאה (כלומר שני צדדים)? נראה שהגמרא כרגע מתעלמת מהצד של העץ, כלומר משיטת ר״א.

שאלה נוספת: יכולה לעלות כאן גם האפשרות שהפרט האחרון כתוב כדי לדחות את שיטת ר״א, שרצה לרבות גם את כל היוצא מן העץ. לכך מתייחס רש״י מייד:

מה ת״ל - פרט האחרון דכתיב מחרצנים ועד זג לא יאכל אי משום דרבי אלעזר בן עזריה ליכתביה לגבי פרטי בתר כללא למה לי.

אם המטרה היתה להוציא משיטת ר״א, היו צריכים לכתוב את חרצנים וזגים ברשימת הפריטים, ולהשאיר זאת במבנה של ׳פרט וכלל׳, ועדיין המסקנה היתה כמו קודם.

מה היה קורה במקרה כזה? כעת כבר מתחשבים בכך שיש לנו שלושה צדדים, ועדיין התוצאה היתה נותנת את ר״א, שהרי מבנה של ׳פרט וכלל׳ נותן הכללה של דמיון בצד אחד, וכאן פירושו גם היוצא מן העץ. נראה שכוונת הגמרא היא שחרצנים וזגים היו מיותרים (שהרי יש כבר בפסוק פריטים שהם פסולת פרי – שיכר וחומץ), וב׳אם אינו עניין׳ הם היו ממעטים את היוצא מן העץ. זאת כפי שראינו בסוגיית חולין (וגם להלן בסוגיית ב״ק).

[הערה צדדית: לא ברור האם חרצנים וזגים הם פסולת פרי או שהם חלק מהפרי, אף שאינם ראויים לאכילה. רש״י מביא את המקור מהפסוק לפסולת פרי, מחומץ ושיכר. ולכאורה משמע שחרצנים וזגים הם פרי, ולא פסולת פרי]

הגמרא עונה על כך:

לומר לך: כל מקום שאתה מוצא פרט וכלל, אי אתה רשאי למשכו ולדונו כעין הפרט, אלא נעשה כלל מוסף על הפרט, עד שיפרוט לך הכתוב כדרך שפרט לך בנזיר.

נראה שהתירוץ הוא שבאמת הפרט בתרא הוא מיותר, אלא שזה רק למי שכבר מכיר את כללי הדרש של 'כללי ופרטי'. אבל ההנחה היא שכללי הדרש הללו אינו מוכרים, והפסוק הזה עצמו מלמד אותנו את הכללים הללו. כלומר הפרט האחרון בא לחדש לנו חידוש בשימוש במידות 'כללי ופרטי', ולא חידוש בדיני נזירות.

מה שהגמרא אומרת הוא שאילו המבנה כאן היה מופע של 'פרט וכלל' בלבד, היינו חושבים לדונו רק כעין הפרט, כלומר הכללה מוגבלת, ולא היינו יודעים שיש להרחיב אותו לגמרי, כלומר לכל מה שדומה בצד אחד. לכן התורה כותבת את פרט בתרא, ללמד שכעין הפרט זהו רק במבנה משולש. מבנה של 'פרט וכלל' אין לו הגבלה, ויש לדמות כל מה שדומה בצד אחד. כלומר הפרט האחרון לא נכתב כדי ללמד משהו בנזירות, אלא כדי ללמד על מבנה של 'פרט וכלל' שאין להגביל את ההכללה שלו.

מה היינו חושבים בלי הפרט בתרא? לפי הגמרא היינו מרבים מ'פרט וכלל' כמו 'פרט וכלל ופרט', כלומר היינו מגיעים ל'כעין הפרט'. מה זה כולל? היוצא מן העץ אינו מתרבה, שהרי ניתן היה להכניס את פרט בתרא לרשימה הראשונה, כפי שהעיר רש"י. כנראה שהיינו חושבים שזה כולל גם גוהרקי ודיכרין. אז מה היתה הטעות כאן? הרי זו באמת התוצאה. ואולי יש כאן לימוד כללי על 'פרט וכלל', שבמקרה זה באמת אין לו משמעות מעשית. הלימוד הכללי הוא שמבנה של 'פרט וכלל' מרבה הכל, ואין לסייג אותו. ועדיין הדברים צע"ק.

מסקנות מטא-הלכתיות אפשריות

בכל אופן, לפי זה נראה לכאורה מהגמרא שהעיקרון של 'פרט וכלל' לא היה ידוע לחכמי הגמרא כאן, ולא התקבל במסורת, ולכן דרוש גילוי מקראי כדי

ללמוד אותו. זה מחזק מאד את טענתנו הבסיסית שמידות 'כלל ופרט' נמסרו באופן כללי, שיש להכליל מבנים כאלה. ההתפרטות לסוגי ההכללות השונות היא תוצאה של התפתחויות מאוחרות, שחלקן נלמדות מהפסוקים עצמם (ולא נמסרו במסורת). כאן אנחנו רואים חלק מהתהליך הזה. ראה להלן שבהמשך הגמרא (מהקושיא על ראב"ע) יש ראיה נוספת לכך.

יש לציין שאין במקורות חז"ל אף דוגמא אחרת לדרשה של 'פרט וכלל ופרט', ולכאורה לפי הסוגיא הזו נראה שמבנה זה אין לו תפקיד מצד עצמו, והוא מיועד רק לגלות שב'פרט וכלל' אין להכליל יותר מדי. כלומר באמת אין מידת דרש כזו, ולכן מידה זו אינה מופיעה ברשימתו של ריי"ש.

אך זה נראה לא סביר, שהרי בסוגיית עירובין ראינו שמידה זו חייבת להיות במאגר המידות, שכן בלעדיה יש סוגי הכללה שהתורה אינה יכולה לתאר לנו אותם. לכן יש מידה כזו, והיא מורה לנו לדון כעין הפרט (שניים או שלושה צדדים).

בסוף הפרק נראה שבראשונים נחלקו לגבי מעמדה של מידה זו.

אפשרות אחרת בהסבר תירוץ הגמרא

ובתוד"ה 'ומאחר' כאן (וכן **בשטמ"ק**), כתבו שלולא הפרט האחרון היינו מרבים גם עלים ולולבים, ולכן בא הפרט האחרון. כלומר כתיבת הפרט בסוף נועדה ללמד אותנו שמבנה של 'פרט וכלל' מרבה הכל בלי מגבלה, ולכן בלי הפרט בתרא היינו מגיעים גם ללולבים. כלומר ההו"א שרש"י שולל בפירושו לקושיא היא אכן תירוץ הגמרא.

ולפי זה נראה שבאמת אנחנו לא לומדים מכאן עיקרון לגבי דרשות 'פרטי וכללי', אלא דין בנזירות, שיש למעט לולבים ועלים.

וברש"י כאן על התירוץ הסביר:

> ***אלא לומר לך כל מקום שאתה מוצא - בכל התורה שיהא שם פרט וכלל בלבד אי אתה רשאי למושכו ולדונו כעין הפרט אלא שהכלל נעשה מוסף על הפרט ואיתרבו להו כל מילי.***

עד שיפרוט לך הכתוב - שלא תהא מרבה אלא כעין הפרט כדרך שפרט לך בנזיר שלאחר שכתב את הכלל בא וכתב לך פרט מחרצנים ועד זג ור"א סבר כר"א בן עזריה דמוקים ליה להאי מחרצנים ועד זג עד שיאכל שני חרצנים וזג.

כלומר שלפי ר"א הפרט האחרון נדרש לגופו, ומה שנותר לנו הוא רק 'פרט וכלל', ולכן המסקנה היא לרבות גם לולבים ועלים (היוצא מן העץ). אבל לתנא של המשנה הפרט האחרון הוא חלק מהמבנה, ולכן יש כאן 'פרט וכלל ופרט', ואנו דורשים הכל פרט ליוצא מן העץ.

אם כן, לולא התוספת של הפרט האחרון היה כאן מבנה של 'פרט וכלל', ואז היינו מרחיבים ככל שאפשר (צד אחד), כולל היוצא מן העץ. לא היינו מגבילים את ההרחבה ל'כעין הפרט'. לכן היה יוצא לנו גם לולבים. והפרט האחרון מלמד שאין לכלול לולבים. כלומר גם רש"י מסכים שתירוץ הגמרא הוא כתוס', שבמבנה של 'פרט וכלל' היינו מרבים הכל.

נמצא שבקושיית הגמרא חשבנו שגם אם החרצנים והזגים היו כתובים ברשימה הראשונה לא היינו מרבים לולבים ועלים. למעלה שיערנו שזה בגלל 'אם אינו עניין', אבל כעת ברור שהגמרא אומרת שזה בגלל שלא היינו יודעים כיצד דורשים 'פרט וכלל' (היינו חושבים שניתן להכליל הכללה מוגבלת). למסקנה הוסיפו עוד פרט אח"כ, וכך זה מוציא את הלולבים והעלים.

אלא שלשיטה זו נראה שעדיין הניסוח של הגמרא מלמד אותנו את אופן השימוש במידות הדרש הללו, ולא רק דין ספציפי בנזירות. ואולי הניסוח הזה בא לרמוז לנו שבאמת כללי הדרש של 'כללי ופרטי' התפתחו במסורת, ולא היו ידועים לנו מראש.

הגדרת פרי ופסולת פרי

כעת הגמרא מביאה:

אמר מר: מה הפרט מפורש פרי ופסולת פרי, אף כל פרי ופסולת פרי. פרי - עינבי. פסולת פרי מאי היא? חומץ. אף כל פרי מאי היא?

גוהרקי. אף כל דפסולת פרי מאי היא? אמר רב כהנא: לאיתויי עינבי דכרין. ועד זג - אמר רבינא: לאיתויי דבין הבינים.

כאן הגמרא מפרטת בפעם הראשונה מה מתרבה מפרי, ומה מפסולת פרי. רואים מהגמרא שהדרשה פועלת על כל פריט לחוד, כפי שציינו התוס' למעלה. מפרי מרבים גוהרקי ומפסולת פרי מרבים דיכרין. יש כאן דרשות 'פרט וכלל ופרט', שנעשות על כל פריט לחוד.

לאחר מכן רבינא מרבה את בין הביניים. יש לחדד כי הריבוי שלו אינו קשור לדיון שלנו לגבי מבני הדרשה. הריבוי שלו מבוסס על הניסוח של הפרט האחרון (מחרצן ועד זג – כולל בין הביניים). אין זה נוגע לכך שיש כאן מבנה של פרט וכלל ופרט.

בחזרה להצעה של לישנא בתרא: רק פרי גמור

כעת הגמרא חוזרת שוב על כל הקטע הקודם, ומביאה שוב את השיקול לטובת הלישנא בתרא (המספור הוכנס לצורך הדיון בהמשך):

1. אמר מר: [אי] מה הפרט מפורש פרי גמור, אף כל פרי גמור!

וכעת היא דוחה באותה צורה בדיוק:

2. אמרת? א"כ, מה הניח הכתוב במשמעו שלא אמרו? ענבים לחים ויבשים הא כתיבי, יין וחומץ הא כתיבי, הא אין עליך לדון כלשון אחרון אלא כלשון ראשון.

3. ומאחר שסופינו לרבות כל דבר, מה ת"ל מחרצנים ועד זג? לומר לך: כל מקום שאתה מוצא פרט וכלל, אי אתה רשאי למושכו ולדונו כעין הפרט, אלא נעשה כלל מוסף על הפרט, עד שיפרוט לך הכתוב כדרך שפרט לך בנזיר, מחרצנים ועד זג.

כל הקטע הזה הוא תמוה מאד, מכמה וכמה בחינות. ראשית, לא ברור מדוע הגמרא חוזרת עליו שוב, שהרי אין לו כאן שום תפקיד. הגמרא חוזרת גם על הדרשה מחרצנים וזג (3), וגם זה לא ברור מדוע הוא שוב נעשה כאן.

למעלה הנחנו ש'פרי גמור' פירושו למעט גוהרקי. ולכן לא ברור מדוע כל זה עולה שוב בסוגיא. כעת אנחנו מציעים משמעות אחרת ל'פרי גמור'.

המשמעות היא לדרוש לרבות רק את פרי, ולא את פסולת פרי (וכעת ההנחה היא שבשלב הקודם הגמרא לא ידעה על קיומו של גוהרקי, ורק כעת זה התחדש).

על כן נראה לומר שכל הקטע הזה נכנס כאן בטעות, וההסבר הוא כדלהלן:

- העלאת האפשרות (=הלישנא) הזו בפעם הראשונה הוא שהיתה הו״א לרבות רק פרי (גמור) ולא פסולת פרי. כאן ההנחה היא שפרי נכלל בפסולת פרי (ולכן קוראים לו 'פרי גמור'), ודיאגרמת ון היא קונצנטרית. כלומר ההו״א היתה שיש לרבות שלושה צדדים (כשיטת בתרא דווקא), ולכן מרבים רק פרי. הגמרא דוחה זאת באומרה שלפי הצעה זו אין כאן מה שמתרבה, שכן היא עדיין לא ידעה על גוהרקי ודיכרין, שכן שני אלו עולים רק בהמשך הסוגיא (כאן).
- לאחר שהסוגיא הסבירה שריבוי מפרי ופסולת פרי הוא גוהרקי ודיכרין, כלומר יש מה שמתרבה מכל אחד מהפרטים, היא חוזרת (בקטע 1 כאן) ומציעה לרבות רק פרי גמור, וכעת כבר ברור שיתרבה גוהרקי בלי דיכרין (כהצעת תוס' שהובאה לעיל, וכעת אנחנו מבינים שבטעות. היא שייכת לכאן). עכשיו כבר אי אפשר לדחות ולומר שלא מתרבה מאומה, שהרי מתרבה גוהרקי, ורק דיכרין לא מתרבה. וההו״א היא שמרבים מפרי ולא מפסולת פרי, כי דורשים שלושה צדדים ולא שניים (ועדיין יש מה שמתרבה גם בדרישה לשלושה צדדי דמיון).
- כל הקטע הבא (2 ו-3 כאן) שדוחה את ההצעה הזו נכנס כאן בטעות, כהמשך העתקה שגוי של החלק הראשון. הדחייה של לישנא בתרא בטענה שלפיה הדרשה לא מרבה מאומה, כבר אינה נכונה, כפי שהסברנו.

אם כן, כעת הלישנא בתרא נותרת בתוקף גם למסקנת הגמרא. היא נדחתה בשלב הקודם, אבל לאחר שהתחדש שיש מה שיתרבה בדרשה הזו, הלישנא הזו נותרת אפשרות לגיטימית, ולא נדחית. מה ההבדל בינה לבין לישנא קמא

(שמרבה פרי ופסולת פרי)? לישנא בתרא דורשת בשיטת 'בתרא דווקא', ולכן מבנה של 'פרט וכלל ופרט' נדרש בשלושה צדדים, ונותן רק פרי גמור. לעומת זאת, כפי שראינו לישנא קמא דורשת בכללא קמא דווקא. אמנם הסברנו שזה רק בגלל שלפי הנחת הלישנא הזו דרשת בתרא דווקא אינה מרבה מאומה. אך זה גופא מה שנדחה והביא לניסוח של לישנא בתרא.

הרווח הגדול מהמהלך הזה הוא שכעת הסוגיא מותירה כאפשרות לגיטימית את הדרשה בשיטת 'בתרא דווקא'. למעשה, מתוך המהלך נראה שזוהי גם מסקנת הסוגיא, שהרי אחרי שהבנו שיש דיכרין וגוהרקי, אין סיבה לא לדרוש בשיטת 'בתרא דווקא'. בנוסף, אנחנו מבינים את החזרה של הקטע התמוה הזה בגמרא (ב'מחיר' של מחיקת הדחיות, שהשתרבבו לכאן עקב טעות המעתיק).

המשך הסוגיא: שיטת ראב"ע

לאחר מכן, הגמרא מקשה על ראב"ע:

> ***ולר' אלעזר בן עזריה, דקא מוקים להאי מחרצנים ועד זג, לומר שאינו חייב עד שיאכל ב' חרצנים וזג, פרטא מנא ליה?***

הגמרא מקשה על ראב"ע שדורש מחרצן וזג דין מיוחד, מניין הוא לומד את העיקרון שמלמד הפרט האחרון? לכאורה הקושיא היא מנין הוא יודע את החילוק בין 'פרט וכלל' לבין 'פרט וכלל ופרט', שאותו לומדים בגמרא למעלה מהפרט האחרון.

ובאמת ברש"י כאן כתב:

> ***פרטא מנא ליה - מנא ליה דפרט וכלל ופרט אי אתה דן אלא כעין הפרט.***

רואים שרש"י למד כפשט לשון הגמרא, ולא כתוס' והרא"ש שהבאנו לעיל, כלומר שבאמת מקור החילוק בין שתי המידות הללו הוא הפרשייה הזו, והסוגיא הזו. זו לא מסורת שקיבלנו מסיני (ראה בהערה שלנו למעלה).

הגמרא מעלה כעת שתי אפשרויות להסביר את דעת ראב"ע:

סבר לה כרבי אלעזר, דדריש מיעט וריבה. ואי בעית אימא: כרבנן, דאי סלקא דעתך כדאמר רבי אלעזר בן עזריה, ליכתביה רחמנא להאי מחרצנים ועד זג גבי פרטי, למאי הלכתא כתביה בתר כלל? שמע מינה למידייניה בכלל ופרט. ואימא: כוליה להכי הוא דאתא! א"כ, לכתוב או שני חרצנים או שני זגים או חרצן וזג, למאי הלכתא כתב רחמנא מחרצנים ועד זג? שמע מינה למידרש ביה כלל ופרט, ואיכא נמי למידרש ביה: עד שיאכל שני חרצנים וזג.

שתי האפשרויות הן:

א. באמת הוא סובר כר"א שדורש מבנה כזה בריבוי ומיעוט, כי הפרט האחרון בא ללמד משהו (הוא אינו מיותר). יש לשים לב שאם הפרט האחרון הוא מיותר, נותר מבנה של 'פרט וכלל', ובכל זאת לא עולה כאן אפשרות שהמבנה הזה נדרש ב'פרט וכלל' אלא ברור שזה נדרש ב'ריבוי ומיעוט'. זה ממשיך את מסקנתנו מלמעלה, שדרשות 'ריבויי ומיעוטי' אינם מתחשבות בשאלה האם המופע המקראי הוא משולש או כפול.

ב. הוא סובר כתנא של משנתנו שדורש 'פרט וכלל ופרט', שהרי הפרט האחרון לא נכתב בתוך הפרט הראשון אלא התפצל ממנו, והפיצול עצמו מוכיח שצריך ללמוד מזה סייג על ההכללה של 'פרט וכללי', בנוסף להלכה של שני חרצנים וזג.

ההבדל בין שתי האפשרויות הללו הוא בשאלה האם כשהפרט בתרא היה נכלל ברשימה קמא, התוצאה היתה שונה או לא (ראה דברינו בגמרא למעלה, שתלינו זאת בדרשת 'אם אינו עניין').

כעת הגמרא שואלת:

...ורבי אלעזר דדריש מיעט וריבה, פרט וכלל ופרט מנא ליה?

הגמרא מניחה כאן שגם לר"א יש דרשת 'פרט וכלל ופרט'. שוב רואים כאן שבמקום שישנה הופעה מקראית של 'פרט וכלל ופרט', לכל הדעות דורשים זאת בפרט וכלל ופרט, ולא במיעוט וריבוי ומיעוט, אלא שכאן יש כאן מופע כפול ולא משולש. עוד רואים שעובדה זו נלמדת מהכתובים, ולא התקבלה

במסורת הדרש. לכן הגמרא מניחה שגם ר״א מקבל זאת, וזה לא בהכרח תלוי במסורת הדרש שהוא מאמץ באופן כללי (דבי ר״י״ש או דבי ר״ע).

מדוע אין בסוגיא כאן אפשרות לדרוש מיעוט וריבוי ומיעוט?

ראינו לכל אורך הסוגיא שהמחלוקת בין ר״א לבין התנא של המשנה אינה מתודולוגית כללית (כמו המחלוקת בין דבי ר״ע לבין דבי ר״י״ש), אלא בשאלה האם הפרט האחרון בפסוקים הללו נדרש או לא, כלומר האם יש כאן מבנה כפול או משולש. אם הוא כפול דורשים במיעוט וריבוי, ואם הוא משולש דורשים אותו ב׳פרט וכלל ופרט׳.

מדוע לא להניח כמו שעושים בכל הסוגיות המקבילות, שר״א פשוט שייך לדבי ר״ע, שאינו דורש כלל ב׳כלל ופרט׳ אלא ב׳ריבוי ומיעוט׳? לחילופין, למה לא עולה אפשרות לדרוש מבנה כפול ב׳פרט וכלל׳ או מבנה משולש ׳במיעוט וריבוי ומיעוט׳?

הראשונים כאן מתייחסים לכך, ועולים בדבריהם שני כיוונים: 1. ר״א הוא עקיבאי ו׳פרט וכלל ופרט׳ הוא חריג, ורק בגלל זה הוא דורש גם אותו. 2. ר״א הוא מדבי ר״י״ש ורק כאן זהו מקרה חריג שדורשים במיעוט וריבוי (ואולי כל ׳פרט וכלל׳ הוא דורש כ׳מיעוט וריבוי׳, כי שיטת ר״י״ש היא לא סבירה שכן הריבוי הכללי הזה לא מסביר מדוע מופיע כאן הפרט).

1. הרא״ש שהובא ב**שטמ״ק** כאן מסביר שמדובר בר׳ אליעזר (ולא ר׳ אלעזר), וידוע לנו מכל הש״ס שהוא דורש בריבוי ומיעוט (ראינו זאת בסוגיית עירובין, ויש עוד מקבילות – ב״ק קיז ע״ב, סנהדרין מו ע״א, שבועות לז ע״ב. ובשו״ת הרשב״א ח״א סי׳ תלב כתב שלפי בעל הסוגיא כאן ר״א דורש כללי ופרטי, ורק במקומות מסויימים שנראה שהתורה באה לרבות הוא דורש ריבויי ומיעוטי). אמנם ׳פרט וכלל ופרט׳ היינו חושבים שהוא גם אינו דורש, ומחדש לנו ר׳ אבהו שאת זה הוא כן דורש. כנראה בגלל שזה נלמד מהתורה עצמה, כדמוכח בהמשך הסוגיא. כפי שראינו, זו אינה מידה של מסורת אלא מידה שנלמדת מהכתובים.

ור׳ עזריאל שהובא ב**שטמ״ק** כאן מסביר שבאמת ר״א דורש ריבוי ומיעוט, אלא שבמידת מיעט וריבה ומיעט לא שייך לדרוש, ולכן ספציפית את זה הוא דורש ב׳פרט וכלל ופרט׳.

לשיטות אלו ר״א הוא עקיבאי, ובכל זאת מבנה של ׳מיעוט וריבוי ומיעוט׳ הוא לא יכול לדרוש, ואולי זה מפני שאין לו כל משמעות. הרי לשיטתו מיעוט וריבוי מרבה הכל פרט לפקטור אחד, אז מה נותר למיעוט השני לעשות? ולכן אם התורה כותבת עוד מיעוט בסוף, הרי זה ללמדנו לדרוש אותו ב׳פרט וכלל ופרט׳ ולא ב׳ריבוי ומיעוט׳. שו״ר שכ״כ **מידות אהרן** (ראה בהערות ל**שטמ״ק** שמובאות כאן בסוף).

אמנם כעת עלינו להבין מה יהיה במבנה של ׳ריבוי ומיעוט וריבוי׳? הרי אם מבנה של ׳מיעוט וריבוי׳ לבדו מביא אותנו לרבות הכל פרט לפקטור אחד, אז גם מבנה משולש מהסוג הרווח יותר נראה חסר משמעות. ובאמת ברוב הסוגיות נדון דווקא המבנה של ׳ריבוי ומיעוט וריבוי׳, וממנו מוציאים לרבות הכל למעט פקטור אחד. והרי בסוגייתנו עושים זאת ממבנה של ׳מיעוט וריבוי׳ בלבד.

יש כמה אפשרויות שדורשות בדיקה כשנלמד את ריבוי ומיעוט: א. באמת ב׳ריבוי ומיעוט וריבוי׳ ממעטים מימד אחד ולא פקטור אחד. ב. אולי לפי סוגייתנו גם מבנה כזה יידרש כדבי ר״ש. ג. אולי בכל מקום הדרשה מבוססת על מיעוט וריבוי בלבד, והכלל הראשון תמיד משמש למשהו אחר (כמו הדיון לגבי הפרט האחרון כאן).

2. בתוד״ה ׳ורבי אלעזר׳, כאן, מסבירים שאנחנו לא מוצאים שר״א חולק על דרשות כלל ופרט בש״ס, ולכן ההנחה היא שגם הוא דורש כללי ופרטי (הם כנראה גורסים ר׳ אלעזר ולא ר׳ אליעזר). אם כן, ההנחה שלהם היא הפוכה מזו של הרא״ש ור׳ עזריאל. לשיטתם ר״א הוא ישמעאלי ולא עקיבאי. אז כעת עולה השאלה מדוע כאן הוא דרש ׳מיעוט וריבוי׳ ולא ׳פרט וכלל׳?

תוס׳ טוען שלר״א המבנה הרווח של ׳כלל ופרט וכלל׳, נדרש אחרת מהמקובל אצל ר״ש. אם אפשר להשמיט את הכלל הראשון אז הוא דורש אותו ב׳פרט

וכלל ופרט׳ (שהתוצאה היא דומה מאד ל׳כלל ופרט וכלל׳, כפי שנראה להלן). ואם אי אפשר להשמיטו הוא דורש אותו ב׳ריבוי ומיעוט וריבוי׳.

[ור״י בתוס׳ מסביר שר״א הוא עקיבאי, ורק במופע של ׳פרט וכלל ופרט׳ הוא לא דורש בריבוי ומיעוט. אם הוא היה דורש זאת, הוא לא היה דורש את הפרט האחרון כראב״ע. מאידך, כיון שמופע של ׳פרט וכלל ופרט׳ אינו קאנוני מבחינתו, הוא דורש אותו רק אם אין דרשה מיוחדת לפרט האחרון. שוב, המסקנה היא ש׳פרט וכלל ופרט׳ נדרש לפי ר״א רק כשהפרט האחרון הוא מיותר.]

לשיטה זו ר״א שייך לדבי ריי״ש. רק מבנה של ׳פרט וכלל ופרט׳ הוא לא מקבל (וכבר הערנו שזהו מופע יחיד בספרות חז״ל של דרשה שבנויה על מבנה כזה). לכן הוא רואה את הפרט האחרון כמיותר שמיועד לדרשה כלשהי, ודורש ב׳מיעוט וריבוי׳ את שני הרכיבים הראשונים. או שאת כל המבנה הזה הוא דורש במיעוט וריבוי, והפרט האחרון מיועד רק להוביל אותנו לדרוש כך. הדבר תלוי בשני התירוצים שהגמרא הביאה למעלה לגבי ראב״ע. אם הוא סובר כר״א, נראה שגם ר״א סובר כמותו, ואז הפרט האחרון נדרש לדינו של ראב״ע. ואם ראב״ע אינו קשור לר״א, אז גם אין לקשור את ר״א עם ראב״ע.

ואולי כאן הוא לא רואה מקום למבנה של ׳פרט וכלל ופרט׳ כי יש שני צדדים, ולכן הוא יוצא זהה למבנה של ׳כלל ופרט וכלל׳. ואם התורה כותבת אותו באופן כזה הרי יש לדרשו במיעוט וריבוי, ואת הפרט לדרוש לחוד. במקרים אחרים שיש שלושה צדדים, שם ראינו בסוגיית עירובין שיהיה הבדל בין שני סוגי השלשות, ולכן הוא ידרוש גם פרט וכלל ופרט.

המשך הגמרא

כעת הגמרא רוצה להביא מקור שלר״א יש דרשת ׳פרט וכלל ופרט׳. אך אפריורי לא ברור כיצד ניתן להביא מקור לכך שדורשים ׳פרט וכלל ופרט׳, הרי הגמרא לכל היותר יכולה להביא פסוקים שבנויים באופן כזה, ובהחלט אפשרי שר״א ידרוש את כולם במיעוט וריבוי כמו כאן.

על כן נראה שהגמרא מחפשת היכן לפי ר״א בכלל ניתן לדרוש זאת. כלומר ההנחה היא שכאן הוא פשוט לא יכול להפעיל זאת, אבל במקומות שזה אפשרי הוא כן יפעיל זאת. לדוגמא, במקרה שאין צורך בפרט האחרון, אז הוא יידרש במבנה של ׳פרט וכלל ופרט׳.

סיכום כללי קצר

ראינו שיש שתי לישנות שנחלקו ביניהן, ולפי הצעתנו הויכוח הוא האם דורשים בשיטת בתרא דווקא או קמא דווקא. ראינו בסיכום של סוגיית עירובין, שיש שתי אפשרויות ללמוד מבנה משולש כמו ׳פרט וכלל ופרט׳, וזה תלוי האם פרטא קמא דווקא (=ואז יוצא שני צדדים) או פרטא בתרא דווקא (ואז יוצא צד אחד פחות מאוסף כל הצדדים). הדרשה בסוגייתנו היא ׳פרט וכלל ופרט׳, והזכרנו למעלה שיש מחלוקת האם היא מרבה שני צדדים או שלושה (פרי, או פרי ופסולת פרי). זה בדיוק מקביל למחלוקת שראינו בסוגיית עירובין.

הנחתנו היתה שהדיאגרמה היא קונצנטרית (האפשרויות האחרות שעלו בתוס׳ נדחו). לכן הדיונים הם אך ורק סביב השאלה האם מדמים בשני צדדים או בשלושה.

נסכם כעת את היחס בין הפקטורים למימדים:

	פקטור/מימדים	פרי	פסולת	עץ הגפן
.1	ענבים לחים ויבשים, יין ושיכר: פרי גמור שכתוב (ואולי גם פרי מפרי)	1	1	1
.2	חרצנים וזגים: פרי שכתוב שאינו ראוי לאכילה	1	1	1
.3	מה שבין חרצנים לזגים (רש"י. או ענבים קטנים – תוס'): פרי שראוי ולא כתוב	1	1	1
.4	חומץ: מחלוקת אם פרי או פסולת. כתוב	0 אולי במחלוקת?	1	1
.5	גוהרקי (בוסר או ענבים דקים): פרי לא גמור, שלא כתוב	1 (1/2)	1	1
.6	דכרין (ענבים שהתליעו): פסולת פרי שלא כתובה	0	1	1
.7	גוף הגפן שראוי לאכילה: עלים ולולבים (=ענפים דקים), שהם לחים וראויים לאכילה[16]	0	0	1
.8	גוף הגפן שלא ראוי לאכילה: שבישתא (זמורות, ענפים ועלים יבשים)	0	0	1

[16] בסוף הסוגיא, לה ע"ב, מחלקים בין עלים ללולבים, לפחות לפי מי שדורש ריבוי ומיעוט. אבל במהלך הסוגיא אין חילוק, ולכן לא חילקנו אותם כאן.

הערה נוספת היא שכאן הקונטכסט (כל מה שקשור לעץ הגפן) נלקח בחשבון כצד בפני עצמו, וזאת בניגוד לסוגיית עירובין (שכלל המזון, 'כל אשר תאוה נפשך' אינו נחשב כצד בפני עצמו). ייתכן שההסבר הוא שבעירובין יש לנו שלושה צדדים גם בלי הצד הטריביאלי (הכללי), ולכן לא לוקחים אותו בחשבון. אבל כאן בלעדיו יש רק שני צדדים (פרי ופסולת פרי), ולכן גם הוא נספר בחשבון. ההנחה היא שבכל דרשה חייבים להיות לפחות שלושה צדדים, כי בפחות מזה מתלכדות כמה אפשרויות (מהטבלא של סוגיית עירובין).

שתי הדרשות בהמשך הסוגיא: תיאור כללי

כעת הגמרא עוברת לדון במקור לדרשת 'פרט וכלל ופרט' לפי ר"א, והיא מביאה שתי דרשות שיכולות להוות מקור כזה. לא נעסוק כאן בדרשות הללו כשלעצמן, שכן מוקדשות להן סוגיות בפני עצמן. לכן רק נתאר אותן כאן בקצרה:

א"ר אבהו, נפקא ליה מהאי קרא: +שמות כב+ וכי יתן איש אל רעהו חמור או שור או שה - פרט, וכל בהמה - כלל, לשמור - חזר ופרט, פרט וכלל ופרט אי אתה דן אלא כעין הפרט.

וברש"י שם:

כי יתן איש אל רעהו חמור או שור או שה פרט וכל בהמה כלל - ואפילו דובים ואריות לשמור חזר ופרט אי אתה דן אלא כעין הפרט דאהני פרטא בתרא למידי דבר שמירה הוא דנשבעין עליהן כגון נמי עופות יצאו דובים ואריות דלאו בני שמירה נינהו שאין להם תרבות.

יש כאן פרט – "חמור או שור או שה", ואח"כ כלל – "וכל בהמה". עד כאן היינו מרבים הכל – כולל אריות וחיות (כלומר אפילו מעבר לבהמה שהיא הכלל עצמו). אבל כאן לבסוף מופיע "לשמור" – שזה נתפס כפרט (וברש"י: כי מדובר בדברים שהם בני שמירה, כלומר בני תרבות). הפרט בסוף חוזר וממעט, ומשאיר אותנו עם קבוצה רחבה יותר, אבל רק של דברים שהם בני שמירה, כגון עופות.

כמה צדדים אנחנו רואים כאן? הפרט הוא "חמור או שור או שה". אלו בעלי חיים הולכי ארבע, שהם בני תרבות. הרחבה בצד אחד כוללת את כל בעלי החיים, כולל עופות וחיות (שאינן בנות תרבות). הרחבה בשני צדדים כוללת רק עופות (בעלי חיים שאינם הולכים על ארבע אבל הם בני תרבות), אבל לא את האריות (בעלי חיים הולכי ארבע שאינם בני תרבות).

נראה בבירור שהליכה על ארבע אינה צד רלוונטי (שהרי מדובר על חובת שמירה כלפיהם, ולכן זה סביר מאד), שהרי אם זה היה צד, אז מעמדן של החיות (אריות) היה בדיוק כמו העופות, ששניהם דומים בשני צדדים. אם כן, יש כאן רק שני צדדים: בעלי חיים, ובני תרבות.

מי שדורש כאן 'פרט וכלל ופרט' ממעט חיות שאינן בנות תרבות, ומרבה עופות. שוב, זהו מצב ביניים. מסתבר שבגלל שיש כאן שני צדדים רלוונטיים, הרי שגם כאן דרשה במידת 'כלל ופרט וכלל' היתה נותנת את אותה תוצאה. ואכן במקבילות יש כאן דרשת 'כלל ופרט וכלל'.

כעת רבא מביא מקור אחר:

> ***רבא אמר, נפקא ליה מהאי קרא: +ויקרא א+ ואם מן - פרט, הצאן - כלל, כבשים ועזים - חזר ופרט, פרט וכלל ופרט אי אתה דן אלא כעין הפרט.***

וברש"י שם:

> ***מן פרט הצאן כלל - ואפי' רובע ונרבע מוקצה ונעבד ואתנן ומחיר שכשרין לקרבן.***
>
> ***מן הכשבים ומן העזים חזר ופרט - דלא משמע ליה כללא כמו צאן ואימעיטו להו כל הני ואיתרבו לה כגון נעבדה בהם עבירה כגון החורש בשור ובחמור ושחרש בו בשבת.***

כלומר ריבו דברים שנעברה בהם עבירה, אבל לא כל דבר אסור (כמו מוקצה ונעבד ואתנן ומחיר). שוב, יש כאן מצב ביניים.

כעת הגמרא ממשיכה לברר כיצד יש כאן מבנה של 'פרט וכלל ופרט':

> ***אמר ליה רב יהודה מדיסקרתא לרבא, ולילף מן הדין קרא: +ויקרא א+ מן - פרט, הבהמה - כלל, בקר וצאן - חזר ופרט, פרט וכלל ופרט***

אי אתה דן אלא כעין הפרט! א"ל: מן האי ליכא למשמע מינה, דאי מהתם, הוה אמינא הבהמה - חיה בכלל בהמה. א"ל: חיה בכלל בהמה? הא כתיב בקר וצאן, והוה ליה פרט וכלל, ואי אתה דן אלא כעין הפרט.

אם כן, גם משם ניתן ללמוד באותה צורה.

גיבוש והמשגה של מידות 'כללי ופרטי' השונות

כעת הגמרא שואלת מנין שבאמת דורשים במבנה כזה כעין הפרט:

ומנלן דהכי הוא? דתניא: +דברים יד+ ונתת הכסף בכל אשר תאוה נפשך - כלל, בבקר ובצאן וביין ובשכר - פרט, ובכל אשר תשאלך נפשך - חזר וכלל, כלל ופרט וכלל אי אתה דן אלא כעין הפרט, מה הפרט מפורש פרי מפרי וגידולי קרקע, אף כל פרי מפרי וגידולי קרקע.

ופירש"י שם:

דתניא ונתת הכסף וגו' אף כל פרי מפרי וגידולי קרקע - ואיתרבו להו עופות ואימעיטו להו דגים שאין גדילין על הקרקע כדמפרש במסכת עירובין בפרק בכל מערבין.

כלומר המבנה הזה מרבה עופות וממעט דגים שלא גדלים בקרקע.

אמנם יש לשים לב שזהו מבנה של 'כלל ופרט וכלל', ולא של 'פרט וכלל ופרט'. לכן נראה שכוונת הגמרא היא להקשות מדוע שני המבנים הללו שונים זה מזה, או כיצד עלינו לדרוש כל אחד מהם.

עוד יש להעיר שמובאת כאן הברייתא מסוגיית עירובין שמניחה את שיטת כללא בתרא דווקא, ולכן דורשת בשני צדדים. כפי שראינו בסוגיית עירובין, אם כללא קמא דווקא אז דורשים בשלושה צדדים. תחת ההנחה הזו, במבנה של 'פרט וכלל ופרט' המסקנה היא הכללה בשלושה צדדים. וזה יוצא לא כמו הדרשה שהובאה לעיל (לגבי נזיר), שכן שם התנא במשנה הכליל בשני צדדים (פרי ופסולת פרי), ונראה שהוא סבר פרטא קמא עיקר. אמנם למסקנתנו למעלה ראינו שבלישנא שמכלילים רק פרי גמור - הוי שלושה צדדים לפי

שיטת בתרא דווקא, וכבר הערנו שזוהי הדרשה שנותרה למסקנה, ואז הכל א״ש.

ואולי יש כאן מקום להשוואה בין דרשה של ׳פרט וכלל ופרט׳ לפי שיטת קמא דווקא, עם דרשה של ׳כלל ופרט וכלל׳ לפי שיטת בתרא דווקא. בשני המקרים דורשים דמיון בשני צדדים. זה מסביר גם את המעבר בין קמא דווקא לבתרא דווקא, וגם בין ׳פרט וכלל ופרט׳ שהוא נושא הסוגיא עד כאן, למבנה של ׳כלל ופרט וכלל׳, שהוא המבנה שנדרש כאן.

כעת הגמרא מבררת את המבנה של ׳כלל ופרט וכלל׳:

מכדי כלל ופרט וכלל כעין פרטא דיינינן, כללא בתרא מאי אהני? אהני לאוסופי כל דדמי ליה.

כלומר הכלל בתרא בא להוסיף כל מה שדומה לפרט. אמנם מכאן משמע שללא הכלל בתרא היינו ממעטים יותר מאשר כעין הפרט. הקושיא כאן מניחה שהביטוי ׳כעין הפרט׳ מבטא היעדר הכללה, ואז שואלים מהו ההבדל בין ׳כלל ופרט׳ לבין מבנה משולש? והמסקנה היא שגם ׳כעין הפרט׳ הוא סוג של הכללה, אלא שזוהי הכללה מוגבלת להיות ׳כעין הפרט׳ (שניים או שלושה צדדים).

וברש״י כאן מסביר:

מכדי כלל ופרט וכלל כעין פרטא דיינינן כללא בתרא מאי אהני אהני לאוסופי ליה - ואפילו מצד אחד כגון דגים דפרי מפרי הן אבל אינן גידולי קרקע דאי ליכא כללא בתרא ה״א דאין בכלל אלא מה שבפרט.

הכלל האחרון בא לרבות מה שדומה מצד אחד (כמו דגים – שהם פרי מפרי אבל לא גידולי קרקע) ולא רק מה שדומה משני צדדים (כמו עופות – שהם פרי מפרי וגידולי קרקע). כלומר למסקנה הדגים נכללים בריבוי. לא ברור כיצד זה מתיישב עם מסקנת הסוגיא בעירובין שלמסקנה אינה כוללת דגים אלא רק עופות. ייתכן שזה הולך כשיטה שעלתה שם ונדחתה.

כעת עוברת הגמרא לברר מדוע באמת נדרש הפרט האחרון במבנה של ׳פרט וכלל ופרט׳:

ותו, פרט וכלל ופרט כעין הפרט דיינינן, פרטא בתראה מאי אהני? אי לאו פרטא בתראה, ה"א נעשה כלל מוסף על הפרט.

נראה שלאחר המסקנה של הקטע הקודם, שהביטוי 'כעין הפרט' אינו מצמצם אלא מרחיב, כלומר שגם הוא מבטא סוג של הכללה, כעת עולה שאלה הפוכה: מה מוסיף לנו פרטא בתרא, הרי בכל מקרה אנחנו מרחיבים הרחבה מוגבלת ל'כעין הפרט'? וכעת עונים את התשובה ההפוכה: אם היה רק 'פרט וכלל' היינו מרחיבים בלי הגבלה (כלל מוסף על הפרט), והמבנה המשולש אומר לנו לעשות הכללה מוגבלת.

לכאורה כל המהלך כאן מבוסס על תפיסת קמא דווקא, והוא מתחיל בהבנה ש'כעין הפרט' פירושו אי הכללה, ולאחר מכן בתפיסה ההפוכה שהוא הכללה גמורה. לכן בהתחלה תוהים על תפקידו של מבנה 'כלל ופרט וכלל', ואח"כ תוהים על מבנה של 'פרט וכלל ופרט'.

ובסוף המהלך הגמרא מבררת את ההבדל בין שני המבנים הללו עצמם:

ומכדי תרין כללי ופרטא ותרין פרטי וכללא (כללא) כעין פרטא דיינינן, מאי איכא ביני וביני?

לאחר שהגענו למסקנה ששני המבנים המשולשים תפקידם נמצא בתווך, בין 'כלל ופרט' לבין 'פרט וכלל', אנחנו שואלים מדוע צריך את שניהם? מה ההבדל בין שניהם?

הגמרא מתרצת:

איכא, דאילו תרתין כללי ופרטא - אי איכא פרטא דדמי ליה אפילו בחד צד מרבינן, תרי פרטי וכללא - אי איכא פרטא דדמי משני צדדין מרבינן, בחד צד לא מרבינן.

הגמרא קובעת שיש הבדל בין שני סוגי הדרשות: 'כלל ופרט וכלל' מרבה בצד אחד, כלומר ברדיוס הכללה רחב יותר מאשר 'פרט וכלל ופרט', שמרבה בשני צדדים.

כעת כבר די ברור שזה הולך למ"ד בתרא עיקר (ראה בטבלא בסיכום סוגיית עירובין). ולכן יש לפרש גם את הקטע הקודם בצורה הפוכה: אמנם הגמרא תוהה מה מוסיף הכלל/הפרט האחרון, אבל אין כאן בהכרח הנחה שקמא

עיקר. התהייה היא מה ההבדל בין מבנה כפול למשולש. לאחר שהבנו מה ההבדל אין הכרח לומר שדורשים את המבנים המשולשים בשיטת קמא דווקא. להיפך מכאן רואים שיש לדרוש אותם בשיטת בתרא דווקא. וזה מחזק עוד יותר את טענתנו ממהלך הסוגיא שלמסקנה גם היא דורשת בשיטת בתרא דווקא, וכלישנא בתרא (פרי גמור).

לפי זה גם ברור מדוע הגמרא בשלב הנוכחי מביאה מקור לדרשת 'פרט וכלל ופרט' מדרשת נזיר שנדרשת ב'כלל ופרט וכלל'. לפני הבירור שנעשה כאן, עוד לא היה הבדל בין שני המופעים המשולשים. ההבדל הזה התגבש רק בשלב הבא של הסוגיא. גם שתי הדרשות הקודמות שמוצגות כאן כדרשות של 'פרט וכלל ופרט', במקבילות הן מוצגות כדרשות 'כלל ופרט וכלל', שכן לאחר שנוצרה ההבחנה בין שתי המידות הללו, כעת הסיווג מתחדד. הסוגיות המקבילות הן כנראה מאוחרות יותר, לאחר שהתגבשה ההבחנה הזו והתחדד ההבדל בין שני המופעים המשולשים.

אמנם יש להעיר על דברינו, שאם אכן הסוגיא כאן הולכת לשיטת בתרא דווקא, אזי היה עלינו להכליל בשני צדדים ('כלל ופרט וכלל') מול שלושה ('פרט וכלל ופרט') ולא בצד אחד מול שניים, כפי שזה מוצג כאן. מאידך, אם הסוגיא כאן נוקטת בשיטת קמא דווקא, אז היחס הבסיסי בין המידות אינו מוצג כאן נכון, שכן לשיטה זו 'כלל ופרט וכלל' מרבה פחות מאשר 'פרט וכלל ופרט'.

לכן נראה שבאמת כאן אנחנו הולכים לשיטת בתרא עיקר. ומכיון שמדובר בסוגיא מוקדמת יחסית, שבה מתואר עצם הגיבוש של חלוקת מידת 'כללי ופרטי' לארבעת הגוונים השונים שכלולים בה, המינוח בעניין זה עדיין אינו אחיד. ייתכן שריבוי ב'צד אחד' במינוח של סוגיא זו, פירושו שזה בצד אחד יותר מצומצם מהריבוי המכסימלי (=שזה עצמו מכונה במינוח הסופי של סוגיית עירובין 'צד אחד'), כלומר מדובר בהכללה של שני צדדים, במינוח של סוגיית עירובין. ואילו המינוח 'שני צדדים' בסוגיא זו משמעותו היא שני צדדים מעבר למינימלי, כלומר שלושה צדדים במינוח של סוגיית עירובין. כאמור, מעבר להבדלי המינוח, ראינו שהתכנים מתאימים לגמרי.

בכל אופן, לפי טענתנו העמימות במינוח היא תוצאה של העובדה שבסוגיא זו תהליך ההתפתחות המדרשי נמצא בשלב קריטי, שבו מתגבש המינוח של 'צדדים' במפת מידות הדרש של 'כללי ופרטי'. כאן נוצרת החלוקה בין המידות השונות, ומובחנות המשמעויות השונות של 'כעין הפרט' (ראה על כך בהקדמה). ולכן בבתי מדרש שונים מכנים את המידות הללו ואת רדיוס ההכללה שלהן במינוח שונה. בשלב מאוחר יותר, בוסגיית עירובין, מוצע כבר מינוח מסודר ושיטתי שמקיף את כל המקרים, וזה כנראה המינוח שנותר להמשך השרשרת ההלכתית.

יש להעיר שלפי המינוח המוקדם הזה, יש רווח סמנטי מסויים. ראינו שמידת 'כלל ופרט' מחייבת לא להכליל כלל, אפילו לא למה שלגמרי דומה (בשלושה צדדים) לפרט שמצוי בכתוב. כינינו זאת לשם הנוחיות 'ארבעה צדדים', כדי שכשייתווסף עוד צד הכללה, על ידי כלל בתרא, נגיע לריבוי של שלושה צדדים (בשיטת קמא דווקא). והוא הדין לגבי 'פרט וכלל ופרט' לשיטת בתרא דווקא. אבל במינוח של הסוגיא כאן אין צורך להגיע למינוח מלאכותי של ארבעה צדדים כדי לתאר מצב בו אין בכלל הכללה. כאן זה יתואר כריבוי בשלושה צדדים, והכוונה היא שאין כלל הכללה.

ההבדל הוא לא בהכרח סמנטי בלבד. השאלה היא האם כשלא מרבים בכלל, עדיין יש מקום לדמות למה שדומה לגמרי, או שכאן אין לרבות מאומה מעבר למה שמצוי בפסוק עצמו. אחת ההשלכה היא לגבי היחס בין דרשות 'כללי ופרטי' לבין דרשה במידת 'בניין אב מכתוב אחד', שאותה הסברנו כהכללה למה שדומה בכל הצדדים.

והנה התוס' כאן מביא בשם הרי"ף:[17]

ורי"ף [מפרש] דהך סוגיא דהכא אליבא דמ"ד כללא בתרא דוקא וה"ל [כעין] פרט וכלל להכי מרבינן דדמי ליה לפרטא אפי' בחד צד [וכן] נמי תרי פרטי וכללא פרטא [בתרא] דוקא וה"ל [כעין] כלל

[17] כנראה צ"ל הר"פ (=ר' פרץ). ראה בשטמ"ק.

ופרט ואהני כללא לרבות [מכעין] הדומה לו מב' צדדין אבל למאן דאמר כללא קמא דוקא וכן פרטא קמא דוקא הוה הדין להפך.

זה נראה בדיוק כמו מה שהסברנו כעת, ורק המינוח כאן בסוגיא הוא שונה. והדברים הללו מאוששים את מה שהצענו בטבלא בסוגיית עירובין, שבאמת קמא דווקא הופך את התמונה, גם לגבי 'פרט וכלל ופרט' וגם לגבי 'כלל ופרט וכלל'. קביעה זו מתיישבת היטב עם מסקנתנו בסוגיא, שגם לגבי איסורי נזירות הולכים כאן למסקנה בשיטת בתרא דווקא.

יש מקום לדון האם מה שהסוגיא הזו מניחה (בהתחלה) שאין מקום לדרוש מופע משולש ב'ריבויי ומיעוטי', או מופע כפול ב'כללי ופרטי', גם זה חלק מאותה התגבשות. בשלב מאוחר יותר נוצרו שני בתי המדרש (דבי ר"ע ודבי ריי"ש), ושם היה ברור שזה לא הבדל בין מופעים מקראיים אלא בין צורות התייחסות למופעים אלו. אלו שתי שיטות לדרוש את התורה, ולא דרשות מוסכמות למופעים מקראיים שונים. כלומר גם החריגה הזו בסוגיא היא תוצאה של העובדה שמדובר כאן בסוגיא קדומה, ואין לשפוט אותה לפי המינוח שהשתגר בסוגיות מאוחרות יותר.

מה עם מקרה של שני צדדים?

נבחן כעת את המקרה בו יש שני מימדים ולא שלושה. במצב כזה, 'כלל ופרט' מרבה בשלושה צדדים (כלומר רק מה שממש כתוב בפסוק, ללא הכללה כלל), ו'פרט וכלל' מרבה בצד אחד. כעת נוכל לראות שמבנה של 'כלל ופרט וכלל' נותן: כללא קמא עיקר - הכללה בשני צדדים, כללא בתרא עיקר – שני צדדים. ומבנה של 'פרט וכלל ופרט' נותן: פרטא קמא עיקר – שני צדדים. פרטא בתרא עיקר – שני צדדים. כלומר כשיש שני מאפיינים כל הדרשות לכל השיטות מרבות בשני צדדים. כפי שראינו, בציור כזה באמת אין שום הבדל אם דורשים קמא או בתרא עיקר, ואין הבדל בין 'כלל ופרט וכלל' לבין 'פרט וכלל ופרט'.

למעלה ראינו שאולי קושיית הגמרא כאן שהקשתה מה ההבדל בין שני סוגי השלשות, התבססה על מצבים כאלה, ולכן שאלה מה בין זה לזה. ועל כך היא

ענתה שבשלושה מימדים, כמו במקרים של נזיר ועירובין (ששניהם מובאים כאן), יש הבדל.

ובתוד"ה 'מכדי', כאן, הקשה:

ואם תאמר ההוא קרא דכי יתן וגו' דרשי ליה רבנן [בכלל] ופרט וכלל ובעו דבר הדומה לו מב' צדדין דהוי דבר המיטלטל וגופו ממון דהא ממעטי קרקעות אע"פ שגופן ממון וכן שטרות אף על פי שמטלטלין הואיל ואין גופן ממון אלמא אפילו בתרי [כללי] ופרטא בעינן שני צדדין ור"א דריש לההוא קרא בפרט וכלל ופרט וממעט נמי קרקעות ושטרות אלמא דהמדות הללו שוות וי"ל דלפי מה שפירשתי ניחא דרבנן סברי כללא קמא דוקא ודמי לכלל ופרט ואהני כללא בתרא לאתויי הדומה לו משני צדדין ור"א סבר פרט [בתרא] דוקא והוי כמו כלל ופרט ואהני פרטא קמא לרבויי כל הדומה לו מב' צדדין.

תוס' כאן מסבירים שבמקרה שבו יש רק שני צדדים שתי הדרשות יוצאות זהות, בדיוק כמו שראינו לעיל. אמנם לפי הניתוח שלנו נראה שזה כלל לא תלוי בשאלה האם קמא עיקר או בתרא עיקר, ודברי תוס' בזה צע"ק.

כעת תוס' מביא עוד תירוץ:

ועי"ל דהני תרין צדדין דאיתנהו בקרקעות ושטרות ומטלטלין וגופן ממון שקולין הן וחשובין כחד צד הלכך בין לרבנן דדרשי תרי כללי ופרטא בין ר"א דדריש תרי פרטי וכללא בעי' הנך ב' צדדין דכיון שהצדדין חשובין [כחד] הי מינייהו מפקת

כאן נראה שנכנסת העובדה שמדובר בצדדים לא קונצנטריים. את זה נצטרך לבדוק כשנלמד את הדרשה הזו במקומה.

הערה על המחלוקת המתודולוגית

הגמרא מסיימת במחלוקת המתודולוגית בין דבי ר"ע לבין דבי ריי"ש, האם לדרוש 'פרט וכלל' או לדרוש 'מיעוט וריבוי':

מכדי פרט וכלל נעשה כלל מוסף על הפרט ואיתרבי כל מילי, ומיעט וריבה נמי ריבה הכל ואיתרבי כל מילי, מאי איכא בין מיעט וריבה

לפרט וכלל? איכא, דאילו פרט וכלל - מרבינן אפילו עלין ולולבין, ומיעט וריבה - לולבין אין, עלין לא.

כאן מופיע פתאום הבדל בין לולבין ועלים. ראה ב**שטמ"ק** ובתוס' כאן. את זה נשאיר לשלב בו נדון בריבוי ומיעוט.

נספח: בחזרה לרשימתו של רי"ש

לגבי מעמדה של מידת 'פרט וכלל ופרט', יש לדון מדוע היא אינה מופיעה ברשימתו של רי"ש? יש מקום לומר שההבחנה שלה ממידת 'כלל ופרט וכלל' היא מאוחרת לברייתא דרי"ש, ולכן שם זה עדיין לא הופיע. בשלב ההוא עדיין לא הבחינו בין משמעויות שונות של המונח 'כעין הפרט' (שני צדדים או שלושה צדדים). לכן בשלב ההוא היתה עדיין מידה משולשת אחת.

בהערות להוצאה המוערת של ה**שטמ"ק** נזיר בסוגיא כאן מצאנו:

שבד״ו. 37. עי׳ ק״א, דבכללי הש״ס שבסוף ברכות הקשה אמאי לא חשיב רבי ישמעאל במדות שהתורה נדרשת בהן למדת פרט וכלל ופרט. עיי״ש. אכן, בחי׳ רבנו פרץ דן בזה, והסיק שכיון דשני תורות אלו לחד ענינא אתו למימר שלא נדון מהם אלא כעין הפרט, לחדא מילתא חשיב להו, ולא נקט אלא חדא מינייהו ומינה אתא אידך. וכ״כ הראב״ד בתחלת הפירוש לברייתא די״ג מדות, בפירוש הראשון. וכ״מ בספר כריתות בית ז אות ח שמדה זו בכלל מדת כלל ופרט וכלל. ובהליכות עולם שער ד פ״ב כתב דאין זה כלום, דאפילו יהיו דומות צריך למנותה בפני עצמה, ועוד דבסוגי׳ מוכח דיש הפרש ביניהם, וכתב כפירושו השני של הראב״ד שם, דרבי ישמעאל לא דריש להני קראי דנזיר בפרט וכלל ופרט, ובחי׳ רבנו פרץ שם, כתב שנראה מדעת הראב״ד שחושב לפרט וכלל ופרט מדה בפני עצמה. [ועי׳ אוצר הספרא אות א שהאריך בדברי הראב״ד]. וביבין שמועה כלל קיט הביא פירוש רבנו פרץ ודחה דברי ההליכות עולם, עיי״ש. ועי׳ הליכות אלי כללי הכ׳ אות תמה. 38. וכ״כ תוד״ה איכא (להלן לה,

נזיר אשכנזי, בצלאל בן אברהם - אריאלי, אביגדור עמוד מס 193 הודפס ע״י תכנת אוצר החכמה

ר״פ וסיעתו (הראב״ד ו**הכריתות**) אומרים שבעצם אלו שתי תת-מידות, ולכן אצל ר״יש הן נכללות שתיהן תחת מידת ׳כלל ופרט וכלל׳. בשתיהן הדרשה היא ׳כעין הפרט׳, כלומר הכללה מוגבלת. המשמעות המיוחדת של המונח ׳כעין הפרט׳ בכל אחת משתיהן מגדירה תת-מידה.

ומה שהקשו בעל **הליכות עולם** והראב״ד בפירושו השני, שבכל זאת היה על ר״יש למנות אותן כשתי מידות שונות, מוליך אותנו שוב להצעתנו. שתי המידות הללו נחשבו כשתי תת-מידות של אותה מידה עצמה, ורק בשלב

מאוחר יותר הבחינו ביניהן. לפי דרכנו יש כאן גם מימד כרונולוגי, ולכן המינוח והמנייה משתנים בין המקורות השונים.

פרק עשירי: דרשת 'כלל ופרט וכלל' על פריטים וקבוצה

עיון בסוגיית ב"ק סב

סוגיית ב"ק סב ע"ב – סג ע"א

/מתני'/. מרובה מדת תשלומי כפל ממדת תשלומי ארבעה וחמשה, שמדת תשלומי כפל נוהגת בין בדבר שיש בו רוח חיים ובין בדבר שאין בו רוח חיים, ומדת תשלומי ארבעה וחמשה אינה נוהגת אלא בשור ושה בלבד, שנאמר: +שמות כ"א+ כי יגנוב איש שור או שה וטבחו או מכרו וגו'. אין הגונב אחר הגנב משלם תשלומי כפל, ולא הטובח ולא המוכר אחר הגנב משלם תשלומי ארבעה וחמשה.

גמ'. ואילו מדת תשלומי כפל נוהגת בין בגנב בין בטוען טענת גנב, ומדת תשלומי ארבעה וחמשה אינה נוהגת אלא בגנב בלבד לא קתני, מסייע ליה לרבי חייא בר אבא, דא"ר חייא בר אבא א"ר יוחנן: הטוען טענת גנב בפקדון - משלם תשלומי כפל, טבח ומכר - משלם תשלומי ארבעה וחמשה. איכא דאמרי: לימא מסייע ליה לרבי חייא בר אבא, דא"ר חייא בר אבא א"ר יוחנן: הטוען טענת גנב בפקדון - משלם תשלומי כפל, טבח ומכר - משלם תשלומי ארבעה וחמשה! מי קתני אין בין? מרובה קתני, תנא ושייר.

שמדת תשלומי כפל נוהגת כו'. מנה"מ? דת"ר: +שמות כ"ב+ על כל דבר פשע - כלל, על שור על חמור על שה ועל שלמה - פרט, על כל אבידה - חזר וכלל, כלל ופרט וכלל אי אתה דן אלא כעין הפרט, מה הפרט מפורש דבר המטלטל וגופו ממון, אף כל דבר המטלטל וגופו ממון, יצאו קרקעות שאינן מטלטלין, יצאו עבדים שהוקשו לקרקעות, יצאו שטרות - שאף על פי שמטלטלין אין גופן ממון, יצא הקדש - רעהו כתיב. אי מה הפרט מפורש דבר שנבלתו מטמא במגע ובמשא, אף כל דבר שנבלתו מטמא במגע ובמשא, אבל עופות לא! ומי מצית אמרת הכי? והא שלמה כתיב! אמרי: אנן בבעלי חיים קאמרינן, אימא: בבעלי חיים דבר שנבלתו מטמא במגע ובמשא אין,

דבר שאין נבלתו מטמא במגע ובמשא לא, דהא כל חד וחד כלל ופרט באפי נפשיה דרשינן ליה, אבל עופות לא! א"כ, נכתוב רחמנא חד פרטא. הי נכתוב רחמנא? אי כתב רחמנא שור, הוה אמינא: קרב לגבי מזבח אין, שאין קרב לגבי מזבח לא! ואי כתב רחמנא חמור, הוה אמינא: קדוש בבכורה אין, שאין קדוש בבכורה לא! אמרי: א"כ, נכתוב רחמנא שור וחמור, שה למה לי? ש"מ: לאתויי עופות. ואימא: לאתויי עופות טהורים, דומיא דשה דמטמא בגדים אבית הבליעה, אבל עופות טמאים דלית בהו טומאה, דלא מטמאי בגדים אבית הבליעה - לא! כל ריבויא הוא. וכל היכא דכתב כל ריבויא הוא? והא גבי מעשר דכתיב כל, וקא דרשינן ליה בכלל ופרט! דתני': +דברים י"ד+ ונתת הכסף בכל אשר תאוה נפשך - כלל, בבקר ובצאן וביין ובשכר - פרט, ובכל אשר תשאלך נפשך - חזר וכלל, כלל ופרט וכלל אי אתה דן אלא כעין הפרט, מה הפרט מפורש פרי מפרי וגידולי קרקע, אף כל פרי מפרי וגידולי קרקע! אמרי: בכל - כללא, כל - ריבויא הוא. ואיבעית אימא: כל - כללא הוא, מיהו כל דהכא ריבויא הוא, מכדי כתיב מעיקרא כלל ופרט וכלל, דכתיב: +שמות כ"ב+ כי יתן איש אל רעהו - כלל, כסף או כלים - פרט, לשמור - הדר וכלל, ואי סלקא דעתך האי על כל דבר פשע נמי לכלל ופרט הוא דאתא, נכתוב רחמנא להני פרטי גבי האיך כלל ופרט, על כל דבר פשע למה לי? ש"מ ריבויא הוא.

מבוא

בסוגיא זו נדון בדרשת 'כלל ופרט וכלל' במופע מקראי שהפריטים ברשימה שבו מחולקים לשני חלקים: שלושה פריטים שמהווים קבוצה, ועוד פריט שאינו שייך לקבוצה הזו. אנו נראה שבסוגיא זו כנראה דורשים בשיטת כללא קמא דווקא.

טוען טענת גנב

בפרשת משפטים התורה מצווה אותנו על שומר חינם שטען טענת גנב ושיקר בשבועה, שהוא משלם כפל (כמו גנב אמיתי). וכך היא כותבת (שמות כב, ו-ח):

כִּי יִתֵּן אִישׁ אֶל רֵעֵהוּ כֶּסֶף אוֹ כֵלִים לִשְׁמֹר וְגֻנַּב מִבֵּית הָאִישׁ אִם יִמָּצֵא הַגַּנָּב יְשַׁלֵּם שְׁנָיִם: אִם לֹא יִמָּצֵא הַגַּנָּב וְנִקְרַב בַּעַל הַבַּיִת אֶל הָאֱלֹהִים אִם לֹא שָׁלַח יָדוֹ בִּמְלֶאכֶת רֵעֵהוּ: עַל כָּל דְּבַר פֶּשַׁע עַל שׁוֹר עַל חֲמוֹר עַל שֶׂה עַל שַׂלְמָה עַל כָּל אֲבֵדָה אֲשֶׁר יֹאמַר כִּי הוּא זֶה עַד הָאֱלֹהִים יָבֹא דְּבַר שְׁנֵיהֶם אֲשֶׁר יַרְשִׁיעֻן אֱלֹהִים יְשַׁלֵּם שְׁנַיִם לְרֵעֵהוּ:

מתוך ההקשר ברור שזהו ש״ח, כי הוא נפטר על גניבה. ובכל זאת התורה מחייבת אותו לשלם כפל אם מרשיעים אותו. חז״ל מסבירים שזהו חיוב כפל על מי שטוען טענת גנב ושיקר בשבועה (=טוט״ג). וכך מובא בסוגיית ב״ק קו ע״ב לגבי אבידה:

על כל אבדה אשר יאמר - א״ר חייא בר אבא א״ר יוחנן, הטוען טענת גנב באבדה משלם תשלומי כפל, מאי טעמא, דכתיב על כל אבדה אשר יאמר:

והנה במשנה ב״מ סב ע״ב אנו מוצאים את הדין הבא לגבי תשלומי כפל:

/מתני׳/. מרובה מדת תשלומי כפל ממדת תשלומי ארבעה וחמשה, שמדת תשלומי כפל נוהגת בין בדבר שיש בו רוח חיים ובין בדבר שאין בו רוח חיים, ומדת תשלומי ארבעה וחמשה אינה נוהגת אלא בשור ושה בלבד, שנאמר: +שמות כ״א+ כי יגנוב איש שור או שה וטבחו או מכרו וגו׳.

זהו דין תשלומים שמוטל על גנב רגיל, והוא נלמד מהפסוק של גנב. אבל בגמרא שם מופיע דין שומר פיקדון שטוען טענת גנב (גם הוא מר' חייא בר אבא אריו"ח):

גמ'. ואילו מדת תשלומי כפל נוהגת בין בגנב בין בטוען טענת גנב, ומדת תשלומי ארבעה וחמשה אינה נוהגת אלא בגנב בלבד לא קתני, מסייע ליה לרבי חייא בר אבא, דא"ר חייא בר אבא א"ר יוחנן: הטוען טענת גנב בפקדון - משלם תשלומי כפל, טבח ומכר - משלם תשלומי ארבעה וחמשה. איכא דאמרי: לימא מסייע ליה לרבי חייא בר אבא, דא"ר חייא בר אבא א"ר יוחנן: הטוען טענת גנב בפקדון - משלם תשלומי כפל, טבח ומכר - משלם תשלומי ארבעה וחמשה! מי קתני אין בין? מרובה קתני, תנא ושייר.

יש כאן ויכוח האם דין תשלומי ארבעה וחמישה נוהג גם בטוט"ג או רק בגנב רגיל. סביר שהחידוש של המשנה בב"מ שתשלומי כפל נוהגים בדבר שיש או אין בו רוח חיים, מדבר גם על טוט"ג, ולא רק על גנב.
הדברים מתיישבים היטב עם העובדה שהגמרא לומדת את הדין הזה דווקא מפרשת שומרים (הפסוקים שלמעלה). הנושא שלנו בפרק זה הוא הדרשה הזו.

הדרשה

הגמרא שם לומדת את הדין של דבר שאין בו רוח חיים כך:

שמדת תשלומי כפל נוהגת כו'. מנה"מ? דת"ר: +שמות כ"ב+ על כל דבר פשע - כלל, על שור על חמור על שה ועל שלמה - פרט, על כל אבידה - חזר וכלל, כלל ופרט וכלל אי אתה דן אלא כעין הפרט, מה הפרט מפורש דבר המטלטל וגופו ממון, אף כל דבר המטלטל וגופו ממון, יצאו קרקעות שאינן מטלטלין, יצאו עבדים שהוקשו לקרקעות, יצאו שטרות - שאף על פי שמטלטלין אין גופן ממון, יצא הקדש - רעהו כתיב.

יש כאן דרשת 'כלל ופרט וכלל', כשהפרטים הם שור, חמור, שה ושלמה. הכללים נראים מעט שונים, ולכאורה כללא קמא - 'על כל דבר פשע', וכללא בתרא - 'על כל אבידה', אינם זהים. על פניו הראשון רחב יותר מהשני (השני הוא רק פשעים שהם בגדר אבידה), והשני כלול בראשון. ראינו שבמצב כזה יש צד לראות את השני כפרט, ולא לדרוש 'כלל ופרט וכלל', אלא 'כלל ופרט' בלבד. בכל אופן, להלכה ראינו שאנחנו דורשים 'כלל ופרט וכלל' גם כאשר כללא קמא ובתרא אינם שווים, ולכן זה לא ממש חשוב.

הגמרא כאן מרבה את כל מה שדומה בשני צדדים: דבר המיטלטל וגופו ממון. ומכאן, שאם יש מיטלטל שאין גופו ממון (כמו שטר), או גופו ממון שאינו מיטלטל (קרקע, ועבדים שהוקשו לה)[1], הוא מתמעט ואין בו דין כפל.

לפי המסקנה מסוגיית שבועות נראה שגם כאן צריך לקחת את הצד הטריביאלי הכללי, כדי שיהיו לנו שלושה צדדים: כל החפצים שיכולים להיות אבידה, מיטלטל, גופו ממון. הצד הכללי מכיל את כל המרחב, ושני הצדדים האחרים הם עם חפיפה חלקית ביניהם. כלומר דיאגרמת ון כאן היא בדיוק כמו בסוגיית שבועות.

אמנם לפי זה כאן הדרשה מרחיבה אותנו לשלושה צדדים, ולא לשניים, וזה לכאורה כשיטת כללא קמא דווקא (שנראה ממהלך סוגיית חולין כי אינה להלכה).

היה מקום לומר שהגמרא רואה כאן רק שני צדדים, ולא מתחשבת בצד הטריביאלי. לפי זה יש כאן רק שני צדדים, ולכן הריבוי הוא בשני צדדים (וראינו שבשני צדדים הריבוי הוא כזה בין למ"ד קמא דווקא ובין למ"ד בתרא דווקא). וזה כהצעה שדחינו בסוגיית שבועות (שלא לספור את הצד הטריביאלי). להלן נראה שהאפשרות הזו אינה סבירה בסוגייתנו. אנו נראה שסוגיא זו הולכת בשיטת קמא דווקא.

כעת הגמרא מקשה:

---

[1] זו דוגמא נדירה להיקש שפועל על דרשת 'כלל ופרט וכלל', למד מן הלמד.

אי מה הפרט מפורש דבר שנבלתו מטמא במגע ובמשא, אף כל דבר שנבלתו מטמא במגע ובמשא, אבל עופות לא!

נראה שהגמרא כאן מכניסה עוד צד לבעייה: מטמא במגע ומשא (למעט עופות. ובעצם גם דגים, ועוד בע"ח).[2] אם כן, כעת יש לנו לפחות שלושה צדדים לפי שתי האפשרויות דלעיל. כעת אנחנו יכולים לוותר על התחשבות בצד הטריביאלי, ויש לנו שלושה צדדים גם בלעדיו.

בכל אופן, כעת ודאי הדרשה היא לרבות מה שדומה בשלושה צדדים, כלומר ברור שהיא הולכת בשיטת כללא קמא דווקא, ומכאן ראיה שגם קודם הלכנו בשיטת כללא קמא דווקא, ולכן התוצאה היתה הכללה בשלושה צדדים, כפי שראינו.

עקרונית אפשר היה לענות כבר כעת שאין למעט עופות, מפני שאנחנו מרבים רק מה שדומה בשני צדדים (כשיטת כללא בתרא דווקא). הקושיא מתעוררת רק אם סוברים כללא קמא דווקא (כפי שראינו שמשמע בסוגיא הזו). אלא שכעת נצטרך להסביר למ"ד בתרא דווקא מדוע נבחרו דווקא שני הצדדים הללו בהכללה, ולא צמד אחר?

ונראה שזה תלוי האם הצד האחרון הוא קונצנטרי עם קודמיו או לא. והנה, כל מה שמטמא במגע ומשא נכלל בדבר שמיטלטל שגופו ממון (שהרי הכל בעלי חיים). לכן יש כאן ציור מורכב יותר.

---

[2] בסוגיית נזיר העופות מתמעטים כמי שאינו וולד וולדות הארץ. ואולי רק וולד וולדות הארץ מטמאים במגע ומשא. שם מדברים על השורש העובדתי וכאן בהשלכה ההלכתית.

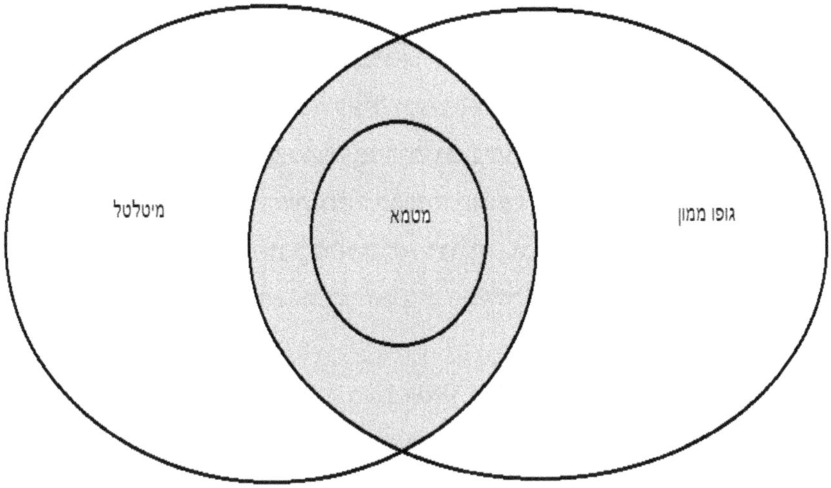

כפי שרואים בציור, האפשרות היחידה לשני צדדים היא רק זו המוצעת בסוגיא. כל התחשבות בדרישה שיטמא במגע ומשא פירושה לדרוש שלושה צדדים. אם כן, יש כאן תשובה פשוטה לשאלה מדוע לא דורשים שיטמא במגע ומשא, אם נלך כשיטת כללא בתרא דווקא. אך הגמרא לא עונה זאת, ושוב נראה שהיא הולכת בשיטת כללא קמא דווקא. אך לשיטת כללא בתרא דווקא באמת הכל מתיישב היטב ולק״מ. בהחלט ייתכן שמקורות מקבילים (כמו סוגיית ב״מ נז ע״ב, שבועות מב ע״ב, מכילתא משפטים מסכתא דנזיקין פט״ו) שכלל לא מעלים את הקושיא הזו ממטמא במגע ומשא, הולכים בשיטת בתרא דווקא. אמנם ייתכן שהם מניחים את מסקנת הסוגיא שלנו (ראה להלן).

רשימה שמורכבת מקבוצה ופרט: האם דורשים כל פרט לחוד?

הגמרא כעת מציעה תירוץ שמסתמך על שלמה:

> ***ומי מצית אמרת הכי? והא שלמה כתיב! אמרי: אנן בבעלי חיים קאמרינן, אימא: בבעלי חיים דבר שנבלתו מטמא במגע ובמשא אין, דבר שאין נבלתו מטמא במגע ובמשא לא, דהא כל חד וחד כלל ופרט באפי נפשיה דרשינן ליה, אבל עופות לא!***

הגמרא דוחה את התירוץ הזה, ואומרת שאי אפשר להתחשב בשלמה, כי אנחנו דורשים את בעלי החיים לחוד ואת השלמה לחוד. זהו מקרה ייחודי, שרשימת הפרטים כוללת קבוצה (שור, חמור ושה) ופרט יחיד (שלמה) ששונה ממנה, והגמרא אומרת שבמקרה כזה דורשים כל אחת משתי תת-הקבוצות הללו לחוד.

רש״י כאן מסביר:

> ***דהא כל חד וחד כלל ופרט[3] באנפיה נפשיה דרשינן ליה - כלומר היכא דאיכא פרטי יתירי כל חד וחד מרבי כעין דידיה ולא דרשינן כולהו בהדי הדדי דליהוי כעין הפרט דשלמה לרבות בעלי חיים שאין נבילתן מטמאה כדאמר לקמן כדתני דבי חזקיה שדי שור בין המצא לתמצא כו׳ שדי חמור בין המצא לתמצא אלמא כל חד וחד באפי נפשיה מדריש.***

רואים ברש״י שני דברים: ראשית, מהראיה שלו רואים שהדרשה היא על כל פריט לחוד, ולא על הקבוצה של בעלי החיים ביחד ועל השלמה לחוד. אמנם נכון לעכשיו זה לא משנה, כי לכל הפרטים בקבוצה הזו יש אותם מאפיינים (וראינו בעירובין שאם יש אותם מאפיינים אין הבדל אם דורשים לחוד או ביחד, שכן תהליך הרזוננס ישאיר רק את התכונות המשותפות). שנית, רואים שתמיד דורשים כל פרט לחוד, ולא צריך אינדיקציה מיוחדת כדי לעשות זאת. לעומת זאת, תוד״ה ׳דהא כל חד׳, כאן סג ע״א, חולק על החידוש השני:

---

[3] המונח ׳כלל ופרט׳ משמש כאן כשם כולל לדרשות מהמשפחה של ׳כלל ופרט׳. הרי כאן מדובר ב׳כלל ופרט וכלל׳. וזו ראיה לדברינו שמדובר בתהליך המשגה שפורט את המשפחה הזו לרשימת מידות מובחנות.

דהא כל חד וחד דרשינן כלל ופרט באפי נפשיה - וא"ת והא לקמן גבי ונתת הכסף דרשינן כולהו פרטי באחת ובפרק קמא דקדושין (ד' יז. ושם) גבי הענקה וי"ל כיון דכתיב על אכל פרטא כדכתיב על שור על חמור על שה על שלמה ש"מ למידרש כל חד וחד פרטא באפי נפשיה אי נמי ע"כ אית לן למידרש כל חד פרטא באפי נפשיה ולמעט עופות דאי לאו הכי לשתוק מכולהו פרטי ולכתוב שלמה לחודיה ותו לא דמשלמה אתי כל מילי בין בעלי חיים בין אינם ב"ח מכלל ופרט וכלל דמשום דהוו ב"ח לא גריעי והשתא בתחילה כשהקשה ואימא מה הפרט מפורש דבר שנבלתו מטמאה כו' הו"מ למפרך קושיא אחריתי לפי מה שסובר דאמרינן מה הפרט מפורש דבר המטלטל וגופו ממון לא לכתוב אלא שלמה לחודיה ולשתוק מכל שאר פרטי אלא הא עדיפא ליה למיפרך שמקשה דאפי' מה שאמר אין אמת.

לדעת בעלי התוס' בד"כ דורשים את כל הפרטים יחד, ורק כשיש אינדיקציה מיוחדת כלשהי דורשים כל פרט לחוד. אינדיקציות כאלה יש כאן במילים 'על', שמופיעות לפני כל פרט ברשימה, ובסוגיית חולין מהמילים 'למינהו', שמייחדות כלל לכל אחד מפרטי הרשימה.

ולדעת רש"י בסוגיות שדורשים את כל הפרטים ביחד כנראה מתחילים אחרי תהליך הרזוננס, כפי שהסברנו בהערה שאחרי הפרק על סוגיית חולין. כלומר לעולם דורשים כל פרט לחוד, ולא צריך אינדיקציה לשונית מיוחדת לכך.

בכל אופן, עד עתה הגמרא נותרת בהצעתה שנדרוש את בעלי החיים לחוד, ונוציא משם שרק מטמאי מגע ומשא מחייבים בטוט"ג, ובע"ח אחרים לא. ולאחר מכן יש לדרוש את שלמה לחוד על הדוממים. כעת בסוגיא אנחנו עדיין בקושיא מדוע לא למעט עופות.

תהליך ההכללה

הגמרא ממשיכה ומסבירה זאת בצריכותא בין הפרטים, שמותירה את ׳שה׳ מיותר, והוא מלמד באם אינו עניין לרבות עופות (דומה מאד למה שראינו בסוגיית חולין):

א״כ, נכתוב רחמנא חד פרטא. הי נכתוב רחמנא? אי כתב רחמנא שור, הוה אמינא: קרב לגבי מזבח אין, שאין קרב לגבי מזבח לא! ואי כתב רחמנא חמור, הוה אמינא: קדוש בבכורה אין, שאין קדוש בבכורה לא! אמרי: א״כ, נכתוב רחמנא שור וחמור, שה למה לי? ש״מ: לאתויי עופות.

ישנה צריכותא, שמכוחה השה נמצא מיותר, וב׳אם אינו עניין׳ הוא מלמד לרבות עופות. זה ממש מקביל לסוגיית חולין, שהסלעם מלמד באם אינו עניין על אלו שראשם ארוך.

לכאורה מדובר כאן בדרשת הצד השווה, ואנו שוללים תכונות שמופיעות באופן הפוך בשני פריטים. אבל כפי שראינו בסוגיית חולין השלב הזה אינו דרשת צד שווה, אלא דרשת ׳כלל ופרט וכלל׳ על כל אחד מהפרטים, שמוליכה לצדדים של הדרשה כולה. אמנם כאן אין פריט ברשימה שהוא מין, ולכן תוצאת הדרשות על הפרטים היא תוצאת הדרשה הכללית.

מההשוואה לסוגיית חולין נראה שגם בתוך הקבוצה של בעה״ח יש לדרוש כל אחד לחוד, וכך גם ראינו בסוגיא לעיל (בין לרש״י – שזה עיקרון כללי, ובין לתוס׳ – שזה בגלל אינדיקציה טכסטואלית מקומית). כעת גם יש צדדים מיוחדים לכל אחד מהפרטים, ולכן יש הבדל אם דורשים לחוד או ביחד.

אם כן, כעת עולה תמונה לפיה הדרשה נעשית מכל פריט לחוד. מהם הצדדים של כל פריט כזה?

- מיטלטל וגופו ממון, אלו שתי תכונות שמאפיינות את כל ארבעת הפריטים, ולכן הם ודאי נחשבים כצד אחד (לאור מסקנתנו מסוגיית חולין, שהרביעייה של המשנה נחשבת כולה כצד אחד).[4]
- לגבי הצד של מטמא במגע ומשא וכן הצד של בעלי חיים, אשר מאפיינים את כל שלושת הפריטים בתת-הקבוצה הזו אבל לא את שלמה, יש לדון. אם אנחנו דורשים את הקבוצה הזו לחוד, אזי כל זה נחשב כצד אחד ומצטרף למיטלטל וגופו ממון (לפחות לפני הרזוננס). אבל אם דורשים כל פרט לחוד ומתעלמים מהחלוקה לקבוצה ופרט נפרד, אז הצדדים הללו צריכים להיספר לחוד, שכן הם לא קיימים בשלמה.
- בנוסף יש עוד צד נוסף לכל פריט לחוד (קרב למזבח, או קדוש בבכורה), ולפריט השני יש את שלילתו (לא קדוש בבכורה, או לא קרב למזבח).[5]

הדרשה משור

התמונה שמתקבלת היא הבאה. סביב שור יש את התכונות הבאות: מיטלטל, גופו ממון, בע״ח, מטמא במגע ומשא, קרב למזבח, לא קדוש בבכורה. זהו מצב מקביל למה שראינו בסוגיית חולין. יש רביעיית תכונות שהיא צד אחד (מיטלטל, גופו ממון, בע״ח, מטמא במגע ומשא), ובנוסף שתי תכונות ייחודיות (כמו גבחת וזנב בסוגיית חולין).

מהי תוצאת הדרשה הזו? כאן הדבר תלוי האם אנחנו דורשים בשיטת כללא קמא דווקא או בתרא דווקא. בסוגיית חולין דרשנו לפי שיטת בתרא דווקא, אבל כאן ראינו שלפחות בתחילת הסוגיא נראה שהדרשה היא בשיטת קמא דווקא. נראה, אם כן, מה עושה כאן הגמרא עצמה.

---

[4] כמובן, אם יהיו רק צדדים משותפים לכל הפרטים, אז לא כולם ייחשבו כצד אחד, שכן זה מנטרל את הדרשה.

[5] זה כמו הראש הקצר, היעדר זנב, או היעדר גבחת בסוגיית חולין. אלו הפרמטרים שייעלמו כאן במהלך הדרשה והפעלת אלגוריתם הרזוננס.

כדי להבין זאת עלינו לצייר את דיאגרמת ון של הצדדים. אם נניח שארבעת התכונות מופיעות כצדדים שונים בדיאגרמה נקבל את התמונה הבאה:

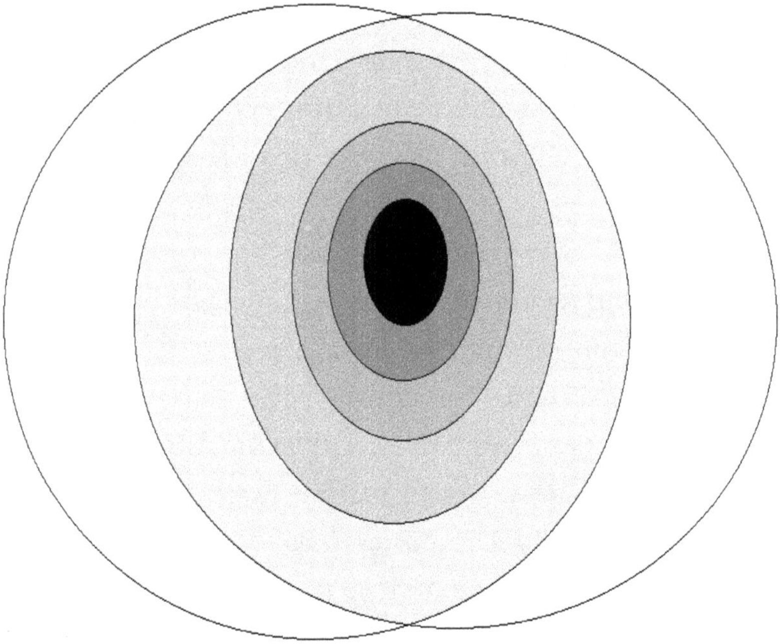

השטח השחור הוא קרב למזבח. הגוון הבא הוא קדוש בבכורה (כולל חמור). השטח שאחריו הוא המטמא במגע ומשא. אחריו בא השטח של בעלי חיים. ואחרי העיגול האחרון ישנו השטח שהוא החיתוך של שני העיגולים הגדולים, מיטלטל וגופו ממון.

לעומת זאת, אם נתייחס לכל הרביעייה כצד אחד, התמונה המתקבלת היא תמונה פשוטה של שלושה עיגולים קונצנטריים.

מעיון בטבלא שבסיכום הביניים שהובא למעלה, יוצא שאם נדרוש בקמא דווקא, התוצאה היא דמיון בכל הצדדים. ובמקרה שלנו זה לא משנה איזה משני הציורים הוא הנכון. התוצאה היא כל מה שקרב למזבח (וכמובן גם קדוש בבכורה).

ואם דורשים בבתרא דווקא, אז הציור הראשון (המסובך יותר) ייתן לנו שני צדדים, כלומר כל מה שמיטלטל וגופו ממון. לכן סביר שגם כאן כמו בסוגיית חולין הגמרא לוקחת את ארבעת התכונות המשותפות כצד אחד, ומתקבל הציור הקונצנטרי. במקרה זה התוצאה היא ריבוי של שני צדדים, כלומר כל מה שקדוש בבכורה.

המצב כאן הוא פשוט יותר מאשר בסוגיית חולין, כי הדיאגרמה היא קונצנטרית, ואין שילובים שונים של צמדי צדדים. כאן לא מתקבל איחוד בין חיתוכים כמו שראינו שם. אמנם באופן סינטקטי ניתן היה להציג גם את התוצאה כאן כאיחוד בין צמדי חיתוכים, אלא שבגלל מבנה הדיאגרמה התוצאה של האיחוד הזה היא בדיוק הקבוצה שתיארנו כאן.

בכל אופן, כאן הגמרא מניחה שתוצאת הדרשה משור היא כל מה שקרב למזבח. כלומר ברור שוב שהיא פועלת בשיטת כללא קמא דווקא, כפי שראינו למעלה. ומכאן שאם היו כותבים רק שור התוצאה היתה כוללת רק מה שקרב למזבח, ולכן צריך לכתוב גם חמור.

הדרשה מחמור

סביב חמור המצב דומה, אלא שהוא קדוש בבכורה ולא קרב למזבח. לכאורה הדיאגרמה המתקבלת לגביו היא אותה דיאגרמה ללא העיגול הפנימי ביותר (=קרב למזבח). נצייר זאת באופן סכמטי:

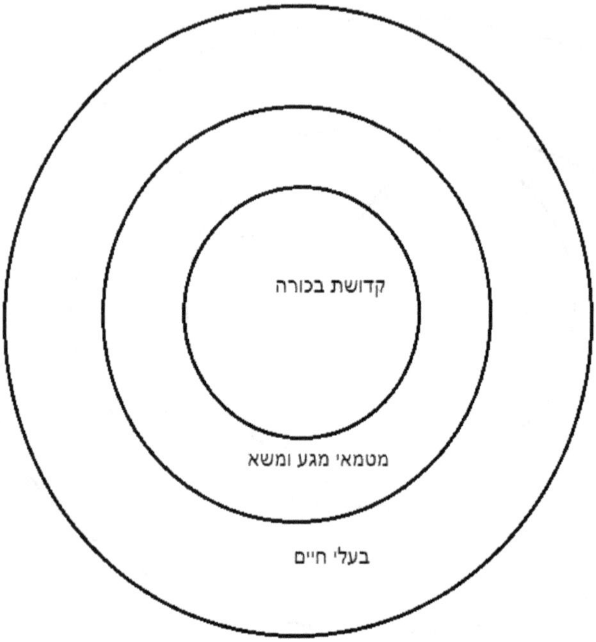

ההנחה כאן, בעקבות רש"י, היא שבע"ח ומטמאי מגע ומשא הם שני צדדים לעניין זה.

אמנם זה לא כל כך פשוט, שהרי כפי שראינו בחולין, בדרשה לגבי חמור יש לקחת בחשבון את התכונה שהוא לא קרב למזבח (ולא לצייר את התכונה קרב למזבח), וזו עיגול שחופף חלקית לקדושת בכורה (חמור קדוש, אבל גמל לא). הדיאגרמה שמתקבלת כעת היא:

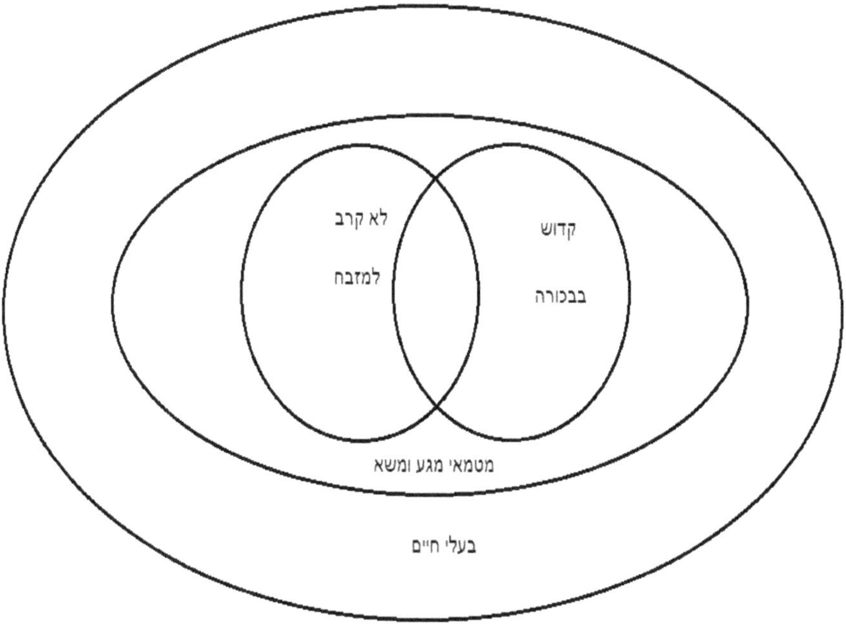

לכאורה לפי שיטת קמא דווקא כאן התוצאה היא כל מה שקדוש בבכורה ולא קרב למזבח. ייתכן שהריבוי כאן הוא מפני שאם היינו דורשים דמיון מלא, כלומר רק מה שקדוש בבכורה ולא קרב למזבח, זה היה משאיר אותנו עם חמור בלבד, והרי אנחנו דורשים 'כלל ופרט וכלל' (ראה בפרק הקודם על סוגיית נזיר, שם הגמרא עצמה קובעת את העיקרון הזה, שאם הקבוצה שמתרבה מהדרשה לא כוללת מאומה מעבר למה שמופיע בפירוש בפסוק, אז עלינו לרבות צד אחד יותר). ועדיין לא ברור מדוע אנחנו מרבים דווקא את מה שקדוש בבכורה ולא את מה שלא קרב למזבח? ואולי היתה לגמרא

אינדיקציה טכסטואלית כלשהי, כמו בסוגיית שבועות, שהורתה לה מה כיוון ההכללה במקרה זה (או שבחרו בכיוון שאנחנו יודעים שהוא נכון, שהרי בפועל כתובים בפסוק גם שור ושה, ואלו קדושים בבכורה וקרבים למזבח. יש לזכור שההסבר כאן כולו הוא הו"א מה היינו עושים לו היה כתוב רק חמור).

והנה התוצאה שמופיעה בגמרא עבור מקרה זה היא לרבות את כל הקדוש בקדושת בכורה. נראה שהציור בו השתמשו היה הראשון. וברש"י כאן מסביר:

> ***קדוש בבכורה - כעין שור ושה הוא דמתרבי מכעין הפרט דחמור דדמי ליה בתלת צדדין בעלי חיים ובבכורה ונבלתו מטמאה אבל צבי ואיל דלא דמי ליה אלא בתרתי לא להכי כתב שור דאם אינו ענין לו תנהו ענין לשאינו קדוש בבכורה דדמי מיהת בתרתי לפרטא ב"ח ונבלתו מטמא ולעולם עופות לא.***

רואים ברש"י שהוא מתייחס לדיאגרמה כאילו היו כאן שלושה צדדים: בע"ח, מטמאי מגע ומשא, קדושת בכורה.

הדברים תמוהים, שהרי מטמאי מגע ומשא ובע"ח הם שני צדדים שכלולים ברביעייה המשותפת ולכן או שהם צד אחד, או שיש למנות גם את גופו ממון ומיטלטל כצדדים רלוונטיים. ייתכן שיש כאן ראיה נוספת למה שהצענו בסוגיית שבועות שכשיש פחות משלושה צדדים אנו לוקחים את הצדדים הטריביאליים, או המשותפים, כצדדים נפרדים ומשלימים לשלושה. אמנם בכל מקרה כל זה לא חשוב, שכן לפי שיטת קמא דווקא התוצאה היא דמיון מוחלט. התוצאה היא דמיון בשלושה צדדים (=כל הצדדים), מפני שהגמרא כאן הולכת בשיטת קמא דווקא.

אם כן, אם היה כתוב רק חמור היינו חושבים שרק הקדוש בקדושת בכורה אבל לא צבי ואייל, שכן אלו דומים רק בשני צדדים (בעלי חיים וטומאה). את שור ושה היינו יודעים גם כך, כי גם הם קדושים בבכורה. אם כן, המסקנה היא שהיה אפשרי לכתוב רק חמור, ושור ושה מיותרים. הייתור מלמד לרבות מי שאין לו קדושת בכורה (כלומר לרבות צבי ואייל). ולכן ממעטים עופות

שאינם מטמאים מגע ומשא וגם אין להם בכורה, כלומר הם דומים בצד אחד פחות.

ריבוי העופות

מה הסיכום של שתי הדרשות הללו יחד? לכאורה רואים שקדושת בכורה אינה פרמטר רלוונטי, וגם לא הכשרות למזבח. אם כן, השה שבפסוק נראה מיותר. כל המאפיינים שלו כלולים כבר במאפיינים של שני קודמיו (חמור ושור), ולכן ברור שהוא בא לרבות ב'אם אינו עניין'.

לכן אם היה כתוב רק חמור ושור היינו מרבים רק מטמאי מגע ומשא, וממעטים עופות. הסיבה היא שהולכים כאן לשיטת קמא דווקא, ולכן דרוש דמיון בכל הצדדים שנותרו (פרט לקדושת בכורה וכשרות למזבח שנמצאו לא רלוונטיים). מהייתור של שה לומדים לרבות גם את מי שאינו מטמא במגע ומשא.

ובכל זאת, תהליך רזוננס

נציין כי עד כאן כל המהלך כאן שונה מסוגיית חולין. לא עשינו רזוננס בכלל, מפני שהצדדים בדיאגרמה הם קונצנטריים, ולכן כאן אין איחוד של חיתוכים וממילא אין צורך בתהליך הרזוננס.

אבל כעת יש לבחון מה דורשים מ'שלמה', שזוהי דרשת "כלל ופרט וכלל' נפרדת. נראה בבירור ש'שלמה' מיועדת כדי לנטרל את הצד של 'בעלי חיים', ולרבות דומם. כיצד זה נעשה?

כאמור בגמרא, הפריט הזה נדרש לחוד, וקבוצת בעה"ח נדרשת לחוד. כפי שראינו בסוגיות הקודמות (כמו בחולין), בפריט בודד לא נכון שהצדדים כולם הם צד אחד, שאל"כ אין אפשרות לדרוש פריט בודד ב'כלל ופרט וכלל'. אם כן, יש ל'שלמה' שלושה צדדים: מיטלטל, גופו ממון ודומם (=לא בע"ח). אם נמשיך להניח שהולכים כאן בשיטת קמא דווקא, הריבוי הוא בכל הצדדים. והתוצאה: כל דבר שמיטלטל וגופו ממון והוא דומם.

כעת עלינו לצרף זאת עם תוצאות הדרשה מקבוצת בעה״ח. מהי התוצאה של הדרשה שם? מיטלטל וגופו ממון ובע״ח (=לא דומם).

כעת מגיע הרזוננס, שמראה שהתכונה של בע״ח אינה רלוונטית. שוב נדגיש כי לא מדובר באיחוד פשוט של קבוצות, אלא ברזוננס. ניתן לראות זאת מהגמרא, שכן מהגמרא עולה שאם בקבוצת בעה״ח היינו מרבים רק מי שמטמא במגע ומשא (כלומר אם היה כתוב רק חמור ושור, בלי שה) לא היינו יכולים כאן לאחד זאת עם שלמה. אם היה כאן איחוד פשוט, אז שלמה כבר היתה מלמדת אותנו שלא צריך בע״ח, ובודאי לא צריך מטמאי מגע ומשא, קרבים מזבח או קדושים בבכורה. הרי לנו שלא מדובר באיחוד קבוצות פשוט אלא בחיבור של תוצאות ׳כלל ופרט וכלל׳ שנעשות לחוד על הפריטים השונים (ובמקרה שלנו על קבוצת בעלי החיים ועל השלמה).

חשוב להבין שלא ניתן להסתכל ישירות על רשימת כל הפריטים בפסוק ולראות מה משותף לכולם ולעשות הכללה פשוטה. כאן באה לידי ביטוי העובדה שדורשים ׳כלל ופרט וכלל׳ בכל פריט לחוד, ולא דורשים דרשה כללית אחת.

אם היינו דורשים דרשה כללית גם שלמה היתה בעניין, וברור שגם עופות היו כלולים. כעת אמנם עופות כלולים אבל כפי שראינו זה רק בגלל הייתור של שה. עוד ראינו שגם צבי ואייל מתרבים רק בגלל הייתור של שור ושה, שהרי קרב למזבח היינו מרבים גם אם היה כתוב רק חמור.

נזכיר שוב שבמקרה שלנו התוצאה הסופית אינה אלא תוצאת הרזוננס. הסיבה לכך היא שכאן אין פריט שהוא מין, ולכן לא נדרשת עוד דרשה כללית אחרי שחולצו הצדדים. ראה בפרק על סוגיית חולין ובסיכום הביניים שאחריו.

קושיא נוספת על ה׳אם אינו עניין׳

כעת הגמרא חוזרת ומקשה:

ואימא: לאתויי עופות טהורים, דומיא דשה דמטמא בגדים אבית הבליעה, אבל עופות טמאים דלית בהו טומאה, דלא מטמאי בגדים אבית הבליעה - לא! כל ריבויא הוא.

כלומר יש כאן צד נוסף, שהעופות הם טהורים. כנראה הצד לעשות זאת הוא מפני שזה דומיא דשה. כלומר יש כאן קושיא על האם אינו עניין, ולא על עצם דרשת ה׳כלל ופרט וכלל׳. השאלה מדוע האם אינו עניין לא מרבה רק עופות טהורים. כעת הגמרא דוחה ואומרת שמדובר בדרשה שאינה ׳כלל ופרט וכללי׳ אלא דרשת ריבוי. המינוח ׳כלל ופרט׳ היה אולי טעות בהבנת הדרשה.

לענייננו זה לא חשוב, שכן המכניזם של הדרשה הוא נכון, אלא שכאן יש פרט ספציפי נוסף ש׳שה׳ הוא מיותר, ולכן עושים ׳אם אינו עניין׳. אבל לולא זה, הדרך הנכונה לדרוש היתה באמצעות דרשה של פריט פריט לחוד, ורזוננס בשלב השני.

בכל אופן, שוב רואים שהדרשה מ׳שלמה׳ לא יכולה למחוק תוצאות של הדרשה מקבוצת בעלי החיים. אם היינו מרבים רק עופות טהורים, השלמה לא היתה מרבה עופות טמאים.

הבירור לגבי ׳כל׳

מייד לאחר מכן הגמרא דנה מדוע ׳כל׳ אינו נדרש בכלל ופרט:

וכל היכא דכתב כל ריבויא הוא? והא גבי מעשר דכתיב כל, וקא דרשינן ליה בכלל ופרט! דתני׳: +דברים י״ד+ ונתת הכסף בכל אשר תאוה נפשך - כלל, בבקר ובצאן וביין ובשכר - פרט, ובכל אשר תשאלך נפשך - חזר וכלל, כלל ופרט וכלל אי אתה דן אלא כעין הפרט, מה הפרט מפורש פרי מפרי וגידולי קרקע, אף כל פרי מפרי וגידולי קרקע!

מכאן רואים שהסוגיא הזו נוקטת כללא בתרא דווקא, שהרי הדרשה הזו מסוגיית נזיר נדרשת כאן לשני צדדים ולא לשלושה (=וולד ולדות הארץ). לכאורה יש כאן סתירה לתחילת הסוגיא. אמנם כאן רצו רק להביא ראיה ש׳כל׳ נדרש ב׳כלל ופרט וכלל׳, בלי להיכנס למכניזם של הדרשה.

הגמרא מביאה שני הסברים מדוע כאן לא דורשים את המילה 'כל' במידת 'כלל ופרט וכלל':

אמרי: בכל - כללא, כל - ריבויא הוא.

המילה 'בכל' היא כלל ונדרשת ב'כלל ופרט', אבל המילה 'כל' היא ריבוי. לא ברור מה ההיגיון שמאחורי הדברים. אולי המילה 'בכל' קושרת את רשימת הפרטים לכלל, ולכן הם נדרשים כיחידה אחת. אבל המילה 'כל' עומדת לעצמה, ומטרתה לרבות מעבר לרשימת הפרטים שבאה אחריה. הם אינם פירוט שלה אלא עומדים לעצמם. ועדיין צ"ע בזה.[6]

ההסבר השני שמביאה הגמרא מדוע לא דורשים כאן 'כלל ופרט וכלל':

ואיבעית אימא: כל - כללא הוא, מיהו כל דהכא ריבויא הוא, מכדי כתיב מעיקרא כלל ופרט וכלל, דכתיב: +שמות כ"ב+ כי יתן איש אל רעהו - כלל, כסף או כלים - פרט, לשמור - הדר וכלל, ואי סלקא דעתך האי על כל דבר פשע נמי לכלל ופרט הוא דאתא, נכתוב רחמנא להני פרטי גבי האיך כלל ופרט, על כל דבר פשע למה לי? ש"מ ריבויא הוא. השתא דאמרת כל ריבויא, כל הני פרטי למה לי?...

הגמרא תולה זאת בכך שבפסוק ו למעלה, יש עוד מבנה של 'כלל ופרט וכלל'. כאן לא ברור מדוע קיומו של עוד מבנה הוא חשוב (כיצד ניתן היה לכלול את דיני שומרים עם דיני טוט"ג). כנראה ששם מדובר על כפל שמשלם הגנב עצמו, וכבר ראינו שיש לו אותו דין כמו טוט"ג, ולכן הגמרא אומרת שהיה על התורה לחבר את שני הפסוקים.

ועוד לא ברור מדוע בכלל הגמרא רואה כאן מבנה של 'כלל ופרט וכלל'? לכאורה אין כאן ביטוי כללי שמתפרט אח"כ.

ועוד קשה, והפעם על שני התירוצים: מדוע העובדה ש'כל' הוא ריבוי, פותרת את הקושי? יש כאן ריבוי שכל מה שיש בו את שני המאפיינים – מיטלטל וגופו ממון, מתרבה. לכאורה כעת ניתן להקשות שוב מדוע לא מרבים סביב שור, חמור, שה ושלמה, רק את העופות הטהורים?

---

[6] ראה על כך את דברי רש"י ותוס' זבחים ח ע"ב, ד"ה 'אלא לזבח', ודברינו בפרק שנים-עשר על סוגיא זו.

ונראה שכוונת הגמרא היא לומר שהכללא קמא, 'על כל דבר פשע', אינו באמת כלל. אחרת הוא היה צריך להיות בלוע במבנה של פסוק ו. אם כן, כעת נותר לנו מבנה של 'פרט וכלל', וזה נדרש לרבות בצד אחד. ריבוי בצד אחד הוא הכללי ביותר, ולכן זה כל דבר שמיטלטל וגופו ממון (זה צד אחד, כי הוא משותף לכל הפריטים). לכן אין לחלק בין עופות טהורים לטמאים.

הערה לסיום: קמא דווקא או בתרא דווקא

ראינו שלכל אורך הדרך, הסוגיא הזו נוקטת בשיטת קמא דווקא. אמנם עיקרון זה עצמו מוליך אותה להתלבט בשאלת הטומאה במגע ומשא. כפי שהערנו, לשיטת בתרא דווקא שאלה זו לא היתה אמורה להתעורר. ובאמת הזכרנו שבמקבילות לא מתעוררת השאלה מטומאת מגע ומשא, וייתכן שזה בגלל שבמקבילות ההנחה היא שבתרא דווקא. זה מתיישב עם הנחתנו שלהלכה אנו נוקטים בתרא דווקא, כפי שראינו בסוגיית חולין ועוד. בכל אופן, העקרונות של הדרשה מתאשרים גם כאן. אנו רואים שגם הדרשות שנוקטות קמא דווקא עושות רזוננס, וגם הן דורשות כל פרט לחוד.

פרק אחד-עשר: 'כלל וכלל ופרט' – 'ריבויי ומיעוטי' אצל דבי רי"ש

מבוא

הזכרנו שישנה מחלוקת עקרונית בין שני בתי מדרש תנאיים, האם דורשים מופעי 'כלל וכלל ופרט' במידות 'כללי ופרטי' (רי"ש),[7] או במידות 'ריבויי ומיעוטי' (ר"ע). הסברנו שהמחלוקת הזו גם היא תוצאה של ניסיונות ההמשגה והפענוח של הדרשות הקדומות, וכנראה שורש שתי השיטות הוא באותן דרשות עצמן.

אחד האישושים החשובים לטענה זו ניתן לראות בכך שבכמה סוגיות אנחנו מוצאים דרשות 'ריבוי ומיעוט' גם אצל דבי רי"ש. הגמרא תולה זאת במופע מקראי מיוחד: 'כלל וכלל ופרט', שלדעה אחת מטילים את הפרט בין שני הכללים ודורשים זאת ב'כלל ופרט וכלל', ולדעת דבי רי"ש דורשים זאת בריבוי ומיעוט. תופעה זו מלמדת אותנו שגם דרשות 'ריבוי ומיעוט' הסתעפו בשלב כלשהו בהיסטוריה מאותו שורש כמו דרשות 'כללי ופרטי', ולכן לא פלא שמשהו מזה נשאר גם אצל דבי רי"ש. בשלב מאוחר יותר התנתקו לגמרי המסורות, ונותרה במערבא דעה שאינה דורשת 'ריבוי ומיעוט' בשום מקרה. בסוגיות שבועות ד-ה, בכורות נא ע"א, חולין סו, וב"ק סד, הבבלי מלמד אותנו שרבי, כמו דבי רי"ש, כן דרשו 'ריבוי ומיעוט' במופעים המקראיים הנ"ל.

---

[7] אמנם לאור העיקרון הזה יש לדון מחדש בדרשת 'כלל ופרט וכלל' בפרשיות מרוחקות. אם הסדר לא חשוב, אז אין סיבה לא לדרוש 'כללי ופרטי' בפרשיות מרוחקות. ברור שדרשות 'כלל ופרט' או 'פרט וכלל' כן נדרשות לפי הסדר, אחרת התוצאות ממש מתהפכות, ולכן שם ודאי חשוב הסדר. אבל במופעים משולשים הדבר צע"ק.
ואולי הכלל שדורשים רק באותה פרשייה נכון לגבי כל ה'כללי ופרטי', אבל באותה פרשייה אם יש מופע משולש הסדר לא חשוב.
ייתכן שההוכחה שמביאה הגמרא שאי מוקדם ומאוחר בתורה מבוססת על דרשות כפולות, ולאחר שהוכחנו זאת זוהי עובדה ידועה. ואכן במופעים משולשים אין צורך לכך, ובאמת אין להביא משם ראיה לעיקרון שאין מוקד ומאוחר בתורה. והדברים עדיין צע"ק.
ראה גם את הדוגמא הנדונה אצל כהנא בפ"ה סעיף 4, ובהערות 104-105 שם.

בפרק זה נבחן את ארבע סוגיות הבבלי שעוסקות בתופעה זו (מתוכן סוגיית בכורות מקבילה לגמרי לסוגיית שבועות, ולכן לא נעסוק בה לחוד). כל אחת מהסוגיות הללו היא קצרה למדיי, ולכן נעסוק בהן באותו פרק בזו אחר זו.

א. סוגיית חולין סו ע"ב – סז ע"א

מבוא

מייד לאחר שהגמרא מסיימת את עיסוקה בכשרות השרצים, היא עוברת לעסוק בדגים, ומביאה שסימני הכשרות שלהם הם סנפיר וקשקשת. מקור הדברים הוא בפסוקים בויקרא יא, ט-יב:

אֶת זֶה תֹּאכְלוּ מִכֹּל אֲשֶׁר בַּמָּיִם כֹּל אֲשֶׁר לוֹ סְנַפִּיר וְקַשְׂקֶשֶׂת בַּמַּיִם בַּיַּמִּים וּבַנְּחָלִים אֹתָם תֹּאכֵלוּ: וְכֹל אֲשֶׁר אֵין לוֹ סְנַפִּיר וְקַשְׂקֶשֶׂת בַּיַּמִּים וּבַנְּחָלִים מִכֹּל שֶׁרֶץ הַמַּיִם וּמִכֹּל נֶפֶשׁ הַחַיָּה אֲשֶׁר בַּמָּיִם שֶׁקֶץ הֵם לָכֶם: וְשֶׁקֶץ יִהְיוּ לָכֶם מִבְּשָׂרָם לֹא תֹאכֵלוּ וְאֶת נִבְלָתָם תְּשַׁקֵּצוּ: כֹּל אֲשֶׁר אֵין לוֹ סְנַפִּיר וְקַשְׂקֶשֶׂת בַּמָּיִם שֶׁקֶץ הוּא לָכֶם:

קל לראות שישנן בפסוקים הללו כמה וכמה כפילויות. בהמשך הסוגיא, שם סו ע"ב, אנו מוצאים דיון בשאלה לגבי אלו מאגרי מים נאמרו סימנים הכשרות של הדגים:[8]

ת"ר: ממשמע שנאמר אכול את שיש לו, שומע אני אל תאכל את שאין לו, וממשמע שנאמר אל תאכל את שאין לו, שומע אני אכול את שיש לו, ולמה שנאן - לעבור עליו בעשה ולא תעשה; +ויקרא י"א+ תאכלו מכל אשר במים מה ת"ל - שיכול, הואיל והתיר במפורש והתיר בסתם, מה כשהתיר במפורש לא התיר אלא בכלים, אף כשהתיר בסתם לא התיר אלא בכלים. מנין לרבות בורות שיחין

---

[8] השווה לדיון בסוף המאמר **מידה טובה** לפ' וארא, תשסה. מובאים שם מדרשים בהם מתנהל דיון בשאלה מה נקרא 'מקווה מים' לעניין דרש אגדה לגבי מכת הדם.

ומערות ששוחה ושותה מהן ואינו נמנע? ת"ל תאכלו מכל אשר במים.

היכן התיר בכלים דכתיב את זה תאכלו מכל אשר במים וגו', בימים ובנחלים הוא דכי אית ליה אכול דלית ליה לא תיכול, הא בכלים - אע"ג דלית ליה אכול.

הגמרא מוכיחה שבשרצים שבכלים עם מים לא צריך סימני טהרה, שהרי הסימנים נאמרו רק על דגים שבנחלים ובימים, ומשמע שבכלים לא. המסקנה היא שבכלים אפשר לאכול גם בלי סימני טהרה.

כעת הגמרא מעלה אפשרות הפוכה:

אימא: בכלים אע"ג דאית ליה לא תיכול!

ישנה אפשרות ללמוד שבכלים אסור לאכול מאומה, אפילו מה שיש לו סימנים. כלומר ההנחה היא שהחידוש בנחלים ובימים הוא לקולא, שכשיש סימנים מותר לאכול, וחידוש זה לא נאמר על כלים.

הגמרא מוכיחה זאת מלשון הפסוק:

לא סלקא דעתך, דכתיב +ויקרא י"א+ וכל אשר אין לו סנפיר וקשקשת בימים ובנחלים מכל שרץ המים, בימים ובנחלים - דלית ליה לא תיכול, הא בכלים, אע"ג דלית ליה - אכול.

הפסוק מדבר על האיסור לאכול בלי סימנים, ומוכח מכאן שהאיסור לא נאמר על כלים (ולא ההיתר).

דרשת 'כללי ופרטי'

כעת מוצעת דרשת 'כלל ופרט וכלל' שמרחיבה יותר מאשר נעיצין וחריצין:

ואימא: במים - כלל, בימים ובנחלים - פרט, כלל ופרט אין בכלל אלא מה שבפרט: ימים ונחלים - אין, נעיצין וחריצין - לא!

כלומר יש כאן דרשת 'כלל ופרט' שמונעת כל הרחבה מעבר לפרטים שבפסוק.

ומסביר רש"י:

חריצין ונעיצין לא - וכ"ש בורות ולמה לי תאכלו מכל אשר במים לאתויי בורות להיתרא.

המילה 'תאכלו' יוצאת מיותרת, כי אין לנו מקור שאוסר בורות ולכן לא צריך פסוק שמתיר אכילה בלי סימנים בבורות.[9]

על כך עונה הגמרא:

במים - חזר וכלל.

ומסביר רש"י:

במים חזר וכלל - תרי במים כתיבי גבי הדדי מכל אשר במים כל אשר לו סנפיר וקשקשת במים.

כלומר ישנו בפסוק מבנה של 'כלל ופרט וכלל', ולומדים ממנו לרבות סביב נחלים וימים. אם היה כאן 'כלל ופרט' היינו לומדים אלא מה שבפרט: רק נחלים וימים. וכשחזר וריבה מכלילים גם לנעיצין וחריצין שדומים לנחלים וימים, וגם לבורות. ולכן צריך את 'תאכלו' כדי להתיר בבורות גם בלי סימנים.

כלומר מבנה משולש כזה, לולא היה כתוב 'תאכלו', מרבה גם חריצין ונעיצין וגם בורות. זה מוסיף עוד צד דמיון מעבר למה שדומה לפרט בכל הצדדים.

לכאורה הניסוח כאן נראה כדרשה שהולכת בשיטת 'קמא דווקא', שכן מתחילים במבנה של 'כלל ופרט' ואח"כ מוסיפים את הכלל הנוסף. ולפי זה ברור שחריצין ונעיצים דומים לגמרי לימים נחלים, ובכל זאת אינם מתרבים בגלל שבמבנה 'כלל ופרט' לא מרבים כלל אפילו מה שדומה בכל הצדדים. ורק לאחר שיש עוד ריבוי מרבים מה שדומה בכל הצדדים, כלומר נעיצין וחריצין.

אך זה אינו הכרחי, וייתכן שזה יתאים גם לשיטת 'בתרא דווקא', ואז נצטרך להסביר שזוהי רק הצגה מתודית של הדרשה. ואכן, לפחות לשיטת רש"י נראה ברור שכאן מדובר בשיטת 'בתרא דווקא', וההוכחה היא שהגמרא מניחה שעלינו לרבות גם לבורות, ולא רק לנעיצין וחריצין, שלולא כן עדיין אין לנו הסבר מדוע נדרשת המילה 'תאכלו' (שבאה להתיר בבורות).

כעת הגמרא מנסה לדחות את הדרשה בכך שהמבנה כאן הוא 'כלל וכלל ופרט':

---

[9] ולמעט כלים ודאי לא נאמר 'תאכלו', מהסיבה שתובהר להלן (שכלים כלל אינם דומים לנחלים וימים, ולכן ברור שלא התרבו מהדרשה).

הני תרי כללי דסמיכי להדדי נינהו!

ועל כך היא עונה:

אמר רבינא כדאמרי במערבא: כל מקום שאתה מוצא שני כללות הסמוכין זה לזה, הטל פרט ביניהם ודונם בכלל ופרט וכלל. במים - כלל, בימים ובנחלים - פרט, במים - חזר וכלל, כלל ופרט וכלל אי אתה דן אלא כעין הפרט, מה הפרט מפורש - מים נובעים, אף כל - מים נובעים, מאי רבי - חריצין ונעיצין לאיסורא, ומאי מיעט - בורות שיחין ומערות להתירא.

ומסביר רש״י כאן:

הטל פרט - הסמוך להם ותנהו ביניהם ודונם בכלל ופרט וכלל ותרבי ביה כל כעין הפרט הלכך אי לאו תאכלו קמא הוה מרבינן בכעין הפרט אפי' בורות דדמו לפרט בהכי שהן מים גדלין על גבי קרקע אבל השתא דכתיב תאכלו קמא דרשינן ליה הכי מה הפרט מפורש מים נובעין אף כל מים נובעים ואיתרבו חריצין ונעיצין לאיסורא כאלו ולא איתרבו בורות.

כלומר זוהי דרשת 'כלל ופרט וכלל', שמלמדת אותנו שבכל יצורי המים הנובעים יש איסור כשאין להם סימני טהרה. חריצין ונעיצין הם מים נובעים וגדלים על הקרקע, ולכן הם דומים לגמרי (בשני צדדים) לנחלים וימים, ולכן בהם נאמרו האיסורים ללא סימנים. ואילו בורות שיחין ומערות הם לא מים נובעים, ולכן הדמיון שלהם לנחלים וימים הוא רק חלקי (בצד אחד, שהם גדלים על הקרקע). אמנם מהדרשה של 'כלל ופרט וכלל' היינו מרבים גם אותם, אבל 'תאכלו' ממעט אותם. לכן למסקנה שם מותר לאכול גם בלי סימנים.

כעת הגמרא מקשה:

ואימא: מה הפרט מפורש - מים גדלין על גבי קרקע, אף כל - מים גדלין על גבי קרקע, ומאי רבי - אפי' בורות שיחין ומערות לאיסורא, ומאי מיעט - מיעט כלים!

ומסביר רש״י:

ואימא מה הפרט מפורש וכו' - דאע"ג דלא דמי ליה לפרטא אלא בחד צד מרבינן דכללא בתרא דוקא.

רש"י מסביר שמכיון שאנחנו דורשים בשיטת 'בתרא דווקא', עלינו לרבות בורות, והמיעוט הוא רק לגבי כלים. לכאורה משמע מכאן שקודם לכן דרשנו בשיטת קמא דווקא, אך זה לא נכון. הגמרא כאן מתכוונת לטעון שאם יש דרשת 'כלל ופרט וכלל' אין אפשרות לצמצם אותה, גם אם כתוב 'תאכלו', ולכן עלינו לדרוש את הדרשה במלואה. לפי זה, המילה 'תאכלו' כנראה תתיישם רק על כלים, שהם שונים לגמרי מנחלים וימים, כי הם לא נובעים ולא גדלים על הקרקע. כלומר היינו מרבים גם כלים, ו'תאכלו' היה ממעט אותם.

על כך עונה הגמרא:

אם כן, תאכלו מאי אהני ליה?

כלומר לא ניתן ליישם את 'תאכלו' על כלים, ולכן האופציה הזו יורדת. מדוע באמת לא ניתן לרבות כלים? מסביר רש"י כאן:

א"כ תאכלו מאי אהני ליה - בלאו איהו נמי כלים לא מיתסרי דהא לא דמו לפרט במידי אלא לאו תאכלו למשרי בורות אתא ולמימרא דלא תרבי בכעין הפרט אלא חריצין ונעיצין דדמו ליה בשני צדדין.

כלים אינם דומים כלל לימים ונחלים, ולכן הם לא מתרבים גם בשיטת 'בתרא דווקא'. ממילא ברור ש'תאכלו' מיושם על בורות ולא על כלים.

נסדר כעת את רשימת הפריטים לפי הצדדים השונים. כשמנתחים את הפריטים (ימים ונחלים) מקבלים שני צדדים רלוונטיים בבעייה (=מימדים):

1. מים שגדלים על הקרקע. 2. מים נובעים.

יש שלושה פקטורים: ימים ונחלים – יש להם את שני הצדדים. נעיצין וחריצים – יש להם את שני הצדדים (דומים לגמרי לפרטים הכתובים). בורות, שיחין ומערות – יש להם רק צד אחד (גדלים על הקרקע. אבל הם לא נובעים). כלים – אין להם אף אחד מהצדדים (לא נובעים ולא גדלים על הקרקע).

מדוע דרשת 'כלל ופרט וכלל' מרבה בורות ולא כלים? מפני שהריבוי בשיטה זו הוא בצד אחד. אמנם אם באמת יש כאן שני צדדים, אז גם דרשה בשיטת 'קמא דווקא' תיתן את אותה תוצאה.

כעת הגמרא מסבירה שר"יש דורש זאת אחרת:

רבי ישמעאל תנא: במים במים שתי פעמים, אין זה כלל ופרט, אלא ריבה ומיעט; במים - ריבה, בימים ובנחלים - מיעט, במים - חזר וריבה; ריבה ומיעט וריבה - ריבה הכל, מאי רבי - חריצין ונעיצין לאיסורא, ומאי מיעט - בורות שיחין ומערות להתירא.

ומסביר רש"י:

במים במים ב' פעמים - הואיל ושני הכללות סמוכין כשתטיל פרט שאחריהם ביניהם מדה בתורה היא שלא תדונם בכלל ופרט אלא ברבוי ומיעוט דלהכי פלגינהו רחמנא לפרטא מכללא דלא תדרשיה בכלל ופרט ואיכא בין ריבה ומיעט לכלל ופרט דכי דרשינן כלל ופרט הוי פרט פירושו של כללא ואין בכלל אלא מה שבפרט ואפי' דבר הדומה לו אין לך להביא וכשכלל לך כלל שני אחר הפרט אהני לאתויי מידי דדמי ליה לפרט אבל כי דרשינן ריבה ומיעט לא פירש המיעוט את הרבוי אלא מיעט שלא תשמע ממנו הכל אלא זה והדומים לו ובלאו רבוי שני הוה מרבינן כל דדמי ליה למיעוטא ואהני רבוי שני לאתויי כל מילי[10] ואהני מיעוטא למעוטי מידי דלא דמי ליה כלל והכי מפרשינן בפ' נגמר הדין (סנהדרין דף מה:) גבי כל הנסקלין נתלין דרבוי ומיעוט לחודיה מייתי כל דדמי ליה בכל מילי.

ומשום דרבוי ומיעוט מידריש איצטריך תאכלו קמא למשרי בורות דאתי ברבוי ומיעוט וריבוי לאיסורא דאילו בכלל ופרט דרשינן ליה לא הוו מתרבו בורות ולא איצטריך תאכלו יתירא דקסבר תנא דבי ר'

---

[10] מרש"י הזה יוצא שגם בשיטת 'ריבויי ומיעוטי' מבנה משולש שונה ממבנה כפול. במבנה משולש אין ממעטים מאומה, ורק 'תאכלו' ממעט כלים. ובמבנה כפול היינו ממעטים כלים כבר מהדרשה עצמה (גם בלי 'תאכלו').

ישמעאל כללא קמא דוקא דלא מרבי כללא בתרא אלא מידי דדמי לפרט בכל צד דהיינו נובעין וה"נ אמרן לעיל גבי כלל ופרט דחגבים לתנא דבי ר' ישמעאל דלא מתרבי ראשו ארוך מכלל ופרט משום דלא דמי בכל צד ואיצטריך סלעם יתירא לרבויי.

הוא מסביר שכאשר יש שני כללים רצופים ואחריהם פרט ('כלל וכלל ופרט'), גם ריי"ש דורש בריבה ומיעט (כמו ר"ע). במצב כזה מרבים הכל, וממעטים רק כלים (שלא דומים בכלל), ולכן צריך את 'תאכלו' כדי למעט גם בורות (כלומר שלא דורשים בהם סימנים).

אבל אם היו דורשים ב'כללי ופרטי', אזי לא היו מרבים בורות כבר מהדרשה של 'כללי ופרטי', כי הם דומים רק בצד אחד, וריי"ש דורש בשיטת 'קמא דווקא. ממילא אם בורות לא היו נאסרים, לא היה צורך ב'תאכלו' בכדי להתירם.

הבעייה היא שלפי רש"י יוצא שלמרות שיש לנו רק שני צדדים בבעייה, בכל זאת בשיטת 'קמא דווקא' יוצא שמרבים בשני צדדים (ולכן זה לא כולל בורות), ובשיטת 'בתרא דווקא' יוצא שמרבים צד אחד (וזה כולל בורות, כמו בשיטת 'ריבוי ומיעוט'). ייתכן שהפתרון לבעייה נעוץ בהמשך הגמרא, שם אנחנו רואים צד שלישי.

כעת הגמרא מקשה:

אימא: מאי ריבה - בורות שיחין ומערות לאיסורא ומאי מיעט - מיעט כלים! א"כ תאכלו מאי אהני ליה?

כאן כנראה עולה האפשרות לדרוש בשיטת בתרא דווקא, ואז גם ב'כללי ופרטי' יוצא שמרבים כלים, ו'תאכלו' נדרש כדי למעט אותם. וזה נדחה כמו קודם, שאין מקום לרבות כלים בדרשת 'כללי ופרטי' כי הם אינם דומים לפרטים שכתובים בפסוק בשום צד.

כעת עולה אפשרות הפוכה:

ואיפוך אנא! כדתני מתתיה, דתני מתתיה בר יהודה: מאי ראית לרבות בורות שיחין ומערות להתירא, ולהוציא חריצין ונעיצין

לאיסורא? מרבה אני בורות שיחין ומערות - שהן עצורים ככלים, ומוציא אני חריצין ונעיצין שאין עצורין ככלים.

הדרשה בריבוי ומיעוט מרבה גם בורות וגם חריצים ונעיצים. כעת בא 'תאכלו' וממעט, והנחנו שהוא ממעט בורות. הגמרא כאן מקשה מדוע לא נאמר ש'תאכלו' בא למעט נעיצין ולא בורות? ועונה שנעיצים דומים לימים ונחלים בעוד צד, שהם לא עצורים. מבחינה זו כלים ובורות אינם דומים לנחלים וימים, כי המים בהם עצורים.

ההנחות של הדרשה: שיטת רש"י

בשולי הדברים אנו רואים שישנו עוד צד רלוונטי לבעייה: בימים ובנחלים המים לא עצורים. במובן הזה חריצים ונעיצין דומים להם, וכלים ובורות לא דומים להם.

התמונה שמתקבלת כעת היא הבאה: יש שלושה צדדים רלוונטיים בימים ונחלים – מים לא עצורים, נובעים, וגדלים על הקרקע. חריצים ונעיצין דומים להם בשלושת הצדדים. בורות דומים בצד אחד (גדלים על הקרקע), וכלים לא דומים כלל. כדי לצייר דיאגרמת ון של צדדי הבעייה, עלינו לבדוק את היחס בזוגות בין כל הצדדים. כל מקור נובע הוא מהקרקע, ולכן בין שני הצדדים הללו יש יחס הכלה. מקווי מים עצורים ולא עצורים יכולים להיות בכל אחד מהסוגים, ולכן לצד של לא עצורים יש חיתוך חלקי עם שני האחרים. דיאגרמת ון שמתקבלת היא הבאה:

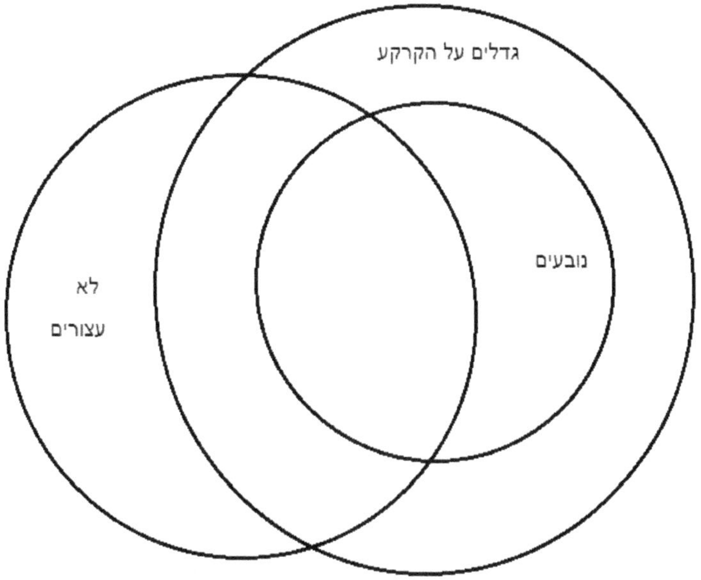

כלים נמצאים מחוץ לדיאגרמה בכלל, ולכן אין אפשרות ללמוד לגביהם כלל. אך, לעומת זאת, בארות הן מאגרים שנובעים ועצורים והמים בהם גדלים על הקרקע, ולכן הם דומים לימים ונחלים בשני צדדים. משום מה הגמרא כאן לא מביאה את הפקטור הזה בכלל (אולי בגלל שאין בו יצורים חיים?!), ולכן באופן מעשי אין משמעות מדרשית למבנה של דיאגרמת ון במקרה זה, וגם אין השלכה לשיטת הדרש ('קמא דווקא' או 'בתרא דווקא').

בשיטת 'קמא דווקא' יוצא שרדיוס ההכללה הוא שלושה צדדים, ולכן מרבים רק נעיצים וחריצין. ובשיטת 'בתרא דווקא' יוצא שרדיוס ההכללה הוא שני צדדים, וזה שוב לא כולל בורות ובודאי לא כלים (אם כי זה יכול לכלול בארות, וכנ"ל). אם נתעלם מהבארות, מבחינת הפקטורים המובאים בסוגיא, אין להבדל בין השיטות כל השלכה הלכתית.

המסקנה היא שכעת שוב אין סיבה להניח שהדרשה כאן היא בשיטת 'קמא דווקא' כפי שכתב רש"י. לכאורה כעת ניתן היה להבין זאת גם בשיטת 'בתרא דווקא', שלא מרבים בורות ולכן אין יישום אפשרי ל'תאכלו' (אלא אם נכניס את הבארות לחשבון), אלא אם דורשים ב'ריבויי ומיעוטי', וכנ"ל. אז מדוע הסוגיא מבחינה בין 'בתרא דווקא' ל'קמא דווקא' לגבי בורות שדומים לפרטים רק בצד אחד בלבד?

מכל זה נראה שהדרשה הקודמת של 'כלל ופרט וכלל' לא הניחה את הצד של מים לא עצורים, שכן זה עולה רק בסוף הסוגיא, והדרשה לעיל התבססה רק על שני הצדדים האחרים (נובעים וגדלים על הקרקע). ההבדל בין התוצאות ההלכתיות בשיטת 'קמא דווקא' לאלו שמתקבלות בשיטת 'בתרא דווקא', נוצר כנראה בגלל שהכניסו לחשבון גם את הצד הטריביאלי (=מקווי מים), כפי שראינו בסוגיית שבועות שכאשר יש בעייה עם שני צדדים עושים לה קאנוניזציה על ידי הוספת הצד הטריביאלי. כעת נוצר מצב קונצנטרי שמתואר בדיאגרמה של שלושה צדדים, באופן הבא:

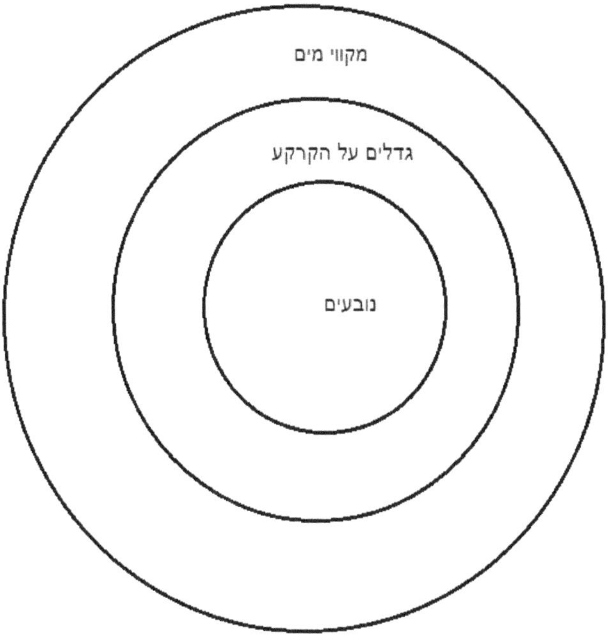

כעת ברור שההבדל בין 'קמא דווקא' (=שלושה צדדים) ל'בתרא דווקא' (=שני צדדים) יבוא לידי ביטוי בפקטורים שדומים בשני צדדים, כלומר בבורות. זה בדיוק מה שעולה מן הסוגיא עצמה, וכנ"ל.

וכך אנחנו מוצאים בתוד"ה 'במים במים', כאן, שכתבו זאת כמעט במפורש:

> ***במים במים שני פעמים אין זה כלל ופרט אלא ריבה ומיעט - פי' בקונטרס משום דברבוי ומיעוט מדריש איצטריך תאכלו קמא למישרי בורות שיחין ומערות דאתו ברבוי ומיעוט ורבוי דאסור דאילו כלל ופרט דרשינן לא הוה מתרבי בורות ולא איצטריך תאכלו יתירא דקסבר תנא דבי ר' ישמעאל כללא קמא דוקא ולא מרבינן בכלל בתרא אלא מידי דדמי ליה בכל צד לפרט דהיינו נובעין וצריך***

לומר דסוגיא דלעיל דדריש כלל ופרט וכלל ואפ"ה איצטריך ליה לתאכלו להתיר בורות שיחין ומערות קסבר כללא בתרא דוקא והוו מתרבו בורות שיחין ומערות אע"ג דלא דמו אלא בחד צד שהם מים הגדלים על גבי קרקע וכי פריך אי מה הפרט מפורש מים הגדלים על גבי קרקע ורבי אפילו בורות שיחין ומערות לאיסורא הוה מצי לשנויי קסבר כללא קמא דוקא ובעי' עד דדמי ליה בכל צד אלא האמת קמתרץ דמתאכלו קדריש להו לעיל בברייתא.

תוס' מתייחסים לבורות כצד אחד ולחריצים ונעיצי כשני צדדים. אבל לפי עקרונות 'כללי ופרטי' ברור שהכוונה היא לשני צדדים ושלושה צדדים, ועל כורחנו עושים כאן שימוש גם בצד הטריביאלי, וכדברינו הנ"ל.

ההנחות של הדרשה: הצעות אלטרנטיביות של תוס' והרמב"ן

בהמשך התוס' מקשים על רש"י:

ויש לתמוה דכי פריך בסמוך ואיפוך אנא ומשני מרבה אני בורות שיחין ומערות להתירא שהם עצורין ככלים למה לי להזכיר כלל עצורין דהוה ליה למימר דאיבעי ליה לרבויי חריצין ונעיצין טפי לאיסורא לפי שהם נובעים כימים וכנחלים?

תוס' מקשה על רש"י, שמשתמש בצד הטריביאלי, מדוע היה עלינו להזכיר את הצד שלא עצורים, היינו יכולים לחלק בין חריצים ונעיצין לבין בורות בגלל שהם נובעים?

כעת מובאת בתוס' אפשרות אלטרנטיבית, לפיה בגמרא כאן עוסקים בחריצין ונעיצין שאינם נובעים. גם אלו דומים לימים ונחלים בשני צדדים (הם לא עצורים וגדלים על הקרקע, אך אינם נובעים):

לכך נראה דהנך חריצין ונעיצין דהכא איירי באין נובעין ולהכי פריך כיון דאין נובעין מה לי בורות שיחין ומערות מה לי חריצין ונעיצין ומשני דחריצין ונעיצין אע"ג שאין נובעין דמו טפי לימים ונחלים שאין עצורים ככלים אבל בורות שיחין ומערות עצורים ככלים ולהכי סברא להתירא והשתא למאן דדריש ריבה ומיעט מרבה חריצין

ונעיצין שאין נובעין לאיסורא והתירא דתאכלו מוקי לה בבורות שיחין ומערות אבל למאן דדריש לעיל כללי ופרטי מרבה מתאכלו להתירא אפי' חריצין ונעיצין שאין עצורים ככלים כיון דאינן נובעים.

כעת נוכל להשתמש בדרשה בשלושת הצדדים שעולים בסוגיא (כולל הצד של לא עצורים, בלי הצד הטריביאלי). כאשר נדרוש בשיטת 'קמא דווקא' נקבל שנעיצין וחריצין כאלה אינן כלולים (כי הם דומים רק בשני צדדים), אך בשיטת 'בתרא דווקא' הם כן יהיו כלולים. לכן בשיטת 'קמא דווקא' אמנם בורות לא יתרבו, אבל גם חריצים לא יתרבו, ובשיטת 'בתרא דווקא' חריצים מתרבים ובורות לא. כעת נוכל להבין שאין יישום ל'תאכלו' לפי שתי שיטות הדרשה (כי בורות לא מתרבים). אמנם לפי 'בתרא דווקא' יכול להיות יישום לחריצים ונעיצים שאינם נובעים.

והרמב"ן כאן מציע הצעה שלישית:

ולי נראה דחריצין ונעיצין משמע נמי מכונסין, ופירוש בעלמא אתא לפרושי דבמכונסין קאמרי' והיינו עצורין בכלים.

הוא רואה את החריצים והנעיצים כדומים בשני צדדים בגלל שהם מכונסים (עצורים). המבנה שנוצר כאן דומה מאד לזה של תוס', שכן גם לשיטתו אין צורך להיזקק לצד הטריביאלי.

אך הרשב"א כאן, סז ע"א, דחה את פירוש התוס' (וכך גם אפשר לדחות את הרמב"ן):

ולפום האי פירושא למאן דדריש בריבה ומיעט וריבה מרבה חריצין ונעיצין שאינן נובעין לאסורא והתירא דתאכלו מוקים ליה לבורות שיחין ומערות אבל למאן דדריש בכללי ופרטי מרבינן מתאכלו אפי' חריצין ונעיצין שאינן נובעין אע"ג דאינם עצורים ככלים, ותמה הוא דהאיך נחלוק בין חריצים ונעיצים שהזכיר מאן דדריש בכללי ופרטי ובין חריצין ונעיצים שהזכיר מאן דדרש בריבה ומיעט וריבה ושניהם חריצין ונעיצין סתם הזכירו.

הוא מניח כמובן את שיטת 'בתרא דווקא', שכן להנחתו מרבים מ'כלל ופרט וכלל' גם את מה שדומה בשני צדדים.

ב. סוגיית שבועות ד ע"ב – ה ע"א

מבוא

הגמרא בשבועות דנה על המשנה הראשונה שם, ומגיעה למסקנה שיש בה ערבוב של שיטות ר"ש ור"ע. במהלך הסוגיא מגיעים לדון בשיטת רבי לגבי דרשות 'כללי ופרטי'. גם שם הגמרא מגיעה למסקנה שבמקום בו יש מבנה של 'כלל וכלל ופרט', גם מי שדורש בשיטתם של דבי ר"ש דורש ב'ריבויי ומיעוטי'. נעיר כי ישנה סוגיא מקבילה לגמרי בבכורות נא ע"א.

מהלך הגמרא

כאמור, הגמרא דנה כיצד להבין את המשנה, שיוצא בה לגבי שבועות כר"ע, ולגבי ידיעות הטומאה יוצא כר"ש. בתחילה מנסים לפצל את המשנה ולהסביר שרבי עורך המשנה העמיד את המשנה לפי שני התנאים, אך דוחים זאת ואומרים שהכל הולך לשיטתו שלו, ובשבועות הוא סובר כר"ע. בדף ד ע"ב אנו מוצאים:

> ***אשכחן בידיעות דסבר לה כר' ישמעאל, בשבועות דסבר לה כר"ע מנלן? סברא הוא), ר"ע מאי טעמא קא מחייב לשעבר? דדריש ריבויי ומיעוטי, רבי נמי דריש ריבויי ומיעוטי; דתניא, רבי אומר: בכל פודין בכור אדם חוץ מן השטרות, ורבנן אמרי: בכל פודין בכור אדם חוץ מעבדים ושטרות וקרקעות. מאי טעמא דרבי? דריש ריבויי ומיעוטי: +במדבר י"ח+ ופדויו מבן חדש - ריבה, +במדבר י"ח+ בערכך כסף חמשת שקלים - מיעט, תפדה - חזר וריבה, ריבה ומיעט וריבה - ריבה הכל, מאי ריבה? כל מילי, ומאי מיעט? מיעט שטרות. ורבנן דרשי כללי ופרטי: ופדויו מבן חדש - כלל, בערכך***

כסף חמשת שקלים - פרט, תפדה - חזר וכלל, כלל ופרט וכלל אי אתה דן אלא כעין הפרט, מה הפרט מפורש דבר המטלטל וגופו ממון, אף כל דבר המטלטל וגופו ממון, יצאו קרקעות - שאינן מטלטלין, יצאו עבדים, שהוקשו לקרקעות, יצאו שטרות - אע״פ שמטלטלין אין גופן ממון.

מובאת כאן מחלוקת לגבי פדיון בכורות, והיא תלויה בשאלה האם דורשים 'ריבויי ומיעוטי' או 'כללי ופרטי'. רבי סובר שדורשים 'ריבויי ומיעוטי', ולכן ברור שגם בשבועות לשעבר הוא סובר כר״ע שדורש זאת מ'ריבויי ומיעוטי'. כאן ישנה הנחה שחייבת להיות עקביות בשיטת הדרשה, ורבי כנראה שייך לדבי ר״ע.

שיטת רבנן לא נדונה בסוגיא, והגמא ממשיכה בבירור שיטת רבי. כאן רק נעיר שבדעת רבנן יוצא כאן שדורשים כלל שאינו מלא ב'כללי ופרטי'. ראה הערת המלבי״ם על כך שהובאה להלן בפרק ארבעה-עשר.

כעת הגמרא מקשה ששיטת רבי היא דווקא כדבי רי״ש:

א״ל רבינא לאמימר: רבי דריש ריבויי ומיעוטי? והא רבי כללי ופרטי דריש! דתניא: +דברים ט״ו+ מרצע - אין לי אלא מרצע, מנין לרבות הסול והסירה, המחט והמקדח והמכתב? ת״ל: +דברים ט״ו+ ולקח, כל דבר שנלקח ביד, דברי ר' יוסי בר' יהודה; רבי אומר: מרצע - מה מרצע מיוחד של מתכת, אף כל של מתכת; ואמרינן: במאי קא מיפלגי? רבי דריש כללי ופרטי, ורבי יוסי בר' יהודה דריש ריבויי ומיעוטי!

כאן מובאת מחלוקת לגבי רציעת אוזנו של עבד נרצע. ריבר״י דורש ב'ריבוי ומיעוט' שניתן לרצוע בכל כלי שניטל ביד (למעט סם), ואילו רבי סובר שניתן לרצוע רק בכלי מתכת, ודורש זאת מ'כלל ופרט וכלל'.[11]

---

[11] אנחנו לא נכנסים כאן לשאלת הצדדים והניתוח של הדרשה הזו, שכן אין כאן נתונים מספיקים. לכאורה יש כאן שני צדדים רלוונטיים: כל כלי שניטל ביד, וכלי מתכת (שהם תת-קבוצה של הכלים הניטלים). אולי מוסיפים כאן את הצד הטריביאלי (=כל מה שמשמש לרציעה, כולל סם), ואז דורשים בשיטת 'קמא דווקא' ומגיעים לדמיון בשלושה צדדים, שזה רק כלי מתכת.

כעת הגמרא מסבירה את שיטת רבי:

אין, בעלמא כללי ופרטי דריש, והכא היינו טעמא, כדתנא דבי ר' ישמעאל, דתנא דבי ר' ישמעאל: +ויקרא י"א+ במים במים שני פעמים, אין זה כלל ופרט אלא ריבה ומיעט. ורבנן? אמר רבינא, כדאמרי במערבא: כל מקום שאתה מוצא שתי כללות הסמוכות זה לזה, הטל פרט ביניהן ודונם בכלל ופרט.

למסקנה רבי שייך דווקא לדבי ריי"ש, אלא שכאן מדובר במבנה של 'כלל וכלל ופרט', ולכן הוא דורש אותו ב'ריבויי ומיעוטי'. המקור לעניין זה מובא מסוגיית חולין שנדונה לעיל לגבי 'במים במים'.

אמנם במערבא נקטו כשיטת ריי"ש עד הסוף, וגם במבנה כזה דרשו 'כלל ופרט וכלל', כמו שמצאנו בסוגיית חולין הנ"ל.

מדוע לא נשנתה המידה הזו אצל ריי"ש?

אותה מחלוקת אנו מוצאים גם בסוגיית ב"ק סד ע"ב, שתידון בפרק הבא. גם שם נחלקים במופע מקראי של 'כלל וכלל ופרט', אלא ששם זהו מקרה של רשימת פריטים. המסקנה היא שיש כאן תפיסה עקבית (בארבע סוגיות בבבלי) שניתן למצוא דרשת 'ריבוי ומיעוט' גם אצל דבי ריי"ש. בכל המקרים זה נעשה במופע מקראי של 'כלל וכלל ופרט'.

והנה בתוד"ה 'דתנא', שבועות ה רע"א, הקשו:

דתנא דבי ר' ישמעאל במים במים שני פעמים כו' - תימה דר' ישמעאל תני בי"ג מדות התורה נדרשת והא איכא טפי הך מדה דשני כללות הסמוכו' דדרשינן בריבה ומיעט.

תוס' תמה מדוע ריי"ש לא נקט ברשימתו גם את המידה הזו? ייתכן שהברייתא דריי"ש הלכה בדרכם של בני מערבא, שאצלם לא מופיעות כלל דרשות של ריבוי ומיעוט. וכן נראה שסבר בעל **הליכות עולם**, שבשער ד סי' כח הביא את העיקרון שמטילים את הפרט בין שני הכללים כדבר מוסכם. נראה שלדעתו ריי"ש בברייתא הכריע כבני מערבא, ולא כדבי ריי"ש כאן (וראה על כך

ב**כללי הגמרא** לר״י קארו, על **הליכות עולם** שער ד סי׳ כח, ובהערה 7 של המהדיר שם).

אך גם לדעת דבי ר״יש שכן דורשים זאת, ראינו שבברייתא שלוש המידות הללו עדיין אינן מובחנות לגמרי, שהרי ההוראה המדרשית של כולן היא אחת ('אי אתה דן אלא כעין הפרט'). ההבחנה נשלמה בסכוליון, שמביא שלוש הנחיות מדרשיות שונות, ולאחר מכן בבבלי (עם ניסוח הלוגיקה של הצדדים). מסיבות אלו, ייתכן שבשלב של ברייתת המידות עוד לא הבחינו שאצל ר״יש ישנה גם מידה רביעית. ובאמת כן מצאנו בריטב״א כאן שכתב שזה נכלל במידת 'כלל ופרט וכלל' של ר״יש בברייתא.

פרק שנים-עשר: הבדלים בין כללא קמא ובתרא

מבוא

בדיון על סוגיית חולין סו (ראה לעיל פרק ח) כבר הזכרנו שבבבלי מתעוררת מחלוקת לגבי מופעים בהם יש הבדלים בין כללא קמא לכללא בתרא. למסקנה דבי ריי״ש דורשים גם מופעים כאלה ב׳כלל ופרט וכלל׳ רגיל, אך בכל זאת יש בנותן טעם לבחון את משמעותה של האפשרות שלא לדרוש זאת. אנחנו נראה בפרק זה שיש למצבים כאלה גם השלכות שנותרות למסקנה.

בדיון קצר שערכנו בעניין זה בסוגיית חולין, הזכרנו כמה סוגיות מקבילות שגם הן מעלות את ההבחנה הזו: כריתות כא ע״א, זבחים ד ע״ב, זבחים ח ע״ב וב״ק סד ע״א.

א. תמצית המסקנות מפרק ח ומסוגיית ב״ק סד ע״א

ראשית, נסכם את מה שעלה בעיוננו בסוגיית חולין סו, שאותה כבר ניתחנו. ראינו שם שמופיע מצב בו כללא קמא היה שונה מכללא בתרא. עמדנו על כך שכללא בתרא היה ׳למינהו׳, כלומר קבוצה שהיא הרחבה של אחד הפרטים שבפסוק. ראינו שקבוצה זו מוכלת בקבוצה של כללא קמא, ומכילה את הפרט שביניהם, ולכן היו שתי אפשרויות להתייחס אליה: 1. כפרט נוסף, ואז המבנה הוא של ׳כלל ופרט׳ כשה׳למינהו׳ הוא עוד פרט ברשימה. 2. ככלל בתרא, ואז המבנה הוא ׳כלל ופרט וכלל׳.

ראינו שלמסקנה דבי ריי״ש דורשים גם מבנה כזה ב׳כלל ופרט וכלל׳, וכך עולה גם בכל הסוגיות המקבילות. כלומר דבי ריי״ש רואים את הכלל בתרא ככלל ולא כפרט. ותנא דבי רב חולקים עליהם ומתייחסים לזה כפרט.

נעיר כאן שגם בסוגיית ב״ק סד ע״א, המבנה הוא מקביל למה שראינו בסוגיית חולין. שם הכלל קמא הוא ׳גניבה׳ – כלומר כל דבר. כללא בתרא

הוא 'חיים' – כלומר כל בעלי חיים, שהיא תת קבוצה של הכללא קמא. והפרט המפורש הוא שור שנכלל בשתי הקבוצות הללו. לכן ברור שגם כאן תהיה מחלוקת דבי ריי״ש ודבי רב, בדיוק כמו בסוגיית חולין.

עמדנו שם על כך שלאור החלוקה הזו יכולים להיות כמה סוגי מופעים מקראיים שונים. יכול להיות מצב שכללא בתרא אינו כלול בכללא קמא, או אינו מכיל את הפרט. כמו כן, יכול להיות מצב שכללא קמא הוא הרחב יותר מבין השניים.

הצענו את האלגוריתם הבא. ראשית, יש להחליט האם המין הוא פרט או כלל, וזאת לפי המקרים הבאים:

א. אם המין נכלל בכלל אבל לא כולל את הפרט, זה כנראה יהיה פרט לכל הדעות.

ב. אם המין כולל את הפרט ולא נכלל בכלל, זה כנראה יהיה כלל לכל הדעות.

ג. אם המין גם כולל את הפרט וגם נכלל בכלל, זו מחלוקת דבי רב (=זהו פרט) ודבי ריי״ש (=זהו כלל), כפי שראינו.

ד. אם המין לא כולל את הפרט ולא נכלל בכלל, אין כאן בכלל מבנה של דרשת כלל ופרט. במצב כזה אנחנו כנראה נתעלם ממנו.

לבסוף, לאחר שהחלטנו האם המין הוא כלל או פרט, עלינו לחזור ולמקם אותו בפסוק, ולהתייחס אליו בהתאם, בדרשה שאנחנו מבצעים.

בפרק זה נבחן את הסוגיות המקבילות ונראה אלו מופעים נדונים בהן. כאמור, לכאורה למסקנה זהו דיון תיאורטי, שכן דבי ריי״ש דורשים גם את סוג ג כמבנה של 'כלל ופרט וכלל'. ובכל זאת, יש בנותן טעם לבדוק את שתי הסוגיות הנוספות, הן לפי דבי ריי״ש והן לשיטה החולקת (או ההו״א). אנו נראה שיש בהן הבדלים, וייתכן שהבדלים אלו יוצרים השלכות שנשארות גם למסקנה.

ב. סוגיית כריתות כא ע"א (ומו"ק ג ע"א)

איסור אכילת דם

הפסוק שאוסר אכילת דם מצוי בויקרא ז, כו-כז:

וְכָל דָּם לֹא תֹאכְלוּ בְּכֹל מוֹשְׁבֹתֵיכֶם לָעוֹף וְלַבְּהֵמָה: כָּל נֶפֶשׁ אֲשֶׁר תֹּאכַל כָּל דָּם וְנִכְרְתָה הַנֶּפֶשׁ הַהִוא מֵעַמֶּיהָ:

איתור המופע המקראי

המשנה בכריתות כ ע"ב מפרטת את איסור אכילת דם:

/מתני'/. אכל דם שחיטה בבהמה בחיה ובעוף, בין טמאין בין טהורין, דם נחירה, דם עיקור, דם הקזה שהנשמה יוצאה בו - חייבין עליו; דם הטחול, דם הלב, דם ביצים, דם חגבים, דם התמצית - אין חייבין עליו, רבי יהודה מחייב בדם התמצית.

ובגמרא שם מביאים דרשה שמלמדת על היקף האיסור:

גמ'. ת"ר: +ויקרא ז'+ כל דם לא תאכלו - שומע אני אפי' דם מהלכי שתים, דם ביצים, דם חגבים, דם דגים, הכל בכלל? ת"ל: +ויקרא ז'+ לעוף ולבהמה, מה עוף ובהמה מיוחדין שיש בהן טומאה קלה וטומאה חמורה, ויש בהן איסור והיתר והן מין בשר, אף כל שיש בהן טומאה קלה, אוציא דם מהלכי שתים - שיש בהן טומאה חמורה ואין בהם טומאה קלה, אוציא דם שרצים - שאין בהם טומאה חמורה, אוציא דם ביצים - שאין מין בשר, דם דגים דם חגבים - שכולו היתר;

עד כאן לומדים מעוף ובהמה הכללה לכל מי שדומה להם בכל הצדדים: שיש בהם טומאה חמורה וקלה, שיש בהם איסור והיתר, והם מין בשר. לא ברור האם אלו חמישה צדדים או שלושה. לכאורה לוגית יש כאן חמישה צדדים, אך בגמרא זה מוצג כשלושה.

הגמרא כאן מוציאה את דם שרצים בין בו טומאה חמורה (אף שיש בו קלה, כמו כל אוכל). אמנם זה יכול להתפרש בשני הכיוונים (שאין בו את הצד של טומאה חמורה, או שאין בו את הצד של טומאה חמורה וקלה).

בינתיים אין כאן ניסוח של 'כללי ופרטי', ולא ברור מהו הלימוד. הדמיון בכל הצדדים יכול להתפרש כדרשה של 'כלל ופרט', ואז אין כאן הכללה בכלל אלא מה שבפרט. אך הניסוח של הגמרא מראה שלא זה הלימוד, שכן אם היה כאן 'כלל ופרט' לא היה כל צורך בהנמקות לגבי ההבדל בצדדים, כי גם מה שדומה בכל הצדדים יוצא. במצב כזה נותרים רק הפרטים שכתובים בפירוש.

על כן סביר יותר שמדובר כאן בדרשה של 'כלל ופרט וכלל' בשיטת 'קמא דווקא'. במצב כזה אנחנו מרבים לכל מה שדומה בכל הצדדים.[12]

כעת הגמרא עוברת לדון בנחיצות של שני הפריטים ברשימה:

+ויקרא ז'+ לעוף ולבהמה - אי מה עוף שאין בה כלאים, אף בהמה שאין בה כלאים? ת"ל: ולבהמה; אי מה בהמה שאינה באם על הבנים, אף עוף שאינו באם על הבנים? תלמוד לומר: לעוף ולבהמה.

רש"י על אתר כותב שההו"א ללמוד את השני מבוססת על 'כעין הפרט':

לעוף ולבהמה - למה נאמרו שניהם שהרי מאחד מהן הייתי דן כעין הפרט.

כלומר הגמרא שוללת את האפשרות ללמוד 'כעין הפרט' מעוף את הבהמה, או להיפך. ושוב השלילה מבוססת על כך שדורשים כאן 'כלל פרט וכלל', שהרי רק לגבי זה המונח ההוראתי הוא 'כעין הפרט'. יתר על כן, ממשיכים לדון

---

[12] ואכן כבר עמד על כך בעל **ערול"נ** על אתר, שכתב:

בגמרא מידי אחרינא לא. אין להקשות מאי קושיא דלמא באמת לא מרבינן מידי שהרי לקמן פריך אפכא מאי אית לן לרבות ולא משכח רק כוי למ"ד ברי' בפני עצמו הוא וא"כ דלמא באמת דרשינן אין בכלל אלא מה שבפרט ולא מרבינן כוי. די"ל דע"כ מוכח מברייתא דת"כ דדרש בכלל ופרט וכלל דאי דרש בכלל ופרט א"כ ל"ל למעט מהלכי שתים ושרצים ובצים ודגים מדלא דמי בכל ד' צדדים לפרט תיפוק לי' דאפילו דמי מכ"מ לא דרשינן רק הפרט אע"כ דדרש בכלל ופרט וכלל דמרבינן כל כעין הפרט ולכן נתן טעם למה הני לא דמי לפרט ועל זה פריך מנ"ל באמת כן דלמא דרשינן כלל ופרט בהמה ועוף אין מידי אחריני לא ולמה צריך למעט כל הני:

בשיטת 'קמא דווקא', שכן אם היה כתוב רק עוף היינו דורשים שיהיה דומה לו לגמרי, כולל הצד הנוסף (שיש בו אם ל הבנים), וכך גם לגבי בהמה.[13]

כעת הגמרא מעלה אפשרות אחרת:

> ***ואימא: כל דם - כלל, עוף ובהמה - פרט, כלל ופרט אין בכלל אלא מה שבפרט, עוף ובהמה אין, מידי אחרינא לא!***

כאן עולה האפשרות לדרוש ב'כלל ופרט', וזו עוד ראיה שקודם דרשנו ב'כלל ופרט וכלל'. ההבדל הוא האם בכלל עושים הכללה או לא.

יש להעיר שזהו פתרון נוסף לבעייה שעלתה קודם (מדוע נחוצים שני הפריטים). אם באמת המופע המקראי כאן הוא 'כלל ופרט', אזי הבעייה מדוע הביאו את שני הפרטים נעלמת מאליה. במופע כזה אין שום מקום להכללה, ולכן ברור שעל התורה לכתוב את כל הפריטים שלגביהם חל הדין (אפילו כאלו שדומים בכל הצדדים למה שכתוב).

הגמרא דוחה את האפשרות הזו:

> ***+ויקרא ז'+ נפש אשר תאכל כל דם - חזר וכלל, כלל ופרט וכלל אי אתה דן אלא כעין הפרט.***

הפסוק הבא הוא הכלל בתרא, ולכן יש לדרוש כאן 'כלל ופרט וכלל', כפי שהנחנו מעיקרא.

מה הדרשה הזו באה לרבות? הגמרא בהמשך מביאה שלומדים מכאן לרבות דמו של כוי, לשיטה שהוא ברייה בני עצמה (כי אם הוא ספק אין צורך בלימוד כדי לאוסרו).

כללא קמא ובתרא

כעת הגמרא מקשה:

---

[13] עולה כאן נקודה מעניינת לגבי בחירת הצדדים הרלוונטיים. וכך מקשה רעק"א כאן על אתר:

> ***אי מה עוף שאין בה כלאים, הא דלא נקט מה עוף דישנה באם על הבנים דא"כ מאי בא לרבות כעין הפרט, לזה נקט שאין בהם כלאים, ולרבות שור ועז, אבל תמוה לי נימא מה עוף שישנו בכיסוי הדם ונרבי חי' ולא שור ועז וצ"ע.***

נראה שכדי לענות על כך יש לחפש מדוע כיסוי הדם אינו צד רלוונטי כשדנים באיסור דם (!), אף שלכאורה נראה שזה הצד הרלוונטי ביותר.

והא לא דמי כללא בתרא לכללא קמא, כללא קמא לאו, כללא בתרא כרת!

הגמרא כעת מקשה מדוע אנחנו דנים כאן ב׳כלל ופרט וכלל׳, הרי כללא קמא שונה מכללא בתרא. במה הוא שונה? שכללא קמא מנוסח בצורה של לאו רגיל וכללא בתרא בכרת.

ניתן היה להבין זאת בשני אופנים: א. כללא קמא הוא איסור (או אזהרה) וכללא בתרא הוא עונש. ב. כללא קמא הוא איסור קל (לאו שבמלקות) וכללא בתרא הוא חמור (כרת).

האפשרות השנייה היא בלתי סבירה, שכן מדובר באותו לאו עצמו, ואם יש עליו כרת אז ברור שגם כללא קמא הוא בכרת. הוא רק לא כותב זאת. לכן סביר יותר שההבדל בין כללא קמא לבתרא הוא הבדל בין אזהרה לעונש.

מדוע זה נחשב הבדל בין שני הכללים? לא מדובר כאן בקבוצה עם היקף שונה, כמו שפגשנו בסוגיית חולין, ולכן אין מה לדון כאן ביחס בינה לבין הפרט וכללא קמא. כאן זהו הבדל באופי הפסוק ולא בהיקף תחולת הדין.

רואים שגם כאשר יש הבדל באופי הפסוק של שני הכללים זה נחשב כללא קמא שונה מבתרא.

האי תנא דבי ר׳ ישמעאל, כללי ופרטי דרשינן מן הדין גוונא, ואף על גב דלא דמי כללא בתרא לכללא קמא.

לא לגמרי ברור האם מדובר כאן באותו עיקרון שפגשנו בחולין, אך רש״י על אתר מביא את סוגיית חולין כמקור לשיטת דבי רי״ש:

דבי ר׳ ישמעאל דדייני כללי ופרטי כי האי גוונא - בשלהי אלו טרפות (חולין סו) ואף על גב דלא דמי כללא קמא לכללא בתרא.

כלומר הוא רואה את ההבדל בין כללא קמא לבתרא בשני המקרים באותה צורה. האם תנא דבי רב לא ידרשו את הדרשה הזו במצב כזה? לא לגמרי ברור. לכאורה לפי רש״י כן, שכן הוא מדמה את שני המקרים הללו זה לזה.

אמנם בחי׳ **ערול״נ** כאן העיר על כך (וכן העיר בקצרה בעל **שפ״א** כאן):

בגמרא האי תנא דבי רבי ישמעאל היא. ק״ק הא בחולין (סו א) פליג תנא דבי רב דהיינו תנא דתורת כהנים כמו שפי׳ רש״י שם אתנא

דבי רבי ישמעאל ולא דרש כללא בתרא דלא דמי לכלל והרי הך ברייתא דהכא שנוי' בתורת כהנים (צו פרשה י' פי"א) וא"כ קשיא סתם ספרא אסתם ספרא וכדפרכינן לעיל (ז א) וצריך לומר דהכא סתם ר' יהודה כתנא דבר"י בר פלוגתיה וקמ"ל דאפילו אליבי' דתנא דבי ר"י לא מרבינן מהלכי שתים ושרצים ובצים ודגים. אבל הא קשה דלתנא דבי רב קושית הש"ס דהכא במקומה עומדת אימא עוף ובהמה אין מידי אחרינא לא. וי"ל דהא דמה דמרבינן מכעין הפרט היינו כוי כמבואר בסוגיא דלקמן ולכוי לא בעינן רבוי רק אי בריה בפני עצמה הוא דאי ספקא הוא לא מצרכינן קרא לרבוי' ספקא ובחולין (פ א) איכא תנאי דלא סבירא להו דבריה בפני עצמה היא כמבואר בתוס' וא"כ י"ל דתנא דבי רב כהני תנאי ס"ל ולכן לא שייך לרבות כוי ואמרינן באמת בהמה ועוף אין מידי אחרינא לא. ובזה יתורץ מה שיקשה אהא דקאמר קסבר כוי בריה בפני עצמה הוא דאכתי למ"ד דלא ס"ל כן מה מרבה כעין הפרט אבל לפ"ז אתי שפיר דהוא סבר כתנא דבי רב וכן הוא ג"כ פסק הרמב"ם דפסק בהל' מאכלות אסורות (פ"א הי"ג) כתנא דכוי ספקא הוא ומ"מ לא קשה אליבי' מה מרבינן כעין הפרט דהוא פסק (שם) כתנא דבי רב ולא כתנא דבי רבי ישמעאל:

ולפי דרכנו ניתן ליישב את הקושיא בכך שבאמת תנא דבי רב יסכים גם הוא כאן, מפני שכאן מדובר בהבדל שאינו בהיקף תחולת הדין, ולכן גם לשיטתם אין מקום לראות את הכללא בתרא כפרט. אמנם לפי רש"י הדברים מעט דחוקים.

והנה מהרמב"ם שהביא בעל **הערול"נ** נראה לכאורה שמוכח כן. אך יש כאן טעות, שכן לפי הרמב"ם החובה להחמיר בספיקות היא דרבנן, ולכן לולא

הדרשה לא היינו יודעים לאסור מדאורייתא דם של כוי, ולכן לשיטת הרמב"ם גם אם פוסקים שכוי הוא ספק יש צורך בדרשה כדי לאסרו.[14]

ולשיטה שכוי אינו ברייה בפני עצמה, גם נראה שמוכח כדברי **הערול"נ**, שבעלי שיטה זו צריכים לסבור כתנא דבי רב שבאמת לא דורשים כאן 'כלל ופרט וכלל' (אלא אם נדחה שגם הם סוברים שספק דאורייתא לקולא מדאורייתא, כרמב"ם הנ"ל).[15]

סוגיית מו"ק ג ע"א: מה הדין כשיש הבדל אופי בין הכלל לפרט?

לפי דרכנו כאן, מדובר בהבדל באופי הפסוקים בין כללא קמא לכללא בתרא. כשאחד הוא אזהרה והשני הוא עונש לא דורשים אותם ב'כלל ופרט וכלל'. עוד הערנו שייתכן שזה לא אותו עיקרון כמו זה שראינו בחולין, שם היה הבדל בין היקף התחולה של שתי הקבוצות.

כאן המקום להעיר שבסוגיית מו"ק ג ע"א אנו מוצאים עיקרון דומה:

איתמר, החורש בשביעית, רבי יוחנן ורבי אלעזר. חד אמר: לוקה, וחד אמר: אינו לוקה. לימא בדרבי אבין אמר רבי אילעא קמיפלגי, דאמר רבי אבין אמר רבי אילעא: כל מקום שנאמר כלל בעשה, ופרט בלא תעשה - אין דנין אותו בכלל ופרט וכלל. מאן דאמר לוקה - לית ליה דרבי אבין אמר רבי אילעא, ומאן דאמר אינו לוקה - אית ליה דרבי אבין!

ר' אבין מלמד שאם הכלל הוא בעשה והפרט הוא בלאו לא דורשים זאת ב'כלל ופרט וכלל'. שוב יש כאן עיקרון של אופי שונה של חלקי הפסוק שמונעים דרשה ב'כלל ופרט וכלל', בדיוק כמו במקרה שלנו. כעת סביר להסיק שיש כאן עיקרון שונה בתכלית מזה שבסוגיית חולין, שכן כאן אנחנו

---

[14] אמנם יש להעיר שבשורש השני הרמב"ם קובע שגם הלכות שנלמדות מדרשות הן הלכות מדרבנן, ולכאורה לא הרווחנו מאומה מהדרשה. אך ראה בספרו של מ. אברהם, **מעשה במשפט**, שגם לשיטה זו אין מדובר באיסור דרבנן במשמעות הרגילה (לדוגמא ספיקו הוא לחומרא).

[15] ראה השלכות נוספות בדיונו של בעל **ערול"נ** בהמשך הגמרא שם, בד"ה 'בגמרא לאתויי דמו של כוי'.

דורשים שכל שלושת החלקים של המופע המקראי יהיו בעלי אותו אופי, וזה לא קשור לשאלת היקף התחולה. אמנם כאן נראה שיש בזה מחלוקת, אלא שלהלכה קיי״ל שאינו לוקה (ראה רמב״ם, הל׳ שמיטה ויובל פ״א ה״ד). אם כן, להלכה נראה שהכלל של ר׳ אבין תקף.

וברש״י כאן מסביר:

> ***אין דנין אותו בכלל ופרט וכלל - ואף על גב דכתיב כלל בתריה, כגון הכא דכתיב בתריה (שבת) +מסורת הש״ס: [שנת]+ שבתון, כלומר: אין לו דין דשאר כלל ופרט וכלל שכתובין כולו בעשה או בלאו, דאמר: כלל ופרט וכלל אי אתה דן אלא כעין הפרט, דמרבי כל מידי דדמי לפרט, אלא דיינינן ליה בכלל ופרט, הואיל דנשתנה משאר כלל ופרט וכלל, אמרינן: אין בכלל אלא מה שבפרט, הני - אין, מידי אחרינא - לא.***

כלומר במצב כזה דנים ב׳כלל ופרט׳ ולא ב׳כלל ופרט וכלל׳.

ודבריו תמוהים, שכן הוא מסביר שכן דורשים כאן ב׳כללי ופרטי׳, אלא שהמופע המקראי הרלוונטי הוא כפול ולא משולש. מה ההיגיון לדרוש ׳כלל ופרט׳ כשאחד בעשה והשני בלאו? מדוע זה מקרין רק על ניתוק הכללא בתרא מהמבנה? יתר על כן, אם כבר בוחרים מבנה כפול, אז מדוע דווקא ׳כלל ופרט׳?

שוב ראינו שעמד על כך בעל **יבין שמועה** בסי׳ קכו, וחידד את הבעייה בכך שמדובר בשני כללים שנאמרו בעשה והפרט בלאו, ולכן אין סיבה להצמיד את הפרט דווקא לאחד מהם יותר מהשני:

> ***מאי אולמיה דכללא קמא דשדינן הפרט בתריה, ואמרינן דהאי ׳כלל ופרט׳. אימא דכללא בתרא עיקר ודיינינן ׳פרט וכלל׳ ונעשה כלל מוסף על הפרט ונתרבה הכל? והכי עדיף טפי, ובפרט התם דאי דיינינן בפרט וכלל דרשינן לחומרא אף חרישה, דקולא וחומרא לחומרא עבדינן. ותו דלפחות לא נדון לא כללא קמא עם הפרט ולא כללא בתרא, דכיון דתרווייהו משונים מהפרט א״כ נימא כלל לחודיה קאי ופרט ולחודיה קאי...***

למסקנתו שם רש״י דיבר רק על מקרה שהכללא בתרא הוא מרוחק. וכשכל המבנה הוא במקום אחד יש לנו ספק האם לדרוש 'כלל ופרט' או 'פרט וכלל', ודרשינן לחומרא, או לפי דיני ספיקות. בסופו של דבר הוא תולה זאת במחלוקת האם 'קמא דווקא' או 'בתרא דווקא', ויוצא שמחלוקת זו לפעמים מקרינה גם על איתור המופע המקראי עצמו (ולא רק על צורת הדרש לגביו, כמו שקורה בדרך כלל).

אך נראה שאין זה פשט דברי רש״י. ואולי אפשר לומר שכוונת רש״י לומר שהלאו מנתק את מה שלפניו ממה שאחריו, ולכן דורשים רק 'כלל ופרט' ולא יותר.

בכל אופן, נראה שלפי זה אין ליישם את המסקנה לסוגיא שלנו, שכן אצלנו הכללא בתרא הוא החריג, ולכן יש מקום לדרוש את כל המבנה המשולש (רק מה שאחריו מתנתק בגלל האופי השונה).

אולי זוהי הסיבה לכך שרש״י בסוגיית זבחים כן קושר את שני סוגי ההבחנה בין כללא קמא לבתרא, כי הוא לא מוכן לראות את הבדל האופי של חלקי הפסוק כעיקרון שונה. בעיניו זהו יישום ספציפי של העיקרון מסוגיית חולין שכללא קמא שונה מכללא בתרא.

אך לפי דרכנו נראה שבסוגיית מו״ק לא ידרשו כלל ב'כללי ופרטי', גם לא במבנה כפול, ואכן זהו עיקרון שונה מזה של סוגיית חולין סז. נזכיר כי בדיון שלנו בתחילת הפרק השמיני, לגבי סימני השרצים (סוגיית חולין סה-ו), ראינו שגם שם יש תופעה דומה, שלא דורשים כשיש בין חלקי הפסוק מעבר מלאו לעשה. עוד נצביע על כך שגם בסוגיית מו״ק לא מובאת המחלוקת בין תנא דבי רב לבין דבי ר״ש, וזו עוד אינדיקציה שמדובר בעיקרון שונה שמקובל על שניהם.

אמנם בתוד״ה 'אין דנין', שם, מקשים על רש״י, ודוחים את שיטתו:

> ***אין דנין אותו בכלל ופרט וכלל - הכי הוה שמיע ליה לר' אילעא דכיון דהפרט בלא תעשה הכלל האחרון אינו מוציא הפרט ממשמעותיה ואינו כלל ופרט וכלל דדיינינן ליה בכלל ופרט ולא נהירא לי דמנלן דרבי אילעא ס״ל הכי אימא דהפרט שהוא בלא***

תעשה בטל אבל הכלל עומד במקומו לפי דבריו ועוד לפי לשון זה קשה לי אמאי תירץ דכולי עלמא לית להו דר' אבין והא הוה מצי לתרוצי דכולי עלמא אית להו דבכל מקום סוגיית הש"ס היא דכיון דמצי למימר דכולי עלמא אית להו סברת האמורא לא מתרצינן לית להו ולימא הכי דכולי עלמא אית להו דרבי אבין מאן דאמר אינו לוקה שפיר ומאן דאמר לוקה סבירא ליה כי הך ברייתא דמפקא ליה לתולדות מקרא וקסבר לאו אסמכתא הוא אלא דרשה גמורה היא.

ולי נראה דהא לימא בדר' אבין אמר ר' אילעא וכו' קאזיל בכה"ג דליכא הכא אלא כלל ופרט דכלל בתרא לא חשיב כיון דהאי כלל בקרא אחרינא וחשיב בכלל המרוחק זה מזה כיון דלא הוו בחד קרא דהכי מוכח בפ"ק דפסחים (דף ו: ושם) דאיכא למאן דאמר כיון דהוו בתרי קראי לא מיצטרפי למיהוי כלל ופרט וכלל והכא נמי לא הוי אלא כלל ופרט והכי איכא הגירסא [בירושלמי דכלאים] בפ"ח חד אמר לוקה סבר לה כרבי אילעא דאינו נדון בכלל ופרט כיון דהפרט בלא תעשה הפרט בטל והכלל במקומו עומד ולפיכך אמר כל החורש בשביעית לוקה וחד אמר החורש בשביעית אינו לוקה לא סבר להא דר' אילעא אלא דנין אותו בכלל ופרט הני אין מידי אחרינא לא. ודחי לה דכולהו אית להו דרבי אילעא מאן דאמר לוקה שפיר ומאן דאמר אינו לוקה מכדי זמירה בכלל זריעה ובצירה כו' ואם נפשך לומר למאן דאמר לוקה אמאי כתב רחמנא זמירה ובצירה שמא קסבר ללאו יתירא אתי אי נמי קסבר כרם משדה לא הוה יליף הלכך הוצרך למיכתב בין בשדה בין בכרם.

כלומר לשיטתם באמת לא דורשים כאן מאומה. העיקרון הוא שכשיש חלק מהפסוק שהוא בעל אופי שונה יש להתעלם ממנו כאילו אינו קיים. וזה מתקיים גם אצלנו בסוגיית כריתות, שמתעלמים מהכלל בתרא ולכן נותרים עם מבנה של 'כלל ופרט'.

וכן הוא גם בתוס' רא"ש שם, ד"ה 'כל מקום':

כל מקום שנאמר כלל בעשה ופרט בלא תעשה אין דנין אותו בכלל ופרט. ולא מרבינן כעין הפרט אלא הני כללי אתו לחיובי אפרטי בתרי עשה.

נעיר כי הגמרא במו"ק מייד לאחר מכן דוחה את האוקימתא הזאת, באומרה:

- לא, דכולי עלמא לית ליה דרבי אבין אמר רבי אילעא. מאן דאמר לוקה - שפיר. ומאן דאמר אינו לוקה - אמר לך: מכדי, זמירה בכלל זריעה, ובצירה בכלל קצירה, למאי הלכתא כתבינהו רחמנא? למימר דאהני תולדות הוא דמיחייב, אתולדה אחרינא - לא מיחייב, - ולא? והתניא: שדך לא תזרע וכרמך לא תזמר אין לי אלא זירוע וזימור, מנין לעידור ולקישקוש ולכיסוח - תלמוד לומר: שדך לא כרמך לא, לא כל מלאכה שבשדך, ולא כל מלאכה שבכרמך. ומנין שאין מקרסמין ואין מזרדין ואין מפסגין באילן - תלמוד לומר: שדך לא, כרמך לא, כל מלאכה שבשדך לא, כל מלאכה שבכרמך לא.

ונראה שהמסקנה היא שר' אבין אינו צודק, ואין מניעה לדרוש 'כלל ופרט וכלל' גם כשיש הבדל באופי הפסוקים.

אך בירושלמי שהביא התוס' הנ"ל נראה שהמסקנה היא הפוכה: כולם מסכימים עם ר' אילעא, ולכל הדעות במצב כזה לא דורשים 'כלל ופרט וכלל'. וזה כדברינו שמדובר בעיקרון שונה, והוא מוסכם על כולם ונותר אף למסקנה. וראה גם שו"ת ר' בצלאל אשכנזי, סי' לח ד"ה 'וגם לפי'.

נעיר כי בתוס' רא"ש מו"ק שם מביא מהראב"ד עוד שתי דוגמאות שבהן כשיש הבדל אופי בין חלקי הפסוקים לא דורשים ב'כללי ופרטי':

ומאן [דאמר] אינו לוקה אמר לך מכדי זמירה בכלל זריעה וכו'. דקדק הראב"ד א"כ היכא אשכחן בעלמא כלל בעשה ופרט בלאו דדרשי' בכלל ופרט, ותירץ דאשכחן ליה גבי נזיר דכתיב כל ימי נדר נזרו תער לא יעבור על ראשו וגו' וכתי' קדוש יהיה גדל פרע שער ראשו ותניא בספרי אין לי אלא תער מנין תלש שיפשף וסיפר שהוא סופג את הארבעים ת"ל קדוש יהיה גדל פרע מ"מ דברי ר' יאשיה

ר׳ יונתן אומר בתער הכתוב מדבר אם תלש או שיפשף וסיפר אינו סופג את הארבעים, מתחזי דבהא פליגי דפרט בלא תעשה וכלל בעשה ר׳ יאשיה דריש לה בפרט וכלל ואיתרבי כל מילי ור׳ יונתן לא דריש לה, ובענין עיר הנדחת נמי איכא כלל בעשה ופרט בלא תעשה והיתה תל עולם לא תבנה עוד ופליגי ר׳ עקיבא ור׳ יוסי הגלילי בשילהי סנהדרין (קי״ג א׳) דר׳ יוסי הגלילי סבר עוד לגמרי משמע והוי כללא הילכך הוה ליה כלל ופרט וכלל מה הפרט מפורש ענין ישוב אף כל ענין ישוב וגנות ופרדסים נמי ענין ישוב הם ור׳ עקיבא סבר עוד לאו כללא הוא אלא על הבנין קאי שלא תבנה לעולם הילכך הוה ליה כלל ופרט ואין בכלל אלא מה שבפרט בנין אסור גנות ופרדסים מותר.

גם הוא לומד כתוס׳ וכירושלמי שבסיטואציה כזו לא דורשים כלל, ובאמת נראה מדבריו שהעיקרון הזה נותר גם למסקנה.

מחלוקת הראשונים בסוגיית שבת

בסוגיית שבת ע ע״א אנו מוצאים את הדרשה הבאה:

דתניא, רבי נתן אומר: +שמות לה+ לא תבערו אש בכל משבתיכם ביום השבת, מה תלמוד לומר? לפי שנאמר +שמות לה+ ויקהל משה את כל עדת בני ישראל אלה הדברים וגו׳ ששת ימים תעשה מלאכה. דברים, הדברים - אלה הדברים - אלו שלשים ותשע מלאכות שנאמרו למשה בסיני. יכול עשאן כולן בהעלם אחד אינו חייב אלא אחת - תלמוד לומר +שמות לד+ בחריש ובקציר תשבת. ועדיין אני אומר: על חרישה ועל הקצירה - חייב שתים, ועל כולן אינו חייב אלא אחת! תלמוד לומר: לא תבערו אש, הבערה בכלל היתה, ולמה יצאת - להקיש אליה, ולומר לך: מה הבערה שהיא אב מלאכה וחייבין עליה בפני עצמה - אף כל שהוא אב מלאכה חייבין עליה בפני עצמה.

מהפסוק בו דנה הסוגיא במו״ק לומדים כאן שחייבים על כל מלאכה בפני עצמה.

וברש״י שם כתב:

ועל כולן אחת - דבחדא מלאכה כיילינהו, וחד לאו, ובדבר שהיה בכלל ויצא מן הכלל ללמד לא ללמד כו׳ - לא דיינינן ליה, דהוי ליה כלל בלא תעשה ופרט בעשה, ואין דנין אותו בכלל ופרט, אי נמי: הוי חריש וקציר שני כתובין הבאין כאחד, ואין מלמדין, דהוה ליה למיכתב חד.

רש״י כותב שלא דורשים במידת ׳דבר שהיה בכלל ויצא מן הכל ללמד׳, כאשר הכלל בל״ת והפרט (=הדבר שיצא מהכלל) בעשה. מהניסוח נראה שהוא הדין לגבי דרשות ׳כללי ופרטי׳ רגילות (כי הוא כותב ״ואין דנין אותו בכלל ופרט״).[16]

וכן בתוד״ה ׳ועל כולם׳, שהעדיפו את הפירוש השני שלו:

ועל כולן אינו חייב אלא אחת - פירש בקונט׳ משום דהוי ליה כלל בלא תעשה ופרט בעשה וקשה דכללא נמי כתיב בעשה וביום השביעי תשבות ועוד דגבי כלל ופרט דוקא הוא דאמרינן בפרק קמא דמו״ק (דף ג.) דלא דיינינן כשאין הכלל בלשון הפרט אבל לגבי דבר שהוא יצא מן הכלל לא אשכחן בשום מקום ועוד דבמועד קטן איכא למ״ד דנין ונראה כפי׳ אחרון שפי׳ בקונט׳ דלא ילפינן מחריש וקציר משום דהוו שני כתובים הבאים כאחד.

בכל אופן, כולם מסכימים שלגבי ׳כללי ופרטי׳ אכן נאמר העיקרון הזה.

והנה, יש לשים לב שכאן זהו מקרה הפוך למה שמצאנו במו״ק, שכן כאן הכלל הוא בל״ת והפרט הוא בעשה, ושם הכלל היה בעשה והפרט בל״ת. נראה מדברי רש״י ותוס׳ שזהו עיקרון כללי, שהרכיבים השונים בדרשות ׳כללי ופרטי׳ צריכים להיות מאותו סוג, כדי שנתייחס איהם כשרשרת אחת.

---

[16] כהנא מעלה אפשרות שמידות ׳דבר שהיה בכלל׳ נכללו במידות ׳כללי ופרטי׳, ויש לזה סימוכין לא מעטים (ראה, לדוגמא, תוד״ה ׳אחת לכלל׳, זבחים מו רע״ב. וראה גם **יבין שמועה**, אות קכח).

ג. סוגיית זבחים ח ע״ב (וגם ד ע״ב)

שחיטת פסח בשאר ימות השנה

הסוגיא בזבחים עוסקת בשחיטת הפסח בשאר ימות השנה. היא פותחת בברייתא:

תנו רבנן: פסח בזמנו, לשמו - כשר, שלא לשמו - פסול; ובשאר ימות השנה, לשמו - פסול, שלא לשמו - כשר.

כלומר פסח ששחטו בשאר ימות השנה, אם שחט לשמו פסול (כי הזמן מעכב, מי״ד בחצות היום), אבל אם שחטו שלא לשמו הוא כשר.

המקור לדין

הגמרא מחפשת מקור לדין זה, ומביאה את הפסוק הבא (ויקרא ג, ו):

וְאִם מִן הַצֹּאן קָרְבָּנוֹ לְזֶבַח שְׁלָמִים לַיקֹוָק זָכָר אוֹ נְקֵבָה תָּמִים יַקְרִיבֶנּוּ:

בהתחלה הלימוד הוא בדרך הרגילה (רש״י: ״לא קרא יתירא קא דריש אלא משמעותא דקרא משמע ליה הכי״)[17]:

מנא הני מילי? אמר אבוה דשמואל, אמר קרא: +ויקרא א /ג/+ ואם מן הצאן קרבנו לזבח שלמים לה׳, דבר הבא מן הצאן יהא לזבח שלמים. אימא: שלמים אין, מידי אחרינא לא! אמר רבי אילא א״ר יוחנן: לזבח - לרבות כל זבח. אימא: כל דשחיט להוי כמותה! אי הוה כתיב לשלמים וזבח - כדקאמרת, השתא דכתיב לזבח שלמים, לכל דשחיט ליה שלמים להוי.

כלומר כששוחטים פסח שלא לשמו הוא נשחט לשלמים, ולכן הוא כשר בכל ימות השנה.

---

[17] ובתוד״ה ׳ואם מן הצאן׳ חלקו על רש״י, ולדעתם זה כן נלמד מריבוי.

כעת הגמרא מעלה אפשרות אחרת לדרוש את הפסוק ב'כללי ופרטי':

אימא: לזבח - כלל, שלמים - פרט, כלל ופרט אין בכלל אלא מה שבפרט, שלמים אין, מידי אחרינא לא!

כאן עלתה הו"א שזהו 'כלל ופרט', ולכן הדין נאמר רק בשוחט את הפסח לשם שלמים, אך לא לשם עולה. זה סותר את שט לשון המשנה, שכתבה שכל שלא לשמו בפסח כשר.

הגמרא מייד דוחה זאת:

לה' - הדר וכלל.

כלומר יש כאן 'כלל ופרט וכלל', ולא 'כלל ופרט', וזה מרבה גם כששחט את הפסח לשם עולה או חטאת שכשר.

ההבחנה בין כללא קמא לבתרא

כעת הגמרא תוקפת שכללא קמא שונה מכללא בתרא:

מתקיף לה ר' יעקב מנהר פקוד: הא לא דמי כללא בתרא לכללא קמא, כללא קמא מרבי זבחים ותו לא, כללא בתרא לה' - כל דלה', ואפי' לעופות ואפי' למנחות!

כאן ההבחנה היא בהיקף הדין, ובמובן הזה המקרה הזה דומה למקרה של סוגיית חולין ולא של סוגיית כריתות.

אמנם כאן המקרה הוא שונה מזה של חולין, שכן שם הכלל השני היה בעל ההיקף הצר יותר, והראשון היה הרחב, וכאן זה ההיפך. נכון הוא שגם כאן הפרט מוכל בשני הכללים, ובמובן הזה המקרה שלנו דומה למקרה של חולין. נציין כי המקרה של סוגיית זבחים ד ע"ב דומה גם הוא למקרה שבכאן, ואנו ננתח אותו בפרק ארבעה-עשר.

לכאורה במקרה זה, גם אם נתייחס לכלל הראשון כפרט, מה שמתקבל הוא מבנה של 'פרט וכלל' ולא של 'כלל ופרט'. כלומר גם אם היינו מקבלים את הצעתו של ר' יעקב היה עלינו להכליל עוד יותר, ולא לצמצם לגמרי.

ושמא הכוונה כאן היא לראות את המבנה הזה כמבנה של 'פרט ופרט וכלל'. מה קורה במבנה כזה? ראינו בפרק הקודם שלגבי מבנה של 'כלל וכלל ופרט'

יש שתי דעות: במערבא מטילים את הפרט בין שני הכללים ודורשים זאת כמבנה של 'כלל ופרט וכלל'. לכאורה היה עלינו לעשות אותו דבר כאן, ולהטיל את הכלל בין שני הפרטים, ולדרוש זאת כמבנה של 'פרט וכלל ופרט'.

אם נניח שהדרשה של 'כלל ופרט וכלל' כאן מרבה הכל, מסתבר שהיא הולכת בשיטת 'בתרא דווקא', אם כן לשיטה זו מידת 'פרט וכלל ופרט' מוליכה אותנו לצמצום, וזוהי קושיית ר' יעקב מנהר פקוד. יש כאן משהו שהוא אמנם לא מתמקד רק על שלמים, אבל הוא מצמצם למה שדומה לשלמים בכל הצדדים.

אמנם כל זה הוא לשיטת בני מערבא. אבל הגמרא כאן מביאה שדבי ריי"ש דורשים גם מבנה כזה ב'כלל ופרט וכללי':

הא תנא דבי רבי ישמעאל: בכללי ופרטי דריש כי האי גוונא, כלל ופרט וכלל אי אתה דן אלא כעין הפרט, מה הפרט מפורש שהוא שלא לשמו וכשר, אף כל שהוא שלא לשמו וכשר.

לכאורה התירוץ הזה מבוסס על שיטת דבי ריי"ש לגבי שני כללים שונים, שהם דורשים אותם כרגיל, כלומר נושא הפרק הנוכחי. אך לפי דרכנו נחוצה כאן גם התוספת של שיטת דבי ריי"ש לגבי מבנים לא סימטריים (כמו 'פרט ופרט וכלל'), כלומר לא כשיטת דבי ריי"ש שנדונה בפרק הקודם (שלא מטילים את הפרט בין שני הכללים הסמוכים).

בכל אופן, לפי דבי ריי"ש יש כאן דרשת 'כלל ופרט וכלל'. כעת הגמרא ממשיכה להקשות:

אי מה הפרט מפורש דבר הבא בנדר ובנדבה, אף כל הבא בנדר ובנדבה, עולה ושלמים אין, חטאת ואשם לא!

לכאורה מנסים לרבות ברדיוס צר יותר. כדי להבין את ההצעה הזו עלינו לבחון את הצדדים הרלוונטיים בבעייה. ראינו למעלה שהצד הטריביאלי הוא כלל הקרבנות (כולל מנחות ועופות). צד אחד הוא הזבחים (בהמות). כעת רואים עוד צד ששלמים באים בנדר ונדבה (וחטאת ואשם לא).

כבר ראינו שדורשים כאן בשיטת 'בתרא דווקא', ולכן התוצאה היא ריבוי של שני צדדים. ומכאן הגמרא מסיקה שלא נכון לרבות הכל, אלא עלינו לרבות

רק את מה שדומה בשני צדדים, וזה לא יכלול חטאת ואשם. זוהי עוד ראיה לכך שאנחנו דורשים כאן בשיטת 'בתרא דווקא'.[18]

חידושו של רש"י: 'זבח' היא מילת ריבוי

הגמרא מסיימת בתירוץ:

אלא, לזבח רבויא הוא.

כלומר באמת מהדרשה לא יוצא שכל לא לשמה בשאר השנה כשר, ואנחנו נזקקים לריבוי מהמילה 'זבח'. לכאורה יש כאן תירוץ שמקבל את הדרשה הקודמת, והתוצאה היא רק לגבי עולה ושלמים (שבאים בנדר ונדבה), אבל לא לגבי חטאת ואשם. וחטאת ואשם מתרבים מ'זבח'.

אלא שאם אכן כך הוא, יש כאן קושי. אם המילה 'זבח' משמשת אותנו לדרשת 'כלל ופרט וכלל', כיצד ניתן לרבות ממנה עוד משהו? היא כבר 'תפוסה' לדרשה של 'כללי ופרטי'.

דומה כי מסיבה זו רש"י כאן מסביר אחרת:

אלא לזבח רבויא הוא - אינו לשון כלל ולא דרשי' ליה בכלל ופרט שאין כללות ופרטות באין מרבוי לשון אלא ממשמעות המקראות וכגון (ב"ק דף סג) בכל אשר תאוה נפשך כלל וכן מן הבהמה כלל בקר וצאן פרט אבל לזבח שלמים שתי תיבות דבוקות הן כאילו כתיב לזבח השלמים וקרא יתירא בעלמא הוא דהוה מצי למכתב לשלמים וכל מקרא של לשון ייתור אינו לכלל ופרט אלא לרבות וכמאן דכתיב לשלמים וזבח דמי דאיתרבו ליה כל הזבחים.

רש"י מסביר שהתירוץ אומר שאין כאן בכלל מופע מקראי של 'כלל ופרט וכלל', שכן לשון מקראית שתיחשב ככלל היא רק לשון שזו באמת משמעותה. ייתור מילה אינו יכול להוות בסיס לסווג את המילה הזו ככלל בכדי לבצע דרשת 'כללי ופרטי'.

---

[18] אגב, לשיטת דבי רב שרואה את המבנה כאן כ'פרט וכלל ופרט', התוצאה יוצאת מצומצמת יותר: רק מה שדומה בשלושה צדדים.

ועדיין, אם אכן אנחנו מתעלמים מהמילה 'זבח', יש כאן מבנה של 'פרט וכלל', ולכאורה הוא מרבה הכל. ושוב איננו זקוקים למילה 'זבח' כדי לרבות עוד משהו.

ובתוד"ה 'אלא לזבח', כאן, כתבו:

> ***אלא לזבח רבויא הוא - משמע ליה לגמרא שהוא רבויא כדאמר (ב"ק דף סג.) בכל כללא כל רבויא דמשמע ליה לחלק בין כל לבכל הילכך לא דרשינן ליה בכללא ופרטא אלא בריבה ומיעט ובקונטרס האריך בפירושו.***

תוס' מסבירים שדורשים כאן בריבוי ומיעוט.[19] הם מוסיפים שרש"י כאן האריך בפירושו. לא ברור האם בכוונתם לחלוק עליו או רק לבקר את האריכות (אם כן, אז זו בהחלט תופעה חריגה בתוס').

מדוע הריבוי מ'זבח' גורם לנו לדרוש בריבוי ומיעוט? לכאורה יש כאן מבנה רגיל של 'פרט וכלל', שלפניו יש ריבוי.

ואולי אפשר להבין זאת לפי דבי ר"יש מהפרק הקודם, שסוברים שכאשר יש שני רכיבים דומים זה ליד זה, כמו ב'כלל וכלל ופרט' יש לדרוש ב'ריבוי ומיעוט', אז הוא הדין כאן, שהמבנה הוא 'פרט ופרט וכלל'. זה הולך כמובן עם השיטה שאינה דורשת מצב בו כללא קמא שונה מבתרא.

כיצד זה אפשרי, הרי דבי ר"יש כן דורשים מופע כזה ב'כללי ופרטי', כי שהגמרא כאן מביאה לעיל? לכאורה צריך לומר שיש כאן הבדל מסוגיית חולין, שכן כאן הכלל הראשון הוא הצר יותר, ולכן המבנה הוא 'פרט ופרט וכלל'. רק אם הכלל השני הוא הצר יותר, שאז המבנה הוא 'כלל ופרט ופרט', דבי ר"יש דורשים כרגיל.

אמנם לפי זה המסקנה היא שאם הכלל קמא הוא הצר יותר, אזי לכל הדעות דורשים ב'ריבוי ומיעוט'. ולא נראה שכוונת רש"י גם היא היתה לזה. וצ"ע עדיין בכל זה.

---

[19] וראה בזה **בקרן אורה** כאן, ד"ה 'שם גמרא אימא שלמים'. הואר גם מסביר את הויכוח עם רש"י.

השלכה הלכתית

ב**שפ"א** שם הסתפק למסקנה שהכל מתרבה מ'זבח' (שהוא רק בהמות) מה הדין בשוחט את הפסח לשם מנחות או עופות:

שם בגמ' לזבח ריבויא הוא צ"ע למסקנא אי כשר לשם עופות ומנחות כיון דמרבי רק מזבח ובאמת הי' נראה דהא דצריכין לריבויי כל הנך אע"ג דשלמים הם וכשר שלא לשמה רק דהו"א דאינו שלמים בפרט רק בשוחט לשם שלמים א"כ עדיין לא נעקר שם פסח ומפסיל שלא לשמו כמו פסח אבל עכשיו דמרבינן דאפי' לשם עולה וחטאת מ"מ שלמים הוא נמצא דדינם כשלמים וכשרים שלא לשמה וממילא גם לשם עופות ומנחות כשרים אבל בגמ' לא משמע כן דאמרו כלל ראשון ממעט עופות ומנחות א"כ הכוונה דלא נעקר שם פסח רק בזביחה לשם קרבן אחר ודוקא זבח ולא עופות ומנחות וא"כ צ"ע גם למסקנא בזה:

לפי דרכנו, נראה שהדבר תלוי במחלוקת רש"י ותוס'. לפי רש"י הלימוד של 'פרט וכלל' נותר בעינו, וממנו מתרבה כל מה שבא בנדבה. וזבח מרבה את כל הבהמות. נמצא שבשוחט את הפסח לשם עופות ומנחות שלא באים בנדר ונדבה אינו כשר. ולפי תוס' שמדובר כאן ב'ריבוי ומיעוט', אזי אנו מרבים הכל (חוץ מדבר אחד, ולא מבואר מהו). אנו יודעים שהכללה מ'ריבוי ומיעוט' היא תמיד רחבה יותר מאשר הכללה של 'כלל ופרט וכלל'.

חלק רביעי

סוגיות רפלכסיביות נוספות

בחלק זה נדון בסוגיות שאינן מעוררות שאלות עיוניות חדשות, אך בכל זאת יש בהן היבטים רפלכסיביים, שנותנים לנו מבטים נוספים על הזוויות שכבר נדונו עד כאן. גם כאן מטרתנו העיקרית היא להראות שהמודל שלנו עומד במבחן הסוגיות השונות, ומצליח להסביר אותן באופן קוהרנטי, במסגרת פרדיגמטית אחידה, ואף לפתור בעיות שמתעוררות אצל הלומדים שלא היו מודעים למסגרת התיאורטית אותה אנו מציגים כאן.

פרק שלושה-עשר: סוגיית ב"ק סד ע"א-ע"ב

מבוא

בסוגיא זו אנו מוצאים כמה אספקטים שכבר הופיעו אצלנו, לכן נחזור וננתח את הסוגיא הזו בקצרה בפרק עצמאי.
סוגיית ב"ק דנה בגנב ובטוען טענת גנב, מניין שהוא חייב כפל בכל הדברים. הפסוק עליו מתבססת הדרשה הוא בשמות כב, ג:

אִם הִמָּצֵא תִמָּצֵא בְיָדוֹ הַגְּנֵבָה מִשּׁוֹר עַד חֲמוֹר עַד שֶׂה חַיִּים שְׁנַיִם יְשַׁלֵּם:

דרשת תנא דבי חזקיה

הגמרא כרגע מניחה שהמופע המקראי הוא 'פרט וכלל'. המילה 'גניבה' היא כלל, וכל שאר המילים (כולל 'חיים') הן פרט.[20]
את הפסוק שלמעלה דורש התנא דבי חזקיה לגבי חיוב כפל בגנב:

נפקא ליה מדתנא דבי חזקיה, דתנא דבי חזקיה: יאמר שור וגניבה, והכל בכלל!

תנא דבי חזקיה סוברים שמ'גניבה' ו'שור' יש לדרוש במידת 'פרט וכלל', ולרבות כל דבר מיטלטל שגופו ממון, כולל חמור ושה. ומכאן שחמור ושה מיותרים, ולומדים מהם שכנראה 'גניבה' מרבה כל דבר, ולא רק חמור ושה.
על כך ממשיכה הגמרא:

אילו כך, הייתי אומר: מה הפרט מפורש קרב לגבי מזבח, אף כל קרב לגבי מזבח, מה יש לך להביא? שה, כשהוא אומר שה - הרי שה אמור, הא מה אני מקיים גניבה? לרבות כל דבר.

---

[20] להלן יבוא בירור מדוע מניחים כאן מבנה כזה, בניגוד למה שמופיע בפסוקים. כמו כן, הגמרא תדחה זאת בטענה שאפילו אם אכן היה כאן מבנה של 'פרט וכלל', במבנה כזה אין אפשרויות של ריבוי חלקי ולא מלא.

המילה שה באה לשלול את האפשרות לרבות רק את מה שקרב למזבח, שהרי שה כבר כתוב בפירוש. לכן מוכח שיש לרבות כל דבר.

על כך מקשה הגמרא, שעדיין יוצא שחמור הוא מיותר:

> ***יאמר שור שה וגניבה, והכל בכלל! אילו כך, הייתי אומר: מה הפרט מפורש דבר הקדוש בבכורה, אף כל דבר הקדוש בבכורה, מה יש לך להביא? חמור, כשהוא אומר חמור - הרי חמור אמור, הא מה אני מקיים גניבה? לרבות כל דבר.***

ללא חמור הייתי מרבה כל מה שקדוש בבכורה, כולל חמור. לכן חמור היה יוצא מיותר. ומכאן מוכח שמהמילה 'גניבה' יש לרבות כל דבר.

על כך מקשה הגמרא:

> ***יאמר שור וחמור שה וגניבה, והכל בכלל! אילו כך, הייתי אומר: מה הפרט מפורש בעלי חיים, אף כל ב"ח, מה יש לך להביא? שאר בעלי חיים, כשהוא אומר חיים - הרי חיים אמור, הא מה אני מקיים גניבה? לרבות כל דבר.***

כלומר, לאור האמור לעיל, המילה 'חיים' עדיין מיותרת. ועונים שללא 'חיים' היינו מרבים רק בעלי חיים, ואז המילה 'חיים' היתה מיותרת. ומכאן מוכח שמ'גניבה' מרבים גם מה שאינו בע"ח, כלומר הכל.

בירור המופע המקראי

כעת מתחיל דיון על מהלך הדרשה:

> ***אמר מר: יאמר שור וגניבה. מי כתיב שור וגניבה? גניבה ושור הוא דכתיב!***

הגמרא עד כאן הניחה שהמבנה אותו דורשים הוא 'פרט וכלל'. אבל בפסוק המבנה הוא הפוך: 'כלל ופרט'.

כעת הגמרא מציעה פירוש אחר ללשון הדרשה:

> ***וכי תימא אילו נאמר קאמר, אילו נאמר שור וגניבה?***

כלומר השיקול שעושה תנא דבי חזקיה הוא שיקול של אלטרנטיבה, כפי שמסביר רש"י כאן:

וכי תימא אילו נאמר קאמר - אילו נאמר שור ברישא והדר גניבה לא היה צריך לכתוב יותר ולמה לא נכתב כן.

כלומר אילו התורה היתה רוצה לרבות כל דבר היתה לה דרך קלה יותר, לכתוב 'שור' ואח"כ 'גניבה', ואז היה יוצא שמרבים הכל ב'פרט וכלל'.

על כך עונה הגמרא:

ומי מצית אמרת מה הפרט מפורש? הוה שור - פרט, וגניבה - כלל, פרט וכלל נעשה כלל מוסיף על הפרט, ואיתרבו להו כל מילי!

הגמרא אומרת שלא ייתכן שזו היתה כוונת תנא דבי חזקיה, שכן להצעה זו לא נמצא בדבריהם כל תשובה. כלומר המשך לשון הדרשה לא מתיישב לפי הצעה זו, כי מ'פרט וכלל' מרבים הכל ללא מגבלה (כל מה שדומה בצד אחד). ומכאן שעל הצעה זו לא ניתן לומר שלולא 'שה' הייתי מרבה רק מה שקרב לגבי מזבח.

לכן ברור שלא זו היתה כוונת תנא דבי חזקיה. אמנם השאלה שעלתה כאן בעינה עומדת: מדוע באמת התורה לא נקטה לשון 'פרט וכלל' וריבתה ישירות את הכל? על השאלה הזו הגמרא כלל אינה עונה. מסתבר שסוג השאלות הזה אינו נשאל בספירת הדרש, מפני ששיקולי הניסוח של התורה אינם עומדים לבחינת אלטרנטיבות. מסתבר שלקב"ה היה שיקול (פשטי, ככל הנראה) שמחמתו הוא רצה לכתוב לשון כזו. השאלה היא רק כיצד לפרש את מה שכן נכתב, ולא להציע אלטרנטיבות יעילות וחסכוניות יותר, שאולי יתאימו לדרש אך ישבשו את הפשט.

אלא שאם דחינו את האפשרות שמדובר בהצעה של אלטרנטיבה היפותטית, אנחנו חוזרים לשאלה המקורית:

אלא כדכתיב קאמרי גניבה ושור? מי מצית אמרת הכל בכלל או מה הפרט מפורש? הוה ליה גניבה - כלל, ושור - פרט, כלל ופרט אין בכלל אלא מה שבפרט, שור אין, מידי אחרינא לא!

כלומר המופע המקראי הוא 'כלל ופרט', ולכן אין לרבות ממנו מאומה. אז עדיין לא ברור מהי כוונת תנא דבי חזקיה.

הגמרא עונה:

אמר רבא: תנא אחיים קא סמיך ליה, וכלל ופרט וכלל קא"ל.

עד עתה הנחנו ש'חיים' היא מילת פרט, וכעת דוחים זאת. המלה 'חיים' היא כללא בתרא, ודורשים כאן 'כלל ופרט וכלל'. לכן גם מרבים כל מה שדומה ל'שור'.

כעת הגמרא מעלה את השאלה של ההבדל בין כללא קמא ובתרא:

והא לא דמי כללא בתרא לכללא קמא! הא תנא דבי רבי ישמעאל הוא, דכה"ג דריש כללי ופרטי.

בנקודה זו עסקנו בפרק שנים-עשר, והזכרנו את הסוגיא הזו בתחילת סעיף א של אותו פרק. זה מקרה סטנדרטי של כללא קמא שמכיל כל דבר (='גניבה') וכללא בתרא שמכילה רק בעלי חיים (='חיים'), ולכן יש לקרוא את זה כמו 'כלל ופרט', כשהפרט מכיל כמה פריטים.

ניתוח הדרשה

כעת הגמרא מסכמת את דרשת 'כלל ופרט וכלל' של תנא דבי חזקיה:

והכי קא קשיא ליה: אם המצא תמצא למה לי?

תנא דבי חזקיה התקשו מדוע נדרש הריבוי בתחילת הפסוק 'אם הימצא תימצא'. וכדי להסביר זאת, הם מביאים את כל הדרשה שראינו (שכעת מוסברת למסקנה כ'כלל ופרט וכלל'):

יאמר שור וגניבה וחיים, והכל בכלל! אילו כן, הייתי אומר: מה הפרט מפורש דבר הקרב לגבי מזבח, אף כל הקרב לגבי מזבח, מה יש להביא? שה, כשהוא אומר שה - הרי שה אמור, הא מה אני מקיים גניבה? לרבות כל דבר. יאמר גניבה ושור ושה וחיים, והכל בכלל! אילו כן, הייתי אומר: מה הפרט מפורש דבר הקדוש בבכורה, אף כל דבר הקדוש בבכורה, מה יש לך להביא? חמור, [כשהוא אומר חמור -] הרי חמור אמור, הא מה אני מקיים גניבה? לרבות כל דבר. יאמר גניבה ושור ושה וחמור וחיים, והכל בכלל! אילו כן, הייתי אומר: מה הפרט מפורש בעלי חיים, אף כל ב"ח, מה יש לך להביא?

שאר ב"ח, כשהוא אומר חיים - הרי חיים אמור, הא מה אני מקיים גניבה? לרבות כל דבר, אם המצא תמצא ל"ל?

כאמור, ישנו כאן מופע מקראי של 'כלל ופרט וכלל'. מהם הצדדים הרלוונטיים בבעייה הזו? כל המנויים הם בעלי חיים. כולם קדושים בקדושת בכורה. חלקם קרבים לגבי מזבח (שור ושה). אמנם אנחנו יודעים ששדה הדיון (שזה הצד הטריביאלי) הוא: כל החפצים ששייכת לגביהם בעלות (כולל שטרות ועבדים וקרקעות). בתוך זה יש עוד צד לא טריביאלי, והוא החפצים שמטלטלים וגופם ממון (למעט קרקעות עבדים ושטרות). הצד הזה עולה כצד רלוונטי בפירוש בסוף הסוגיא (סד ע"ב).

אם כן, ישנם כאן ארבעה צדדים למעט הטריביאלי, ודיאגרמת ון למקרה זה היא קונצנטרית:

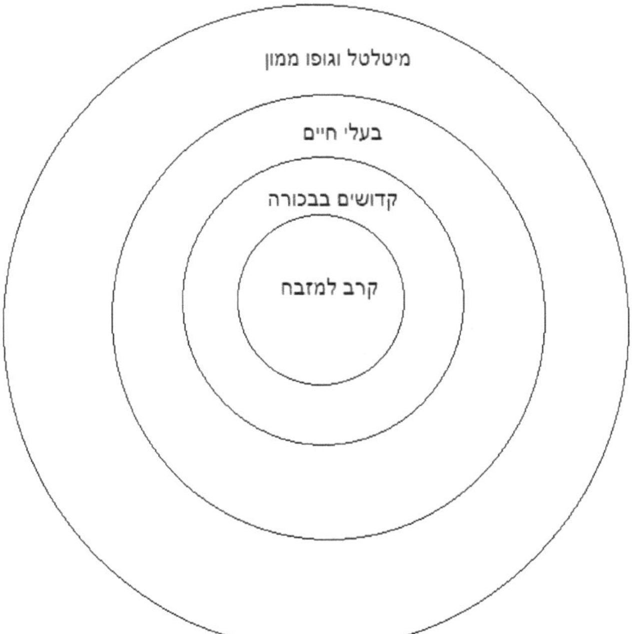

כפי שכבר ראינו בסוגיית חולין סה-סו, במקרה שיש רשימה של פריטים (=פקטורים), יש לדרוש אותם אחד אחרי השני ולעשות רזוננס.

אם כן, הצעד הראשון הוא לנתח מופע של 'שור גניבה וחיים'. כאמור, המילה שור, יש לה ארבעה צדדים. אם עושים 'כלל ופרט וכלל' סביבה, התוצאה תלויה בשאלה האם דורשים בשיטת 'קמא דווקא' או 'בתרא דווקא'.

והנה, הגמרא אומרת שבמקרה כזה היינו לומדים לרבות קרב לגבי מזבח. כלומר זהו ריבוי בארבעה צדדים. נראה שלומדים כאן בשיטת 'קמא דווקא', שהרי לפי שיטת 'בתרא דווקא' יש לרבות לשני צדדים בלבד.

כעת הגמרא אומרת ש'שה' היה יוצא מיותר, וזה מוכיח שיש לרבות קדוש בבכורה. האם זו תוצאה של דרשת 'כלל ופרט וכלל' סביב 'שה'? מסתבר שלא, שכן 'שור' ו'שה' יש להם אותם צדדים רלוונטיים, ולכן כאן ברור שאנחנו דורשים את הכפילות ולא עושים רזוננס.

מהכפילות יוצא שבמקום לרבות בארבעה צדדים אנחנו מרבים בשלושה. כעת התוצאה היא כל דבר שקדוש בבכורה.

אלא שכעת המילה 'חמור' היא מיותרת. שלב זה בדרשה ניתן לשני פירושים: 1. עושים כאן דרשת כפילות פשוטה, כמו בשלב הקודם. 2. ל'חמור' יש פחות צדדים מחבריו, ולכן זוהי תוצאה של תהליך רזוננס בין שתי דרשות נפרדות.

מה היתה התוצאה של דרשה שהיתה נעשית סביב 'חמור'? כאמור, אנחנו דורשים בשיטת 'קמא דווקא', ולחמור יש שלושה צדדים רלוונטיים (כאמור, הם קונצנטריים): קדוש בבכורה, בע"ח, מיטלטל וגופו ממון. התוצאה היא ריבוי בשלושה צדדים, כלומר כל מה שקדוש בבכורה. אך תוצאה זו זהה למה שקיבלנו מהדרשה סביב 'שור' ו'שה'.

המסקנה היא שבשתי הדרכים שהצענו כאן (1 או 2) אנחנו מגיעים לכך שיש כאן אלמנט מיותר (או מילה מיותרת או דרשה מיותרת), שמוכיח שהריבוי צריך להיעשות ברדיוס עוד יותר רחב. כעת אנחנו מגיעים לשני צדדים: כל בע"ח.

בשלב הבא אנחנו נמצאים בהכללה שכוללת את כל בעלי החיים. ומהמילה 'חיים' אנחנו מרבים כל דבר. כאן ישנו שלב חריג. כזכור, כעת הגמרא מניחה

שהמילה 'חיים' אינה פרט אלא כלל. אם כן, יש כאן עיקרון נוסף, ולפיו כשהכלל בתרא אינו אלא הקבוצה שיצאה מהריבוי סביב הפריטים שבאמצע, הוא מרחיב את רדיוס הריבוי עוד יותר. כאן אנחנו מגיעים להכללה של צד אחד, כלומר לכל דבר שמיטלטל וגופו ממון.

שיקול זה דומה מאד למה שפגשנו בסוגיית נזיר, שכשה'כלל ופרט וכלל' אינו מרבה מאומה מעבר למה שכתוב, יש להרחיבו עוד יותר. אלא ששם זה לא ריבה מאומה מעבר למה שכתוב ברשימת הפריטים, וכאן אנו משווים זאת לכלל.

האם ייתכן שתוצאת הדרשה רחבה יותר מאחד משני הכללים?

יש לשים לב שתוצאת הדרשה כאן היא כל דבר מיטלטל שגופו ממון, ואילו הכלל בתרא הוא רק בעלי חיים, שזו קבוצה קטנה יותר. יתר על כן, כפי שכבר העירו הראשונים כאן, הרי אילו לא היה הכלל הראשון ('גניבה') והיינו דורשים רק 'פרט וכלל', זה ודאי היהמוליך לתוצאה רחבה יותר מאשר דרשת 'כלל ופרט וכלל'. הא ייתכן שדרשת 'פרט וכלל' תוליך למסקנה שהיא רחבה יותר מהכלל שבה (='חיים')? מהסוגיא עולה שהתשובה לכך היא כנראה חיובית.

המסקנה העולה מכאן היא שלפעמים יכול להיות מצב שאחד הכללים מכיל קבוצה שהיא קטנה יותר מתוצאת הדרשה. ייתכן שזה מסביר את העובדה שבתחילת הסוגיא הנחנו שהמילה 'חיים' היא אחד הפרטים ולא כלל בתרא (אלא שבסופו של דבר זה לא התיישב עם לשון התנא דבי חזקיה, וכנ"ל).

דומה שמסקנה זו תבהיר לנו את המשך הסוגיא. כאמור, הגמרא הסבירה שתנא דבי חזקיה התקשו מדוע נדרשות המילים 'אם הימצא תימצא', ולשם כך הביאו את כל הדרשה. אלא שכעת לא ברור מה באמת הם ענו על הקושי הזה:

אי הכי, שפיר קשיא ליה!

ועל כך מסבירה הגמרא:

משום דאית ליה פירכא: לרבות כל דבר מהיכא קמייתי ליה? מכלל בתרא, כללא גופיה חיים כתיב ביה, כלל ופרט וכלל מאי קא מהני ליה? אי לאתויי כל דבר, הא חיים כתיב, בעלי חיים אין, מידי אחרינא לא! משום הכא איצטריך אם המצא.

בסופו של דבר, הגמרא מסיקה שלא ניתן לרבות מ׳כלל ופרט וכלל׳ מעבר לרדיוס של אחד משני הכללים. לכן נדרש הריבוי של ׳אם הימצא תימצא׳. כלומר התוצאה הקודמת שלנו, לפיה ייתכן מצב שהריבוי ייעשה ברדיוס שהוא רחב יותר מאחד משני הכללים אינה נכונה למסקנה.

אמנם רש״י כאן כותב:

ה״ג לרבות כל דבר מהיכא מייתי לה מכלל בתרא כללא גופא חיים כתיב ביה - כלומר איצטריך אם המצא תמצא דאי מגניבה וחיים דרשת לכלל איכא למיפרך שאר דברים מהיכא מייתית להו מכללא בתרא אף כל כללא גופיה חיים כתיב ביה דכל היכא דדרשינן כלל ופרט וכלל אף כל מכללא בתרא מידרש דכללא קמא למעוטי הוא דאתי דבלאו איהו הוי פרט וכלל דאיתרבו כל מילי ומהני כללא קמא למעוטי מאי דלא דמי ליה לפרטא וכללא בתרא לרבויי אתי דאי לאו איהו ה״ל כלל ופרט ואין בכלל אלא מה שבפרט הלכך לא דרשינן מיניה אלא בעלי חיים ובטיל ליה כלל ופרט דאע״ג דדריש תנא דבי ר׳ ישמעאל בעלמא כללא דלא דמי (ליה פרטא) הני מילי לרבויי מידי דהוי בכללא בתרא.

רש״י טוען שהכללא קמא מתפקד אחרת מכללא בתרא. הראשון ממעט והשני מרבה. אם כן, הכללא בתרא הוא חסם עליון על רדיוס ההכללה, ולכן לא ניתן לרבות מעבר לבעלי חיים. נראה מדבריו שמצב בו הרדיוס של ההכללה רחב יותר מהרדיוס של כללא קמא הוא אפשרי.

יש לזכור שהוכחנו למעלה שהדרשה כאן משתמשת בשטת ׳קמא דווקא׳. האם זה יהיה שונה בשיטת ׳בתרא דווקא׳? לא ברור. ולגבי השאלה האם תיתכן דרשה שבה התוצאה רחבה מאחד משני הכללים, ראה גם תוד״ה ׳יאמר׳, סד ע״א, ובחי׳ הרשב״א שם.

האם דרשת 'כלל ופרט וכלל' נותרת למסקנה?

אמנם לא ברור האם כעת הגמרא מניחה שדרשת ה'כלל ופרט וכלל' נדרשת, או שזנחנו אותה לגמרי והכל מתרבה מ'אם הימצא תימצא'?

רש"י כאן כותב:

> ***יאמר גניבה ושור ושה וחמור וחיים והכל בכלל - אם המצא תמצא ל"ל ומשני אילו כן הייתי אומר אף כל ב"ח להכי איצטריך אם המצא תמצא למימר דלאו מגניבה וחיים דרשינהו לכלל אלא מאם המצא תמצא ושדינהו לכל הני פרטי בינייהו כדמפרש לקמן.***

נראה מדבריו שבסופו של חשבון אנחנו לומדים 'כלל ופרט וכלל', כאשר הכללא קמא הוא 'אם הימצא' וכללא בתרא הוא 'תימצא', וכל השאר הם פרטים שמושלכים ביניהם (כנראה כולל 'גניבה' ו'חיים'). התחלנו עם זה ש'גניבה' היא כלל ו'חיים' הם פרט. עברנו לזה ששניהם כלל. וכעת אנחנו מגיעים למסקנה הקיצונית ההפוכה: שניהם שייכים לרשימת הפקטורים של הפרט.

נציין עוד שכעת שני הכללים כן דומים זה לזה, והדרשה אמורה להיות מוסכמת.

שני כללים סמוכים

כעת הגמרא מקשה:

> ***אמרי: והא שני כללות דסמיכי אהדדי נינהו!***

מיהם אותם שני כללות סמוכים? מרש"י למעלה נראה שהכוונה היא ל'הימצא' ו'תימצא'. אין אפשרות ש'גניבה' גם היא כלל, שכן למסקנת הסוגיא היא נדרשת כפרט למעט. 'חיים' ודאי אינו הכלל השני, שכן אם הוא היה השני אז שני הכללים אינם סמוכים זה לזה, ואין מקום לקושיית הגמרא. לכן למסקנה יש כאן מבנה של 'כלל וכלל ופרט'.

כעת מובאת המחלוקת מה עושים במופע מקראי כזה (ראה לעיל בפרק אחד-עשר):

אמר רבינא, כדאמרי במערבא: כל מקום שאתה מוצא שני כללות הסמוכים זה לזה, הטל פרט ביניהם ודונם בכלל ופרט.

פותחים בשיטת מערבא, שדנים במופע מקראי כזה ב׳כלל ופרט וכלל׳. כעת הגמרא מבררת מה לומדים מכל פרט כזה:

שדי שור בין המצא לתמצא; לאתויי מאי? אי לאתויי ב״ח, מחיים נפקא! אלא לאתויי דבר שאין בעלי חיים, ודרוש הכי: מה הפרט מפורש דבר המטלטל וגופו ממון, אף כל דבר המטלטל וגופו ממון. ותו, שדי חמור בין המצא לתמצא; לאתויי מאי? אי לאתויי דבר שאין בעלי חיים, משור נפקא! אלא לאתויי דבר מסויים. א״ה שה למה לי?

למסקנה לא מצליחים להסביר זאת באופן הזה, ולכן המסקנה היא שתנא דבי חזקיה לומדים כשטת דבי רי״ש שדורשים במופע כזה ב׳ריבה ומיעט וריבה׳ (ראה רשב״א כאן שהסביר שתנא דבי חזקיה בקושיותיו בא ללמד שאין לדרוש פסוק זה ב׳כלל ופרט׳, אלא רק ב׳ריבוי ומיעוט׳):

אלא, ריבה ומיעט וריבה הוא, כדתנא דבי רבי ישמעאל, דתנא דבי ר׳ ישמעאל: במים במים ב׳ פעמים, אין זה כלל ופרט, אלא ריבה ומיעט וריבה - ריבה הכל; מאי רבי? רבי כל מילי. אי הכי, כל הני פרטי למה לי? חד למעוטי קרקע, וחד למעוטי עבדים, וחד למעוטי שטרות, גניבה וחיים - לכדרב, דאמר: אחייה לקרן כעין שגנב.

והמיעוט מכל פרט הוא למעט קרקע, שטרות ועבדים.

הערה על דרישת כל פרט לחוד

בדרשה הסופית רואים שכל פרט כזה נדרש לחוד. לעומת זאת, למעלה ראינו שאנחנו לא דורשים כל אחד מהפרטים לחוד, אלא לומדים להכליל ברדיוס גדול יותר (צד אחד פחות).

ההסבר הפשוט לכך הוא שהפרטים כאן הם בעלי תוכן חופף או מוכל. לדוגמא, ל׳שור׳ ו׳שה׳ יש בדיוק את אותם צדדים רלוונטיים. במקרה כזה אין לדרוש כל אחד מהם לוד, כי התוצאה בשני המקרים תצא זהה. במקרה כזה

הפריט הנוסף מלמד אותנו להרחיב את רדיוס ההכללה בצד אחד (כלומר להוריד צד אחד בדרישות הדמיון).

כאן אנחנו רואים שזה גם מה שקורה ביחס ל'חמור', והוא אנו זהה ל'שור' ו'שה'. הסיבה לכך היא ש'חמור' מוכל בהם, שכן יש לו צד אחד פחות (הוא אינו קרב למזבח). גם במקרה כזה מדובר בכפילות, שכן אם דורשים כל פריט לחוד היינו יכולים להסתפק ב'חמור' בלבד (התוצאה היתה הקבוצה הרחבה יותר), או ב'שור' בלבד (והתוצאה היתה הקבוצה הצרה יותר). אחד משני אלו יוצא מיותר. לכן גם במקרה כזה לומדים מהייתור להשמיט צד דמיון אחד ברדיוס ההכללה.

זה נותן הסבר אלטרנטיבי מדוע בסוגיות כמו נזירות (נזיר לה) לא מצאנו דרשות של כל פרט לחוד. שם הסברנו שלמעשה כן נעשית דרשה כזו, אלא שבסוגיא מובאות רק התוצאות שלה. הסבר זה נראה נכון לגבי סוגיות שבהן הפרטים שונים מהותית (לא חופפים ולא מוכלים) זה מזה. אך סוגיות כמו נזירות ניתן כעת להסביר אחרת: במקרה של נזירות הפריטים מוכלים זה בזה (ראה ניתוח בפרק התשיעי), ולכן ישנה חפיפה ביניהם. במקרה כזה אנחנו לוקחים את כולם כיחידה אחת. אמנם עדיין יש למצוא מענה מדוע התורה כתבה את כולם, ולא הסתפקה בצר ביותר או הרחב ביותר, ולכן הדברים עדיין טעונים בירור.

עד כאן הסברנו מדוע לא דרשו בסוגיא זו את הפרטים כל אחד לחוד. אבל בדרשה הסופית שנעשית במידת 'ריבוי ומיעוט' כן עושים זאת. מדוע כאן לא מתחשבים בשיקול שהצגנו כעת?

התשובה לכך היא פשוטה מאד. הריבויים ההדדיים יכולים להיעשות רק בשיטת 'כלל ופרט וכלל', שכן בשיטה זו אי אפשר לבצע דרשה מקבילה סביב שני פרטים בעלי צדדים זהים, ולכן לומדים מהכפילות להרחיב את רדיוס ההכללה. הסיבה לכך היא שכל דרשת 'כללי ופרטי' היא הכללה סביב הפרט הרלוונטי, ואין טעם להכליל באותה צורה סביב פרטים זהים.

לעומת זאת, בדרשות 'ריבוי ומיעוט' אין קשר הכרחי בין מה שמתמעט לבין תוכן הפרט. המבנה הזה רק מלמד אותנו לרבות הכל ולסייג את הריבוי בדבר

אחד (שאינו בהכרח קשור לפרט). כאן אין שום משמעות לשיקול של כפילות בין המאפיינים (=הצדדים) של הפרטים השונים, שהרי בדרשות 'ריבוי ומיעוט' אין כלל התחשבות בצדדים. לכן כאן ודאי שדורשים כל פריט לחוד, כאילו יש כאן סדרת דרשות של 'ריבוי ומיעוט וריבוי'.

פרק ארבעה-עשר: סוגיית זבחים ד ע״ב

מבוא

כאמור, סוגיית זבחים ד ע״ב אינה מעוררת היבט עיוני חדש, אך מכיון שגם היא שייכת לסוגיות הרפלכסיביות יש בנותן טעם לנתח כאן גם את מהלכה, וללמוד גם ממנה מספר דברים.

הדרשה מ׳כללי ופרטי׳ לגבי שינוי בעלים

הגמרא בסוגיית זבחים ד ע״א-ע״ב עוסקת בשאלת שינוי קודש (עשיית הפעולה לשם סוג אחר של קרבן) ושינוי בעלים (=עשיית הפעולה על ידי הכהן לשם בעלים אחר). בתוך הדיון (שם בע״ב) מחפשים מקור לכך ששינוי בעלים פוסל בכל אחת מפעולות ההקרבה. לאחר שמצאו מקור לשינוי בעלים בשחיטה ובזריקת הדם, מחפשים מקור לשינוי בעלים בקבלת הדם, ומוצאים אותו בפסוק לגבי איל נזיר, במדבר ו, יז:

> ***וְאֶת הָאַיִל יַעֲשֶׂה זֶבַח שְׁלָמִים לַיקֹוָק עַל סַל הַמַּצּוֹת וְעָשָׂה הַכֹּהֵן אֶת מִנְחָתוֹ וְאֶת נִסְכּוֹ:***

כיצד זה נוגע לשינוי בעלים? על כך אומרת הגמרא:

> ***אשכחן זביחה וזריקה, קבלה מנלן? וכי תימא לילף מזביחה וזריקה, מה לזביחה וזריקה שכן עבודה שחייבין עליה בחוץ! אלא אמר רב אשי: אתיא מאיל נזיר, דכתיב: +במדבר ו+ ואת האיל יעשה זבח שלמים שתהא עשייתו לשם שלמים, ואם אינו ענין לשינוי קודש, דנפקא ליה מהתם, תנהו ענין לשינוי בעלים.***

עד כאן למדו שינוי בעלים בקבלת הדם (או בעשייה בכלל) מאיל נזיר, ב׳אם אינו עניין׳. כעת הגמרא פורכת על הלימוד הזה בהצעה לדרוש אותו ב׳כלל ופרט׳:

> ***אמר ליה רב אחא בר אבא לרבא, אימא: יעשה - כלל, זבח - פרט, כלל ופרט אין בכלל אלא מה שבפרט, זביחה אין, מידי אחרינא לא!***

כלומר מבנה של 'כלל ופרט' אינו ניתן להרחבה, ולכן דין זה נאמר רק על זביחה. ומכאן לומדת הגמרא שגם ה'אם אינו עניין' שלומד מכאן שינוי בעלים הוא רק בזביחה. מהו הכלל כאן? מהמשך הגמרא ברור שאלו הן כלל העשיות (ולא קרבנות השלמים. המילה 'שלמים' מציינת את מטרת העשיות, ולא נתפסת כאן כקבוצה כשלעצמה). והפרט הוא רק מעשה הזביחה (=השחיטה).
כעת הגמרא דוחה את הפירכא הזו:

אי כתיב יעשה שלמים זבח כדקאמרת, השתא דכתיב יעשה זבח שלמים, הוה ליה כלל שאינו מלא, וכל כלל שאינו מלא אין דנין אותו בכלל ופרט.

ומסביר על כך רש"י כאן:

השתא דכתיב יעשה זבח שלמים - לא גמר הכלל את דבריו ולא נשלם להשמיענו על מה הוזכרו כאן העשיות עד שבא זבח והפסיק את הדבר. כלל שאינו מלא - ולא נתמלא דבריו להשלים, מלא פרדאשביי"ן בלע"ז.

רש"י אומר שהכלל לא הושלם אלא אחרי שכבר הופיע הפרט, שכן הכלל הוא 'יעשה שלמים' (כפי שראינו למעלה, מדובר על כלל העשיות וההוראה היא שיש לעשותן לשם שלמים), והפרט הוא 'זבח'. במצב כזה לא דורשים ב'כלל ופרט'.
כעת בא רבינא וחולק על הסתמא בזה. הוא סובר שכן דנים בזה 'כלל ופרט', ולכן הוא מציע דחייה אחרת לדרשה של ר' אחא:

רבינא אמר: לעולם דנין, ולה' - חזר וכלל.

כלומר יש כאן מבנה של 'כלל ופרט וכלל', ולכן הוא כן ניתן להרחבה. חשוב להבין שמניתוח הפסוק יוצא שכמו שהכלל קמא היה העשיות, כלומר פעולות ההקרבה, הכלל כאן גם הוא כלל הפעולות. כלומר המילה 'לה'' מתפרשת כמכלול פעולות ההקרבה.

אין כאן פירוט כיצד נעשית ההרחבה, ומהם הצדדים הרלוונטיים. ההנחה היא שאם יש מופע מקראי מרחיב הדבר מאפשר את הדרשה לגבי שינוי בעלים בקבלת הדם. אנו נדון בזה עוד להלן.

לכאורה נראה שיש כאן מחלוקת בשאלה האם דורשים כלל שאיננו מלא (וכן הבין בעל **הכריתות** 'בתי מידות' בית ו, ד, ע"ש). אך נראה שבספר **הליכות עולם** שער ד סי' ל התלבט האם בזה נחלקו או לא (וכן כתב **יד דוד** כאן בדעתו).

עוד נראה שבספר **הליכות עולם** שם סובר שלמסקנה באמת לא דנים כלל שאיננו מלא, שכן הוא מביא את העיקרון שלא דנים כדבר מוסכם ופשוט. ייתכן שזה לשיטתו שלא בזה נחלקו האמוראים כאן. אך בפרק הבא נראה שתוס' בכריתות ו ע"ב הבינו שמסקנת הבבלי היא שכן דורשים מופע כזה ב'כלל ופרט וכלל'.

הערה לגבי כלל שאיננו מלא

ראינו שככל הנראה יש כאן מחלוקת בשאלה האם דורשים כלל שאיננו מלא ב'כלל ופרט' או לא. עקרונית היה מקום לחלק ולומר שבמידת 'כלל ופרט וכלל' לכל הדעות דורשים גם כאשר הכלל איננו מלא (וכן נראה שהבין בעל **יבין שמועה**, על **הליכות עולם** שער ד סי' ל, אך הוא גם מציג בזה מחלוקת). אך המלבי"ם מצביע על כך שהמחלוקת נסובה על כל מידות 'כללי ופרטי'.

אנו מוצאים מחלוקת בין הבבלי ל**מכילתא**. הבבלי בשבועות ד ע"ב (ראה לעיל בפרק אחד-עשר ס"ב), לומד לגבי פדיון בכור:

> ***ורבנן דרשי כללי ופרטי: ופדויו מבן חדש - כלל, בערכך כסף חמשת שקלים - פרט, תפדה - חזר וכלל, כלל ופרט וכלל אי אתה דן אלא כעין הפרט, מה הפרט מפורש דבר המטלטל וגופו ממון, אף כל דבר המטלטל וגופו ממון, יצאו קרקעות - שאינן מטלטלין, יצאו עבדים, שהוקשו לקרקעות, יצאו שטרות - אע"פ שמטלטלין אין גופן ממון.***

כלומר הבבלי לומד כאן 'כלל ופרט וכללי' (ולדעה קודמת 'ריבוי ומיעוט', מפני שיש כאן שני כללות סמוכים). ואילו ה**מכילתא** בפסקא קכג אינה לומדת זאת:

> ***וכל בכור אדם בבניך למה נאמר? לפי שהוא אומר ופדויו מבן חדש תפדה (במדבר יח) כלל, בערכך כסף חמשת שקלים פרט, וכלל ופרט אין בכלל אלא מה שבפרט. כשהוא אומר וכל בכור אדם בבניך תפדה חזר וכלל. או כלל ככלל הראשון, אמרת לאו אלא כלל ופרט וכלל אי אתה דן אלא כעין הפרט, מה הפרט מפורש בנכסים המטלטלים שאין להם אחריות וגופן ממון, אף אני איני מרבה אלא נכסים שאין להם אחריות [וגופן ממון]. מכאן אמרו, בכל ((מקום) [דבר]) פודין בכורי אדם, חוץ מעבדים ושטרות וקרקעות והקדשות***

כלומר ה**מכילתא** רואה את 'מבן חדש תפדה' בתור כלל אחד, בעוד שהבבלי רואה זאת כשני כללים.

המלבי"ם שם מעלה כמה אפשרויות להסביר את המחלוקת, ולבסוף הוא מציע:

> ***ויש לומר עוד, שהמכילתא סובר כמאן דאמר בזבחים (דף ד') דכלל שאינו מלא, אין דנים בכלל ופרט. ומה שנאמר 'ופדויו', הוא כלל שאינו מלא שעוד לא גמר את דבריו עד שבא הפעל תפדה, והגמרא אזיל בשיטת רבינא שם דכלל שאינו מלא דנים בכלל ופרט.***

כלומר הוא רואה ב**מכילתא** הד לשיטה שאינה דורשת כלל שאיננו מלא, וזאת במופע של 'כלל ופרט וכללי'.

ההבחנה בין כללא קמא לכללא בתרא

כעת הגמרא מקשה מההבנה בין כללא קמא לבתרא (ראה על כך לעיל בפרק יב):

> ***אמר ליה רב אחא מדיפתי לרבינא: והא לא דמי כללא קמא לכללא בתרא, כללא קמא מרבה עשיות ותו לא, כללא בתרא כל לה', ואפילו שפיכת שיריים והקטרת אימורין!***

הגמרא טוענת שכללא קמא מתייחס רק לפעולות שהן 'עשייה' בקרבן, ולא לפעולות שאינן עשייה, כמו הקטרת אימורין ושפיכת שיריים. ואילו כללא בתרא מדבר על כל מה שנעשה לה'.[21] זהו מקרה שכללא קמא הוא צר יותר מכללא בתרא, וכפי שראינו בפרק שנים-עשר ס"ב לגבי סוגיית זבחים ח ע"ב, במקרה כזה מדובר במופע של 'פרט ופרט וכלל' ולכן ההצעה היא להטיל את הכלל בין שני הפרטים, ולדרוש אותו ב'פרט וכלל ופרט'. אמנם ראינו שם שיש גם מקום לראות זאת כעיקרון פורמלי, שאם כללא קמא שונה מכללא בתרא אין לדרוש אותם ב'כלל ופרט וכלל' (אלא אולי ב'ריבוי ומיעוט').

אלא שאז עלינו לשאול מה הקושיא כאן? הרי גם 'פרט וכלל ופרט' הוא מידה מכלילה, ולכן אולי באמת השתמשו במידה הזו? נראה שהגמרא מניחה שמידה זו לא היתה מספיקה כדי לרבות שינוי בעלים בקבלת הדם. כלומר הולכים כאן בשיטת 'בתרא דווקא', שלפיה 'כלל ופרט וכלל' (שנדרש בשני צדדים) מרחיב יותר מאשר 'פרט וכלל ופרט' (שנדרש לדמיון בכל הצדדים). ההנחה היא שברגע שנדרש דמיון בכל הצדדים, לא ניתן לרבות קבלת הדם, שכן היא אינה דומה לגמרי לזביחה. זהו רמז לכך שיש בבעייה צד רלוונטי שמבחין בין זביחה לקבלת הדם. ראה עוד להלן.

כעת הגמרא עונה:

הא תנא דבי רבי ישמעאל: בכללי ופרטי דריש כי האי גוונא, כלל ופרט וכלל אי אתה דן אלא כעין הפרט, מה הפרט מפורש עבודה ובעינן לשמן, אף כל עבודה ובעינן לשמן.

כלומר דבי ר"יש כן דורשים מצב שכללא קמא שונה מכללא בתרא, ומתייחסים לזה כ'כלל ופרט וכלל', ולכן יש מקום לרבות גם לגבי קבלת הדם. ישנה השלכה מיידית להבנה זו. הכלל בתרא הוא רחב יותר מכללא קמא, ולכן תוצאת הדרשה יכולה להגיע עד אליו (כפי שראינו בפרק הקודם מסוגיית ב"ק סד). אם כן, כעת יש מקום לשאול האם שינוי בעלים פוסל גם בשפיכת

---

[21] הביטוי 'עשייה' כנראה מבטא פעולה בקרבן מעבר להגדרה של 'עבודה'. לדוגמא, שחיטה (=זביחה) אינה עבודה, ולכן היא כשרה בזר, אבל כאן היא מוגדרת כ'עשייה'.

שיריים והקטרת אימורים? הדבר תלוי כמובן בצדדים הרלוונטיים בבעייה, ואנו נדון בזה להלן.

בירור הצדדים הרלוונטיים

כעת הגמרא מקשה:

אי מה הפרט מפורש עבודה וחייבין עליה בחוץ, אף כל עבודה וחייבין עליה בחוץ, שחיטה וזריקה אין, קבלה והולכה לא!

הגמרא קובעת שאם דורשים ב'כלל ופרט וכלל' אזי היה עלינו לרבות רק את מה שהוא כעין הפרט, כלומר רק עבודות שחייבים עליהן בחוץ. זהו בעצם צד רלוונטי נוסף של הבעייה.

וקושיא נוספת:

אי נמי, מה הפרט מפורש דבר הטעון צפון וישנו בחטאות הפנימיות, אף כל הטעון צפון וישנו בחטאות הפנימיות, שחיטה וקבלה אין, זריקה לא!

כאן נוסף עוד צד רלוונטי לבעייה: דבר שטעון צפון וישנו בחטאות הפנימיות.

עד כאן אספנו את כל הצדדים הרלוונטיים של הבעייה, ונציג כעת את המצב בשלב זה בסוגיא במלואו. ראינו שיש כאן שלושה מאפיינים בסיסיים: עבודה (שלא כשרה בזר), עשייה (עבודות ושחיטה), פעולה (עשיות ושפיכת שיריים והקטרת אימורים). בקטע האחרון של הסוגיא נוספו לנו עוד שני צדדים: עבודה שחייבים עליה בחוץ, ודבר שטעון צפון וישנו בחטאות הפנימיות.

נתאר כעת את הפקטורים והצדדים בטבלא, כמו שעשינו בסוגיות הקודמות:

פעולה/צד	עבודה A	עשייה B	פעולה C	עבודה שחייבים עליה בחוץ D	טעון צפון וישנו בחטאות הפנימיות E
שחיטה	-	+	+	+	+
קבלה	+	+	+	-	+
הולכה	+	+	+	-	-
זריקה	+	+	+	+	-
שפיכת שיריים והקטרת אימורים	-	-	+	-	-

מהי דיאגרמת ון שמתקבלת מהטבלא הזו?

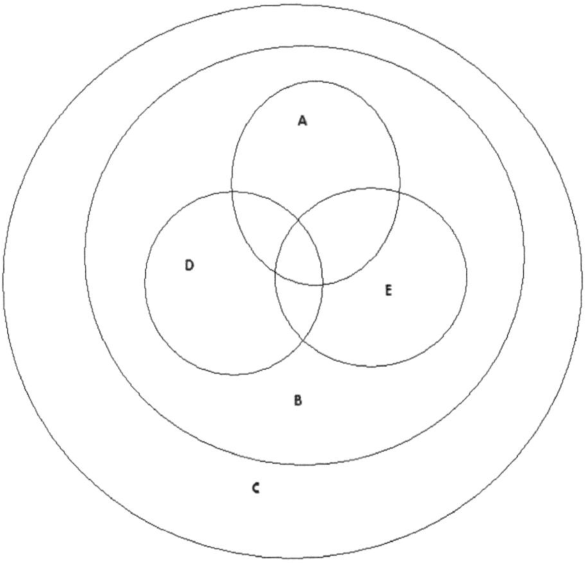

אמנם יש לדון לגבי הצדדים הרלוונטיים בשתי נקודות:

1. לגבי השאלה האם שחיטה היא עבודה (A) או לא, ישנן סתירות בין הסוגיות. מחד, היא כשרה בזר ולכן אינה נחשבת כעבודה (ראה זבחים יד ע"ב). מאידך, היא טעונה פנים, ולכן היא כן עבודה. הדבר תלוי מה מגדיר את המושג 'עבודה'. לכן לא ברור האם הטור של 'עבודה' הוא רלוונטי לסוגייתנו, או שמא מה שחייבים עליה בחוץ (D) הוא הצד הרלוונטי, שכן הוא המגדיר את הצד 'עבודה' לצרכינו כאן. יתר על כן, אם נתייחס לשחיטה כפעולה שאינה 'עבודה', אז הצד של עבודה אינו צד רלוונטי, כי שחיטה היא הפרט שכתוב בפסוק. מכאן שוב מוכח שבעיני הגמרא הצד A אינו רלוונטי לבעייה.[22]
2. מעבר לזה, הפעולה (C) היא הצד הטריביאלי, כפי שניתן לראות בקלות מהטור המתאים בטבלא. זהו שדה הדיון, שכן השאלה בה עוסקת הסוגיא היא אלו פעולות נפסלות בשינוי בעלים. כאמור, הצד הטריביאלי אינו נלקח בחשבון, אלא אם יש לנו רק שני צדדים רלוונטיים (כמו בסוגיית שבועות והמקבילות). לכן בעצם יש לנו אפשרות לראות בסוגיא הזו שלושה צדדים רלוונטיים או ארבעה.

למעלה הוכחנו שהסוגיא כאן נוקטת כשיטת 'בתרא דווקא'. לכן אם נדרוש מבנה כזה ב'כלל ופרט וכלל', כפי שעושים דבי ר"ש בסוגייתנו, התוצאה תהיה הכללה לשני צדדים. מהו רדיוס ההכללה בדיאגרמה שלעיל? הדבר תלוי אילו צדדים רלוונטיים ישנם כאן, כלומר האם אנו כוללים גם את צד A או לא. כאמור בהערת השוליים לעיל, אנחנו נניח שצד A אינו רלוונטי, שכן הסוגיא עצמה אינה מזכירה אותו.

הדיאגרמה והתוצאה שמתקבלת בהנחות אלו הן הבאות:

---

[22] נזכיר שהצד הזה נוסף על ידינו, והסוגיא עצמה כלל אינה מתייחסת אליו. לכן סביר יותר שאין להתחשב בו בחשבון המדרשי שנערוך מייד.

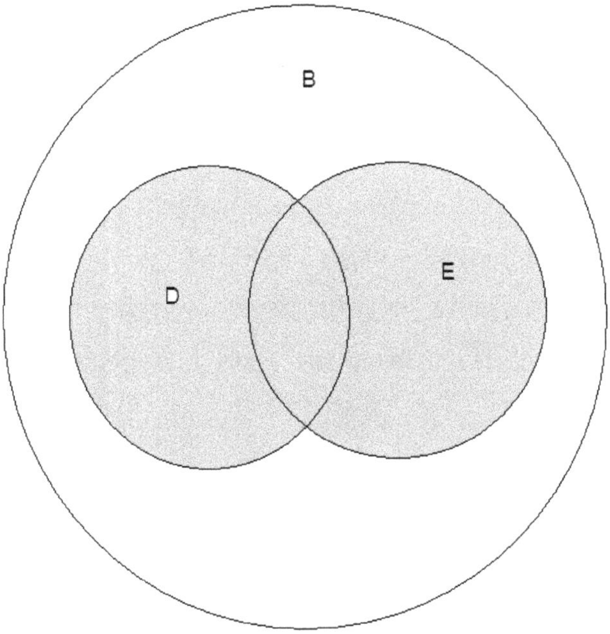

החלק המושחר מייצג את מה שדומה לפחות בשני צדדים לזביחה. מבחינת הפקטורים זה כולל את כל העבודות (כולל שחיטה) למעט הולכה, וכמובן בלי הקטרת אימורים ושפיכת שיריים.

מסקנת הגמרא: לישנא קמא

אך משום מה, הגמרא אינה פועלת בצורה זו. היא מתייחסת לשתי ההצעות שעלו לעיל כאופציות שמוציאות זו את זו, ולא מתחשבת בשתיהן. כנראה הדבר נובע מכך שברור היה לגמרא שהצד הרלוונטי הנוסף הוא או D או E,

אבל לא שניהם. הגמרא התלבטה מי משניהם הוא הרלוונטי לעניין שינוי בעלים, ולכן היא פועלת כאילו יש כאן מצב של ספק.

האפשרות הראשונה שהיא מציעה כדי להסיק מסקנה היא:

איכא למימר הכי, ואיכא למימר הכי, שקולין הן ויבאו שניהן.

כלומר יש להתייחס לכל אפשרות כזו בנפרד, וללמוד משתיהן. כלומר עלינו להתייחס לשתי דיאגרמות ון, אחת שכוללת את הצדדים B ו-D, והשנייה כוללת את הצדדים B ו-E. יש לדרוש כל אחת לחוד, ולצרף את שתי התוצאות.

כיצד דורשים מצב של שני צדדים? ראינו בסוגיית שבועות ובמקבילות, שבמקרה זה יש לצרף את הצד הטריביאלי, כלומר את C. התבוננות בדיאגרמה הכללית למעלה מעלה שיש לנו בשני המקרים דיאגרמות קונצנטריות, כדלהלן:

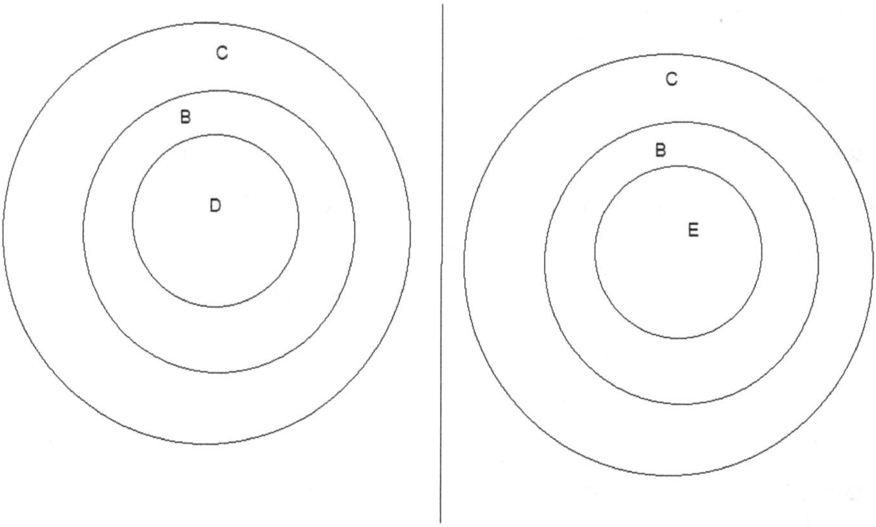

לכן התוצאה בשני המקרים היא: B. כלומר התוצאה היא כל העשיות, כולל הולכה.

אמנם בלשון הגמרא לא משמע כן, שהרי היא מתייחסת לכך כאילו היו כאן שתי תוצאות שונות, ורק אחר כך היא מצרפת אותן זו לזו (זוהי המשמעות של "שקולין הן ויבואו שניהן"). ואכן כך כותב כאן רש"י:

שקולין הן - המדות שוות והי מינייהו מפקת אי דרשת הא אנא דרישנא לאידך הלכך יבאו שניהם והולכה על כרחך לא תפקה מכלל קבלה.

כיצד ייתכן שמתקבלות כאן שתי תוצאות שונות? על כורחנו מדובר כאן במעבר לדרשה בשיטת 'קמא דווקא'. כלומר התירוץ לפי הלישנא הזו הוא שיש לדרוש בשיטת 'קמא דווקא'. בשיטה זו, התוצאות שמתקבלות עבור 'כלל ופרט וכלל' הן דמיון בשלושה צדדים. ובמקרה שלנו התוצאות הן: D ו-E. ובאמת כך מפורש בלשון הגמרא עצמה כשהיא מביאה את שתי האפשרויות הללו. שם רואים שהתוצאה למקרה הראשון היא: "שחיטה וזריקה אין, קבלה והולכה לא", ולשני: "שחיטה וקבלה אין, זריקה לא".

תובנה זו מאירה באור נוסף את משמעות הקושיות הללו בגמרא. ההנחה היא שגם לפני אותו שלב הגמרא ידעה על כל הצדדים הרלוונטיים, כולל גם את אלו שעלו כעת. הקושיות שעלו כאן לא מחדשות צדדים רלוונטיים נוספים, אלא נוגעות רק בשאלה מדוע הגמרא עושה דרשה של 'בתרא דווקא', ולא של 'קמא דווקא'. בגמרא כאן עולות שתי הצעות לבצע את הדרשה בשיטת 'קמא דווקא', ונראה שהן אכן מתקבלות גם למסקנה (אמנם בשאלה מהו הצד הרלוונטי השלישי יש מחלוקת בין שתי ההצעות הללו).

לפי הלישנא הזו, הגמרא אומרת שעלינו להתחשב בצירוף של שתי האפשרויות (וראה על כך דיון בתוד"ה 'שקולים הס', כאן), אבל אין ערעור על עצם ההצעה לדרוש בשיטת 'קמא דווקא'. התוצאה ההלכתית לפי הלישנא הזו היא כל העבודות למעט הולכה, כלומר: שחיטה, קבלה וזריקה. וזה ממש

כמו בחישוב הכולל שעשינו למעלה (שאותו הסוגיא הזו ממאנת לעשות, מסיבה כלשהי).

אמנם רש"י כאן, שהבאנו למעלה את דבריו, כותב שהולכה גם היא מתרבה ביחד עם קבלה. הוא נסמך על הגמרא למעלה ד ע"א שלמדה זאת מפסוק. אמנם ראה ב**קרן אורה** ד"ה 'שם תוס' ד"ה שקולין' שמביא גירסה של **ברכת הזבח**, שגרס: "זריקה והולכה לא".[23]

מסקנת הגמרא: לישנא בתרא

אפשרות נוספת עולה כאן בגמרא כלישנא אחרינא:

לישנא אחרינא: וחדא חדא תיקו במילתא.[24]

האפשרות השנייה היא להתייחס לכל אחת לחוד, ולא לצרף אותן יחד. כלומר אנחנו נותרים בספק. לא לגמרי ברור מה זה אומר? לכאורה באותו אופן משמעות הדבר היא שבאופן הדרשה הראשון התוצאה היא: שחיטה וזריקה. באופן השני התוצאה היא: שחיטה וקבלה. ולפי זה התוצאה היא שיש ספק לגבי קבלה (וגם לגבי זריקה), ולא ניתן ללמוד שינוי בעלים בקבלה (וגם לא בזריקה) מכאן. זהו ההבדל בין שתי הלישנות.

הערת התוס'

בתוד"ה 'שקולים', כאן, העיר על מסקנת הלישנא הראשונה:

שקולים הם ויבאו שניהם - אע"ג דהכא תרתי והכא חדא חשיב להו שקולין

כוונת התוס' היא שלפי ההצעה הראשונה הצד הנוסף הוא שחייבים עליו בחוץ, ולפי ההצעה השנייה הצד הנוסף הוא כפול: טעון צפון וישנו בחטאות הפנימיות. לכאורה זה לא שקול. משמעות הדברים היא שהאפשרות של טעונה צפון וישנה בחטאות הפנימיות, שמרבה את קבלה, מציעה פקטור בעל

---

23 ויש לגירסה זו ראיה מקושייתו שם, וראה גם ברעק"א על אתר שהקשה אותה קושיא.

24 ב**שטמ"ק** על הדף באות ו גורס: "שקול הוא, וכל חדא וחדא תיקו אמילתיה", וזו גירסה מתקבלת יותר.

דמיון גבוה יותר לפרט המלמד, ולכן יש לבחור בה. זריקה דומה לשחיטה בצד אחד (שחייבים עליה בחוץ) ואילו קבלה דומה לה בשני צדדים, ולכן עדיף לרבות אליה.

בכל זאת, תוס' אומר שהם שקולים (וזה נכון לשתי הלישנות בגמרא, שכן שתיהן אינן מעדיפות את ההצעה הראשונה על השנייה).

הסיבה לכך היא שטעון צפון וישנו בחטאות הפנימיות נחשב כצד אחד. אמנם, כפי שכבר כתבנו לא פעם, בהקשר של 'כללי ופרטי' הדיון הוא אינטנסיונלי ולא אקסטנסיונלי, כלומר נקבע על פי המשמעויות של המושגים ולא על פי היקף הקבוצות שהם מייצגים. לכן לכאורה באמת מדובר כאן בשני צדדים שונים, גם אם מבחינת האקסטנסיה שניהם מייצגים את אותה קבוצה עצמה. מסתבר ששני הצדדים הללו נחשבים כצד אחד מפני שחז"ל כנראה הבינו שהדין של צפון קשור במשמעותו (ולא רק באקסטנסיה שלו) לחטאות הפנימיות, כלומר שזה לא מקרה שיש לשניהם אקסטנסיה חופפת.[25]

נציין כי שיקול זה מקביל למושג 'צדדים גרועים' שהזכרנו לעיל בח"א (שלקוח מתוס' בעירובין), שמדבר על מצבים בהם שני צדדים שונים נחשבים כצד רלוונטי אחד. הרעיון מאחרי שניהם הוא דומה (כמו פרי מפרי וגידולי קרקע לפי תוס' הנ"ל). ובאמת נראה שיש מכאן מקור תלמודי לרעיון הזה של צדדים גרועים, שהראשונים שמזכירים אותו בפירוש היו בעלי התוספות.

---

[25] אגב, רעק"א ו**הקרן אורה** בחידושיהם כאן מצביעים על כך שבפועל גם אין להם אקסטנסיה חופפת, כי בהולכה אין צפון, אלא רק הצד שהיא ישנה בחטאות הפנימיות.

פרק חמישה-עשר: סוגיית כריתות ו ע״ב – על היחס בין פשט ודרש

מבוא

הסוגיא הרפלכסיבית האחרונה בבבלי היא סוגיית כריתות שעוסקת בסממני הקטורת. גם כאן אנו מוצאים אגב אורחא של הסוגיא חידוש עקרוני לגבי שימוש במידות ׳כללי ופרטי׳.

הפירוש הראשוני

כאמור, הגמרא בכריתות שם דנה בסממני הקטורת. בתוך הדברים מתחיל דיון כמה סממנים צריכים להיות בקטורת, ומניין יודעים זאת.

הגמרא מביאה את הפסוק בשמות ל, לד:

> ***וַיֹּאמֶר יְקֹוָק אֶל מֹשֶׁה קַח לְךָ סַמִּים נָטָף וּשְׁחֵלֶת וְחֶלְבְּנָה סַמִּים וּלְבֹנָה זַכָּה בַּד בְּבַד יִהְיֶה:***

ולומדת ממנו:

> ***א״ר יוחנן: י״א סממנין נאמרו לו למשה בסיני. אמר רב הונא: מאי קראה? +שמות ל׳+ קח לך סמים - תרי, נטף ושחלת וחלבנה - הא חמשה, וסמים אחריני חמשה - הא עשרה, ולבונה זכה חד - הא חד סרי.***

עד כאן מובאת ילפותא מלשון הפסוק לכך שצריכים להיות יא סממנים בקטורת. לא לגמרי ברור האם הפירוש הזה נחשב כפשט או כדרש, ולהלן יתבאר.

היחס בין דרש של פסוק לפשוטו

כעת הגמרא מקשה שהפסוק הזה מיועד לדרוש ממנו ב׳כלל ופרט וכלל׳, ולא כדי ללמד על מספר סממני הקטורת:

ואימא: סמים - כלל, נטף ושחלת וחלבנה - פרט, סמים - חזר וכלל, כלל ופרט וכלל אי אתה דן אלא כעין הפרט, מה הפרט מפורש דבר שקיטר ועולה וריחו נודף, אף כל דבר שקיטר ועולה וריחו נודף!

כלומר לומדים מכאן שהסממנים צריכים להיות כאלה שכשמקטירים אותם הם עולים כמקל (ולא מתפצלים – רש״י) ושריחם נודף.

כעת הגמרא מציעה דחייה:

וכ״ת, א״כ לכתוב קרא חד פרטא!

הגמרא אומרת שמזה שבפסוק מופיעים כמה פרטים ניתן ללמוד את שני הדברים. אמנם הקביעה הזו מעט בעייתית, שכן הלימוד הראשוני זוקק את כל המילים בפסוק, ואם אחת נדרשת לגופה אז חסר לנו סממן או יותר?

לכאורה נראה שאין כל חפיפה שכן הפירוש הראשון הוא בפשט הלשון, ולכן הוא פשט ואינו דרשה, ואילו הדרשה היא במישור הדרש. אלו שני מישורים מקבילים, שכל אחד מהם פועל לגופו. אמנם כעת לא ברור מה הגמרא מקשה: הרי גם אם במישור הדרש אנו דורשים את הפסוק ב׳כלל ופרט וכלל׳, עדיין במישור הפשט אפשר לפרש אותו כפשוטו?

על כורחנו שהמישורים הללו קיימים רק במקום שיש קושי כלשהו בפשט. כלומר כל פסוק מתפרש כפשוטו ותו לא. רק אם יש בו קושי אנחנו מוציאים אותו גם לדרש. וכעת כשהחלטנו שהוא יוצא להתפרש גם על דרך הדרש, שוב חוזרים על כל המילים ומפרשים אותן על דרך דרש. כעת כבר הכפילות לא מפריעה, וכל המילים מתפרשות בדרך פשט ובדרך דרש. וכעין זה כתב ר׳ מנשה מאיליא בשם רבו הגר״א, בהקדמת ספרו **בינת מקרא**, שהדרש לעולם יוצא מקושי כלשהו בפשט. ובכל זאת, הדרש אינו תחליף לפשט כפי שיש שרצו לומר, אלא תוספת אליו, ובשורה התחתונה שני הפירושים קיימים במקביל.

נחדד זאת יותר. ישנה תפיסה שהדרש הוא עומק הפשט, כלומר הוא מיישב את כל הקשיים בפשט בצורה הטובה ביותר, על אף שהוא אינו הפירוש המילולי למילות הפסוק. לפי גישה זו אין מקום לדרש אם אין קשיים בפסוק. הבעייה עם הגישה הזו היא שאם יש קשיים בפסוק אנחנו מפרשים אותו אך

ורק על דרך הדרש, וזה לא מסביר מדוע התורה לא כתבה את הפסוק בלשון שמוליכה אותנו באופן פשטי ישיר לפירוש המדרשי. לדוגמא, נניח שדרשנו 'עין תחת עין' – ממון. ונניח שהפירוש המדרשי הזה אכן מיישב את הקשיים בפסוק. עדיין לא ברור מדוע התורה לא כתבה זאת להדיא בלשון הפסוק (כגון: "ממון ישלם תחת העין"), ובחרה בדרך עקיפה כדי ללמד אותנו את העניין. על הקושי הזה הגישה הזו אינה עונה.

ישנה גישה הפוכה שאומרת שאין קשר בין הדרש לפשט, וכל אחד מהם עומד לעצמו. לפי גישה זו, כל פסוק בתורה מתפרש במקביל בשתי הדרכים, בין אם יש בו קושי ובין אם אין.[26] גישה זו אינה עומדת במבחן העובדות, שכן אנחנו מוצאים פעמים רבות שהדרש מוצע כיישוב לקשיים בפסוקים (מילים מיותרות וכדו').

הגר"א מציע כאן כיוון שלישי, שממצע בין שתי הגישות הללו: הפירוש לפסוק הוא הפשט המילולי. אם אין קושי בפסוק – אנחנו לא דורשים אותו. אבל אם יש קושי בפסוק – אנחנו כן דורשים אותו. אבל גם במצב כזה הדרשה אינה תחליף לפשט אלא עומדת במקביל אליו כפירוש נוסף. הפירוש המילולי-פשטי נותר במקומו על אף הקשיים, שכן הקושי מיועד רק לרמוז לנו שעלינו לדרוש את הפסוק, אך הוא אינו אמור לגרום לנו להסיק שהפירוש הפשטי אינו נכון. גישה זו של הגר"א עונה על כל הקשיים, וכפי שראינו כאן היא עולה להדיא מפשט הסוגיא.

ובאמת כבר העיר על כך בעל **ערוך לנר** כאן, שכתב:

> ***בגמרא דבי ר' ישמעאל תנא. לפי הנראה מהסוגיא פליגי ר' יוחנן ותנא דבי ר"י לר"י אתא קרא למנין י"א וא"כ לית לן כלל ופרט וכלל לדרוש דבעינן מקטר ועולה וריחו נודף ולתנא דבר"י דדרש בכלל ופרט לית לן קרא למנין י"א. אכן לא כן דעת רש"י דבדברי ר"י פירש דבעינן קוטר ועולה מכלל ופרט ובדברי תנא דבי ר"י פירש דבעינן י"א.***

---

[26] על שתי גישות אלו, ראה בהרחבה בשלושת מאמריו של דוד הנשקה, **המעין** תשלז-ח. ראה גם בתגובתו של הרב זאב ויטמן שם.

ולכן הנראה לפי דברי רש"י דפירוש הסוגיא הוא דמר אמר חדא ומר אמר חדא ולא פליגי דודאי גם לר' יוחנן צריך לדרוש כלל ופרט כיון דכתיב קח לך לכלל כדאמר א"כ מקח לך נפקא ולכן גם לר' ישמעאל ע"כ דרשינן סמים למנין הסמים דאי לכלל מקח לך נפקא כדאמר הש"ס לר' יוחנן.

הוא מצביע על כך שלפי רש"י (וכך גם עולה מפשט הסוגיא) יש כאן שני פירושים במקביל, והם לא חלוקים זה על זה. והן הן דברינו למעלה.

הצריכותא של הפקטורים

הגמרא דוחה את הדחייה, ואומרת שהפריטים השונים נדרשים גם לצורך דרשת ה'כלל ופרט וכלל', ולכן הם לא מיותרים:

לאיי, מיצרך צריכי, דאי כתב נטף, ה"א: מין אילן אין, אבל גידולי קרקע לא, מש"ה כתב ושחלת; ואי כתב ושחלת, ה"א: גידולי קרקע אין, אבל מין אילן אימא לא, משום הכי כתב נטף; וחלבנה לגופיה אתא, מפני שריחה רע!

נטף ושחלת נדרשים כדי ללמד שאפשר לקחת מין אילן וגם גידולי קרקע. מסתבר שיש כאן דרשה של כל אחד משניהם לחוד, והתוצאה היא רזוננס של שניהם (ולא הצד השווה, כמו שראינו בפירוט בפרק השמיני על סוגיית חולין סה-ו). וחלבנה נדרשת כדי ללמד שעל אף שריחה רע גם היא נכנסת לרשימה.

יש לשים לב שהדרשה נעשית בשני מישורים: מבחינת סוגי הגידולים, שחלת ונטף מלמדים שאפשר לקחת גם גידו"ק וגם אילנות. אבל מבחינת התכונות של הסממנים עצמם, נדרשות שתי התכונות גם יחד: גם שיהיה קוטר ועולה וגם שריחו יהיה נודף. כלומר לומדים רק מה שדומה בשני צדדים.

זוהי תופעה מאד מיוחדת בדרשות 'כללי ופרטי': עושים צריכותא בין הפקטורים והרזוננס נותן לנו את המכלול. אבל אחרי שהסברנו את הנחיצות של כל הפקטורים, כעת אנחנו עושים דרשת 'כלל ופרט וכלל' חדשה, על כולם יחד, וזה מיושם לגבי תכונות הסממנים. להלן הגמרא תדון בזה.

בכל אופן, כעת הקושיא בעינה עומדת, כיצד לומדים מהפסוק הזה את מספר סממני הקטורת? לכן הגמרא מציעה אלטרנטיבה:

א"כ מקח לך נפקא ליה.

ומסביר רש"י:

אם כן - דבכלל ופרט וכלל לחוד בעי למידרשיה לא נכתוב קרא סמים אלא קח לך הוה משמע כלל אלא הכי נקט ברישא סמים וכתיב נמי קח לך למידרש כלל ופרט וכלל לקוטר ועולה כדלקמן ולמנין י"א.

הגמרא כאן אומרת ש'קח לך' משמש ככללא קמא לדרשת ה'כלל ופרט וכלל', והמילה 'סמים' נדרשת למניין סממני הקטורת.

לכאורה שוב חוזרת כאן השאלה כיצד דורשים את שני הדברים הללו במקביל? הרי חלק מהמילים נדרשות עבור ה'כלל ופרט וכלל', אז כיצד סופרים אותן גם לצורך מניין סממני הקטורת? ושוב עלינו להגיע למסקנה שאחרי שמצאנו את הייתור/הקושי בפסוק (מילת כלל מיותרת), אזי שני הפירושים קיימים במקביל, והקושיא מיושבת.

ובתוד"ה 'מוקח' כאן הקשו שמדובר כאן בכלל שאיננו מפורש (לכאורה זוהי המשמעות של כלל שאיננו מלא, בסוגיית זבחים ד ע"ב):

מוקח לך נפקא - אע"ג דהוי כלל (שאינו אלא פירוש) שאינו מפורש במה מדבר ואמרי' בפ"ק דזבחים דאין דנין אותו בכלל ופרט ומיהו כה"ג בפ"ק דקדושין גבי מרצע ולקחת כלל אע"ג דלקחת לא הוי כלל אלא פירוש.

תוס' מסביר שלמסקנה דורשים גם כלל כזה (כפשט הסוגיא בזבחים שם).

כעת הגמרא מקשה:

ואימא: סמים בתראי תרין נינהו כסמים קדמאי! א"כ, נכתוב סמים סמים בהדי הדדי, וסוף נכתוב נטף ושחלת וחלבנה.

כאן הגמרא מקשה מדוע המילה 'סמים' מתפרשת בשתי צורות שונות (פעם ראשונה כשניים, ואח"כ כהכפלה של חמישה הסמים שכתובים לפניה)? ועונה שהסדר הוא החשוב.

אך על כך קשה (ראינו שהקשה כן בעל **ברכת הזבח** כאן), שהרי אם היו כותבים את המילים 'סמים' צמודות, לא היה כאן מבנה של 'כלל ופרט וכלל', ולכן אין אופציה לכתוב אותן צמודות? נראה שישנה כאן הנחה שגם במבנה של 'כלל וכלל ופרט' מטילים את הפרט בין שני הכללים ודורשים (ולא ריבוי ומיעוט. ראה מחלוקת על כך לעיל בפרק אחד-עשר).[27] ואכן כך פירש בעל **ערוך לנר** כאן.

דרשת דבי רי"ש

כעת הגמרא עוברת לדון בגוף הדרשה של דבי רי"ש, ומביאה ברייתא:

> ***דבי רבי ישמעאל תני: סמים - כלל, נטף שחלת וחלבנה - פרט, סמים - חזר וכלל, כלל ופרט וכלל אי אתה דן אלא כעין הפרט, מה הפרט מפורש דבר שקיטר ועולה וריחו נודף, אף כל דבר שקיטר ועולה וריחו נודף; או אינו אלא כלל בכלל ראשון ופרט בפרט ראשון? אמרת: לאו, הא אין לך עליך לדון בלשון אחרון אלא בלשון ראשון.***

לא ברור מה האפשרויות שהברייתא מתלבטת כאן לגביהן, ומה היא מכריעה.

כעת הגמרא מסבירה את הברייתא:

> ***אמר מר: או אינו אלא כלל בכלל ראשון ופרט בפרט ראשון? אמרת: לאו, הא אין עליך לדון. מאי קושיא? הכי קא קשיא ליה: סמים בתראי תרי כי סמים קדמאי תרין! הדר ושני כדשנין, דא"כ, נכתוב קרא סמים סמים נטף ושחלת וחלבנה.***

עד כאן נראה שהקושיא היתה מדוע לדרוש ב'כלל ופרט וכלל', הרי יש לנו פירוש פשטי שמסביר הכל לעניין מניין סממני הקטורת (ותוך כדי הדיון דחו את האפשרות שהמילה 'סמים' האחרונה גם היא נספרת כשניים, וכנ"ל).

הקושיא השנייה היתה על דרשת ה'כלל ופרט וכלל' עצמה:

---

[27] ומכאן ראיה גם נגד הצעת בעל **הליכות עולם** שהובאה שם בפרק הקודם, שבמבנה של 'כלל ופרט וכלל' לכל הדעות דורשים גם כלל שאיננו מלא. מדברי התוס' כאן עולה שהם מבינים שהשאלה לגבי מופע משולש תלויה במחלוקת בסוגיא שם לגבי מופע כפול.

ומאי פרט בפרט ראשון? הכי קא קשיא ליה: מיני אילנות ילפי מן נטף, וגידולי קרקע ילפי משחלת, ולילפי נמי מלבונה זכה דאייתי בחד צד, דניתי דבר שריחו נודף ואע"פ שאין קוטר ועולה!

הברייתא מקשה מדוע לא נלמד מלבונה זכה שכל סממן צריך להיות דומה בצד אחד, ולא צריך שיהיה גם קוטר ועולה וגם ריחו נודף?

רש"י כאן מסביר:

ונילף נמי מלבונה כו' - והיינו דפריך או אינו אלא פרט אחרון דהיינו לבונה בפרט ראשון מייתי נמי דדמי ליה ולמעוטי דבר [שאין] ריחו נודף ולא קוטר ועולה נאמרה לי כשאר פרטי קמאי דמייתי מאי דדמי ליה.

נראה שכוונתו לומר שהגמרא נזקקת כעת להנחה של הדרשה עליה הצבענו למעלה: מדוע נטף ושחלת נדרשים פעמיים, גם לעניין גידו"ק ואילנות, וגם לעניין תכונות הסממנים (קוטר ועולה וריחו נודף)? לכן היא מציעה כעת שנטף ושחלת ילמדו על סוגי הגידולים, והלבונה תלמד שכל מה שיש בו צד אחד מהשניים ניתן להביאו לקטורת.

כלומר בלי הלבונה היינו לומדים מ'כלל ופרט וכלל' לרבות את כל סוגי הגידולים, אבל מבחינת התכונות של הסממנים היינו דורשים את שתי התכונות גם יחד (כי במישור הזה לא מרבים). וכעת שנכתבה הלבונה אנחנו מרבים גם סממן שיש לו תכונה אחת בלבד.

בשני המצבים ההנחה היא שמבנה משולש של 'כלל ופרט וכלל' מרבה צד אחד מתוך שניים. ואולי יש כאן תוספת של הצד הטריביאלי (כלל הסממנים), כי כפי שראינו בסוגיית שבועות ובמקבילות (ראה לעיל בפרק השביעי), בסיטואציה שבה יש רק שני צדדים אנחנו מוסיפי גם אותו לחשבון, וכעת יש ריבוי בשני צדדים.

הגמרא מסבירה שהברייתא דוחה זאת באומרה:

הדר אמר: א"כ, נכתוב קרא ללבונה זכה במיצעי ותילף מינה. אי כתביה לבונה זכה במיצעי הויין תרי עשר! אם כן, נכתוב קרא לבונה

זכה במיצעי וחלבנה לבסוף. ריש לקיש אמר: מגופה, מה לשון קטרת? דבר שקוטר ועולה.

כלומר שאם הלבונה היתה באה לרבות כל מה שדומה רק בצד אחד, היה על הפסוק לכלול אותה ברשימת הפריטים בין שני הכללים, או לפחות לפני החלבנה (ומסביר רש״י שהחלבנה לא מלמדת אותנו מאומה פרט לעצמה, ולכן ההיגיון היה להוציא אותה אל מחוץ למבנה של שני הכללים)[28].

הסבר הדרשה של דבי רי״ש למסקנה

לאחר כל הבירורים, מה שנותר הוא שאנחנו דורשים את המבנה הזה בשתי רמות נפרדות: לעניין וגי הגידולים, אנחנו מאפשרים גידו״ק או אילנות. ולעניין התכונות אנחנו דורשים את שני הצדדים: גם ריחו נודף וגם קוטר ועולה.

כיצד דורשים בשני המישורים? לכאורה נראה שבמישור התכונות באמת אין כאן ריבוי כלל, ואנחנו דורשים דמיון מלא (גם ריחו נודף וגם קוטר). ההו״א להכניס את הלבונה היתה שנעשה הכללה גם במישור הזה, שכן במצב כזה נדרוש ׳כלל ופרט וכלל׳ גם במישור של התכונות. אבל למסקנה אנחנו לא עושים זאת.

אמנם לפי הצעה זו לשון הדרשה מעט דחוקה, שכן מפשט הלשון נראה שלומדים את התכונות ולא את סוגי הגידולים. סוגי הגידולים מוצגים רק כתוצר של הצריכותא בין הפקטורים השונים.

---

[28] וראה **שפת אמת** שהעיר שאם החלבנה היתה נכתב בחוץ, לא היינו יודעים שמותר לקחת סממן אחר שריחו רע, שכן אין לנו להכליל מאומה מעבר למה שכתוב (כי היא לא בתוך מבנה של ׳כלל ופרט וכלל׳.
אך יש לדחות בכמה אופנים:

א. עדיין היינו מרבים בבניין אב.
ב. אכן אין לרבות, ובאמת לא לוקחים אף סממן אחר שריחו רע.
ג. גם אם החלבנה נכתבת בחוץ, היינו מרבים ב׳כלל ופרט וכלל׳, שהרי גם פרט חיצוני מטילים אותו בין שני הכללים (ראה דברינו למעלה, שהוכחנו שכך הסוגיא כאן נוקטת). ובאמת מצאנו כעין זה בסוגיית נזיר, שגם שם הפרטים מחולקים, וחלקם (״מחרצן ועד זג״) נכתבו מחוץ למבנה המשולש, ובכל זאת הם נדונים כחלק מהפרט לעניין הדרשה.

לכן נראה יותר שהדרשה היא באמת לעניין התכונות של הסממנים. אם הלבונה היתה נכנסת בין שני הכללים, אזי היה לנו פקטור נוסף שדומה לשני קודמיו במישור התכונות, וכפי שראינו בפרק שלושה-עשר (ראה באלגוריתם סעיף יג 1) זה עצמו מורה לנו להרחיב ברדיוס גדול יותר (כלומר לדרוש צד דמיון אחד פחות). אך מכיון שהלבונה לא נכנסה בין שני הכללים, אנחנו דורשים לרבות בשני צדדים. ולגבי אילנות וגידו״ק זוהי באמת רק תוצאה של הצריכותא (השיקול מדוע נחוצים כל הפריטים ברשימה), ולא של דרשת ה׳כלל ופרט וכללי עצמה.

אלא שאם זה נכון, אז כנראה הסוגיא כאן דרשה בשיטת ׳קמא דווקא׳, ולכן היא מסיקה שהדמיון צריך להיות בכל הצדדים הרלוונטיים. ומכאן נוכל לראות שוב שהמסקנה לגבי סוגי הגידולים אינה תוצאה של דרשת ה׳כלל ופרט וכללי, שהרי בשיטת ׳קמא דווקא׳ היה עלינו לדרוש את שניהם (אמנם יש לדחות שכן במקרה זה שניהם זו קבוצה ריקה, שהרי כל גידול הוא או קרקע או אילן, אך לא שניהם).

סיכום ומסקנות

ספר זה עסק בדרשות 'כללי ופרטי', ודרכן בשאלת המתודולוגיה ראויה בחקר התלמוד בכלל. עמדנו על כך שלפי הצעתנו המתודולוגיה המסורתית-הרמוניסטית, אשר נוטה לראות את המקורות הקדומים בפריזמה של המקורות החדשים יותר, כלומר זו שרואה את המסורת כשרשרת שנוצרת חוליה אחר חוליה, מציע התמונה מלאה וקוהרנטית יותר של המקורות.

מתוך שילוב המקורות הצלחנו להגיע למודל די מפורט של דרשות 'כללי ופרטי', ולסלק כמות גדולה של סתירות לכאורה שמתקבלת בתמונה שנוצרת מהפרדיגמה האקדמית המקובלת.

המודל שלנו הציג את התפתחות התושבע"פ כתהליך של הכללה, ניתוח והמשגה, שבו כל דור מנסה להמשיג ולהכליל את מה שהוא קיבל מהדורות הקודמים, ובעצם לחשוף את מה שחבוי במסורת שהגיעה אליו. זאת בניגוד לתפיסה האקדמית שנוטה להתייחס לכל דור כיצירה עצמאית ולא כחשיפה של מה שטמון בשלב הקודם. ניסינו להצביע על כך שחז"ל עצמם ראו כך את התפתחות המסורת, וניסו להעביר לנו את התמונה הזו דרך ה'פלפול' של עותניאל בן קנז, שכפי שראינו ממשיך על המשנה והגמרא, ואף לאחר מכן בתקופת הגאונים והראשונים, ואולי אף עד ימינו. ניסינו להציע את השלב הבא בתהליך הפענוח המורכב הזה, וטענתנו היא שהתמונה הזו היא מודל שמתקרב עד כמה שניתן למקור שאותו משה קיבל בסיני.

הדגמנו את הפרדיגמה הזו על מידות 'כללי ופרטי', שכן הסוגיות שעוסקות בהן מציעות מצע שעל גביו נוח מאד להבחין בתהליכים הללו. במסגרת זו ראינו שעל אף ההרמוניזציה התהליך המורכב הזה מוליך לסתירות ומחלוקות, כלק מתהליך ההמשגה והפענוח. לא היה בכוונתנו לטעון שכל המקורות מתיישבים זה עם זה, אלא רק להציע תמונה שמשלבת את כולם במסגרת שיח אחת. גם אם יש מחלוקת, והרי התלמוד מלא במחלוקות, שני

הצדדים יוצאים מאותם מקורות ומדברים באותה שפה. הראינו כיצד העמדות שהושות שבמחלוקת (כמו 'קמא דווקא' ו'בתרא דווקא') הן תוצר טבעי של תהליך ההמשגה והפענוח הזה.

בתחילת התהליך הזה נמסרות למשה דרשות על הפסוקים, ואין זכר לשמות ומושגים מדרשיים שנוצקו בדורות מאוחרים יותר. החיסרון של חומר אינטואיטיבי כזה הוא שלאחר שהוא נשכח קשה מאד לשחזר אותו. לכן מתחיל תהליך של פענוח ושחזור, שדומה מאד לעבודה מדעית. אנו לוקחים את החומר שנמסר לנו, מבודדים ממנו אלמנטים דומים, ולאחר מכן ומנסים להעמיד אותו על קטגוריות מדרשיות מובחנות.

בתהליך זה נוצרות שבע מידותיו של הלל הזקן, ולאחר מכן מספר המידות הולך ומתרבה, ככל שההמשגה מתקדמת. אצל הלל יש לכל מידות הכלל ופרט שם כולל אחד. אמנם ראינו שיש הבדל בנוסחאות איזו מידה זו היתה, ולכן לטענתנו שם היה מדובר על משפחת מידות שמטרתה הכללה של דוגמאות. המשפחה הזו כונתה שם 'כלל ופרט' (לפי אחת הנוסחאות), מונח שמשמש מאוחר יותר למידת דרש ספציפית אחת מתוך המשפחה הזו. המשמעות הזו של המונח 'כלל ופרט' הוחלפה אצלנו במונח 'כללי ופרטי'. אצל הלל אנחנו עדיין לא מוצאים את ההוראה המדרשית הנוגעת למידות הדרש הללו.

מעט אחרי הלל נוצר פיצול בין בית המדרש העקיבאי לזה של דבי רי״ש, אם כי הערנו לא פעם שדי ברור שמדובר בתהליך שהתפצל משורש אחד (ולא שתי יצירות/המצאות שונות). שני בתי המדרש עוסקים באותם מופעים מקראיים, וברור להם שיש לדרוש אותם באופן של הכללות. הויכוח הוא כיצד בדיוק להגדיר את תהליך ההכללה.

במקביל לתהליך הפיצול בין המופעים המקראיים מתחילים להיווצר גם מונחים הוראתיים שונים, כלומר מונחים שמצביעים על רדיוסי הכללה שונים, בהתאם למופעים המקראיים. התהליך הזה מגיע לשיאו בברייתא דדוגמאות (הסכוליון), שם ישנם כבר שלושה מונחים הוראתיים לשלוש המידות. בברייתא של רי״ש עצמו מופיע מונח אחד, 'אלא כעין הפרט', ולפי

הצעתנו הוא אינו מתפרש כפירושו בסכוליון, אלא כמשפחת הוראות שעניינה הוא הכללה ברמת דמיון כזו או אחרת לפרט.

בסוגיות אמוראיות אנו מגלים עוד שתי מידות דרש ששייכות גם הן לדבי ר"ש: 'פרט וכלל ופרט' ו'כלל וכלל ופרט'. זהו המשך תהליך הפורמליזציה של משפחת המידות 'כללי ופרטי'. באופן עקרוני, ישנם מבנים אפשריים נוספים, כמו 'פרט ופרט וכלל' (שעלה כהצעה בפרק שנים-עשר).[29]

התהליך ממשיך הלאה, וחז"ל מתחילים לראות שמבנים משולשים מוליכים לרמות הכללה שמצויות בתווך, בין ההכללות שמתבצעות במקרים של מבנים כפולים. כך מתחיל להיווצר מושג ה'צדדים', שמוצג לראשונה אצל האמוראים. סוגיית עירובין היא הסוגיא שמגדירה אותו באופן החד ביותר, ובסוגיות אחרות נראות התייחסויות מעט שונות אליו. טענתנו היא שמדובר בעיקר בשינויי מינוח (מה שאלו מכנים 'צד אחד' או מכנים 'שני צדדים' וכדו'), אבל הרעיון שניתן לקבוע רדיוסי הכללה לכל מופע מקראי מתקבל על דעת האמוראים כולם, ומהם והלאה הוא מובן מאליו. ושוב, לטענתנו רעיון זה קיים גם בבסיס העבודה התנאית, אך הוא נחשף ומומשג לראשונה על ידי האמוראים (בסוגיית עירובין תולים בו מחלוקת תנאים).

בסוגיות אמוראיות אנו מגלים כמה וכמה ניואנסים חדשים נוספים, כמו הדיונים לגבי כללא קמא ששונה מכללא בתרא (בהיקף או באופי), או דרשות 'ריבויי ומיעוטי' אצל דבי ר"ש וכדו'. אלו שלבים נוספים בתהליך ההמשגה והפענות הזה.

בסוגיית חולין סה ראינו שהתהליך הזה ממשיך עד ר' אחאי גאון, שמגדיר סופית את היחס בין פרטים שונים שמופיעים באותו פסוק, ומגדיר את המכניזם שכינינו כאן 'רזוננס'. בתקופת הראשונים שבאו אחריו נחשפים עוד כללים, כמו 'צדדים גרועים' של תוס' בעירובין וכדו'.

סוגיות שונות בגמרא שייכות לשלבים שונים של התהליך הזה, ולכן ניתן למצוא סתירות לא מעטות ביניהן. אך במקום בו המחקר האקדמי מצביע על

---

[29] ראה עוד בעניין זה במאמר **מידה טובה**, פ' קרח, תשסה.

סתירות כאינדיקציה למחלוקות וליצירה שעומדת בבסיס התהליך, אנחנו בכל זאת ניסינו להראות שכולם מצויים על אותו מסלול, ופועלים במסגרת פרדיגמה כללית אחידה. ישנן מחלוקות או שלבי המשגה שונים, שהרי כל דרשה ניתנת לכמה פרשנויות. אבל העיקרון הוא שהדור המאוחר מפענח דרשות שהוא קיבל מהדורות שקדמו לו. בכל אופן, הכיוון הכללי של התהליך הוא די ברור.

מצבים אחרים עליהם הצבענו, הם דרשות סתמיות שרק הראשונים מבחינים ששורשן במידות 'כללי ופרטי'. גם כאן הדבר נובע מכך שבמקורן הדרשות הללו נאמרו כפי שהן, ללא הסתמכות על מידת דרש מובחנת. היא היתה רק ברקע הדברים, ולא היתה מודעת אף לדרשנים עצמם. ההמשגה והפענוח נעשו בשלב מאוחר מאד. עוד ראינו כמה וכמה קשיים בהבנת עריכת הסוגיא התלמודית שעשויים להיות מובנים יותר במסגרת הפרדיגמה אותה הצענו (דוגמא בולטת, אחת מיני כמה וכמה, מצויה בסוגיית חולין בפרק השמיני לעיל).

המסקנה העולה מכל התמונה הזו היא שגם אם יכול להיות עניין היסטורי כלשהו בשלביו המוקדמים של התהליך, הרי שהעניין ההלכתי המרכזי בסוגיות הללו אמור להתמקד בשלבים המאוחרים של התהליך, שכן שם התהליך כבר מובחן ומומשג יותר, ולכן ניתן לעשות שימוש בכללים שנוצרו בו גם לגבי סוגיות אחרות. להבדיל מהחוקר האקדמי, מטרתו של הלומד היא להבין וליישם, ולאו דווקא לגלות שכבות 'ארכיאולוגיות' עתיקות בהתפתחות המחשבה ההלכתית והמטא-הלכתית. לן חשוב גם מבחינה רעיונית להתמקד בשלבים האחרונים, ולראות את השלבים הקודמים דרכם ובאמצעותם.

שני סוגים עיקריים של שימושים בתוצאות שמצאנו יכולים להיות: 1. פענוח של דרשות ידועות, שבאמצעות הכללים שמצאנו נוכל להבחין במקורן ובבסיסן המדרשי. 2. יצירת דרשות חדשות מפסוקים שעוד לא נדרשו.

המסקנות שלנו מכל המכלול הזה מוצגות בתמצית באלגוריתם, שמסיבות מתודולוגיות הובא כבר בחלק הראשון של הספר. זוהי בעצם התוצאה הסופית של תרומתנו לתהליך הפענוח הזה. אנחנו ניסינו לאחד את כל

המקורות לתמונה קוהרנטית עד כמה שניתן, ולהבין את השיח שמתנהל (או לא מתנהל) ביניהם. נכון הוא שגם בתמונה הסופית הזו ישנן דרגות חופש לא מעטות, כמו גם מחלוקות לא פתורות (כמו 'קמא דווקא' או 'בתרא דווקא'), ולכן אין אנו מתיימרים לומר שהתהליך הסתיים. תקוותנו היא שתרמנו לו תרומה משמעותית, הן ביחס להבנה של מידות 'כללי ופרטי', והן ביחס להתעוררות דיון אודות הנחות היסוד של המתודולוגיה המחקרית הראויה להינקט בבואנו לחקור את הספרות התלמודית.

עד כאן עסקנו ב'יבוא', כלומר בתרומה שעשויה להתקבל עבור לומד וחוקר התורה, התלמוד וההלכה. אך כפי שציינו בתחילת הספר, הסדרה אותה אנחנו מפרסמים כעת מנסה לעשות גם 'יצוא'. למיטב הבנתנו, הניתוח הזה תורם את תרומתו למחשבה הכללית, ולו רק בזה שאנחנו מציעים כאן דרך סיסטמטית להגדיר קבוצות באופן אינטואיטיבי. ראינו שבתחום הלוגיקה מקובל להגדיר קבוצות דרך ההיקף או התוכן, וראינו שבתורת המשפט כבר מובן היטב ששתי הצורות הללו אינן מספקות למטרות שמחוץ למתמטיקה. כאן אנחנו מציעים דרך סיסטמטית להגדיר קבוצות באופן אינטואיטיבי. זוהי שאלה חשובה בתחום האינטליגנציה המלאכותית, תורת המשפט, חשיבה ולמידה אוטומטית, וקוגניציה. בנושאים אלו לא עסקנו בספר זה, שכן עניינו היה בעיקר העניין התלמודי. המאמר באנגלית שמצורף להלן מפרט יותר גם בנושאים אלו.

www.ingramcontent.com/pod-product-compliance
Lightning Source LLC
Chambersburg PA
CBHW070450100426
42812CB00004B/1260
* 9 7 8 1 8 4 8 9 0 0 0 1 1 *